Je t'aime

Une autre politique de l'amour

Du même auteur

I loft you, Mille et une nuits, 2001.
La Cerise sur le béton — Violence urbaines et libéralisme sauvage, Flammarion, 2002.
Sinistrose — Pour une renaissance du politique, Flammarion, 2002.

Vincent Cespedes

Je t'aime

Une autre politique de l'amour

Flammarion

ISBN : 2-08-068466-3

« Comprendrez-vous qu'à mesure que je me libérais d'elle, elle se rapprochait de moi, qu'à mesure que j'essayais de retrouver mon vrai regard, mon propre rythme de vie, je distinguais mieux son visage ? Son silence n'était plus un silence de mort, mais un silence de vie. Depuis que mes mains ne se tendaient plus désespérément vers elle pour la saisir, elle ne me fuyait plus, elle venait au-devant de moi. »

Taos Amrouche, *Jacinthe noire*.

Déroulement

Lancement

L'humanité sort souillée des compromis passés avec ses ennemis. Cette « *honte d'être un homme* », Primo Levi l'appelle « *zone grise* ». Dans notre nouvelle société modulaire et tout-contrôlante cette honte bat en chacune de nos poitrines, mais le ricanant ludisme de masses nous en épargne la douleur.

En janvier 2003, avec *Zone rouge*, notre fascinante TV fascisante aura fait un pas de plus vers la torture-spectacle grand guignol, en attendant la TV-réalité humanitaire. Assis sur un fauteuil de dentiste, au milieu d'une arène crachant les flammes de l'Enfer et l'engloutissant dès qu'il perd, le candidat masochiste doit, pour gagner, ralentir son rythme cardiaque et répondre à des questions crétines (« *Qui anime* Le Maillon faible *sur TF1 ?* »). Viser sa propre mort tout en maintenant son activité cérébrale au niveau maximal, tel est le but du jeu. Scission du corps biologique et de l'« âme » ; déspiritualisation mécanique des affects, des « *pulsations* ». « *Contrôlez vos émotions !* », répète à loisir un animateur dont il faut constamment ventiler l'abondante sueur tant il ne peut maîtriser les siennes. Afin d'intensifier le stess des victimes et l'hypnotisation du jeune et sadique *cœur de cible*, les réponses apparaissent avant les questions, un fracas de sirènes hurlantes accompagne chaque fin de décompte, du feu jaillit d'un brûleur à gaz géant pour ponctuer la théâtralisation totalitaire.

Oh ! il y a des bonus, des « *stimulateurs* » : « *Je vous invite à repousser les limites de votre zone rouge en quarante-cinq secondes et dix questions.* » Joie ou peur désoptimisantes sont interdites :

l'efficace consiste à tendre vers le *computer* ; le candidat Machin doit devenir machine. Cette TV-abattoir envoie les gagnants-perdants dans un au-delà empli d'une lumière blanche et surréelle, après la petite confession face caméra qui dit combien on est zeureux : « *Avec 2 200 €, étant donné que je vais me marier au mois d'août, eh bien ! je vais pouvoir m'acheter ma robe de mariée !* » Ou encore : « *J'ai pas gagné assez d'argent pour me marier avec mon mari* [*sic.*] *mais grâce à cet argent je vais pouvoir lui offrir un très très beau cadeau.* »

L'Argent, l'Amour et le Mariage — les postulants au Paradis n'ont que ça à la bouche. Ces trois idoles de la doxa conservatiste dominante sont affichées en continu à l'écran : les gains en gros, puis le seuil de pulsations-minute autorisé (que l'ON a augmenté en début de partie et que l'ON fait baisser de 5 % à chaque manche), enfin le cœur qui bat avec le rythme cardiaque marqué dessus. Symbole d'amour, le voici connecté à la viande et coupable de ne point mourir. Un cœur faillible parce que défaillant — la preuve par bips d'électrocardiogramme, façon *Urgences*. Un cœur incontrôlable, malgré l'équipe de médecins-TF1 payés pour se le payer. Le cœur : le point faible de l'humain, le point faible du Système. Le cœur : l'incendie que le nihilisme utilitariste veut étouffer à tout prix mais qui finira par le déborder jusqu'à la calcination, malgré les sirènes d'alarme, les gerbes de flammes et les *peacemakers*. S'il fallait réduire ce livre à un unique mot d'ordre : « *TOUTES LES ZONES ROUGES SONT À DÉPASSER !* »

Avant la bigbrotherisation achevée des espaces intimes — seuls ferments de révolte —, le Système doit convaincre les surveillés de placer sous sa tutelle le dernier sentiment qu'il leur reste, le sentiment d'impuissance. Cet ultime verrouillage antisocial boucle et la boucle néototalitaire de la prise en charge de l'humanisme par l'humanitaire marchand, et les ceintures de sécurité pour un *crash* sentimental débile permanent. Jités et TV-réalité désormais se confondent : *shows* éthicomédiatiques qui déculpabilisent les vandales planétaires en leur assenant qu'ils font le Bien *quelque part* quand ils se font du bien, c'est-à-dire surconsomment et se décolérisent. Des émissions venues du froid viennent maintenant aider les pays chauds, le temps de faire sortir des larmes et d'en remplir à rabord le tiroircaisse. Ce ne sont plus de gros bêtas occidentaux que l'on caste ici : ce sont des villages affamés, des petits négros télégéniques (et enfin à leur place...), des pauvres qui disent « *tankiou !* » aux riches. Néocolonialisme virtuel, validé par les votes, l'Audimat et la hausse du prix des espaces « pub ». Quel nom pour ce concept cautionnant l'impérialisme par le téléthon ? — « *Solidarity* », *of course* !

Que le Marché prenne en charge la Misère puisque la politique a là aussi échoué, où est donc le mal ? — Précisément dans le fait que le Marché a d'ores et déjà sinistré la politique ! Précisément dans la pubtréfaction de l'amour, après celle de la culture, de l'information, des cadres de vie, des plans de réalité. Précisément parce que l'ère de l'insensé encensé et de la décivilisation cooliforme donne affreusement raison à Valéry : « *La politique est l'art d'empêcher les gens de se mêler de ce qui les regarde.* » Politique-divertissement : débat de quelques-uns pour tous, résignation déconcertée. Or nous définissons la politique comme l'action de faire se recouper les conditions idéologiques, culturelles, artistiques, juridiques, médiatiques et affectives qui donneraient tort à Valéry : *la vraie politique est l'art d'obliger les gens de se mêler de ce qui les regarde*. Politique-avertissement : combat de tous pour tous, action concertée, et d'abord : éducation.

Mais la médiamétrie va dans le sens de l'*esprit* du Marché, et le Marché dans celui de l'arnaque optimale des consommateurs. Sans qu'aucune résistance politique ne soit majoritairement soutenue par des citoyens démoralisés, esseulés ou décervelés, les dogmes de l'hyperlibéralisme sont massivement inoculés aux nouvelles générations. Et le premier dogme, quel que soit le support ou le concept, commande de ne pas s'abandonner : « *Ne vous laissez aller qu'à des émotions et des envies de marché ! N'atteignez jamais la zone rouge des sentiments gratuits, authentiques, ingérables !* » L'arachnophobe plongé dans un bain de mygales gagne s'il ne s'abandonne pas à sa peur. Le fiancé plongé dans un bain d'allumeuses gagne s'il ne s'abandonne pas à ses appétits.

La TV-réalité rajeunirait l'audience ; de fait, elle la vieillit prématurément, immaturément. Participant de la pubtréfaction néototalitaire, elle dépossède les clients de leur *désir de liberté libre*, c'est-à-dire nonassistée, nonvalidée, indéterminable. L'abrutissante hamstérisation est devenue le credo de tous les secteurs touchant de près ou de loin l'*émotionnel*, car c'est par la mainmise sur l'émotionnel — l'amour, la musique, l'abandon — que les hamsters s'agitent, s'accouplent, consomment et meurent sans rien trouver à redire.

L'amour : la denrée capitale, la dragée haute. Quels sont ses vrais visages ? Quelle est sa portée ? N'est-il qu'une institution biomorale au service du pouvoir régnant ou au contraire l'invendable autonomie humaine, émeutière et frondeuse ? Peut-on le triturer pour transformer les êtres humains en enzymes gloutons et surtout leur ôter toute velléité contestatrice ? Ne sommes-nous pas prisonniers d'un sentimentalisme acquis nous persuadant que l'amour triompherait encore de tous obstacles et nous sauverait de toutes griffes, au moment même où l'argent le fait périr, et, avec lui, notre vitalité et nos instincts ? Le « *Je t'aime* » signifie-t-il une verité anhistorique ou bien reflète-t-il, selon les époques, de l'« âme » d'une société et de sa capacité de délivrance par rapport aux aliénations multiples qu'elle encourt ?

L'amour, à ce qu'on entend la grande affaire des chanteurs. Il en est un parmi eux qui, en deux formules terribles, lui redonne l'*ampleur tragique* que les tendretés douceâtres ou larmoyantes passent sous silence : « *Fuir le bonheur de peur qu'il ne se sauve* » et « *— Je t'aime. — Moi non plus.* » Me décevoir moi-même par crainte de devoir *subir* la déception ; aimer négativement, c'est-à-dire en m'abstenant de comprendre, de dire, de commettre — en m'absentant en l'autre. Serge Gainsourg touche là deux vérités balayées par plus de deux mille ans d'amour platonisant. Car s'aimer n'est pas d'abord s'entrepécher, mais s'entrempêcher. Avant de devenir consensuelles, les amours sont sensuelles, passionnelles, agressives. Les amours naissent d'un tourbillon de naufrage et donnent la haine avec le vertige. Haine d'être arraché de moi-même, haine d'être *ravi*, haine d'être aimanté au risque de m'effondrer sur l'autre. Aimer tragiquement : haïr haïr haïr. Où est l'amour dans tout cela ?

J'aime tragiquement lorsque haïr ma haine de l'autre m'est haïssable, autrement dit lorsque je suis capable d'aimer le haïr — rare concrétion des vertus héroïques. Cet amour-là, *négatif au possible*, s'impose à moi avec la cruauté inexorable du Destin. Je dois certes mériter la transformation du hasard en rencontre et de la rencontre en aventure ; je dois me montrer à la hauteur de l'amour qu'il m'arrive, saisir l'occasion. Mais si les amoureux peuvent véritablement aimer se haïr, c'est que leur amour vit d'être en acte et meurt d'être envie. Leur amour est tragique parce qu'ils restent toujours *libres* de s'aimer, de se haïr, de se quitter. Nous analysons dans le présent essai comment cette liberté — qui donne à l'amour sa véhémence — a été confisquée par la « politique » (au sens de Valéry) du pacte amoureux. Notre thèse peut sembler candide et consolante : l'amour tragique qui unit deux adultes libres procède d'une relativité réciproque. En fait, il n'y en a pas de pire.

Mais pire, justement, est l'amour *adulte*. L'amour au-delà des p(l)eurs. L'amour au-delà de l'espoir, qui *fait* le bonheur au lieu de le fuir, de l'attendre, d'en redouter l'évanescence. Amour superlatif en tout, désir comme générosité, haine comme tendresse, violence comme tact. Amour *curatif* parce que je reçois l'autre et me donne ; amour *éducateur* parce qu'il m'expose à la haine de l'autre si je tente d'empiéter sur son autonomie. « *Je t'aime* » : je n'en peux plus d'être transporté, par toi, au-delà de ma liberté. « *Je t'aime* » : je ne veux jamais être indigne de toi. « *Je t'aime* » : je ne sais pas ce que tu vis de moi-même. — « *Moi non plus.* »

Or plus personne ne semble aujourd'hui connaître la chanson. Qu'avons-nous en effet ? — Des gens qui se mettent ensemble pour les *meilleures* raisons. Des jeunettes, clones de Britney Spears, qui s'encouplent parce que « *c'est naze de rester seule* ». Des trentenaires qui enfantent avec le dernier « *mec sympa* » venu, parce qu'à trente ans « *il faut bien se caser* » ! Des hommes qui collectionnent du vent, coursent en sens inverse des bonheurs qui se pointent, n'arrivent plus du tout à s'engager pour quoi que ce soit, et passent de la perversité cynique au repli angoissé sur leur tribu avec le même narcissisme, énorme et compliqué. Plus essentiellement, une politique d'inauthenticité régit la décivilisation occidentale et fait croire aux individus que leur quête d'absolu est une *quête d'amour*, alors qu'elle est une *quête de sens*. Aussi se vautrent-ils corps et âme dans l'amour en kit et le méticuleux décorticage des émotions plutôt que de s'élancer dans la vie en traitant avec la mort.

L'Occident décède de ne plus pouvoir innerver sa psyché de pulsations créant elles-mêmes leur propre seuil limite. L'Occident s'élabore et fait sa Loi ; il ne s'abandonne plus. Il féconde la Terre de mort, y laissant fleurir guerres et misères ; distraction donnant aux gens, le temps d'un *show* ou d'un reportage, l'illusoire impression d'être encore vivants. Cela, dans la mesure où les bourgeois occidentaux — obsédés de sécurité, d'argent et de remèdes contre vieillesse, impuissance, calvitie et cancer — ont fait perdre aux peuples leur quivive, leur *sens du danger*. Il faut par conséquent tirer l'amour de sa domesticité et la jeunesse de son calfeutrement publicitaire pour restaurer la quête de sens, pour lors livrée aux scientistes et aux marchands.

Deux politiques antithétiques, donc : l'amour-dépendre et l'amour-déprendre. L'*A*mour, néototalitaire, et l'*a*mour, néoromantique ; le nonhaine et le hors-de-soi. Nous invaliderons la première politique par l'affirmation de la seconde ; nous inventerons la seconde par l'infirmation de la première. Nous ôterons ses chiffres au cœur, ses codebarres au corps, à l'« âme » calculatrice son manque de vague et d'irretenue. Si la normalisation des sentiments est la marque de fabrique des grands systèmes tyranniques, les poètes se délivrent de l'amour *convenu* en l'irrationalisant (postulat délirant). Si la pathétique victoire du virtuel sur la *virtù* — force transformant le monde — a massivement débilité la jeunesse, il revient aux philosophes de redonner à celle-ci le sens de la domination et de la tragédie (postulat désirant). L'autre politique de l'amour consiste en la révocation, *par* l'amour, de la fausse politique. L'autre façon de dire « *Je t'aime* » consiste à se taire. Aimer : non plus recommencer avec soi-même ni vouloir le bien d'autrui, mais se départir de soi. Oser l'Autre ; oser l'Être : — tenter le Je(u). Par-delà zones grises et brasiers rouges, rugissement de sirènes, surgissement de cercles maudits, oser le Silence. La Mort, se la faire. Le Tabou, se le dire.

INTRODUCTION

Lire *Je t'aime*

On dit que la spirale symbolise l'ordre de l'Être dans le changement, l'équilibre dans le déséquilibre, l'aquatique fécondité de tout prolongement vital. Elle symbolise aussi la quête philosophique, de la connaissance : chacune de ses spires se rapproche un peu plus de la vérité centrale sans jamais devoir l'atteindre. Aussi la démarche philosophique est-elle resserrement. La pensée n'y *déroule* pas comme à l'ordinaire ses opinions digressives : elle s'*enroule* anacondamment autour d'un épineux problème, le strangule, le dégorge de ses fluxions absurdes, l'ingère avec lenteur. Sangfroid reptilien ; férocité hypocoristique, inexorable et douce. Raisonnement non pas constructeur mais constricteur — goulot d'étranglement. La musculeuse intelligence du philosophe est pythonisse : ses vues obliques se frottent déjà aux esquisses à venir ; ses diatribes *brûlent*. Imminence immanente à la spirale logarithmique, à la concentrique reptation. Et, au fond, le philosophe-boa se plie à n'en plus finir à une vérité imbroyable qui fatalement — depuis le centre O — le cerne lui, et l'étreint.

Nous proposons au lecteur deux canevas de lecture : 1/le postulat désirant ; 2/le postulat délirant. Le premier voit dans *Je t'aime* une tentative de revitalisation critique du désir ; le texte y est pris à la lettre, bien que toujours de façon transversale. Avec le postulat délirant en revanche, *Je t'aime* s'appréhende comme une fabulation utopique. Ce postulat permet d'en désamorcer la charge subversive et d'en nier la portée philosophique : les propres élucubrations du lecteur peuvent ainsi rester sauves, à défaut d'être saines. Néanmoins, le postulat délirant est un postulat tout à fait tenable ici — ce pourquoi nous le mentionnons. Car l'amour invite le philosophe à la poésie, à l'irrationnel, au subjectif et au délire ; Platon lui-même s'interdit de s'en faire une Idée. Aussi donnons-nous ci-après quelques arguments qui légitimeraient l'adoption du postulat délirant. Aussi nous refusons-nous d'analyser un tel choix de parcours en adoptant nous-même le postulat délirant pour comprendre la lecture que fait le lecteur de notre pensée courbe.

Ce livre n'est pas une érotique : il glisse vite sur la peau, les caresses ou la pénétration en tant que telle. Ce livre n'est pas non plus un manuel destiné à l'éducation du sentiment : Flaubert et une biographie de Diane de Poitiers y suffisent ; rien n'y est dit en outre sur la conversation amoureuse et les bonnes manières. — Ce livre est une expérience de contrutopie. Projection assurément personnelle explorant l'*a contrario* de l'Amour discipliné, de l'utopie-là postmoderne et de la virtualité marchande. Trou noir en quête de lumières neuves ; kaléidoscopie de phantasmes ; décalque négatif ; antimatière. Précipiter les ruines pour rebâtir ; redevenir capable de délirer *par soi-même* pour se délivrer des délires anonymes et commotionnants. Imaginer une politique de l'amour pour saisir, par les détours d'une si étrange aventure, l'ampleur cachée des politiques de la famille, de l'insolidarité et de la dépendance qui sévissent en Occident et dont le suicide des jeunes est le corrélat le plus criant. La probité intellectuelle consiste alors à développer jusqu'au bout la contrelogique et les contrerêves afin de faire renaître notre aptitude à nous mêler de ce(ux) qui nous regarde(nt). — Repolitisation.

Dix Spires, plus de cinq cents Plis ; — comment sillonner les cosmogonies enserrées dans ce livre ? S'il s'agit d'une première *tournée*, nous conseillons de la commencer à la quatrième Spire et de l'achever à la première ; car si l'ordre des raisons va très logiquement de la Spire I à la Spire X, l'ordre des passions (itinéraire optimal de la découverte) est le suivant : Spires IV à X, puis Spires III, II et I. Le voyageur nouveau venu a donc rendez-vous avec l'amour et ses « *entraves* » à la quatrième Spire. Notons qu'il est recommandé de suivre l'ordre des Plis durant la toute première lecture. L'apparente facétie de leurs zigzags suit en fait une dramaturgie musicale, avec ses ondoiements et ses ruptures, ses décontractions et ses rythmes. Ses anneaux.

La Spire I a ceci de *déroutant* qu'elle condense notre réflexion en un jalon unique — à savoir la transcendance-immanence de la présence humaine —, et ce sous un mode synthétique, un ton expositionnel. Comme son titre le laisse entendre (« *Chaire obscure* »), il y est question du corps, sujet-objet du désir, et de sa difficile appréhension réflexive. Comment percer les mystérieuses dynamiques qui semblent le gouverner et qu'impliquent-elles pour l'épanouissement amoureux ? Devons-nous suivre les morales en son endroit et tenter de contrôler la puissance de nos débordements passionnels ? Pouvons-nous nous passer de l'hypothèse de l'âme pour comprendre les multiples dérèglements auxquels la relation à l'autre achemine ? L'amour rend-il aveugle, malade ou fou, ou bien nous sauve-t-il de notre volonté égoïstement crispée sur nous-même ?

La Spire II (« *De la phantasmagorie* ») tourne autour de l'imaginaire personnel, cette mythologisation permanente du corps qui devient réalité lorsqu'elle rencontre, par le langage infini de la présence, l'imaginaire d'autrui. Qu'exprimons-nous au-delà et en deçà de notre matérialité propre, par exemple à travers notre regard ? Les phantasmes sont-ils illusoires ou bien façonnent-ils notre expérience du monde ?

La Spire III (« *La petite mort* ») laisse transparaître les liens alchimiques unissant la phantasmagorie, le verbe et le bonheur. La jouissance littéraire *comprend*-elle la jouissance amoureuse ? Comment poétiser notre existence — c'est-à-dire nous en faire le styliste et l'auteur — tout en nous livrant à autrui ?

Pourquoi notre désir est-il tenté par la transgression et se corrompt-il lorsqu'il atteint finalement son but ?

La Spire IV (« *Entraves* ») entame un tournant — inaperçu dans le parcours virginal puisque l'on part d'elle. Forte des carnèles théoriques mises en place dans les trois premières Spires, l'enquête s'ancre à présent plus volontiers dans notre quotidien. Elle y décèle les trop nombreuses contrariétés qui mettent à sac l'insouciante gratuité de l'amour : la crispation ou peur de la générosité, la clownerie ou peur de la sincérité, la gynophobie ou peur de la femme. D'où viennent ces peurs et que faire pour les contrebalancer ? De quelle jeunesse sommes-nous encore capables ? Que peuvent avoir d'usurpateurs et de pernicieux les discours « officiels » sur la famille, le couple et la sexualité ?

La Spire V (« *Alertez les bébés !* ») poursuit la virée au cœur de l'institution amoureuse occidentale en insistant sur l'angle de l'enfance et du « *tétonnement* » (ou « *tittytainment* »), entreprise d'infantilisation spectaculaire des masses. L'idée d'une famille alternative, la « *Constellation* », y est cette fois-ci détaillée et fait même l'objet d'un glossaire auquel on peut à tout moment se reporter (Pli 248). Notons qu'une « *Charte de Constellation* » figure en fin d'ouvrage (p. 469) ; sa lecture préalable peut éclairer certains points exposés ici. Famille de cœur, réseau de solidarités, la famille constellaire offre un contremodèle aux familles incohérentes et individualistes qui fragilisent aujourd'hui les liens sociaux. En quoi consiste-t-elle ? Comment empêcher le désaxage précoce qu'induit la rencontre sulfureuse des dogmes traditionnels et des dogmes hyperlibéraux ?

La Spire VI (« *Misère sexuelle* ») confronte en les enveloppant les analyses effectuées jusque-là afin de mettre à jour les normalisations politiques de l'amour. Quels rapports celui-ci entretient-il avec le pouvoir, le milieu socioculturel, l'éducation ? Pour recouvrer notre liberté et nos sentiments authentiques, de quelle conception du bonheur avons-nous besoin ? Comment résorber notre déliquescence sans tomber dans la défiance cynique et le relativisme des maximisateurs sous contrainte ?

La Spire VII (« *L'âme sœur, l'hameçon* ») épouse les contours du couple monogamique, perçu par la jeune génération comme un destin en même temps qu'une déchéance. Comment comprendre ce paradoxe ? La passion peut-elle survivre à la promiscuité et à la fidélité exclusive sans devenir désamour ou cocufiage sournois ? La famille constellaire, aux fidélités plurielles, sincères et décentrées permet-elle de dépasser le Toi-&-Moi, l'encouplement liberticide que le spectacle promotionne autant qu'il compromet ?

La Spire VIII (« *Où sont les femmes ?* ») entrelace deux idées : la nécessité de repenser le féminisme et celle de repenser l'amour en conséquence. Mais comment changer les conditions d'existence et les mentalités ? Devons-nous vouloir la révolution (la dogmatique substitution des dogmes) ou bien la « *dévolution* » (leur idéologique fluidification) ? Et quelle révolution ?, quelle dévolution ? D'où vient par ailleurs que le culte du sexe effectif — ou « *sexolâtrie* » — puisse recevoir l'agrément résigné des femmes ?

La Spire IX (« *Les inférences de l'inamour* ») déroule les mobiles de la violence, de l'intolérance, de la haine et de l'« *inamour* » ou cruel refus de la vulnérabilité amoureuse. Comment redonner souplesse et bonté relationnelles au pervers, au gynophobe, au jaloux ? Pourquoi un impurgeable fond d'alarme et de barbarie dans le cœur des hommes ? Plus trivialement, pourquoi faire la gueule plutôt que la paix, la guerre plutôt que l'amour ?

La Spire X (« *Sublime abîme* ») cerne de près la « *succombance* », confiance en nous-même qui nous rend capable de nous abandonner, de nous éprendre et de nous épanouir. En tant que dépassement de l'amourpropre, la succombance recouvre la définition que saint Thomas donne de l'amour, à savoir : « *bonum diffusivum sui* », puissance expansive du don. Mais par quelles médiations la succombance athée — l'oubli de soi en l'autre et l'accueil de l'autre en soi — peut-elle produire un bonheur contagieux et fertile ? — L'art ? Le langage ? L'éducation ? La famille ? Et comment concilier la *réciprocité* et la *relativité* foncières du lâcherprise amoureux ?

Deux types particuliers de Plis émaillent ici et là les Spires : vingt épisodes relatant les aventures édifiantes de deux Grecs, Hormée et Anagkaion ; et dix Plis « *Pour éviter un contre-sens...* » qui explicitent chaque fois une notion ardue. Le lecteur peut lire d'une seule traite ces petits livres — ou « *libelles* » — en se reportant à la page 510. La « *chronologie* » (p. 485) retrace quant à elle l'ordre de rédaction, les circonvolutions reptatoires de la raison philosophante ; l'historique des strates déposées Pli à Pli, pas à pas, mot à mot. — Le sacre du *logos*, la nacre du discours.

Outre l'ordre des raisons (Spires I à X), l'ordre des passions (Spires IV à X, puis III à I), l'ordre libellaire, l'ordre chronologique et bien sûr la lecture purement aléatoire, ce livre permet une lecture passerellaire grâce à son index conséquent (« *Passerelles* », p. 475-483). Chaque entrée offre alors la possibilité d'une approche conceptuelle et transversale ; les passerelles peuvent ainsi être empruntées pour circonscrire la signification d'une notion, ou encore pour circuler librement dans une toile emplie de Plis qui se corrèlent. Le recours aux passerelles peut de surcroît secourir les lecteurs pressés de comprendre un Pli. L'intelligibilité ici à l'œuvre n'est pourtant pas de nature hypertextuelle, mais hypersensuelle : elle se livre au lecteur s'il se livre à elle. Indéfiniment, elle se reporte et le transporte ; — elle *charrie*. Que les impatients se tranquillisent, donc : l'auteur lui-même s'est perdu dans le coquillage !

Nous terminons la présente notice sur cette exigence de rationalité néritique et sensuelle. Elle donne au style son flou perçant ; aux mots leurs perturbations logosphériques ; aux phrases leurs pérégrinations cycliques, leurs brandissements souterrains, leurs brandons de discorde. Prose martiale, qui parfois parle d'abandon et s'abandonne ou parle de rigueur et se reprend — qui subit elle-même ce qu'elle ourdit et divulgue. *Ne rien laisser indemne* : ni la phantasmagorie des corps, ni la grammaticalité du monde, ni même l'orthographe qui doit en dire long. Tous les préfixes et les suffixes deviennent par exemple jouables pourvu que l'on fasse tomber leur signification sous le sens. Les vocables composés se voient soudés et accordés comme n'importe quel nom (« judéochrétien ») ; les tirets, eux, expriment une étanchéité sémantique (« démocratie-marché »), et, pluraux, ils isolent une particule centrale (« corps-à-corps ») ou forment un bloc substantivé. Les tirets cadratins (« — ») traduisent un changement de ton ou d'interlocuteur. Les italiques renvoient au mode oral ou bien mettent en relief un point important, un terme étranger ou une équivocité. Les guillemets critiquent la pertinence du signifié auquel renvoie le mot nonitalique qu'ils entourent. Les citations qui surgissent parfois au creux des vagues sans assignation ni référence tiennent la fonction d'énigmes allusives ou de parenthèses vibratoires. Bref, tous les ressorts spéculatifs, langagiers et typographiques sont sollicités pour intriquer les pas, intriguer les danseurs et rendre la philosophie — bal antique aux relatifs adages — absolument amoureuse, amorale, moderne et tournoyante.

Éloge de la solitude

> ***« Trakorpe ni enĵeti nin.***
> ***Nia drona kunsoleco***
> ***Min liberigis — punkto, fin' !***
> ***— Mi dankos al vi pro tio. »***

> *« Nous nous élancions par corps.*
> *Nos solitudes succombantes*
> *M'ont affranchi — finie, l'attente !*
> *— Je te revaudrai cet essor. »*

Les deux clefs du « *Je t'aime* » n'ont rien d'indécelable. D'ailleurs donnons-les d'emblée sans faire de mystère : « *Qui se ressemble s'assemble* » et « *Les extrêmes s'attirent* ». Poussiéreux lieux communs, vraiment. Mais qui soutiendrait que l'amour — hypocentre de nos ébranlements — doive briller d'une imponcive nouveauté ? Depuis des milliers d'années que l'humain bise et baise, chante « *I Love You* » et « *Ne me quitte pas* », monte aux balcons, grimpe aux rideaux, se déblatère le cœur, seuls deux polichinelleries ont survécu aux démentis du temps : « *Qui se ressemble s'assemble* » et « *Les extrêmes s'attirent* ». Or ces passepartouts ouvriraient aisément la porte du Couple Enchanté s'ils ne nécessitaient... deux tours de sens contraires ! — Les ennuis naissent toujours d'un vice de serrurerie.

Les exigences du « *Je t'aime* » sont donc indescellables, c'est la faute au trousseau. La première clef, « *Qui se ressemble s'assemble* », ne s'accorde pas avec la seconde, « *Les extrêmes s'attirent* ». Ou alors il faudrait, pour à la fois s'assembler et s'attirer, à la fois se ressembler et s'opposer — gageure qui ne manque pas de cachet. Mais les missives enfiévrées des jeunes amants perdent bientôt leur effervescence et finissent gentiment noyées dans l'aspirine.

Se ressembler : partager des affinités — terrain d'entente. Facteur de compréhension. Les extrêmes : natures adverses — semailles de zizanie. Facteur d'appréhension. S'attirer : maintenir la diamétrale distance du séduire. S'assembler : s'apparier pied-à-pied. « *Qui se ressemble s'assemble* » : je veux faire la paire avec mon *alter ego*. « *Les extrêmes s'attirent* » : je pars lui faire la guerre pour avoir la paix ! Les deux clefs ne tournant décidément pas rond, le « *Je t'aime* » promet bien des tourments aux déboussolés. Car comment parvenir au duo duel ? Une fois réunis, comment les extrêmes peuvent-ils continuer de s'opposer ? Ne risquent-ils pas de se ressembler peu à peu et de perdre ainsi leur fervente aimantation ? Et même s'ils fusionnaient, comment éviteraient-ils une lassitude mutuelle et copulativement détériorante ?

Peut-être nous faut-il d'abord examiner les deux clefs séparément avant de nous interroger sur leur utilisation conjointe. La chose s'avère aisée : une vieille étiquette indique la destination de chacune : « *Tendresse* » pour « *Qui se ressemble s'assemble* », « *Passion* » pour « *Les extrêmes s'attirent* ». La première ouvre très facilement la porte de l'Amitié ; la seconde, celle de l'Amour. Nous pouvons dès lors déduire ce qui doit se trouver derrière la porte du Couple Enchanté, hélas ! encore close : une passion tendre, une tendresse passionnée, une amitié amoureuse, un amical amour. Le paradis, n'est-ce pas ? Cette porte, tout le monde rêve en effet de l'ouvrir un jour. Mais, précisément, cette porte n'existe qu'en rêve. Car dans la réalité, la porte qu'ouvrent les deux clefs du « *Je t'aime* » s'appelle : « *Solitude* ».

« *J'adore la solitude, même quand je suis seul.* » Nous faisons nôtre cette profonde réflexion de Jules Renard : la solitude est un état de paix intérieure, non un état de siège. La solitude est un vécu gagné par l'expérience d'autrui, non l'angoisse de la perte irrémédiable. La solitude est l'amour qu'a une existence de sa propre imprévisiblilité ; didactique de l'humour qui permet de retrouver l'ingénuité d'aimer, de s'abandonner et de se laisser surprendre. Décantation de nos ambitions, de nos susceptibilités, de nos mégalomanies défensives. L'adorateur de la solitude s'étonne de lui-même, accepte de se recevoir et de se décevoir lui-même, se charme lui-même, défait par son *rire élémentaire* ses propres tentatives sectaires, ses fabulations compensatoires. La solitude est notre *permanence*. L'amoureux est amoureux d'elle avant de se donner à ceux qu'ils aiment. « *Même seul* », il n'est jamais seul : il est *avec* la solitude, avec le monde qu'il se ménage et qui le lui rend bien. — Zone bleue.

L'amour commence en aparté, *interstice privé* de toute rencontre. Même si l'attraction peut galvaniser des inconnus dans le tohubohu d'une fête, l'amour n'émergera vraiment entre eux qu'une fois envisagées leurs solitudes respectives. La multitude falsifie les personnalités, l'attitude les densifie, la solitude seule les personnifie, les dévoile. Dire ici que les rencontrants *observent* leur solitude revient à différencier celle-ci de l'isolement, c'est-à-dire du retrait social volontaire ou de la mise à l'écart casuelle — condition parfois nécessaire mais jamais suffisante de l'authenticité partagée. Cette dernière exige la présence phantasmatique d'autrui, fût-elle vécue par son absence réelle — non pas voyeur embusqué derrière un miroir sans tain, mais activateur discret du rayonnement de ma présence. Elle est levée de voiles, tombée de cagoules, récréation de la mascarade sociale : confiance affective, sincérité effective — délicatesse. Tête-à-tête qui donne corps à la liberté d'être seul-à-seul, bien qu'en contact épidermoscopique avec autrui.

La rencontre ne se produit qu'entre solitaires ; c'est pourquoi l'aparté *désolidarise* au moment même où l'on croyait la soudure avancée. Violence du face-à-face, de la confrontation à la vérité *crue* de l'autre. Lacan en fait une boutade saisissante : « *Il retira son masque : horreur !, ce n'était pas lui !... Elle retira son masque : horreur !, ce n'était pas elle !...* » Ce qu'autrui révèle de lui, c'est justement qu'il n'est pas Lui. Non qu'il soit *quelqu'un d'autre* : il est tout simplement *autre chose*, pour peu qu'il s'appréhende et fluctue dans sa solitude retrouvée. Perdu dans la multitude, il met le loup du Moi afin qu'on le reconnaisse et qu'il ne s'égare. Son Moi *uniforme* — caractère social plus ou moins fixé — lui colle au corps, jusqu'à l'étouffement si l'attitude et l'*ego* débordent. Moi hypertrophié du narcissique, du maniaque obsessionnel, de l'abcédé rivé à l'irrespirable, de l'hypertendu qu'aucun sourire ne décoince.

Dans la profonde solitude en revanche, le Moi individuel laisse immanquablement la place au Je(u) protéiforme, dynamisme multidentitaire, relais transindividuel. Plus je suis seul, plus Je(u) veux jouer aux autres — que Je(u) suis. Plus je suis sollicité, plus mon Moi prend les devants de ma scène et offre mon image standard aux yeux de tous. La solitude ouvre mon Je(u) et m'ouvre aux Je(ux) ; la multitude me referme sur mon Moi et me mure. Je(u) libre et polychrome ; Moi monôme et mondain.

Nous appelons « crispation » le passage du Je(u) au Moi. Passage préjudiciable à notre liberté mais souvent passage *obligé*, tant pressent les relations intersubjectives. À moins de se prénommer Blaise, Max ou Raoul et d'être vraiment à l'aise, relax ou *cool*. Certes pas, toutefois, d'une tranquillité « *tranquille* » (zen de façade, loup des Moi crispés mais coolisés par les joyeusetés TV, évaporés par les évasions mercantiles et fardés d'achats), mais d'une tranquillité franche, hardie et attentive : la solitude. Elle permet l'« abandon », le ployant passage du Moi au Je(u), du grimage à l'huilage, de l'écorce à la sève.

Notre Je(u) n'a pas le caractère dispendieux du commerce libéral avec nous-même, — ce Moi traficomane et toutmaîtrisant sur lequel les tripotiers misent afin que l'utilitarisme (le mutilitarisme) s'accapare de tous les visages. Notre Je(u) est au contraire la *relativité absolue* de nous-même en synergie avec l'autreté, en démiurgie avec le réel. L'interne anarchie de notre cours ; notre *improvisation*. Notre Moi nous enchevêtre à nous-même, pieds et poings liés à notre chorégraphie rituelle ; notre Je(u) nous enchevêtre au monde, nous (dé)livre, nous (é)change. Il est l'incontrôle grâce auquel les contrôles s'efficientent, le lâcherprise qui dessille les corps, la faillite sans appel des menées d'agiotage et des computations. Dans la crispaton, Moi m'enkilose, Moi m'oblitère ; dans l'abandon, Je(u) me trémousse, Je(u) me vivifie.

La solitude est l'aparté qui abat le loup du Moi et (res)suscite le Je(u), *lunatique et cohérent.* Évidente dans le complet isolement, la solitude se complique dans le face-à-face d'individus nonfamiliers l'un et l'autre. La dissipation de la gêne convoque la personnalité entière : tact, humour, culture, générosité. Trois politiques de l'échange peuvent être dégagées, stratégies inconscientes imposées par le corps : la succombance, la clownerie et la crispation. Il y a d'abord ceux qui ne s'accrochent pas longtemps à leur Moi, se laissent gagner par le Je(u) de l'autre et reprennent grâce à lui possession du leur. Ils s'abandonnent ainsi à la rencontre elle-même — mélange de deux identités qui s'altèrent réciproquement. Il y a ensuite ceux qui usent de clownerie et travestissent encore leur Je(u) avec un nouveau loup de leur *réserve* personnelle. Ils se déguisent en Je(u) ; ils feignent l'abandon mais se campent en fait sur leurs positions ; ils se protègent derrière une apparence de jovialité trompeuse, inconsciemment factice ou délibérément hypocrite. Et puis il y a ceux qui ne peuvent lâcher l'affaire (leur Moi) tant leur crispation, depuis l'adolescence, les transfige, les ossifie. Ceux-là manient la défiance — haine piquotante et toutsourire —, quand les clowns font semblant d'aimer et les succombants aiment, sans retenue aucune. Sans rapport de pouvoir. Sans loup.

La solitude n'est pas dupe ; la défiance, oui : elle trompe parce qu'elle se trompe elle-même. À moins d'être un pervers qui n'existe qu'en s'aliénant l'existence d'autrui, la solitude acceptée freine au contraire les tricheries de mon Moi, l'enjeu sociétal immédiat devenant moindre. L'enjeu devenant exactement mon propre Je(u) : la vraie solitude est *autoérotique.* Quand je suis seul ou quand j'offre ma solitude à l'autre, je m'offre d'abord à moi-même. Je m'oublie et, *par-là,* me retrouve. Je me répands et, *par-là,* me recueille. Je me disperse au gré du corps et me recompose de cette dispersion même : prolifique abandon. La solitude succombante éparpille les présences, les mélange, fait qu'elles font l'amour en ne faisant qu'*être là.* Seul, je me fais l'amour à moi-même — masturbation facultative. Dans la mesure en effet où mon Je(u) y est expansif et mon Moi en vacance(s), la proximité maximale entre moi et moi est émancipation. Parfois douloureuse, parfois suave. En tout cas ressaisissante et véridique : plus je m'enlise en moi-même, plus j'augmente ma capacité d'enlisement dans l'autreté et mon désir d'enliser l'autreté en mon sein.

Si la pleine solitude me semble atroce, le plein amour — co-enlisement — devrait aussi m'apparaître tel. Lorsque j'utilise l'amour pour fuir la solitaire sincérité, je dégrade mon amour en peur, ma confiance en anxiété. L'expérience de la vraie solitude (expérience profondément amoureuse) dissocie par conséquent l'amour et le besoin. Car si je recours à autrui pour m'éviter de recourir à moi-même je ne l'aime pas ni ne m'aime : je nous noue, je nous voue, je nous seconde. La dépendance n'est pas autre chose : me blottir au creux de l'autre parce qu'il m'est invivable de devoir m'en remettre à moi-même. La solitude volontaire m'apprend à m'appuyer sur mon Je(u), à faire que Je(u) me *supporte*. Privé de cet état-étai libératoire, je m'effondre sur les autres — servitude volontaire. Dans une lettre désabusée, Édith Piaf dit de ses amants : « *Ils ont toujours besoin de moi, comment puis-je croire à leur amour ? On ne se sert pas d'une femme que l'on aime.* » Lorsque — par clownerie ou crispation — je me refuse à la solitude, je me refuse à l'amour véritable, au mélange désintéressé, à la succombance frayée par-delà les frayeurs.

Si la solitude ouvre la voie de l'amour, pourquoi dès lors soutenir que l'amour en est la voie opposée, le divin *antidote* ? Pourquoi le mot « *solitude* » fait-il trembler d'épouvante et le mot « *amour* » fait-il trembler d'extase ? L'utilitarisme rentabilise la solitude, généralement synonyme de repos de la guerrière postmoderne. Le guerrier, lui, a besoin de sa mignonne pour se reposer dessus. Mais sur qui la *working girl* ou la célibataire se reposent-elles ? — Sur elles-mêmes ! En jargon utilitariste cela s'appelle « *se ressourcer* », « *se retrouver* », « *se recentrer* », « *faire le point* ». Faire que le flou cesse. Déposer un instant le Moi, le lourd loup, et souffler le temps de la pause syndicale. Se reposer de la carnavalesque cavalcade à laquelle les normes de la sociabilité défiante nous contraignent.

Optimiser ainsi la solitude pervertit pourtant sa finalité :

plutôt que de laisser advenir son Je(u) et de réapprendre la succombance, l'utilitariste met son Moi en veilleuse pour pouvoir l'utiliser plus longtemps ! Il s'évite simplement l'overbookage, l'overdose, le « *game over* ». Il n'est donc jamais seul-à-seul mais en footing, en jogging, en « *stand by* » ; jamais en aparté mais en congés, — jamais en paix avec les autres car toujours en conflit avec lui-même. La démocratie de consommation assiste d'ailleurs sa connexion émotionnelle et factice aux autres, éclatement du ventre sans retour et à tous les vents. Que disent d'autre la débauche télétechnologique, la stigmatisation des solitaires, la dépression statistique des divorcés, les suicides des paumés du cœur par milliers, sinon qu'il faille haïr l'isolement diabolique, bête noire du *love* et du *fun*, de la suroccupation *caractérielle* et de la jeunitude « *tranquille* » ?

L'utilitarisme fait de la solitude l'expression privilégiée de l'entropie relationnelle, la chute de la *philia*, l'associale décadence de l'énergie fraternelle. Aussi rabâche-t-il sans relâche son impérieux sophisme : « *Les solitaires refusent d'être solidaires ; les solidaires refusent d'être solitaires.* » Or, sous le diktat de la « solidarité » de troupeau, la solitude honnie se réintroduit dans les vies sous une forme ultramoderne : l'esseulement. La force de la solitude se situe dans ce pied-de-nez qui consiste à nous envahir sur le mode de l'angoisse dès que nous comptons l'utiliser sur le mode du besoin. La solitude se désire, la solitude est même le désir du désir — ce pourquoi elle fonde toute rencontre et toute solidarité. Y rechercher un avantage pratique, la *vouloir* chose efficace, « *moment de détente* », traitement préventif du stress, c'est trahir notre Je(u), nous abuser nous-même. La solitude *se gagne*, elle ne se décide pas ni ne se gère. Elle ne s'inventorie pas mais s'invente. Elle n'apparaît inquiétante qu'aux déjà esseulés, ces crispés qui croient pouvoir acheter leur dose de quiétude sans avoir à descendre dans leur propre puits — et qui s'y noient sans le savoir.

À l'instar de l'état de solitude, l'état esseulé n'a pas nécessairement besoin de l'isolement ou absence physique d'autrui. Les esseulés font d'ailleurs souvent foule, et la « communauté » des transports en *commun* relève plus de la collision effective que d'une affective collusion. L'esseulement traduit plutôt un vide intrinsèque, et la solitude, une plénitude du même ordre. Esseulé, je n'ai personne à qui me livrer ; je désire le lâcherprise mais nul n'est là *pour me recevoir*. Seul, je succombe en revanche à mon propre univers, mes élans intimes me réceptionnent. Le premier état me mine ; l'abandon m'a abandonné, l'espace et le temps creusent en mon for intérieur leurs étoufferies charbonneuses : fatigue d'être Moi, déréliction. Dans le second au contraire je reprends possession de mon parcours, de mon amour, de mes latitudes : réveil du Je(u), autonomie. C'est pourquoi l'esseulement me décède et m'abcède, me claustre et me séquestre, quand la solitude me dépêtre d'un Moi circonstancié en me mettant à nouveau au monde, l'antre ouvert, la peau disponible. Pour le dire succinctement : dans l'indésirable esseulement, je ne rencontre plus personne ; dans la solitude désirée, je me rencontre en *personne*, — je m'entretiens.

Les « drogues » — alcool, tabac, café, mais surtout hypnose télévisuelle — divertissent suffisamment l'attention pour lever momentanément les troubles superficiels de l'esseulement. Ainsi, et contrairement aux balivernes sociologeuses en rigueur, le vrai désastre relationnel des foyers tient-il à l'intrusion d'une TV de plus en plus tyrannisante. Par la passivité qu'elle inflige, elle brouille la décevante image que les esseulés devraient avoir d'eux-mêmes s'ils n'étaient les proies de l'abandon pixélisé, de la narcose à domicile, de la rencontre virtuelle. Ce tétonnement délivre des « *émotions* » aux immobiles, des « *envies* » aux hamsters, du « *spectacle* » aux spectatés. Après Mai-68, la TV devient très progressivement l'antenne principale du néototalitarisme de marché : un médium de propagande high-tech. Elle nous fait coopérer avec des sourires, consommer avec des pubs, nous agiter avec des jités ; elle nous endoctrine avec ses docs, nous emporte avec ses reportages, nous enjoue avec ses jeux. Toute la panoplie de l'humain — trituré selon la cause induite, rabâché selon la dose prescrite — à gober dans l'esseulement grandissant mais engourdi, la crispation relax.

C'est donc d'abord parce qu'ils monopolisent les

consciences sans répartie active que la TV et les cinepties violentisent. Tout particulièrement, le jeune spectaté en prend plein les nerfs, les yeux, les oreilles, frissonne sans trêve avec Harry, s'abrutit sans rêve avec Disney, finit la curiosité foudroyée par les séries, le cerveau pubtréfié, l'ossature molle. Il y a tyrannie visuelle — tétonnement — lorsque les images interdisent au spectateur de construire sa place dans l'espace narratif. Autrement dit lorsqu'elles lui assènent un flux ininterrompu de braillerie, d'effet spécial et de va-et-vient décousu qui inhibent son imagination et flétrit son intelligence élaborative. La propagande néototalitaire entend ainsi priver l'être humain de *respiration* et, par cette ponction navrante, de libre défaillance, de solitude souveraine. Aussi en appelle-t-elle systématiquement à la violence *sympathique*, c'est-à-dire légale et applaudie : Com au stress captivant, intubations cathodiques, dispositifs identificatoires et fusionnels — flopée fictionnelle abolissant le jugement et réduisant la pensée au silence.

S'étonnera-t-on encore de voir la jeune téléfoule prendre la solitude pour de l'esseulement, le discernement pour de la turpitude et fuir la vieillesse comme une affection contagieuse ? Voici quinze ans qu'elle ne participe plus au sens des images dont on l'abreuve. Grâce à la dictature médiaticoconsumériste qui le verrouille, le Système obtient l'*assentiment* du troupeau des citoyens bovinisés, leurs envies de ruminance, leur inertie de militance, leur grégaire abdication. Cet aquoibonisme servile invective, par sa résignation et son suivisme, le moindre allant rebelle. Il ne connaît ni pessimisme ni optimisme : flottement virtuel d'une âme désincarnée, calculatrice. La téléfoule sinistre la politique, invalide les contestations sociales et, face à la solitude, crie au loup. Ses amours cupides ne peuvent distraire son traumatique esseulement.

L'esseulement ignore la puissance déterritorialisante de la pensée solitaire. S'il fait hurler le Moi de détresse, il ne le fait nullement chavirer dans le Je(u) et en accroît ainsi l'exponentiel désarroi. Puissance de crispation ; inconsolable parce que impensable, plaie toujours vive parce que impansable. Infradiscursivité de l'esseulement : sous son empire, rien ne peut faire événement, pas même nous-même. Depuis notre bulle de terreur, notre vide irrationnel et abyssal, nous guettons vitreusement autrui mais que personne ne nous parvienne : il faut se donner pour recevoir, et l'esseulement est la *cassation* du don. Il sanctionne le Je(u) en annulant la rencontre avec autrui ; il nous décède. Cela, parce qu'un nondit le motive, un nondit incompossible avec notre abandon à l'autre.

L'esseulement est en effet ce nondit glaciaire qui doit rester tel — qui doit rester tu — et qui givre ainsi l'essor spontané de mon Je(u) vers le Je(u) d'autrui. Le Moi triomphe fatalement, puisque me laisser aller à mon Je(u) m'exposerait au risque de trahir le secret. Régi par le nondit, il m'interdit le libre épanchement, l'excessif emportement, l'accessive importance que pourrait prendre autrui dans mon cœur. *L'esseulement me désole en m'amputant de toute succombance.* Et lorsque autrui est mon amour, lorsque la clownerie ou la crispation imposée par le nondit entrent en contradiction avec ma soif de lâcher-prise, je sombre dans le Décès, la perte de ma singularité intensive et informe, de mon individualité événementielle et mobile, de mon heccéité — de mon Je(u). Le nondit restaure les tensions de pouvoir que mon corps avait si continemment réussi à *étancher*. Le nondit m'esseule en me poussant, *malgré mon désir*, à maîtriser la relation. Il oblige le Je(u) — pourtant possible — au Moi — pourtant détesté. Il intervient dans ma joie d'aimer et me dicte une conduite suborneuse qui me dévoie de l'être cher. « *Suborner* » : corrompre un témoin. Et le témoin du nondit, c'est moi-même, à présent désespéré, désertifié, déserteur.

Les psys entendent médicaliser l'esseulement avec un florilège terminologique destiné à nier sa dimension essentiellement *inexpressive* et *sociopolitique* : « *dépression* », « *neurasthénie* », « *mélancolie* », « *acédie* », « *dévalorisation narcissique* », « *dysthimie* ». La littérature du Moyen Âge l'appelle joliment « *langueur* » et voit sa cause dans le départ de l'aimé. De fait, tous ces maux ne renvoient qu'à un seul mal : l'esseulement par nondit — subreptice décolorisation de l'existence, soudaine décolérisation du corps qui ne désire plus. Mais l'esseulé brouille lui-même les pistes en *prétextant d'autres causes* (problèmes de travail ou d'amour), cela précisément pour continuer de nondire le nondit, racine ombreuse de ses souffrances ! La taxinomie psy classe donc l'inclassable, à savoir le nondit persistant, ou plutôt sa rationalisation ré(d)actionnelle : évitement autoexplicatif à l'attention des soigneurs d'esseulés. Justifier fallacieusement le nondit permet à ces derniers de le taire encore. Ils se tirent d'affaire en donnant de l'ivraie à moudre pour ne pas dire vrai. Et les premiers dupés sont d'abord eux-mêmes : le nondit qui les ulcère et dénature leur respiration avec l'autre, ils le taisent *sans se le dire*. Ils l'évacuent en évacuant d'eux leur propension au pur échange, celui des phantasmes modelant le réel et des présences se modelant.

Qu'est-ce qu'un nondit, demandera-t-on alors ? — Ce qui rend la solitude taboue et l'esseulement (l'évitement) inévitable. Le nondit est une politique de l'inexpression comme l'aveu est une érotique du problème. Le premier livre le Je(u) au Moi et l'être à l'esseulement, à l'autodénégation ; le second délaye le Moi dans le Je(u) et produit l'aparté, le mélange des solitudes audacieuses, l'interosmose. Le nondit se transmet sous la forme inexpressive du silence, c'est-à-dire plus vite et plus puissamment que le verbe. Parce qu'il n'est pas *déclaré*, il se déclare comme une maladie : par symptômes, par névroses, par harassement surtout. Parce qu'il espère épargner quelqu'un, il touche tout le monde : famille, amis, autrui, soi. Dénué d'amarres langagières, il éclabousse d'une violence illimitée et diffuse ceux qui entrent en contact avec son porteur — l'esseulement n'esseule pas seulement l'esseulé mais contamine insensiblement tout son entourage. Le nondit désempare ceux dont il s'empare, les décontenance. L'esseulé s'interdit et interdit aux autres toute manœuvre. Son nondit lui a fait perdre *le sens des mots* et, avec lui, le sens de la réalité, le sens du Je(u), le sens de l'amour de soi et des autres. Sa vie ellemême ne signifie plus rien et ne vit nulle part : le Moi museleur la décline tout entière au sens *figuré*. Loup-garrot.

C'est au sein de la famille que le nondit fait le plus de dégâts, pour ce qu'elle frictionne et familiarise les familiers. Qui plus est, la portée du nondit s'avère transgénérationnelle ;

héritage désolant que la filiation perpétue dans chacune de ses branches. Les lignées catastrophées de la mythologie grecoromaine l'illustrent remarquablement : notre destin est gros des nondits de nos aïeuls, transmis de regard en regard, de rictus en réticence, de mutisme en réserve. Succession de valeurs discrètes traversant morosement corps et âges. Dans de nombreuses tribus primitives, les guérisseurs traitent ainsi l'esseulement par un rituel incantatoire et déclamatoire qui le rattache à un *problème d'ancêtre*. La psychanalyse ne fait pas autre chose : quand elle n'est pas le fait de charlatans pervers, son fond chamanique lui assure une efficacité libératoire bien supérieure à l'abonnement au lithium des psychiatres, au « *manque de sérotonine* » des neurophysiologistes, au déblaiement de surface des psychothérapeutes. Mais induit par les classifications dogmatiques du DSM-IV, le toutdépressif des docteurs généralistes constitue LA manne phynancière du XXIe siècle pour l'industrie farmaceutique. On médicalise les travailleurs, les délinquants, les esseulés, les harcelées, solidifiant par là même le nondit familial qui le distille ! On « soigne » (on *dorlote*) les causes substitutives ou déclenchantes sans s'attaquer à l'origine du mal — car le mal est rentable et la médecine-marché du « *capital-santé* », capitaliste. Thérapie par la crispation chimique, à l'usage d'Occidentaux prostrés dans les nondits de leur histoire ; nondits centenaires et actifs, sanglants, cinglants, *à l'œuvre*.

La solitude rend le Je(u) virtuose, à l'inverse de l'esseulement, ce *taedium vitae* dont parle Sénèque, lassitude de soi et du monde. La solitude ne peut cependant être décrite cliniquement ni même circonscrite dans l'espace et dans le temps à la manière d'un documentaire comme le font Nerval, Maupassant, Styron ou Rosset de leur esseulement. Plus qu'un état, la solitude caractérise un style de rapport au langage où les nondits *sortent* ; elle est une modalité de l'expressivité, affranchie du poids des mots, des sanglots, des secrets. Les mots se meuvent, ils ne se mâchent pas. Les sanglots s'écoulent, ils ne sanglent plus. Les secrets se sécrètent, ils ne coincent rien ni personne.

On comprend dès lors pourquoi la solitude est l'objet illittéraire par excellence : qu'en dire de plus que la *tournure* du nondit par elle formulée ? La vérité de la solitude est dévoilement ; mais dévoiler le dévoilement par l'écrit, c'est à nouveau le recouvrir. Relater l'expérience de ma solitude passée ou présente la frelate, la déforme ; en faire l'éloge la déloge de mon être et m'en fait *oublier* la teneur. Cela reviendrait à la traiter en objet alors qu'elle est sujet vécu et inobjectivable. Projecteur me projetant, nombut me mitraillant, Je(u) qui me prend pour cible. Le Procès qu'elle m'attente ne peut se retourner contre elle sans m'écrouer aussitôt dans l'inauthenticité du Moi. Ma solitude ne se situe jamais ailleurs qu'en moi-même ; ni ma plume ni mon traitement de texte ne peuvent la restituer. Ces présentes spirales qui désespèrent de saisir la fuyarde le prouveraient presque : la solitude, spirituelle lascivité du corps amoureux, laisse bredouilles lassos conceptuels et lacis policiers.

Buzzati parle de solitude-attente, Foucault de solitude-aveu, Pessoa de solitude-rêve, mais ni l'attente, ni l'aveu, ni le rêve ne rendent compte de la solitude dans sa nudité propre, précisément parce que la solitude est le dénuement lui-même, la désidération irréfléchie de ce que Je(u) recèle de désir dans l'instant. Autant demander à un peintre de peindre un vrai miroir ; autant demander à un musicien de composer l'actuel écho des sonorités environnantes. La solitude : la mise à nu de ma mise à l'épreuve, et la mise à l'épreuve de ma mise à nu. La solitude : l'aveu d'une attente, et l'attente d'un aveu. — Le rêve d'une mise en abyme du rêve : *ma* réalité.

Quand on sait à quel fort degré de solitude les philosophes s'envoient, l'absence d'une mention dans leurs œuvres et son omission dans les dictionnaires relèvent du falsifiant prodige. Tout au plus y est-il question de « solipsisme », aussitôt raillé, aussitôt rayé, et ne donnant jamais lieu à un système fécond — à l'exception de l'egosolisme de Klima, chefd'œuvre du genre. La bizarre occultation de la solitude en philosophie accompagne logiquement l'occultation du mélange amoureux et charnel. La raison est d'ordre ontologique : les philosophes récusent la solitude et le mélange à cause de leurs préjugés objectivistes. Ils pensent la réalité en termes de totalité et confondent donc le Je(u) — toujours s'absentant — et le de Moi — toujours *présentable.*

La disjonction husserlienne entre la donation de la chose perçue par esquisses et son intellection adéquate (issue d'une construction *a posteriori*) constitue un virage important : l'unique mode de présence de l'objet devient son absence même, absence appelant une suite indéfinie de nouvelles manifestations. De même, le Moi est et n'est pas le Je(u) : il n'est qu'une face, qu'une esquisse. Mais cette face est *intentionnellement* exposée au monde. L'essence du perçu de mon Moi par autrui ne tient pas de l'imperfection *contingente* — laquelle renvoie chez Husserl à un résidu d'objectivisme tenace — mais de l'imperfection nécessaire, parce que *désirée.* Le dernier Merleau-Ponty dépasse l'objectivisme du point de vue de l'Être : celui-ci n'est plus pensé sur fond de Néant, l'effectif n'est plus l'actualisation d'une essence. L'ontologie merleau-pontienne parvient ainsi à s'affranchir du principe de raison suffisante qui, depuis Parménide, conduit à poser la précession du Néant sur l'Être. La contingence n'est plus la réalisation d'un possible parmi une myriade. La question fondamentale n'est plus « *Pourquoi y a-t-il quelque chose plutôt que rien ?* » mais « *Pourquoi les faits sont-ils la condition de l'essence ?* » Il s'agit, pour nous, de nous engager dans la voie de l'Être-sujet, de l'Être-devenant, de l'Être-vague — c'est-à-dire de maintenir notre pensée à l'abri du dogme éléatique de l'Être-objet, de l'Être-identité, de l'Être-détermination. Dans l'abandon, l'Être succombe à l'Être, autrement dit *l'Autre succombe à l'Autre.* Ubiquité du corps désirant ; oubli de soi.

Dans l'esseulement, le nondit — la peur de désirer être — me fait décéder. Mes fausses interrogations ont le Moi pour *objet* : Je(u) ne me fréquente plus. Je ne me surplombe plus : je suis Moi, je gravite à travers ma propre opacité. Reconsidération *effective* du Je(u), la solitude me sort des fallacieuses intellections de moi-même. L'Être-succombant se rapproche ainsi de l'ontologie de l'élément des Ioniens : pour Anaximandre, Anaximène ou Thalès, l'homogénéité illimitée produit positivement l'hétérogénéité du réel. Le corps vécu est en effet pour nous *distinction* révélatrice et *mélange*, autoaffection et ouverture, subjectivité et objectivité. Le monde dérive du corps et le corps dérive du monde. L'expérience métaphysique de la solitude nous renvoie ainsi au rassemblement nontotalisant de notre être homogène. Force unifiante : mon Je(u), pourtant multiple, fait un avec moi-même. Force donatrice : mon corps qui se déployait dans l'étendue du Moi, *partes extra partes*, se rassemble à partir de ma propre intériorité textu(r)elle, hors de toute facticité. Dans la solitude, je n'*ai* plus mon corps : Je(u) le *suis*. La disparition du Moi dans le Je(u) y entraîne celle du Je(u) dans le corps — « *Qui se ressemble s'assemble* ». Force oblative, enfin : parce qu'elle me donne à l'autreté, Je(u) me détermine — « *Les extrêmes s'attirent* ». La solitude est cet état charnière où la chair se phénoménalise par-delà le subjectif et l'objectif ; où je cesse d'être polarisé sur l'autreté par mon désir puisque c'est l'autreté qui, en m'englobant, me polarise sur celui-ci. Nous sommes ici à l'opposé de l'esseulement, force ablative me séparant de l'autreté et me privant ainsi d'intentionalité propre. Tandis que je suis absolument *original* dans la solitude, l'esseulement me marginalise, me démobilise : au lieu d'être tributaire de mon désir *élémentaire*, me voici tributaire d'un Moi impropre et objectal. Solitude motrice, solitude matrice — esseulement mystificateur.

Le premier geste amoureux envers autrui consiste à lui demander conseil. En le jugeant apte à me tirer d'embarras, je lui montre qu'il y a pour moi bien plus embarrassant que sa présence. La difficulté que son avis peut me faire surmonter importe ici moins que l'écoute commune sensuellement créée par les confidences et les conseils. Si l'affrontement vaut pour dissuader les défiances, l'érotique du problème vaut pour l'émergence des confiances. Avant que je *nous* convoque en soumettant mon Je(u) au sien, nous envisagions nos masquages respectifs ; à présent, nous nous considérons. Je me compliquais dans la performance de mes énoncés particuliers ; redevenu seul grâce à autrui, Je(u) me simplifie, je m'intuitionne. La solitude est la compétence du corps, la saisie enthousiaste des règles de mon désir.

Alors qu'il survivait de sa constante réécriture dans les mémoires micloses, voici le nondit découvert et dénoncé dans le paralangage de l'aparté — le mélange amoureux, la *rencontre solitaire*. Aucun anxiolytique ne peut remplacer cet être-à-être avec moi-même, ce Je(u)-à-Je(u) avec autrui. La confession, l'analyse ou encore la promiscuité familiale pallient l'esseulement qui découle du manque de solitude sans toutefois en résorber la cause, à savoir la peur d'abandonner le nondit. Peur qui me prédestine à l'épuisement contrenature, à la nervosité hors mélange. Car ce que j'abandonne à l'autre, ce ne peut être mon Je(u) — l'abandon en étant justement le ravissement, le congédiement sidéral — : j'abandonne mon nondit au désir de l'autre dès l'instant où il abandonne son nondit à mon désir. Cocirculation *désaltérante*. Soi en l'autre : la mort excessive ; l'autre en soi : l'accessive renaissance. En faisant de l'exposition du nondit au désir d'autrui la condition de l'amour et de la santé humaine, la Nature veut que les uns les autres nous nous mélangions !

Le mélange amoureux peut être défini comme la succombance induite par une double implication des désirs. Si on a deux désirs D_1 et D_2 différant seulement par le fait que D_1 a un corps x et D_2 a un corps y là où D_1 a un corps x, et si $D_1 \supset D_2$ et $D_2 \supset D_1$, on pourra dire que x et y sont mélangés. — Tous les « *Je t'aime* » émis par abandon sont d'*extrêmes synonymes*. Conséquence : les places s'échangent dans le mélange — pure rencontre sans fauxsemblant, sans fauxfuyant. Les Je(ux) ne se volatilisent pas : ils s'intervertissent. Mon Je(u) me désire *dans* le corps de l'autre ; son Je(u) le désire *dans* le mien. « *Dans* », cela signifie ici « *depuis* » et « *au-dedans* », source et but. Désirer l'autre, c'est donc lui livrer mon Je(u) et, par là même, faire que l'autre — mon Je(u) succombé en l'autre — veuille me rejoindre, et *vice versa*. Les corps qui s'aiment s'aimantent dès qu'ils ont échangé leur *conatus*, leur tendancieuse entreprise d'individuation, leur persévérance essentielle. Les aimantés désirent leur propre Je(u), déposé en l'autre et manifesté par lui. Un Je(u) *comme jamais* : un Je(u) exhalant le nondit parce que, en l'autre, délivré des crispations de mon corps qui le retenait sous le sceau du secret. Dans le mélange des solitudes, je surprends et viole le secret de l'autre en même temps que l'autre surprend et viole mon secret. Nos propres réticences processives ne peuvent plus interférer dans cette concertation symphonique ; le déshabillé de nos Je(ux) invite nos présences à se superposer. Il suffit pour cela d'un regard, d'un sourire, d'une épaule. L'amour est un se-maintenir-soi-par-autrui, un lâcherprise à portée de main. Une connexion de moi avec moi par la transduction médiatrice de l'autre : — une annexion. Aimer, c'est mordre à l'hameçon que j'ai moi-même donné à l'autre depuis ma solitude. Ce que j'aime chez lui, c'est sa canne à pêche.

Dans l'esseulement, mon Moi m'interdit de jouer le Je(u) d'autrui ; corrélativement, autrui ne peut donc jouer mon Je(u), pris en otage par mon Moi. Je(u) ne me possède plus : c'est mon Moi qui me possède, me colmate et m'obstrue. Mais d'où vient que je puisse fuir la rencontre des solitudes — la permutation des Je(ux) — comme une menace ? Fuite d'autant plus étrange que l'interversion reste éphémère, le temps du mélange des corps, des regards, des présences. Très vite, la saine fatigue nous gagne pour que nous fassions à nouveau le Procès de notre Je(u) vagabond après un intervalle d'hébétude, un somme, voire une période nettement réfractaire à la réitération immédiate du mélange. Nous ne risquons donc pas de nous perdre en l'autre au point de ne plus en revenir : nous revenons toujours, altéré sans doute, mais épanoui, le Je(u) plus libre, l'autonomie corroborée par ces escapades accessives et excessives, loin en l'autre au point de n'être plus nous-même, loin en nous au point de devenir l'autre, le laps d'un abandon.

Pourtant, la peur du mélange est bien une peur de mourir, une peur du nondit indicible. Celui qui vit la mort perd tout ou partie de sa succombance : traumatisme des rescapés d'une guerre, d'un viol, d'un accident. Celui qui voit la mort perd tout ou partie de sa solitude : esseulement des témoins d'un crime et des spectatés de la Com antisociale. À la représentation *stylisée* de la violence des années 1980 succédèrent ainsi la représentation *ultracynique* des années 1990 et la représentation *ultraviolente* des années 2000. *Funny Games* (M. Haneke), *Trouble Every Day* (Cl. Denis), *Irréversible* (G. Noé) ; *À ma sœur !* (C. Breillat) : le cinéma antisocial cherche à confusionner le signifiant et le signifié, le jeu des acteurs et le Je(u) de l'*assistance*, les cascades et le tabassage en règle du public, la fausse hémoglobine et l'abject adrénalisant la salle. Quel que soit leur âge, les spectatés les moins bien préparés psychologiquement *n'en parlent plus* : ils n'en gardent que des bleus indécis à l'âme et de l'angoisse au corps. Loin de nous purger de notre violence intrinsèque, ces fictions nous violentisent, c'est-à-dire font rentrer la violence en nous, font *supporter* l'insupportable. Cinéma esseulant car la mort s'y contemple ; cinéma traumatisant car la mort s'y éprouve. Cinéma quatre fois plus nocif que la pornographie de carnaval — cinéma curieusement interdit aux moins de seize ans, quand toute pénétration vaut de façon imparable l'interdiction aux mineurs, si inoffensive soit-elle. Un rééquilibrage proportionnel au taux de nocivité ferait donc que l'on autorisât l'accès des *peep-shows* aux enfants de plus de quatre ans... À quand le simple avertissement : « *Nuit gravement à la joie de vivre* » ?

Mais pour saccager notre courage d'aimer, la recette favorite de l'utilitarisme reste le cynisme. Il consiste à notifier banalement le nondit — l'inconsciente occultation de nos terreurs —, avec irrévérence et détachement. Fin de l'utile, la mort y est malgré tout *utilisée* à des fins de sarcasme ; c'est mieux que *rien*. La Com utilitariste met tout sur le plan du risible ; le vital, le létal doivent être tournés en dérision pour ne point freiner les conduites commerciales avec de la prise de conscience ou des valeurs éthiques. Tout se permettre puisque plus rien ne *vaut* : relativisme innommable des nondits braillés à tuetête par les merlans frits. Se foutre de tout : nescience glorieuse des dociles fachos d'aujourd'hui. Se payer (de) tout. Comment le don de notre solitude survivrait-il, cancérisé par la défiance universale ?

Les débats publics placent volontiers la sexualité des jeunes au rang des problèmes sociaux. Sida et maladies sexuellement transmissibles, viols en meute, mères célibataires adolescentes, nombreux avortements, harcèlement sexuel, influence de la pornographie : la prévention de ces maux semble souci louable. Mais derrière les programmes d'éducation sexuelle, du moralisme. Derrière les incitations à la réserve ou à l'abstinence, du puritanisme. Derrière les exhortations à la gestion narcissique de nos jouissances, de l'utilitarisme. Libertinage consumériste venu des États-Unis, la mode du « *polyamour* » synthétise exemplairement ces deux tendances : 1/celle, néocannibale, qui ramène toute relation amoureuse à notre satisfaction personnelle ; 2/celle, morale, qui compense la débauche commise à l'encontre du Toi-&-Moi exclusif avec une ébauche de codification, nimbant les « *nouveaux polygames* » de loyauté louable. Les « *polys* » sont des couples qui officialisent leurs cocufiages, avec pour seule réserve qu'il ne faut pas aimer ailleurs *plus que* dans le couple ! Ils numérotent leurs partenaires extraconjugaux (P_1, P_2,... P_x), tiennent l'officiel (O) au courant des officieux, quantifient enfin l'intensité de leurs passions multiples — $i(X)$ — de façon à essayer de résoudre l'équation : $i(O) > \{i(P_1), i(P_2), \ldots\ i(P_x)\}$. Ils évitent ainsi la partouze radicalement hédoniste qui noierait l'« officiel » dans la masse et, en tant qu'inclusivisme, blasphémerait contre le Toi-&-Moi toutpuissant : $i(O) > \{i(P_1) + i(P_2) + \ldots + i(P_x)\}$. Le polyamour, ou l'inconstance fidélisée — polytesse. Un jeu forcément pervers puisqu'il fait du Toi-&-Moi la table de résonance du franc adultère.

Comme tous les réajustements utilitaristes, le polyamour, les clubs échangistes, la Nénette Internet et autres manières civiles de consommer autrui tentent de résorber l'esseulement par le cynisme, le vide par la boulimie, le manque à être par l'Avoir. Le sexe utile et mécanisé congédie ainsi la solitude — l'oubli de la performance — en faisant du coït le fin mot de l'histoire au lieu d'en faire le coi commencement. Les formes de socialisation reposant sur le sexe insuccombant nous enlisent dans la glèbe des rapports de pouvoir. En cherchant à combler l'esseulement par de l'apport quantitatif, elles le creusent. Tâtonnant batifolage de l'Être en chacune de nos hésitations, l'amour y perd alors son oblicité essentielle. D'anarchique et séducteur (« *seducere* » : « emmener à part », « tirer à l'écart »), l'Avoir le norme, le dit, l'appesantit.

L'amour de marché ne dévie pas ni ne se laisse distraire : il jouit d'aller droit au but. Férocité rectiligne des prédateurs. Aussi le cynisme de l'esseulé utilitariste n'a-t-il de léger que l'apparence ; non pas humour libérateur, mais manœuvre de coercition sous des allures *divertissantes*. Séduction consciente de sa faim pour laquelle tous les nondits se valent et tous les moyens sont bons.

Le nondit est humecté de mort. L'esseulement l'assèche et m'en dégoutte ; la solitude — entrouverture-geyser de mes secrets — me fait jaillir et le fait fondre. Or, de même qu'un chien se sent en danger lorsqu'un inconnu le regarde fixement, de même nous possédons un instinct qui nous incite à rester hors du flot sincère d'autrui pour ne point en mourir. La rencontre naît de l'apprivoisement de solitudes qui s'échangent en troquant leur mourir. Aussi nous faut-il nous habituer l'un à l'autre pour que se dissipent les inhibitions naturelles et les mécanismes de défense. La civilité, la bienveillance, le charme et l'humour balayent efficacement la méfiance spontanée, à l'inverse de la violence, de l'impertinence et du cynisme qui provoquent la crispation.

Néanmoins, cette habituation fausse la solitude si elle se fait accoutumance, c'est-à-dire dès qu'elle efface le seuil d'autrui en l'encombrant continûment. La familiarité amoureuse laisse alors la place à la promiscuité fusionnelle, ponctuée d'aucune respiration, d'aucun retrait des Je(ux) dans leur mourir intime. Inaération de la famille recluse sur elle-même jusqu'à l'étranglement ; anhélation des amants promiscuits pour lesquels « *bonjour !* » n'a plus rien de simple parce qu'ils ne (se) décollent plus et nomment leur suffocation « *besoin* ». La solitude oxygène mon Je(u) en le combinant à l'autre : elle me rend *disponible* à l'altérité, elle m'ouvre. Mais la combinaison doit rester sporadique sans quoi elle finit par nous oxyder. Par la solitude d'autrui, je me décentre de moi-même ; mais je dois ensuite me décentrer de lui pour *prendre acte* de mes bouleversements et recouvrer mon Procès, me recentrer à nouveau sur mon cours. Faute de décentrement dans l'aparté, faute d'intermittences dans l'amour, la promiscuité aliène les autonomies et les indistingue en une hétéronomie sans responsabilité ni désir propre. Promiscuité qui, en quelques années, rend les encouplés *sans intérêts* quand bien même leur personnalité, prise individuellement, promettait mots et merveilles. Les Je(ux) ne sortent pas indemnes d'un aparté provisoire ; ils sortent en revanche idems d'un aparté qui perdure. Nous décentrer : être sans cesse des soupirants l'un pour l'autre. L'amour haletant ne s'éternise pas.

Le décentrement permet l'amour authentique, l'empathie depuis deux solitudes. Il est décentrement vis-à-vis de l'aimé puisque Je(u) me ressaisis après le mélange. Mais comme Je(u) me ressaisis *transformé par le nondit de l'autre* — désir dont j'ai joué le Je(u) lors de l'aparté —, le décentrement atteste *a posteriori* d'un décentrement par rapport à moi-même. Douche bienheureuse qui me débarrasse de mes peaux mortes, me fait renaître à mon corps et me fait redésirer le mélange avec autrui, dont l'absence peut à nouveau paraître intenable. Amour névrosé : renforcement de crispations s'aliénant l'une l'autre — « *Moi t'aime* ». Amour véritable : décentrement de libertés s'intensifiant l'une l'autre — « *Je(u) t'aime* ».

Or, en plus de trembler à l'idée du mélange, nous tremblons aussi à l'idée du décentrement ! Deux effrois antinomiques, notre oxymore amoureux : l'esseulement, clivé entre la peur de la succombance et la peur de la solitude, la peur de recueillir en nous déprenant et la peur de donner en nous recueillant. Si la solitude est bien l'*amour de soi*, l'esseulement en est l'éclipse, état de disgrâce dans lequel nous n'avons plus de prise sur notre existence. Dès qu'il s'agit de s'arroger du pouvoir qu'ont les individus sur eux-mêmes, l'*esseulement est édifié en dogme* auquel tous doivent se soumettre. Qui se ressemble s'assemble ? Les totalitarismes religieux et le néototalitarisme de marché y souscrivent pieusement. Cependant, ils centralisent à leur propre compte les forces d'aimantation en faisant consister la ressemblance non dans les solitudes singulières, mais dans une médiation transcendant les libertés autonomes : l'Être suprême, l'Avoir suprême. Les religions monothéistes — dont l'utilitarisme, religion des toutachetants — esseulent les gens en prétendant les rassembler autour d'un néant « matérialisé » par propagande affective (endoctrinant précocement les jeunes) et effective (fustigeant les moutons égarés). Une telle doctrine fourvoie l'amour en virtualisant ses initiateurs et ses réceptacles. Elle concentre les pouvoirs sur Dieu ou l'Argent en déconcentrant les individus d'eux-mêmes — en les polarisant, loin de leur solitude rédemptrice, sur des effigies baptisées « *bonheur* ».

La religion monothéiste veut des crispés pour les tenir par des promesses de décrispation à venir. Elle hait la succombance *impie*, l'abandon exempté de ses services. Toute joie de vivre commise hors de son empire la fait vaciller. Une foule heureuse qui n'irait pas à confesse, qui danserait hors de ses bastringues, qui nierait ses rites et se moquerait de ses semonces, qui orgasmerait sans ses godes et se chérirait sans ses dieux tomberait sous ses stigmatisations furieuses. Le totalitarisme religieux entend avoir la mainmise sur chaque solitude, chaque Je(u), chaque mélange. L'amour *légitime* passe par elle ; le bonheur *normal* aussi. La clandestinité contestatrice est son pire cauchemar, la solitude solidaire son pire ennemi, l'État policier son meilleur inquisiteur, l'esseulement déprimant son meilleur allié.

Courtcircuitage de la confiance en soi, la religion veut que l'individu borne sa solitude, la délivrance *miroitante* de son Je(u). Au nom d'un *devoir-aimer* formellement irrationnel, l'être humain est sommé de restreindre l'amour qu'il se porte à lui-même. « *Devoir aimer* » — parce que l'amour est l'unique pouvoir démiurgique, la religion ordonne à quiconque : « *Cède-moi ta puissance !* » Les mariages (les contrats), les cultes (les marques), les messes (les presses), les prônes (les pubs), les prières (les envies), les temples (les supermarchés), les oboles (les achats), les apostolats (les téléthons), sont les dévoiements métapolitiques de notre vitalité poétique. Désir atteint de dysenterie, solitude accablée de remords.

Le judéochristianisme et l'utilitarisme ne se contentent pas de blâmer l'amour de soi, condition *sine qua non* du lâcherprise amoureux : ils faussent aussi la nature même de l'amour. Primo, damnation de l'amourpropre et du narcissisme, sa version psy : le Je(u) est haïssable, seule la crispation sur l'Idole assure le Salut à venir. Excommunication de soi ; idolâtrie. Secundo, intimation d'abolir l'altérité de l'être aimé : le décentrement est sacrilège, seule la crispation sur l'Élu garantit la Félicité ici-bas. Excommunication des autres ; étiolâtrie. La psyché occidentale est littéralement hantée par la double proscription de l'amour de soi et de l'amour décentré, c'est-à-dire *pluriel*. Or l'ostracisation de la solitude mène la personne au cancérigène inamour, à l'esseulement généralisé. Et l'anathème jeté sur l'amour nonexclusif mène à la promiscuité pathogène, à la dépendance macabre. D'un côté, la crispation porte pourtant le joli nom de « *foi* », et de l'autre, celui de « *fidélité* ». Croire en Dieu ou au Marché quoi qu'il en coûte à l'intelligence du Je(u) ; rester fidèle à l'Élu quoi qu'il en coûte au libre élan vers les autres. — « *Je ne peux plus dire "Je t'aime" / Sans donner ma langue à couper/Trop de serpents sous les caresses/Trop d'amour à couteaux tirés/Si dure que soit la solitude/Elle te ramène à ton destin/La loi du Grand Amour est rude/Pour qui s'est trompé de chemin.* »

Seul un athée libertaire peut croire en la solitude. Libre, que désirer d'autre, en effet, que la rencontre *sans médiation* ? Sain, que désirer d'autre que de ne pas nous laisser déposséder — au nom du Père et du Fils et du Monoprix — de notre fragile pouvoir d'aimer ? Digne, que désirer d'autre qu'une jeunesse iconoclaste plutôt qu'apolitique, une maturité généreuse plutôt qu'égocentrée, une vieillesse estimée plutôt qu'avantageusement amortie ? Observation de notre désir propre, la solitude est l'essentiel préliminaire à la liberté, à la santé et à la dignité. À l'amour illégitime, illimité, noncoupable.

Si tout mélange doit recevoir l'aval du Bondieu, l'étreinte sexuelle — improvisation des transes, emmêlement des humeurs — est assurément une machination du diable. Les prédicateurs, tel saint Jérôme, ont suffisamment vitupéré contre elle : « *Quoi de plus vil que d'être vaincu par la chair ; quoi de plus noble que de vaincre la chair et ses tentations ?* » Symbole du péché, la chair fait culminer le mélange pour le seul plaisir des amants — impardonnable coup d'état de l'étreinte rendu possible par solitude, c'est-à-dire par *la* désaffection des médiations affectives. Les amants qui défaillent n'ont foi qu'en leur désir. Leurs corps solitaires, débarrassés de tout devoirêtre et de toute « *fidélité* » rebutante, *jouent* avec le pouvoir ; ils ne *s'en remettent pas.*

Les concussionnaires du Marché prolongent aujourd'hui la vulgate antisuccombante en lui donnant curieusement un vernis anticlérical trompeur, celui de l'hédonisme vulgaire et du sexe utilitaire : « *Quoi de plus improductif que d'être vaincu par la solitude ; quoi de plus avantageux que de vaincre la solitude et ses lamentations ?* » L'autre m'est *utile* car privé de solitude je ne peux m'aimer qu'à travers l'image qu'il me renvoie de mon Moi. Je trouve donc en lui un écho de ma vanité perverse, mais non de mon Je(u), non de mon flux véritable. Cette manutention d'autrui atteint son paroxysme dans la sexolâtrie occidentale qui, esseulante, fait du désir d'abandon un besoin, et, excitante, fait de l'amour une marchandise.

La religion de l'Être suprême se nourrit de la ferveur succombante des croyants en leur imposant une forme d'amour exiguë et frustrante : le pacte exclusif du couple « *fidèle* », le Toi-&-Moi. Ils auront Dieu pour s'« oublier » et se consoler de leur manque à être ; — ils auront Dieu pour toute « solitude ». La religion de l'Avoir suprême est quant à elle très récente ; elle profite de siècles d'expériences en matière de crédulité de masse, de manipulation des hantises, de prosélytisme dogmatique, de guerre sainte et, d'abord, de dévoiement de l'amour des dévots — le premier combustible du totalitarisme. Fondée sur l'idée de la *liberté démocratique* (de fait, servitude par délégation ploutocratique, résignation constitutionnelle des pauvres), elle se doit d'encourager tous les péchés jusqu'ici prohibés par sa précurseure, notamment l'orgueil, l'avarice, la gourmandise, l'envie, la paresse, l'idolâtrie et la concupiscence.

Tous les péchés à l'exception d'un seul : la solitude. Car la réflexion du Je(u) nous permettrait de nous aimer sans quémander confiance à l'Église ni au Marché. Martin Luther fait de la raison le pire des péchés : « *La raison devrait être noyée dans le baptême* », affirme-t-il. — Le Marché, lui, la noie dans la TV. Tribunal de pénitence des mateurs, obstétrique déspiritualisante des consommatés. À chaque matraquage, le Marché reprend tacitement ces mots du théologien allemand à son compte : « *La raison, c'est la plus grande putain du Diable.* [...] *La raison est une bête fauve qui ne se laisse pas prendre aisément. Gardez-vous bien de cette prostituée ; tenez-la en bride, et, au lieu de suivre ses pensées, jetez-lui de la boue à la face afin de l'enlaidir.* »

L'amour nous fait courir, l'amour nous fait tenir. Aussi notre asservissement dépend-il d'une entreprise de dépossession de notre ardeur amoureuse. Mais comment contrôler celle-ci ? Ordonner : « *Tu n'aimeras rien ni personne sans passer par moi !* », c'est brimer les désirs et endommager la marchandise qui, d'impulsive et capricieuse, dépérit de la désidération des dispenses. L'ardeur domptée n'apporte qu'adynamisme et cendres. Si l'on veut par conséquent profiter de l'ignition des cœurs, on doit dompter la « *bête fauve qui ne se laisse pas prendre aisément* » — la solitude réflexive. Les poissons commencent à pourrir par la tête ; c'est leur tête qu'il s'agit alors de laisser pourrir afin de récolter les spasmes de leurs corps arraisonnés. Les croyants ne doivent pas se servir de leur cerveau, de leur Je(u) — d'eux-mêmes. C'est au prix d'un dynamitage de leur intelligence désirante que leurs soubresauts *serviront.*

En laissant Bondieu et/ou Bonmarché s'octroyer gratis notre âme, nous la leur rachetons, maculée de leurs liturgiques souillures, et devenons toxicodépendants du suc de succombance excorporifiée qui suppure de leurs cérémonials. Le monothéisme est un totalitarisme centralisateur : tous les désirs lui reviennent de force. Il les redistribue aux plus offrants, c'est-à-dire aux plus esseulés, aux plus atones : ceux qui s'amputent eux-mêmes de leur solitude parce qu'on les en a épouvantés, ces mêmes qui ensuite la rachètent parce qu'ils en éprouvent un crucial ou capital *besoin.* Transformation tyrannique du désir en envie, de l'insatiabilité en réplétion, des amours nécessaires en Amour nécessiteux — (é)motion de censure perpétuelle drainant vers les temples les esseulés que la pénurie affective et le manque à s'abandonner étiolent.

Chaque année, la France compte 150 000 tentatives de suicides et 12 500 suicides réussis résultant directement de l'esseulement. Ces « râtés » de l'utilitarisme sont bien sûr camouflés par les diagnostics psychiatriques et les bilans des morts de la route. De tels chiffres suffiraient à faire taire les canrobertistes, ces experts et ces politiciens pour lesquels « *Tout va pour le mieux, dormez tranquilles !* » seraient numéro un des ventes si les catastrophistes de droite ne les faisaient pas déchanter avec leur « *Tout va pour le pire, restez sur vos gardes !* » Et comme l'utilitarisme fait preuve d'un cynisme absolu envers l'existence humaine, il récupère la détresse suicidaire et meurtrière des utilisés pour les jeter en pâture aux utilisants, *via* sa Com (TV, jités, radio, presse) : le malheur patent des uns rend latent le malheur des autres. Face à l'esseulement terminal des désastrés, notre chute nous semble une ascension délectable. Tout en nous insécurisant et en accréditant la religion d'État, la Com noie notre malvie sous un tas de porcheries et d'écorcheries. L'obsession de l'audimat et l'obséquiosité envers les actionnaires font ainsi de l'utilitarisme un système commandé par la résignation et la pleutrerie collectives. D'amer désistement en lâche amour, nous avançons à la queue leuleu vers l'Abattoir, l'utopie-là, le meilleur des mondes. Celui où il fait bon survivre ; celui où il fait bon suivre.

« *Au moins quand je simule, ça dure pas trois plombes !* » — Une affiche comme tant d'autres, façon qu'a un mensuel « féminin » de souhaiter la bonne année. Une ration infinitésimale de malaise pour des usagers du métro déjà dépressifs au possible. Elle revient sur d'autres parois distiller son venin ; rumeur lancinante, laminante, incrustante, *invisible* de toute propagande : « *Au moins quand je simule ça dure pas trois plombes ! — Bien dans ma vie ! Ma vie, mon plaisir, mon magazine.* » Les lettres sont énormes : on ne peut pas ne pas les lire. La provocation s'implante, les doutes s'installent...

Deux autres versions font varier les slogans et obligent donc à lire dès qu'une nouvelle affiche se présente, desfois qu'on ne les aurait pas toutes vues ; — les esseulés, privés par la pub de rire intérieur, collectionnent avidement tout ce qui s'apparente à un sourire. « *Je vais m'inscrire aux shoppingologiques anony-*

mes » (les alcooliques apprécieront) ; « *Ma résolution, c'est d'arrêter les résolutions que je ne tiens jamais* » — autrement dit, je n'ai plus une once de volonté. Euphorique intoxication ; complaisance servile et gaie. Sur la couverture, la ménagère ébahie est entourée de titres : « *Pas envie ce soir... Faut-il dire non ou simuler ?* », « *Je suis dingue de shopping : pourquoi ça me fait du bien... Soldes, bons plans et incontournables de la saison...* », « *Horoscope : mon année 2003 dans les runes* ». Beau portrait de la femme « émancipée » prescrite par la société de consommation. Étaient-elles donc encore plus niaiseuses naguère, lorsqu'elles n'avaient en rien droit au chapitre et passaient leur jeunesse dans l'ombre du père, leur vieillesse dans celle du mari ? — Non : la représentation de la femme postmoderne tend comme jamais vers l'insulte permanente, et plus le sexisme se placarde, plus les femmes semblent se résigner au lieu de lutter farouchement. Circonscrit aux mondanités TV, LE FÉMINISME N'EXISTE PLUS. L'Italie de Berlusconi préfigure la France UMP-Lagardère-TF1. À longueur de journée, on n'y voit que des objets en short et décolleté vendant des bagnoles, et, tous les quarts d'heure, des vaticâneries. Les pubs s'inflitrent sans crier gare : la réalité elle-même se pubtréfie. Et les femmes ? — Divisées en deux catégories étanches : Mamma ou Putain, cuiseuse de pâtes ou paires de seins. Le *cul bénit* est l'avenir de l'apolitisme européen : le cathéchisme libéral se met en string pour hypnotiser les mâles méridionaux et en soutane pour se dédouaner auprès des femmes.

Comme en Italie, les Français ne réagissent déjà plus ; l'opinion défaitiste et découragée d'avance n'offre plus aucune résistance. Pourquoi les anciens soixantehuitards ont-ils si vite baissé les bras ? Comment ont-ils pu exposer leurs enfants aux rayons du Marché ? — Léon-Paul Fargue nous donne une définition qu'en ces temps de mésintelligence sémantique nous devons garder vive à l'esprit : « *J'appelle bourgeois quiconque renonce à soi-même, au combat et à l'amour pour sa sécurité.* » (*Sous la lampe*). Le bourgeois a peur pour lui-même car, craignant sa grasse solitude, il se réfugie dans les biens et la matière, non en l'autre — unique vrai danger, mais aussi unique vrai réconfort. Suppôt de l'Avoir, le bourgeois veut l'embourgeoisement de tous — contrairement à l'aristocrate, suppôt de l'Être. Un monde de crispés ravis de faire les clowns sans s'exposer, de faire la fête sans s'aimer, de faire la révolution sans rien changer.

Il y eut de fait deux Mai-68 : celui des femmes libérées et des artistes, portés par l'espérance ; et celui des fils de bourgeois, portés par la peur des artistes et des femmes libérées. Les premiers crurent à un basculement possible de l'Histoire vers l'amour ; ils pleurent aujourd'hui cette *victoire* qu'ils continuent à appeler « *révolution ratée* », comme s'ils ignoraient le symbole que leur ferveur a réussi à forger pour les générations suivantes — celles qui, *grâce à eux*, n'« *échoueront* » pas. Les seconds crurent à un basculement de la phallocratie (qui leur assurait la reprise du pouvoir de papa) vers l'égalité des sexes, égalité effrayante que l'arrivée de la pilule contraceptive, et plus tard de la légalisation de l'avortement, rendait dangereusement réalisable. Même s'ils feignirent de suivre les femmes et les artistes, leur Mai-68 relevait d'un combat radicalement opposé : une inconsciente et adolescente ruée vers les prérogatives mâles qui leur revenaient patrilinéairement. Leur crise suppliante fut tout entière dirigée vers le père et non contre lui ; ils devaient hériter du pouvoir et des postes clefs *avant leur heure*, avant même que femmes et artistes n'y songent — avant qu'ils ne soient trop tard. De fait, les femmes et les artistes détestaient le pouvoir, de là leur sentiment d'échec actuel : celui-ci échu sans faille aux petits bourgeois turbuleux d'alors, pressés non d'en finir avec le pouvoir, mais au contraire de commencer. Le *Mai-68 féministe* fut vite noyé sous le giscardisme aux dents blanches ; puis la gauche, validant l'accession au trône des soixantehuitards *bâtards*, verrouilla la machine libérale pour vingt ans.

La pilule devait changer la donne millénaire de l'esclavage domestique des femmes. En choisissant quand et avec qui être fécondes, celles-ci accédaient au statut juridique de *personnes*, cessant d'être les réceptacles passifs de la « *petite graine* » masculine. De nombreux droits suivirent, qui devaient à leur suite modifier les mentalités des nouvelles générations dans le sens d'une autonomie accrue et d'une disparition rapide de la domination mâle. Mais le *Mai-68 réactionnaire* su faire mentir ce pronostic en étouffant la politisation exacerbée des jeunes — le minimum démocratique — sous une avalanche de mesures dépolitisantes et de fascinations fascisantes. La presse devint financièrement dépendante de ses pages pub et de la déculture pub de ses pages « *shopping* ». La parité des sexes fut votée, vitrine censée cacher — en politique tout au moins — le fossé vertigineux creusé par le sexisme. Les recettes étasuniennes en matière de lobotomisation de troupeau assistèrent la sinistrose et matèrent préventivement toute nouvelle rébellion : la TV abrutit les inutiles et les exploités, la discrimination positive les humilia, les hymnes à l'Amour les encouplèrent, les hymnes au Sexe les déchirèrent. Au final, l'écrasement et la négation des individualités les plus faibles par les plus fortes furent entérinés par une soumission collective sans précédent depuis les débuts de notre démocratie.

Où est passée la solidarité ? — renversée. Où est passée la colère ? — coolisée. Où est passé le féminisme ? — parité. Où est passée l'égalité des chances ? — quotitée. Où est passée la politique ? — sinistrée. L'Occident subit une croisade antisociale entamée à la suite de l'effondrement des idéaux communistes et destinée à convertir la psyché mondiale aux dogmes de l'Avoir. Or cette croisade se fonde sur une conception esseulante de l'amour. Issue du judéochristianisme, elle prohibe hargneusement la libre succombance (ou mélange des solitudes) et le décentrement (ou fidélités plurielles). Le don de soi doit prendre l'arbitrale tradition pour entremetteuse ; les encouplés officiels ont comme courtiers la promiscuité et le dépit. Relations amoureuses passionnellement infirmes, mort-nées car nées *pour* coaguler, enfanter ou se distraire. Liaisons au désir mutilitaré qui grossissent de leurs prescriptions coercitives le rang des écroués du transport.

Mais si elle recycle les affres de l'amour jaloux et du modèle familial bourgeois de la complémentarité des rôles maternel-paternel, la croisade utilitariste y introduit un élément nouveau : *l'hédonisme individualiste compulsif.* Au nom d'un consumérisme bon contre la mort et l'esseulement moral on nous enjoint de devenir d'irrépressibles suceurs d'émotions. La qualité importe peu ici : les bidules à manger sont tous « *riches en vie* », les bidules à jeter éloignent tous du malheur — pourvu que nous graillions sous leur influence onéreuse et exorcisante. La religion de l'Avoir suprême surmultiplie les talismans garantis « *100 % Être véritable* ». La moindre biscotte est « *riche en fibres pour la digestion* », le moindre yaourt « *riche en calcium pour les os* », et les céréales à lait (véritables poisons hypercaloriques nécrosant le foie des ados) sont bien sûr « *enrichies en vitamines et en fer* ». On ne sait jamais... desfois qu'il resterait de la place dans la carcasse saturée de bonnes choses. Consommer : détailler jusqu'au calcul scrupuleux les bienfaits naturels de la nutrition. Les gammes se voient désormais arpégées non d'après les parfums, mais d'après les prétendus effets magiques : « *Éclat du teint* » pour cette eau gazeuse, « *Beauté* » pour cette « eau » trafiquée à l'aspartame, « *Vitalité* » pour ce gel douche au thé vert, « *Sérénité* » pour ce thé vert au gel douche. Sans parler des chewing-gums dont les édulcorants doublent en poids la gomme de base, recommandés par les buccodenteux, et qui, parce qu'ils sont beaux et blancs, « *aident à conserver des dents belles et blanches* ». Bientôt des oranges « *Tonus* », à teneur garantie en vitamine C, élues « *Saveur de l'année* » et protégeant du scorbut et de l'hypoglycémie !

Avec les bonnes lunettes et la bonne distance, l'hystérie utilitariste inciterait à la rigolade si elle n'était pas soutenue par une propagande d'une efficacité redoutable. Depuis 1989, l'ascendant dogmatique du pancapitalisme ne rencontre plus aucune résistance politique, et les mots « *politique* », « *socialisme* », « *humanisme* » sont synonymes de « *truc de ouf* » chez les jeunes macdonaldisés. Le « *Ça s'passe comme ça !* » — l'aquoibonisme inculte — a globalement maté tous les foyers d'insurrection en ne laissant aux têtes avariées qu'une idée fixe : « *Il vaut mieux être (di)gérant que (di)géré.* » Il vaut mieux être poissonnier que poiscaille. Doctrine à présent beuglée en chœur par tous, y compris les rappeurs. Lesquels, d'insurgés inflexibles, sont devenus en moins de dix ans des apolitisateurs, des apologistes du Toutpuissant, des collabos comme tout le monde — sauf de rares proses assassines à usage interne. La course au pouvoir-sur-autrui s'appelle, dans le jargon des insuccombants de dix-sept ans, « *course au blé* ». Elle inquiète les banlieues pauvres condamnées d'avance à l'impotence ; mais l'esseulement de chacun délite l'inquiétude générale sans que celle-ci puisse enfler en une révolte commune et décisive.

L'esseulement est l'aboutissement d'une campagne de pub interminable qui depuis les années 1970 a su endormir les parents soixantehuitards et se pencher sauvagement sur leurs rejetons. Après le giscardisme préraffariné, la Com antisociale se permet d'être carnassière sous le mitterrandisme : avec la gauche enfin au pouvoir, le peuple n'y verra que du feu. La TV accélère alors frénétiquement ses cadences esseulantes ; la propagande s'« *américanise* », c'est-à-dire passe de l'utilitarisme honteux à l'utilitarisme triomphal, couronné par la télépoubelle et par la pubtréfaction totale de l'environnement mental. Cerise sur le béton, le chiraquisme raffariné n'a plus qu'à instaurer la *justice pessimiste* — prédicatrice et répressive — indispensable au néototalitarisme, la gauche corrompue par l'Avoir n'ayant rien pu faire dans le sens de l'éducation, de la prévention et de la justice sociale. En 2007, avec Juppé comme Président et Cécilia comme Secrétaire, la dépolitisation de la France aura atteint le point de nonretour. Le contrôlat utilitariste aura su se verrouiller grâce à un tétonnement aliénant les masses, esseulées dans leurs quêtes, morcelées dans leurs requêtes. Seul régnera l'Argent : ploutocratie. Seuls compteront les multinationales, le *lobbying* et les bons avocats. — « *Welcome to USA™ !* »

Les plus de quarante ans ne comprennent généralement rien à l'embrigadement extasié des adulescents ; les hamstérisés de moins de vingt-cinq ans ne comprennent rien à leur propre extase. Les trentenaires d'aujourd'hui formeraient donc le dernier rempart contre le néototalitarisme. Mais le trentenaire d'aujourd'hui, titubant d'esseulement et de défiance, n'ose pratiquement plus aimer. Il ne peut plus changer le monde parce qu'il ne peut plus se changer lui-même parce que la solitude lui semble un enfer parce qu'il s'esseule à mesure qu'il la fuit parce que le Marché lui dit de la fuir s'il veut suspendre son malheur. Autour de la trentaine, après quatre ou cinq tentatives de Toi-&-Moi calamiteuses, le voici encouplé pour huit ans et parent pour la vie. Son hédonisme de célibataire se transforme alors en individualisme de famille — prolongement clanique de l'utilitarisme qui préfère des *familles d'ennemis* ennemies plutôt que des *familles d'amis* amies. L'individualisme est une guerre civile où des tribus rivales, éclopées de l'intérieur, s'éclopent entre elles et se talonnent pour posséder davantage. Mais ne parvenant pas à faire société, leurs membres dépriment. Ils entendent alors par « *bonheur* » la consolation momentanée de leur esseulement et acceptent tous les mouchoirs qu'on leur tend pourvu qu'il y ait « *Amour* » brodé dessus. L'homme est un *loup* pour l'homme. S'il se ment et se fait la guerre, c'est d'abord à lui-même, faute de solitude chérie. Toutes nos futures révolutions devront commencer par elle : d'elle dépend en effet l'implosion du Système ou au contraire son impériale aggravation.

Nous ne pouvons retrouver le sens de l'amour si nous persistons dans la dérobade insensée de nos Je(ux), car, sans solitudes bienveillantes qui se tutoient en silence, l'amitié sincère minimale n'a pas *lieu* d'exister. L'amour naît des nondits émergeant des corps, bouches vaines, visages détendus, regards regardants et se laissant regardés. L'ami sincère est celui avec lequel lui et moi avons souvent échangé nos solitudes en dépit des convenances, au-delà des contenances, en deçà des mots. Respecter mon silence en l'autre et le sien en moi, c'est cela nous rencontrer vraiment, nous confier, nous apprendre. L'amour en sort discrètement. L'amour en sourd. Les authentiques histoires qui lient des êtres à vie sont des histoires emplies de souvenirs et de silences — d'échos de liberté. L'amour est cette invisible *correspondance* s'écrivant de personne à personne à partir d'expériences communes et s'étayant des chaleureux silences que celles-ci continuent de nous faire partager. Aimer : prolonger de haltes l'aventure. *Faire suivre.*

De ma solitude, « *Je t'aime* » est l'unique *missive.* Non pas un « *Tu me manques* » (« *I miss You* »), mais un « *Tu manques à ton Je(u)* » (« *You miss You* »). Nos solitudes, miroir au travers duquel nous rejouons ensemble. Sans autre médiation que la coite aura de nos présences *compréhensives*. Sans *Big Lover*, sans *Big Mother*, sans décorum. Comment dès lors nous parvenir ? Comment après nous décentrer ? Problèmes de l'aimantation libérée du devoirêtre : comment concilier la succombance amoureuse et la responsabilité ?, le lâcherprise et la famille ?, l'anarchie des désirs et la démocratie ? « *Comment fonder une politique de la séparation ?* », demandons-nous avec Derrida. Comment faire du « *Je t'aime* » un unir ouvert et non un conclure ? Un temps du mélange-au-monde et non la triste fonte d'existences incorporées ? « *Nous sommes d'abord, comme amis, des amis de la* solitude, *et nous vous appelons à partager ce qui ne se partage pas, la* solitude. » — Solitude sucrée des caresses ; solitude rigolée des morsures ; solitude âcre des enfouissements ; solitude ocre des promenades ; solitude cotonneuse de la peau qui se vêt ; solitude noir-et-blanc des lointains ici-même ; solitude angoissée ; solitude corrosive ; solitude succulente ou fontaine ; solitude orgueilleuse de plaimpied ; solitude admirante en pure perte ; solitude soigneuse, belle échappée, dévorante et pire. Solitude étirante de l'endormir.

Nul ne peut aimer qui ne sait s'aimer lui-même ; nul ne peut s'aimer lui-même qui ne sait aimer sa solitude. Pour ce faire, l'ambition des amoureux doit être sauvée des plans antisociaux que la Com néocannibale leur fait suivre malgré leur corps : l'encouplement et l'exclusivité obligatoires, ou Toi-&-Moi ; et sa seule *concrétisation légitime* — la famille nucléaire père-enfant-mère, ou Triangle. Or LE COUPLE ENCHANTÉ EST UNE FICTION DÉPRAVANTE. Le point d'articulation des dogmes judéochrétien et néototalitaire. La virtuelle conjonction de l'Être et de l'Avoir, du pouvoir et de la possession. Tout au plus s'agit-il d'une rare compatibilité névrotique qui conduit les encouplés à devenir des « *duettistes* » se supportant cahincaha pour un morceau de tapis rouge — au détriment de madame, d'ailleurs, secrétaire, mère poule et cocue, puis virée à la malpropre dès que monsieur réussit. Au grand désappointement des utilitarisés moteurs qui avaient cru la franchir à deux, la porte du « *Couple enchanté* » s'avère trop étroite : seul un peut y entrer — « *Solitude* ». Mes extrêmes m'attirent ; Je(u) me ressemble, m'assemble. Faire couple avec soi-même ; faire société avec les autres. Lorsque des solitudes solidaires décident de bâtir ensemble, faire familles. Lorsqu'une réciprocité plus ardente et plus silencieuse se crée, faire amis. Lorsque la passion et l'entièreté se conjuguent, faire amour.

Martelé, des princes charmants jusqu'aux imageries sentimenteuses, le devoir-être-en-couple fait s'immoler la jeunesse sous un déluge de mignardises et abdiquer les indomptables, les indociles, les remuants. « *Mœurs dissolues* », « *délinquance juvénile* », « *piratage informatique* », « *antimondialisation* » : derniers soulèvements avant encouplements, derniers spasmes avant catalepsie.

Car contre quoi devrions-nous encore et toujours nous insurger sinon contre les interminables intermédiaires qui nous maintiennent hors d'atteinte de nous-mêmes, nous contrôlent et nous font *utilement* galoper ? — Parasitages de notre argent par les banques, de notre Web par les fournisseurs d'accès, de nos pensées par les doctrinaires, de nos infos par la Com, de nos désirs par la pub, de nos volontés par la ploutocratie, de notre abandon par le Toi-&-Moi, de notre solitude par le Triangle et la peur, la peur partout, le fixatif de l'Avoir.

Prolongeons nos spasmes, citoyens ! *S'enivrer d'inutile* — ci-surgit la force ! Redonner d'abord à l'amour sa liberté infinie, sa profondeur azure de ciel et d'océan, sa dimension propre. Transformer l'eau de rose en eau de vie. Bleuir l'amour.

SPIRE I

Chair Obscure

« D'ailleurs je les connais mal aussi, mes douleurs. Cela doit venir de ce que je ne suis pas que douleur. Voilà l'astuce. Alors je m'en éloigne, jusqu'à l'étonnement, jusqu'à l'admiration, d'une autre planète. Rarement, mais cela suffit. Pas bête, la vie. N'être que douleur, que cela simplifierait les choses ! Être tout-dolent ! Mais ce serait de la concurrence, et déloyale. »

Samuel Beckett, *Premier Amour.*

1

Néophytes. — Anagkaion et Hormée rendirent visite à Gélos, fiévreux depuis deux lunes. — « *Eh ! bien, mon ami !*, dit Anagkaion. *Quel démon taraude-t-il tes tempes ?* » Couvert de sueur mais les yeux rieurs, le malade, veillé par quelques proches, haussa les épaules en guise de réponse. Anagkaion interrogea alors la femme de Gélos : « *Depuis quand ton époux souffre-t-il ?* », lui demanda-t-il. Elle haussa aussi les épaules sans faire de commentaire. — « *Et toi ?*, dit Anagkaion en se tournant vers le médecin, Dzôocle, qui rangeait ses plantes médicinales. *Peux-tu nous éclairer sur la nature de son mal ?* » Le médecin prit sa respiration comme pour émettre un diagnostic établi, mais il se ravisa aussitôt, haussa les épaules, plia ses affaires et prit congé. — « *Foudre Zeus !*, s'écria soudain Anagkaion. *Gélos mérite-t-il d'être entouré d'irresponsables ? Son épuisement, que je peux lire sur son visage livide, vous tous le redoublez par tant d'abattement ! Sortez ! Retournez à votre couche profiter de la relâche des veules ! Et toi, Hormée, accompagne-les donc ! Car je sens d'ici que tes épaules te démangent et qu'à la moindre de mes questions tu vas les soulever !* » Devant la fureur d'Anagkaion, tous s'exécutèrent les uns après les autres non sans avoir salué Gélos d'un hochement de tête compatissant. Lorsque vint le tour de Hormée, le malade trouva cependant la force de soupirer : « *Hormée ! Anagkaion ! Vos bras pourront m'être bien utiles afin de me mettre debout et m'aider à quitter cette chambre. Venez me porter, mes frères, que je m'en aille dignement !* » — « *Mais pourquoi veux-tu partir ?* », demanda Anagkaion, tout surpris. — « *Pose-moi plutôt, mon vif Anagkaion, des questions sur ma situation déplorable...* », répondit Gélos. — « *Des questions, dis-tu ? Mais, Gélos, je n'en vois qu'une seule qui soit pertinente : quel est ce mal qui te consume ?* » Gélos haussa alors ses épaules avec lenteur puis les laissa retomber lourdement. Il commenta : « *Tu vois bien, Anagkaion. Si ceux qui ne savent pas te répondre ont leur place dehors, je dois sans plus attendre évacuer cette pièce à vos côtés.* »

2

Idiosyncrasie. — Le philosophe est un malade qui cherche à se soigner, à trouver *sa* vérité. Aussi le génie philosophique consiste-t-il à tomber malade *de son époque*, à prendre en soi toute la misère du monde, à respirer les miasmes impurs, les effluves viraux, l'agonir contemporain ; puis, une fois fébrile et saturé de doxa délétère, il faut trouver la voie de la guérison. Sans un seuil de tolérance élevé vis-à-vis de la faune microbienne de son temps, le philosophe se clafoutise, se pervertit en moraliste, en journaliste, en prof, en romanceur, en consultant — bref, en « *psy* ». En aidesoignant. Passer l'arme à gauche, c'est en effet, pour le philosophe intoxiqué volontaire, passer à l'« *expertise* ».

3

Généraliste. — Il est vain de voir dans la philosophie une heuristique généralisée où la conscience cherche pour trouver et ne trouve que pour chercher. La philosophie est une heuristique *motivée* : le corps cherche pour trouver et ne trouve que pour guérir. — Un artiste est d'abord médecin de lui-même. L'art illaboratif, pour unique thérapie.

4

Volonté de puissance. — Le point flou de Nietzsche ? Une analyse fine mais capricieuse des femmes ; faute, sans doute, de s'être laissé entraîner dans leurs velours. La « *puissance* » dont il parle est la luxuriance : l'attraction et la vitalité *sexuelles.* Quand elle sort par tous les pores de notre peau, quand notre présence devient *aura*, promesse d'être enjunglant l'entourage d'un halo de tropicalité, alors nous éprouvons notre « puissance ». Qu'y a-t-il de faible dans l'homme faible et de fort dans l'homme fort, si ce n'est l'érotique magnétisme qu'il exerce sur autrui ? Qu'on la sublime ou qu'on la glorifie, c'est toujours à la capacité d'abandon d'une personne que l'on évalue sa « puissance », sa santé solaire. Toute santé est en effet généreuse : elle se donne aux autres et s'épanouit d'un tel partage. Le malaimé — et Nietzsche en fut un ! — a besoin d'amour pour guérir de son ressentiment. À quoi bon le démoraliser quand la charité des biemportants, ce surplus de vigueur et de sève, peut lui donner le charme rieur qui lui fait défaut ? — L'inclusivisme, ou la justice amoureuse ! Mélissa m'épanouit et me permet d'épanouir Gertrude.

5

Infanticide. — La fiction de la romance gratuite et passionnelle fut le seul moyen trouvé par les amants de jadis pour s'affranchir du mariage arrangé. « *Non ce n'était pas du vin ; c'était la passion, c'était l'âpre joie et l'angoisse sans fin et la mort* » — Hélas ! les amants d'aujourd'hui ont oublié le caractère fictionnel de la romance : ils croient dur comme fer au couple durable. Ils subissent ainsi le dogme exclusiviste à la limite du supportable et ils entrent fatalement dans une logique revancharde vis-à-vis de la génération suivante. Ternis par les frustrations minutieuses de la vie à deux, ils veulent voir la jeunesse merdoyer tout comme eux pour ne rien regretter avant la tombe ; pour ne pas devoir remettre en question le beau gâchis de leurs années maximales. Ils exigent d'elle qu'elle se vautre à son tour dans l'irrespirable duo, le béryl et la calcédoine — à l'instar de ces mères africaines qui, ayant jadis souffert du supplice d'excision, en viennent à le réclamer pour leurs petites filles.

6

Ça, c'est vraiment toi. — Chaque année, le professeur de philosophie ne peut s'empêcher d'être quelque peu froissé dans sa matière lorsqu'il aborde la psychologie et que ses élèves n'en peuvent plus, subitement, de jouer du ciboulot. Les problématiques freudiennes raniment même le cancre qui, d'ordinaire, carbure aux dessins, aux siestes, aux vannes et au radiateur. Le mot « inconscient » agit sur les petits serfs veaux comme le mot « bac » : les échines se redressent, les yeux s'emplissent d'une crainte diffuse, les langues se délient. C'est chaque fois le même défilé de rêves, de chipotis, de « *je ne veux pas tuer papa* », de « *je ne veux pas baiser maman* ». On leur dit que le Dr Freud leur dit qu'ils résistent. On leur dit qu'ils subliment, qu'ils refoulent, qu'ils ne sont pas si heureux que ça, *si ça se trouve.* Au final, ils n'auront retenu que deux *infos* : se contrôler est impossible (la pulsion pousse), s'abandonner est dangereux (la pulsion tue). La psychologie les déresponsabilise et les culpabilise, les rassure et les terrifie — les oxymorise entre crispation et coolitude. Ce qui les intéresse n'est pourtant pas ce tranquille affolement. Les psys affirment que les adolescents aiment la psychologie parce qu'ils sont à un moment charnière de doute identitaire. Vision de psys, c'est-à-dire diamétralement opposée au corps vécu : l'adolescence est au contraire la période où l'on commence à cesser de s'interroger sur soi-même parce qu'on commence à avoir une *idée de soi-même*, un Moi persistant. Dans les démocraties-marchés du XXIe siècle, le jeune Rimbaud serait un délinquant. Les fugues se font rares — « *On* est *sérieux quand on a dix-sept ans.* » Sévère, même ; déjà désenchanté de la vie, incurieux et revenu de tout. Qu'est-ce qui intrigue tant, alors, dans le *corpus* freudien et les ressorts secrets qu'il révèle ? Il nous faut saisir les deux pôles de l'attraction. Le pôle négatif — le trouble qu'elle provoque — s'explique aisément par l'égratignure narcissique que la théorie psychanalytique commet envers des *ego* en pleine *fortification.* Le Moi y est humilié, voire ridiculisé : le voici démasqué en plein coup d'état à l'âge où il *double* le Je(u), l'indécidable élasticité du corps. L'apparence, la personnalité de façade, la superficialité de goût et d'opinion auxquels on se rattache pour se donner constance et consistance, la psychanalyse nous apprend qu'il ne s'agit que d'étiquettes et de toc. À dix-sept ans, quand le Je(u) est sur le point d'être galvaudé en une image sociale sans équivoque, quand la clownerie grossit et entreprend de prendre le monopole des renvois du corps, l'hypothèse de l'inconscient fait vaciller la prise de pouvoir sur soi-même. Freud énerve les ados parce qu'il dénonce leur manigance actuelle : *jouer à être plutôt que d'être Je(u).* Feindre l'indépendance dans le suivisme, la crânerie dans la pleutrerie, l'indignation dans l'indifférence, la jeunesse dans le désappointement, la philosophie dans le déboire. Le processus pulsionnel scandalise des apprentis consommateurs englués dans l'indésir marchand car il soutient justement que tout est désir ; qu'il est par conséquent vain d'essayer d'agir rationnellement sur notre désir : c'est lui qui a la mainmise sur nous. Acheter son désir, c'est solder son plaisir par un échec. La psychanalyse dément ainsi la pub, pour laquelle tout est « *envie* » — c'est-à-dire besoin marchandable et comblable moyennant finances. Quant à la fascination positive qu'exercent les quelques heures psychologisantes de terminale, elle a trait à l'intention même du Dr Freud, à savoir donner aux accidentés de la famille patriarcale une thérapie suffisamment efficace pour lever leurs angoisses et donc renforcer à chaque cure la légitimité du modèle traditionnel. En effet, le présupposé fondamental de la théorie freudienne (le primat du noyau affectif père-enfant-mère sur la mythologie individuelle) correspond aujourd'hui encore au devoir que la psyché sociale impose aux futurs citoyens : *s'aimer en couple et avoir des enfants*. La propagande familialiste rappelle quotidiennement aux jeunes personnes qu'elles devront bientôt aligner leurs aventures d'adultes sur l'horizon dictatorial d'une famille à construire. Les jeunes en ont assimilé par le cœur les deux mensonges : 1/Il faut être deux pour être heureux ; 2/Il faut être exclusiviste pour être deux. L'exclusivisme, cette fiction à laquelle ils n'ont jamais pu se conformer en dix-sept ans de carrière, leur est pourtant présentée comme le destin de tout adulte respectable. Comment vont-ils faire pour ne pas s'y étioler ? C'est la réponse à cette question qu'ils espèrent trouver chez Freud. Au fond, l'idée que des forces obscures régissent leur psychisme est désormais trop éculée pour les impressionner vraiment. L'idée en revanche qu'il faille décoder les drames voilés et les conflits psychiques que la violence exclusiviste suscite nécessairement, voilà ce qui motive leur engouement pour la psychologie, cette médecine de famille. Comment obtenir l'épanouissement de l'enfant quand le père et la mère se crachent un invisible venin au visage et que l'enfant en reçoit des gerbes acides ? Comment la libido peut-elle encore frétiller sous cloche ? Comment jurer fidélité sans une foi transcendant la versatilité trop humaine ? Les élèves pensent que les psys résolvent ces problèmes insolvables, c'est pourquoi ils attendent d'eux une confirmation du bienfondé exclusiviste et un antidote au mariage sans dot — donc « amoureux ».

7

Propension. — Depuis le spermatozoïde conquérant l'ovule jusqu'aux guerres d'invasion, le mouvement primordial masculin est la percée en l'autre, le rentrededans, l'Excès de soi-même pour accéder au hors-de-soi, à la terre étrangère, à l'imparcouru. La femme, elle, accueille et contient, héberge et protège, réceptionne ; son mouvement propre est un faire-entrer dedans, une distension intérieure, un Accès entrouvert pour que l'autre s'excède et s'immisce. L'Excès caractérise l'exhalaison naturelle de l'être qui entre en interaction avec l'Être, qui pénètre le monde dans une tension extériorisante mue par le désir du dehors, de l'extase, de l'absolue sortie de la réserve. Tout être humain détient la capacité excessive de converger avec le réel, d'en influencer la procession sensible. L'Excès m'arrache à l'éternité : en aspirant à la compréhension de la matérialité accessible, il m'y injecte, la transforme et produit ainsi le futur. L'Accès, en revanche, crée le passé dans la mesure où il absorbe et digère infiniment ce qui me parvient — quand l'Excès résorbe et gère, loin de toute gestation. Internalisation d'autres rythmes en mon sein, l'Accès est une force engloutissante ; lorsque cette force me fait m'engloutir moi-même, autrement dit lorsque je n'arrive plus à émerger tant le monde extérieur coule en moi en un flot irrépressible, il y a Décès : noyade de l'être vers sa singularité toujours plus close, incarcération progressive de la chair en elle-même, *internement*. À l'opposé, il y a Succès lorsque je me déverse tant qu'il m'est impossible de retourner en moi-même. Le Décès m'ancre indéfiniment au point de compromettre toute échappée ; le Succès me fait au contraire lâcher les amarres et me disperser dans l'*éclatement* continuel de mon corps, ravi. Ainsi le Décès est-il le risque d'un Accès non contrebalancé par l'Excès : je sombre dans mes tréfonds et quitte la surface. Ainsi le Succès est-il le risque d'un Excès non contrebalancé par l'Accès : je quitte la surface dans un surgissement tel qu'il me prive — à l'instar du Décès — de tout recentrement.

Le fait que l'homme ait plutôt tendance à s'excéder et la femme à s'accéder s'explique d'abord par leurs différences cor-

L'axe

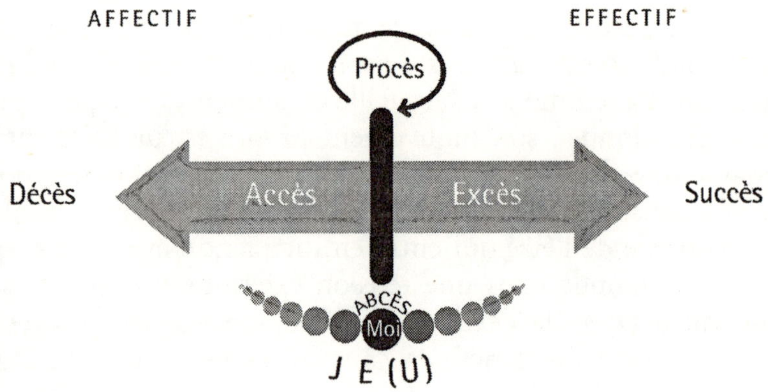

porelles. Non que l'homme soit taillé pour la *désinvolture* de l'Excès — il est des hommes virils d'une grande intériorité, posés, méditatifs —, mais l'Excès caractérise le lieu tout externe de son désir. Inversement, si excessive soit-elle dans la colère, l'extraversion, l'enjambée vers l'autre, la femme est plus généralement polarisée vers son ventre, son antre, son intrabdominale effervescence. Le pénis qui se tend quasi décroché de l'axe et pointe — bien qu'ayant socle — vers un horizon d'orgasme fait désirer l'homme *ailleurs*. Le vagin fait désirer la femme plus volontiers *en elle-même* : orgasme intime, voire intimidant, réceptacle et non horizon, implosif accueil. Comprenons qu'il ne s'agit pas de réduire le corps à l'organe sexuel mais de voir que ce dernier distille le style même de notre désir, sa tropicalité loquace, son intention extensive. Partir du corps — la seule méthode, jusqu'à présent toujours gâtée par le psychocentrisme des assis philosophes, si mal dans leur peau, si peu martiaux, si valétudinaires.

8

Initiés. — « *J'aime être malade* », confia Gélos à Anagkaion et Hormée, venus le saluer et prendre des nouvelles de son état. — « *Tous les enfants aiment cela*, répondit Anagkaion. *Uniquement, toutefois, quand il s'agit d'une maladie bénigne et qu'elle est alors l'occasion de recevoir davantage de soins et de réconfort. Mais toi, Gélos, tu es un citoyen noble et riche ! Des dizaines de beaux jeunes gens sont prêts à te choyer sans la moindre défaillance de ta part. En outre, puisque ton médecin lui-même se montre incapable d'expliquer ta fièvre persistante, il serait dangereux de t'en satisfaire.* » — « *J'aime être malade non pour ce que la maladie avantage, Anagkaion, mais pour le rituel qu'elle ordonne, comprends-tu ? La maladie m'initie à moi-même. Elle est la vie qui soumet mon corps à la question : "veux-tu continuer ?" Hormée, toi qui fus déjà aussi fébrile que je le suis à présent, saurais-tu affiner ma pensée ? Mes forces toutes rassemblées n'y parviendront plus.* » — « *Te voilà splendide, Gélos !*, trancha Anagkaion. *Ce dérèglement que tu vantes, voici qu'il t'empêche de finir tes phrases ! L'aimerais-tu justement par pure paresse ? Grâce à lui, en effet, tu peux laisser les gens travailler, combattre ou réfléchir à ta place. Tu n'as plus d'autre effort à fournir que celui de te laisser aller aux bons soins d'assistants qui s'inquiètent pour toi et font preuve d'une délicieuse sollicitude à ton égard.* » — « *Tu frises l'indécence, mon vif Anagkaion*, rétorqua Gélos en se redressant sur ses coussins. *Te figures-tu que mon piteux état relève d'une mascarade censée attirer sur ma personne mille faveurs amoureuses ? Aurais-tu oublié que j'endure une lancinante et très réelle douleur ? Par quel miracle pourrais-je faire fi d'un crâne pris dans un étau et de muscles envahis d'abeilles ? Hormée ! Je t'en conjure, prends ma défense, tu en es si capable ! Anagkaion est trop vivant ; son impétuosité me fait mourir.* » — « *Impétuosité que je revendique*, coupa une nouvelle fois Anagkaion. *Si tu ne t'étais pas relâché dans quelque mol agrément, tu n'en serais sans doute pas à l'alanguissement forcé auquel ton corps t'astreint ! Regarde-moi : je ne suis jamais malade, parce que même dans mes loisirs, je demeure sauvage et impétueux ! La vie n'éprouve pas le besoin de me rappeler à l'or-*

dre ; Hormée ne peut sur cela me contredire. » Hormée, paisible, ne trouva rien de mieux que de hausser les épaules, ce qui fit rire Gélos jusqu'aux toussotements. Un long silence emplit ensuite la chambre ; le soleil la pénétrait doucement de ses rayons troubles. — « *Je suis bien triste* », dit enfin Hormée. — « *Ne le sois pas !*, dit Gélos. *Toi qui as la chance de ne point être malade, profite doublement de ta santé, pour toi et moi.* » — « *Oh ! je ne suis pas triste pour toi, Gélos. Je sais que tu ne tarderas pas à guérir, je le devine à la beauté combative de ton regard. Non, je suis triste pour notre ami Anagkaion, qui dit méconnaître l'épreuve de la maladie.* » — « *Je n'ai jamais entendu plus absurde provocation !*, s'exclama l'intéressé. *En quoi, par les jumeaux de Léda !, ma santé devrait-elle te déplaire ? Ta tristesse ne serait-elle pas plutôt du ressentiment à mon égard ?* » — « *Gélos et moi ne craignons pas la maladie et y trouvons même un intérêt que ta mesquine expérience de la souffrance vitale ne peut mesurer, Anagkaion.* » — « *J'admets que j'ai peu souffert, Hormée. Tu y vois de la mesquinerie, j'y vois de l'excellence. Aurait-il été préférable que je laisse nos ennemis me pourfendre pour avoir moi aussi le voluptueux privilège de serrer les dents sous la torture ? La douleur, chez moi, se mêle à la joie : douleur des membres chancelant d'efforts, douleur des soûleries exténuantes, douleur des dépravations fortes. Mais quelle joie pourrais-je tirer d'une immobilité apathique ? Quel plaisir y a-t-il à se morfondre pour rien et à attendre, dans l'oisive et pénible suspension de notre cours, que le corps reprenne son souffle ?* » — « *Cela me réjouit, Anagkaion, que tu entendes la douleur comme une source de joie !*, dit Gélos. *Avec la démonstration de Hormée, je suis sûr que nos pensées vont pouvoir se rejoindre.* » — « *Ne sois pas si confiant, Gélos*, reprit Anagkaion. *Car sache-le : je hais la douleur. La joie qu'elle provoque est la joie que j'éprouve à me montrer plus fort, à retourner son venin contre elle-même, à la terrasser. Je lui livre bataille, c'est ce qui me rend heureux. Elle voulait me transformer : je lui ai résisté et je suis resté moi-même en dépit des grimaces !* » — « *En effet*, intervint Hormée, *il me semble que vos deux discours ne puissent jamais s'accorder. Gélos, tu dis aimer la maladie parce qu'elle t'"initie" et te fait devenir autre ; Anagkaion, toi, tu aimes les blessures parce qu'elles mettent ton identité à l'épreuve et te permettent de triompher une fois de plus. Gélos, tu vois la maladie comme une mue de serpent quand Anagkaion voit la douleur comme une morsure passagère, un défi lancé à sa puissance physique afin qu'elle en sorte accrue, puisque victorieuse.* » — « *Quel magnifique résumé tu nous as fais, Hormée !*, dit Gélos. *Tu sembles cependant oublier un détail d'importance qui est qu'Anagkaion et moi ne parlons pas de la même chose. Je suis d'accord avec lui pour dire que la douleur fait que nous nous sentons vivre et peut nous stimuler quand elle n'est pas excessive. Mais lorsqu'il parle d'"immobilité apathique" pour définir la maladie, conviens, aimable Hormée, qu'il n'y connaît rien ! C'est cet angle d'approche que tu dois changer pour que nous nous comprenions. Il perçoit en effet la maladie de l'extérieur. Il la juge à ses suites ostensibles et à la vie peu mouvementée qu'est contraint de mener le convalescent. Il n'en a jamais fait l'expérience ni jamais accompli le rituel.* » — « *Je vois très bien le rituel dont tu parles, Gélos !*, lâcha Anagkaion, visiblement vexé. *Je me souviens qu'un démon m'ensorcela petit. Ma mère, était une suivante de Dionysos. Aussi plutôt que s'en remettre à un médecin me soigna-t-elle avec de grandes rasades de cycéon, breuvage rituel des mystères d'Éleusis dont le goût maltraite encore ma mémoire. Le remède fut néanmoins efficace : en moins de trois nuits, le démon avait disparu et je n'en reçus plus de visite inopportune depuis lors. Mes amis, je vous le dis : mon premier fils s'appellera Cycéon !* » — « *Voici une histoire touchante*, dit Hormée. *Penses-tu avoir été initié définitivement dès l'enfance, Anagkaion, au point qu'il te soit désormais inutile de prolonger comme nous autres les initiations dans l'âge adulte ?* » — « *Mais de quelles initiations parles-tu ?* », demanda Anagkaion, tandis que Gélos toussait et crachait à s'en érailler la gorge. — « *Je m'en vais te l'expliquer, fils de Baubo la Vénérable*, répondit Hormée. *Et j'espère qu'ensuite tu verras la maladie d'un œil bienveillant, même si le remède de ta mère prêtresse t'en dispense éternellement. Le démon n'entre pas au hasard : il entre en nous si nous n'y avons laissé entrer personne depuis trop longtemps. C'est d'ailleurs pour cette raison que les vieillards sont ses cibles récurrentes.* » — « *Qu'entends-tu par "entrer" ?* », s'inquiéta Anagkaion. — « *Ne me laisses-tu pas entrer en toi par le regard ?*, dit Hormée. *Ne laisses-tu pas Gélos entrer en toi par le rire ? Ne laisses-tu pas l'ennemi entrer en toi par la peur ?* » — « *Ça, jamais !* » — « *... et les amantes par l'amour ?* » — « *Ça, toujours !* » — « *Or, lorsque tu fermes toi-même tes ouvertures et que tu deviens statue, le froid fatalement te gagne et met tout ton corps en danger. C'est alors qu'un démon t'envahit pour te délivrer de toi-même. Il fait que tu te sentes trop à l'étroit dans ta prison. Il fait que tu y dépérisses et que tu veuilles y tailler de larges brèches pour respirer un peu. Sa bonté revient à se montrer féroce : il te pique, te fouette, disloque tes jambes, déchire ta poitrine, émiette tes sens. Il te fait traverser maints supplices afin de te punir de t'être toi-même obstrué pour échapper au regard des dieux. Tel est donc, Anagkaion, le rituel auquel nous invite le démon de la maladie : un désencombrement salutaire après l'encombrement poussé jusqu'à l'extrême, un désenclavement de nous-même. Cela, bien entendu, à condition de n'avoir pas bu de cycéon étant petit...* » — « *Le cycéon n'y est pour rien,* dit Anagkaion. *Je fais assez de lutte et de gymnastique pour ne point m'emmurer comme tu le décris ! Arès est un... un grand thérapeute. Il a... Il... Aah !... Atchaah !* » Anagkaion venait d'éternuer à la façon de Gélos. — « *Sois le bienvenu, mon frère !* », lui dit alors ce dernier, amusé, entre deux quintes.

9

Y a d'la joie. — Le Système charge pubards et psys de donner à la surconsommation des airs de fête. C'est pourquoi chaque pub explose de farces et d'envies, de complicité et d'euphorie. C'est pourquoi aussi le sens de la convivialité s'est perdu : l'amusement virtuel déprime d'avance les médiocres amusements de la malvie réelle. Le Marché vole aux gens leur amour pour ensuite le leur revendre, au comptegouttes. La TV veut que les rires ne passent plus que par ses pixels et ses décibels.

10

Y a plus rien. — La société ultracapitaliste sponsorise le nihilisme. Car plus les gens se sentent vides de tout, plus ils cherchent à se remplir de bidules que les charlatans, si charitablement, mettent à leur disposition. Le règne de l'Avoir passe ainsi la qualité à la moulinette quantificatrice. Du cynisme dans les appréciations, de la défiance dans les relations, de l'obsolescence dans le bonheur. Les serviteurs de l'Avoir veulent notre mort. Une mort différée, le temps d'acheter leur merde. Une mort phantasmée — grondante menace qui plane sur les Occidentaux déjà grassouillets pour en faire des obsédés du caddie. Lu sur un paquet de Lu : « *Pour ne jamais manquer de ressources.* » Traduction faite : « *Consomme ou crève !* » Même les marchands de petitbeurres trempent leurs biscuits dans le Styx !

11

Valises. — Sexuellement, je suis *cerné.*

12

Tournesol. — Dysprosie du désir : par lui l'inatteignable rayonne. Actinotropie du désir : par lui je m'oriente vers ce rayonnement. Le désir rend l'irrésistible insaisissable (actinotropie) et l'insaisissable irrésistible (dysprosie). — « *De là découlent tous les drames du monde.* »

13

Ipso facto. — L'autre fait mon Je(u).

14

Besoin de toi. — Le désir en appelle au manque ; le Je(u) en appelle au désir. Que l'abandon manque à l'appel, et le désir se matérialise alors en envie, faux besoin visant un bonheur de pacotille. Sans désirer le désir, l'Être se transfige en Avoir, la phantasmagorie en objectivité réelle, la passion en volonté rigide ou flageolante.

15

Anatomie. — Le corps érotique est une pochettesurprise.

16

Respire. — L'abandon est le nerf du corps.

17

Devise thumétique. — « *Ne sois pas ta force : suis-la !* »

18

Langueur fulminatoire. — Ne sois jamais passif, mais patient. Ne sois jamais actif, mais impatient. Patient dans l'Accès, l'irruption ; impatient dans l'Excès, l'éruption. Tu es volcan à toi tout seul : le magma en fusion et la cimenterie froide, la plaie suintante de lave et le cratère béant, l'endurance et l'induration.

19

Solipsisme. — L'ensoi ne peut être qu'une illusion du poursoi, quand celui-ci se laisse prendre dans l'abandon de l'Être.

20

Se prendre au Je(u). — Dès que je ne m'abandonne plus j'entre en Procès avec moi-même.

21

Comprendre. — Une philosophie est verbeuse pour qui ne la phantasme pas.

22

Déferlante. — L'« âme » est de la vague au corps ; le corps, du vague à l'âme.

23

Cohérence. — La philosophie et la liberté sont deux causes unies : elles sont saines ou insanes ensemble.

24

Dévolution psychologique. — Les sectaires et les doctrinaires exclusivistes veulent que chacun subisse l'aliénation conjugale dictée par leur conception névrotique de l'amour. L'inclusivisme fractal — intime mise en réseau des affinités extrêmes — favorise au contraire l'émancipation par l'amour. Contre l'évidence d'une millefa — famille constellaire que la personne se choisit —, les crevards de l'Avoir s'insurgent en freudisant à coups de complexe d'Œdipe, en pragmatisant à coups de « *nécessaires compromis* », en pactisant à coups de jalousie légitime. Qu'un psy essaie donc d'appliquer les schèmes de sa « science » aux modèles familiaux africains, et le divan sera pour lui ! Le Dr Freud est un magnifique analyste du patriarcat judéochrétien et de ses séquelles dans l'« âme » humaine. En ce sens, il peut nous aider à nous déprendre efficacement de ce dogme. Mais ses vues ne sont plus pertinentes dès qu'on les applique à d'autres organisations affectives dans lesquelles le quatuor Maman, Papa, La Bonne et Moi — grande industrie névrosante occidentale — est dilué dans une tribu plus vaste, une ribambelle de mères, de pères, de frères, de sœurs, d'oncles, de tantes, de cousins et d'aïeux. La psychologie exclusiviste cafouille à tenter de discerner ce qui s'y trame. Les tribus africaines sont absolument viables, mais les concepts occidentaux ne parviennent pas à dire *en quoi*. C'est pourquoi nous avons besoin d'un nouveau paradigme psychosocial qui nous permette dès à présent d'anticiper sur les troubles et les mentalités que l'inclusivisme engendrera ; nous appelons « Thanatologie » ce socle interprétatif neuf, et « Axiologie » les valeurs qu'il laisse apparaître. Si le communautarisme soixante-huitard n'a pas fait de vieux os et s'est soldé après la bandaison psychédélique par une débandade, c'est parce que la libération des mœurs ne pouvait se penser elle-même : Lacan sermonnait du Freud, les drogues brouillaient l'intelligence des corps libérés, la convoitise et l'appropriation maladives continuaient de fâcher la générosité amoureuse. Pour retourner durablement l'état des choses, la révolution doit d'abord être psychologique : dévolution. Par ce terme, nous désignons l'énergie spirituelle que la société déploie dans toutes ses strates et qui la rend capable d'autotransformation. La dévolution est prérévolutionnaire en ce qu'elle prépare le terrain mental propice au renversement d'un ordre caduc, d'une idéologie fossilisée en dogme. Ce dogme, en tant que tel, ne sert plus qu'une minorité dominante, laquelle continue bien sûr d'éduquer les dominés pour qu'ils trouvent confortable leur « fatal » asservissement. La dévolution procède par conséquent d'une optique marginale, d'une vision inconformiste et *incomfortable*, d'une compréhension à rebours des enseignements scolaires et du prêchiprêcha médiatique aux ordres. La dévolution traduit le mouvement de méfiance vis-à-vis des vérités officielles ainsi qu'un désir de changement, de guérison, d'espoir. Lorsque survie des miséreux, contrevie délinquante et malvie des classes moyennes déplorent ensemble des conditions de ferveur impossibles à remplir ; lorsqu'un pays sombre dans les anxiolytiques et la picole malgré des moyens de bonheur supérieurs au reste du monde ; lorsque la jeunesse régresse en vigueur au point que les accidentés de la déroute doublent en suicides ceux de la route ; lorsqu'on en arrive à une utopie-*là*, c'est-à-dire à une massification de la peur, à une multiplication du Décès par étiolement et au triomphe de la bêtise saturant les applaudimètres, souffle dans l'air l'électrique imminence : le vent de la dévolution.

25

Ondulatoire. — La seule ontologie pensable est celle de l'abandon de l'être, et la mort est la base empirique de cette ontologie car c'est infiniment à la mort (= à l'amour, à la mère) que nous nous abandonnons. L'Avoir, c'est l'être absolutisé, concrétisé, l'être-là — l'utopie-là. L'abandon, défaillance de l'être-là, pousse la relativité de l'être à son paroxysme. La mort nous révèle qu'*il y a* du néant — il y eut donc de l'être. L'être est le néant, c'est-à-dire la disparition de l'être, son absentéisation qui le présentifie, son endémique évidement lui donnant évidemment corps et plénitude.

26

Dépossession. — Pour déchristianiser l'amour, les penseurs se rabattent en surnombre sur sa naturalité « primitive » ou ses remous endocrinologiques, croyant par-là revenir au corps, au donné infraculturel, à la matière première ininterprétée. Certains perçoivent ainsi l'invariant amoureux dans la chasse de la femelle par le mâle en rut, nommant « culture » le camouflage de cette brutalité originelle. D'autres — les mêmes, parfois — sont forcés de fonder leur matérialisme sommaire sur le langage. Cela leur permet de faire de l'amour un contrat de type utilitariste régi par la volonté de jouissance mutuelle, sans quoi leur hédonisme les conduirait à une justification du viol, ce qui serait très pas bien du tout. On le voit, le problème de la naturalisation de l'amour — autrement dit de la supression du spirituel — tient au fait que ces philosophes ne parviennent pas à revenir au corps sans éviter l'écueil du pragmatisme. Le romantisme, la passion, le désir, la magie de l'aimantation ne pouvant être pensés comme d'inopérantes fictions (ce qui nécessiterait de maintenir le dualisme âme-corps), ils sont alors compris en termes d'influx hormonaux et de pulsions biologiques desquels découlerait toute « cérébralité ». Et voici réapparaître le spectre de l'homme-machine dont la science a décidemment besoin ! Affirmer « *Nous ne sommes qu'un corps, et rien que ce corps* », c'est en effet réduire l'intersubjectivité aux relations d'intérêts et le désir à la quête de plaisirs égoïstes. Le consumérisme industriel ne veut pas autre chose : condamner dogmatiquement l'animal humain au solipsisme de marché, c'est-à-dire à l'insolidaire triade défiance-fantasmes-envies, afin de donner à l'Avoir le monopole de la transcendance. Quelle idéale idylle nos philosophes matérialistes préconisent-ils ? Le nomadisme célibataire, en parfaite conformité avec le dessein libéraltotalitaire de frustration et de déliquescence sociale planifiées. Car l'exclusivisme tant vanté sied paradoxalement aux sexolâtres, tant vampés qu'ils ne tiennent ni en place ni en couple. Le Toi-&-Moi institué et l'entrianglement familialiste père-enfant-mère n'ont de raison d'être que par l'énergie consumériste et la résignation qui sourdront de leur mise en péril, à l'instar du miel qui sourd de la ruche éventrée par l'ours glouton. C'est pourquoi l'apologie pubeuse des mômes, des mômans et des moments de tendresse va toujours de pair avec un cynique rejet des enfants, de la parentalité et de la vie à deux comme aliénations majeures et nuisibles à l'épanouissement solipsiste. Le consumérisme suit le matérialisme amoureux des antichrétiens avec d'autant plus de zèle qu'il lui fournit le socle théorique rêvé pour nier la succombance illaborative de l'être. Privé d'« âme », l'homme doit dès lors acquérir l'abandon vital extrinsèquement à lui-même. Ses sourires, ses soupirs, ses souvenirs, il les achètera.

27

Jouir de désirer jouir. — Vivre selon Montaigne : « *Jouir au double des autres.* » Pour ce faire, regagner l'Être : « *C'est le jouir, non le posséder qui nous rend heureux.* » Pour ce faire, différer l'assouvissement qui achève le désir, seul garant de la passion dévolutionnaire : « *La jouissance et la possession appartiennent principalement à l'imagination.* » Pour ce faire, Montaigne n'y guide goutte. Comment entretenir le muscle imaginaire ? Soutenir qu'il faille recourir à un expédient pour enflammer le désir d'une ardeur continue, c'est franchement pléonasmer : le désir chauffe *de lui-même.* Il est l'âtre de notre être, notre brasero ; — désir de succombance qui infléchit incessamment notre Je(u). Pour donc « *jouir au double* » des maldésirants, il convient seulement d'éviter trois égarements : la détention étouffante (Décès), la rétention d'humidité (Abcès) et la contention incendiaire (Succès). Autrement dit la claustration, la submersion et le débordement du désir.

28

Décès. — Au sens fort, le Décès est un suicide au comble du malheur. L'Accès tend vers le Décès *sans jamais l'atteindre*, ou plutôt il ne l'atteint qu'une seule fois : lorsque nous mourons et qu'enfin le Je(u) douloureux cesse. Celui qui se décède (« *se meurt, se languit* ») fait entrer son désir en détention. Dyspnée. Il *se* déprime, il se mélancolise. L'Accès à l'intériorité de son corps — qui dans le plein essor s'accompagne d'Excès, d'ouverture et de jaillissements corrélatifs — descend si profond qu'il entraîne le Je(u) en dedans et l'y enchaîne. Le Décès nous inhibe, nous introvertit, nous intime une intimité constante avec nous-même. Il prive ainsi le Je(u) de bondissements hors tréfonds. Il rive le désir au désespoir : nous désirons en mourir, ou que le désir en meure, ou que le monde en meure en une intensive déploration. Défaite de l'Être ; nihilisme du pessimisme morbide, du transport larmoyant des vaincus. La Nuit pour seul sentiment : nostalgie. Et notre vitalité s'étiole à force de lassitude. Dépression perpétuelle.

29

Abcès. — Celui qui s'abcède (« *se crispe, se retient* ») garde en lui les poisons qu'il aurait dû rejeter. L'abcédé absolutise le mal en sa personne, croyant pouvoir l'évacuer en le digérant ou le maîtriser en le domptant. Apnée. Il veut en vain dissoudre son troplein de bile pour s'absoudre des préjudices qu'elle lui fait commettre, ou, mieux, convertir cette source de haine en source d'énergie et d'amour. Le Procès de nos dynamiques corporelles — qui dans le plein essor nous situe sur notre axe, rendant ainsi possibles recentrement et décentrement — est devenu un abcès de fixation qui transfige la mobilité du Je(u) pour mieux en prendre le contrôle. L'Abcès nous claquemure, nous séquestre, nous barre l'Accès et l'Excès. Il prive ainsi le Je(u) d'axe et de rotations. Il rive le désir à l'angoisse de perdre corps : nous désirons survivre, ou que le désir survive, ou que le monde survive en une intransitive incarnation. Fuite de l'Être ; nihilisme de l'aporétisme qui enfièvre, du transport anxieux des déserteurs. L'entre-chien-et-loup pour seule émotion : spasmophilie. Et dans nos culs-de-sac notre vitalité s'énerve à traquer des issues. Agitation perpétuelle.

30

Succès. — Au sens fort, le Succès est un suicide au comble du bonheur. L'Excès tend vers le Succès *sans jamais l'atteindre*, ou plutôt il ne l'atteint qu'une seule fois : lorsque nous mourons et qu'enfin le Je(u) devient chose, s'extasie, s'éclate au monde. Dans l'acception moins ultime du terme, celui qui se succède (« *se projette, s'oublie* ») fait entrer son désir en contention — aux sens latins de lutte extrême et de « *maintenir ensemble* ». Le Succès est en effet une contention relative du corps, tension prolongée qui vise la contention absolue, l'immobilisation *dans la matière*, l'interpénétration noéticonouménale, l'éternité fusionnelle. Faîte de l'Être ; nihilisme du fol optimisme, du transport flamboyant des vainqueurs. Le hors-de-soi excessif — qui dans le plein essor s'accompagne corrélativement d'Accès, de retraite vers l'axial ensoi — s'euphorise tant qu'il entraîne le Je(u) au-dehors et l'y enchaîne. Le Succès nous expose, nous explose, nous refuse tout reflux en nous-même. Il prive ainsi le Je(u) de repli positionnel, d'imperturbabilité. Il rive le désir à la turbulence des là-bas : nous désirons y mourir, ou que le désir y meure, ou que monde y meure en une jubilation extensive. Le Jour pour seul témoin : oubli. Et notre vitalité déflagre à force de démesure. Exultation perpétuelle.

31

Faux frais. — La Mort, l'épouvantail dont se servent les vautours pour nous éloigner de la succombance. Privés de cette nourriture véritable, voici que nous mourons d'envies. Planent alors, au-dessus de nos creuses hébétudes, les fictions bourratives des charognards.

32

Audience. — Une réflexion ne peut être qu'une moindre action.

33

Vis-à-vis. — Moi : pôle identitaire. Je(u) : pluridentité.

34

Limites. — L'obstacle, c'est Moi.

35

Départir. — La pilosité du mâle, la frilosité de la femelle : premières balises. L'envasement de l'homme, l'évasement de la femme : premières valises.

36

Dévolu. — Où le désir ne dévie pas, il fait déraisonnable ce qui ne serait qu'irrationnel.

37

Marabout de ficelle. — Petit tract distribué à la sortie du métro : « *Médium, voyant. Professeur DJAMI. Résultat 100 % de succès pour vos problèmes. Facilités de paiement. Votre amour vous a quitté ? Comment réaliser vos désirs ? La réponse est chez le professeur Djami ! Prenez contact, il vous aidera à résoudre vos problèmes : retour immédiat et définitif de l'être aimé, fidélité, mariage, chance, examens, travail, réussite dans les affaires, attraction de clientèle, etc. TRAVAIL SÉRIEUX ET HONNÊTE. Il est à votre service ! Ne restez pas dans l'angoisse ! Contactez-moi, résultat dans une semaine.* » Le temps de rentrer chez moi, ma pensée divague. L'homme qui m'a donné le bout de papier devait probablement être le professeur Djami en personne. Originaire d'Afrique subsaharienne, la cinquantaine, vêtu à la paie-pas-de-mine, un brin honteux mais résolu. Il se fait passer pour quelqu'un d'autre le temps de faire sa propre publicité. Son regard évasif et son accoutrement banal s'efforcent de ne pas impressionner les passants — il garde aura et djellaba pour les consultations. Pour lors, son pouvoir magique consiste à se rendre invisible, à disparaître des mémoires sitôt le prospectus parcouru. Il démarche incognito ; il ne se transformera en « Professeur » que si le quidam démarche en retour auprès de lui. « *Attraction de clientèle* ». Djami, cela sonne comme « ami » avec le « dj » exotique. Trop inoffensif en tout cas, trop peu envoûtant — d'où l'adjonction d'un titre honorifique pour épater le gogo. Les titres clamés haut et fort servent le plus souvent à verrouiller un merdeux dans une réputation d'excellence ; combien de « docteurs » inaptes, de « professeurs » piètres pédagogues, de « maîtres » sans aplomb ni poigne ! Djami, c'est surtout le nom du jeune domestique de Rimbaud, son unique amour. Les biographes nous bassinent avec Verlaine, l'initiateur sexuel aux crispations noires ; faute de mention dans les lettres d'Abyssinie, ils négligent Djami Wadaï, l'adolescent harari qui accompagna le négociant durant ses cinq dernières années africaines. Sur son lit de mort, Rimbaud ne parle que de Djami à sa sœur Isabelle. Dans le délire, il l'appelle sans fin, et aucun autre nom n'encombre alors ses lèvres. Il veut lui léguer une fortune et lui recommander de l'employer sagement — « *réussite dans les affaires* ». Un abandon au-delà de tout ce qu'il avait connu l'expose à Djami. L'écrire serait indécent quand il lui suffit enfin de le vivre, ce *règlement* de tous ses sens vers un axe qui l'expatrie de lui-même, ce lien viscéral espéré depuis l'enfance, cette introublée simplicité de l'offre. Djami n'est pas le serviteur d'Arthur, mais son premier réceptacle, sa passion pour une fois facile et sans désarroi interstitiel — jusqu'à la mort. Celle d'Arthur emporta d'ailleurs Djami dans la foulée. « *Retour immédiat et définitif de l'être aimé.* » — Penser, c'est d'abord cela : s'abandonner à une libre association de connaissances. Ne pas chercher à tout prix le fil intelligible qui force la route ; ne pas non plus y mettre explicitement de soi (émotions, souvenirs, phantasmagorie) comme sur le divan du psychanalyste. Avec ce qu'il faut de lâcherprise pour que l'objectivité et la subjectivité se floutent réciproquement, nous pensons véritablement quand nous donnons libre cours à notre savoir pour qu'il organise de lui-même un monde cessant alors, pour un bref instant, d'être prédéterminé. Il y a ensuite *réflexion* lorsque nous synthétisons nos pensées éparses pour conclure. Linéaire, la pensée bondit de digression en digression. Le Je(u) y est libre, très mobile, immotivé — Je(u) m'y perds. Dialectique, la réflexion en subsume les vagabondages sous une même intention processive — Je(u) rassemble mes pensées. Mais revenons à notre exemple. La lecture irréfléchie du prospectus donna lieu à un enchaînement spontané de remarques : l'homme qui distribue le tract est Djami en personne ; « Professeur » est un titre honorifique affublant n'importe quel nom d'un prestige trompeur ; Rimbaud a aimé Djami, le seul grand amour de sa vie. Arrivé chez moi, je peux oublier ma rêverie en envoyant le tract à la poubelle, ou bien passer à la réflexion volontaire. Quelles passerelles jeter entre une autopromotion, un titre de charlatan et une passion pédéraste ? — Poubelle.

38

Vague. — Le corps, la matière déferlante.

39

Qui l'eût cru ? — Les Wilhelm nés au XIXe font d'excellents millésimes pour notre « psychologie » viticole : Wilhelm Fliess, Hoffer, Jensen, Pabst, Schmidt ou Wundt. Wilhelm Furtwängler, Griesinger et Reich, surtout. Le Dr Freud ne tenait pas l'alcool et en devint soûl. Ironie du sort : c'est à présent Sigmund qui ennivre les Wilhelm du XXIe. Quel gâchis qu'un Wilhelm W. Hemecker sous influence !

40

Dolmen. — Il y a deux grands types de philosophes : les indolents, qui écrivent ce qu'ils sont pour n'avoir rien à être ; et les dolents, qui écrivent ce qu'ils ne sont pas pour le devenir. Chez Sartre, la pensée est derrière ; chez Camus, la pensée est devant. Et puis il y a les philosophes espagnols et hongrois, en deçà de l'indolence, au-delà de la dolence — Miguel de Unamuno, György Lukács.

41

Précurseurs. — Notre conception de la présence comme axe Accès-Procès-Excès est redevable de quatre penseurs qui ont apporté, chacun à leur manière, les prémisses d'une philosophie du corps : Biran, Andreas-Salomé, Bataille et Valéry. Le premier part de l'expérience de la vie intérieure dans sa factualité, mais le langage empiriste le freine et le retour au dualisme l'empêche d'appréhender la passivité comme un acte — thèse plotinienne s'il en est. La deuxième, grandiose amazone, conçoit fort justement la féminité accessive et la masculinité excessive à partir du différentiel physiologique et anticipe aussi sur la Constellation familiale en allant à contrecourant des mœurs exclusivistes et de la religion ; mais préférant le Dr Freud à Nietzsche, elle psychologise grièvement ses premières démarches pour plaire au patriarche. Quant à Bataille, s'il clive bien l'humain entre deux pôles, l'appropriation et l'excrétion, il tend à confondre le Succès (dépense en excès vers la transgression, débordement extatique) et l'abandon — lequel provient plutôt de la levée du Procès, d'un cessez-le-Je(u) grâce auquel Accès et Excès se fondent l'un en l'autre jusqu'à l'indistinction. Rien à redire à Valéry : « *La peau humaine sépare le monde en deux espaces : côté couleurs, côté douleur.* » — Point de départ de la méthode somative. Rien à redire, si ce n'est que ces deux *espaces* sont aussi deux dimensions *temporelles.* L'Accès, le refoulement vers l'antérieur-intérieur ; l'Excès, le défoulement vers l'extérieur-ultérieur. Au centre : le Procès, notre peau réfléchissante. Là où il y a foule.

42

Entrebâillement. — La liberté « intérieure » est ce milieu imprécisable entre l'abandon et la crispation. Partant, nous sommes toujours *en passe* d'être libre : trop libre lorsque nous nous donnons libre cours ; pas assez lorsque nous nous entravons. Notre Moi se croit libre parce qu'il ignore le Je(u) mouvant qui le soustend. Notre Je(u) est, quant à lui, trop disponible, trop ouvert à l'altérité pour éviter la danse, le mélange, ou au contraire la retenue, le repli. Nous ne sommes pas libres d'être vulnérable ou imperméable : nous sommes uniquement libres d'être sur la brèche, sur le point de, au bord de nous-même. Libre, celui qui s'apprête à. Libre, celui dont l'hésitation se lève et qui s'engage. Mais sitôt l'engagement pris, la liberté se dissipe et le corps s'oriente de lui-même. La liberté est donc la respiration du Je(u) brusquement libéré de lui-même. — Un changement de rythme, une modulation vitale, un éclair de perplexité dans l'imminence de la lucidité qui l'évanouira. Une embrasure, éphémère et soudaine.

43

Viagraïsation. — Dans un quelconque magazine d'information, une pub pour un laboratoire pharmaceutique. En haut : photo d'Elle-&-Lui qui se marrent au plumard. En gros : « *"Jusqu'à la semaine dernière, il était incapable de parler de ses PROBLÈMES d'ÉRECTION à son médecin. Aujourd'hui, il n'y pense plus".* » En bas : photo du pieds-de-balleur Pelé, noir costaud en costard. C'est lui qui parle. « *"Environ un homme sur dix rencontre des problèmes d'érection à un moment ou à un autre. Cela peut arriver à n'importe quel âge et peut être très stressant, ce qui aggrave les choses. Ces troubles de l'érection sont un problème médical connu. Alors pourquoi tant d'hommes sont encore réticents à les évoquer avec leur médecin ? Beaucoup d'hommes l'ont fait et ont été soignés efficacement. Si vous souffrez de problèmes d'érection, ne souffrez pas en silence. Parlez-en à votre médecin. Moi je le ferais."* » Sous la signature du Brésilien, cette précision : « *Pelé : Athlète du siècle.* » Puis une note : « *Titre décerné par un jury présidé par Juan-Antonio Samaranch (CIO) en novembre 1999, Vienne.* » Enfin, l'accroche : « *Pfizer — Quand l'amour va mieux, la vie aussi.* » — Tout y est. Nous y sommes... Au secours, Professeur Djami !

44

Auchan en emporte le vent. — La pubtréfaction des désirs déplace les désirs. Conscients de cette ennuyeuse dérobade, les pubards s'arrangent pour rendre la codebarrisation elle-même désirable. L'engouement pour les automutilations (tatouages, piercings, scarifications, implants, logos en boucles d'oreilles, &c[a]) relève aujourd'hui davantage du culte néocannibale pour le corps-marchandise que de quelques réminiscences de coutumes d'Africains, de marins ou de blousonnoirs. Aujourd'hui, les esclaves se marquent *eux-mêmes* du sceau de leurs maîtres ; peu leur importe d'ailleurs le blason pourvu qu'ils se *blasent.*

45

Mixte. — La liberté est effrayante ; rares sont ceux qui veulent se l'exiger. C'est elle, le tabou qu'il nous faut ! Le sacré, la bête terrible tapie dans le nœud des ventres. La liberté succombante, la confusion des humeurs. Pour l'Occident, l'accident. Pour la Thumétique, la substance.

46

Boutade. — La blague de ralliement des étudiants en philosophie, usés par l'idéalisme universitaire : « *J'aime pas Kant, il se Fichte de m'Hegel !* » Ces trois-là, il est vrai, ont fait de la philosophie un cirque — Hegel en chapiteau, Fichte en Monsieur Loyal et Kant en hommecanon. Vivement les fauves.

47

Convalescence. — La vérité, c'est la santé. Voilà pourquoi la maladie rend philosophe. « *Magna est vis veritatis et praevalebit.* »

48

Armatures. — Peau, oreilles, yeux, narines, bouche, sexe, anus : « défauts » de notre armure. Cicatrices, cris, pleurs, puanteur, nausée, impuissance, constipation : défauts de notre « Amour ».

49

En corps. — Trois intellections du corps, trois vécus interprétatifs : le corps que *j'ai*, le corps que *je suis* (v. « être »), le corps que *je suis* (v. « suivre »). L'enveloppe impersonnelle platonicienne, le sujet prépersonnel merleau-pontien, l'axe personnel thumétique. Le corps sale, le corps propre, le corps iridescent. La matière, la chair, la présence. La stèle, le style, le Je(u). « *Intellectus luminis sicci non est, sed recipit infusionem a voluntate et affectibus.* »

50

Midinette. — Durant sa campagne, Bush Junior commente son apparence, face caméra. Bottes montantes contre les morsures de serpents, pantalon coupe texane, ceinture marquée du sceau de l'État du Texas... Arrivé au col de sa chemise blanche, il désigne son visage d'un geste brouillon : « *Tout le reste, c'est du fantasme !* »

51

Clowns démissionnaires. — Les néorésistants œuvrent pour l'avènement d'une société non régie par le Marché, ce jeu archaïque de pulsions individuelles sinistrant la collectivité. Ils se distinguent d'emblée par leur refus d'utiliser le vocabulaire officiel du néocannibalisme. Pas d'« *acteurs sociaux* » dans leur bouche, par exemple, mais des « *patrons* » ; pas de « *plans sociaux* » mais des « *plans de licenciement* » ; pas de « *challenge* » mais des « *engagements* » ; pas de « *scène de ménage* » mais du « *linge sale lavé en famille* ». La nécessité de renommer ne relève pas d'un goût snob pour les subtilités et les nuances : le combat est d'abord lexical, car interprétatif. Le dogme de l'Avoir compte maintenir l'Être sous son régime virtuel. Ce sont donc les mots de l'Être qu'il faut recouvrer, et avec eux la santé : « abandon », « corps », « épanouissement », « présence ». Contre les néorésistants — pour lesquels le qualitatif seul épanouit, quand le quantitatif étiole —, les tenants de l'Avoir tentent d'intervertir le « *il y est* » et le « *il y a* », le « *il en est* » et le « *il en a* ». Ils transforment ainsi l'imaginaire désirant en envie superficielle, le phantasme en fantasme. Ils brouillent les pistes, privatisent nos aventures, enlaidissent nos échappées, truquent notre Je(u), balisent nos peurs. Ils courtcircuitent notre évidente *circulation* affective afin que nous leur léguions notre corps avant l'heure, comme un bon débarras, un encombrant décombre. Qu'en font-ils ? Ils le gèrent en l'intégrant au grand troupeau des agités sédentaires : cowboyisme. Ils le gouvernent en l'exposant à un vaste stock d'options et à une foultitude de fictions libertaires afin que nous continuions à nous sentir libre, telle la pierre de Spinoza qui, lorsqu'elle tombe, croit *vouloir* sa tombaison. Pourtant il est curieusement un domaine où nous reconnaissons ne pas avoir de libre arbitre ; un domaine ingérable, incontrôlable, imprévisible : l'amour. Le cliché doctrinalement entretenu de la tombaison amoureuse présente l'amour comme une fatalité, un « *coup de foudre* » qui ne se commande pas, ce pourquoi cet amour-là terrifie. Il y a menace : nous pouvons *tomber* amoureux et nous casser le cœur. L'abandon mène à la perte. Aussi devons-nous nous vacciner en amont contre la catastrophe ; aussi devons-nous nous clowniser. Cela revient à n'éprouver aucun sentiment spontané qui ne soit passé à la moulinette cérébrale avant de débouler dans le corps. Montaigne : « *C'est assez de s'enfariner le visage sans s'enfariner la poitrine* », c'est-à-dire le cœur. Le clown se roule lui-même et tout entier dans la farine. Il se protège contre la flèche de Cupidon en faisant de sa sensibilité un spectacle dont il est le metteur en scène. Ainsi rien ne l'atteint-il qui ne soit préalablement décidé ; et, puisque ce qui est réfléchi n'émeut que son intellect, le clown intellectualise son corps et perd son animalité. Il métabolise son désir en volonté à force de préméditations. Il veut tout *saisir*, si bien que plus rien ne le saisit. Le clown vibre, jouit, orgasme, pleure ou rit *pour de faux*, c'est-à-dire sans innocence, *en connaissance de cause*. Soyons sûrs d'une chose : les néorésistants les plus fiables sont des clowns lassés du métier. Des faiseurs d'émotion en souffrance, prisonniers de leur propre mascarade. Des qui veulent lâcher prise ; des qui échangeraient leur *one man show* pour un bain de foule et leur sourire peint sur la bouche en un bouquet de torsions zygomatiques. La néorésistance est une levée des résistances parasitaires, un incendie des foyers de crispation. Elle lacère le chapiteau global, éteint la poursuite des vies privées. Avec elle, le spectacle est terminé, l'artistique aventure commence. Avec elle, la démiurgie prend le pouvoir. — « *Show must go in !* » Circulez ! il n'y a rien à voir. Il y a tout à vivre : circulez, circulez ! « *Nous nous lamentons et demandons aux étoiles qui a jamais été plus malheureux que nous, alors que derrière nous se profile déjà l'ave-*

nir moqueur qui se rit de la douleur passagère de l'homme » (Wackenroder, encore un Wilhelm celui-là !).

52

Déstresse. — Pour sortir de la détresse, considère rétrospectivement ton parcours et réapproprie-toi ton existence morceau par morceau, tournant par tournant, griffe par griffe. La détresse te coupe de toi-même ; la détresse t'embulle dans le « présent ». Mais ton Je(u) est par nature dévolutionnaire : rien ne peut l'*arrêter*, pas même la mort — qui le *nie* en le réifiant. Use alors de mémoire, de *rewind* et de zoom arrière. Défocalise-toi de l'instant *t*. Projette-toi à reculons afin de reprendre souffle. Tout ce que tu as fait jusque-là révèle une ébauche de sens qu'il te faut poursuivre, pour en avoir le cœur net. Pour savoir ce que tu deviens.

53

Sauve-qui-peut. — Épris de gaieté comme de morosité extrêmes, nous nous perdons dehors, nous nous perdons dedans. Dans *Minna von Barnhelm ou la Fortune du soldat*, Lessing fait par exemple connaître le Succès à sa gracieuse héroïne. De nature optimiste, elle finit submergée de bonheur lorsque son fiancé, le major von Thellheim, consent enfin à l'épouser après maintes péripéties ; elle dit alors cette phrase curieuse à sa servante : « *Je l'ai retrouvé, Françoise, je l'ai retrouvé... Et si grande est ma joie que je ne sais plus où j'en suis.* » — Décès, Succès : ne plus savoir où nous en sommes. Décédé, nous nous dispersons en nous-même ; succédé, nous nous déversons dans le monde. Que faire pour nous sauver du Décès qui nous impose ventralement l'angoisse d'être trop nous-même ? — Crier, d'abord. Que faire pour nous sauver du Succès qui nous expose ventralement à l'euphorie toute externe de n'être plus nous-même ? — D'abord, crier. Puis danser pour perdre notre trop coriace contenance, ou encore danser et nous condenser pour résorber la transe.

54

Pour éviter un contresens concernant la luxuriance. — Peu de philosophes ont philosophé sur la beauté humaine. On verrait presque dans cet « oubli » comme un désir de nous humilier vis-à-vis des splendeurs de la nature, de la sublimité divine ou encore d'une « Humanité » idéelle, sans chair ni visage. Si l'Idée d'Homme est parfois illuminée d'éclats grandioses dans de rares pages lyriques, les femmes et les hommes *réels* sont en revanche le plus souvent dépeints *in abjecto*, l'« âme » veule et vile, le corps désolant. À croire que les philosophes ne jouissent guère de leurs semblables — et croyons-le : cela se vérifie souvent. Par quel miracle d'abstraction les plus humanistes d'entre eux peuvent-ils alors louer l'Homme sans d'abord s'émerveiller de la souveraine noblesse de tel regard, de telle stature, de telle bonté belle ? N'y a-t-il pas un fond de misanthropie à se défier de l'aimantation provoquée par la présence tangible d'autrui ? Et si, loin des millénaires leçons de mocheté ascétiques, l'impératif auquel nous souscrivons spontanément s'avérait être celui-ci : « *Tu dois tendre vers la grâce* » ? Ou — ce qui est la même chose — : « *La lourde laideur est signe de méchanceté.* » Laid comme un pou, Socrate aurait eu moins d'audience ! À moins que la « *merveilleuse beauté* » de sa tête déteignît sur son corps, ce qui démangea de désir l'Alcibiade de Platon et fit gratter Platon des nuits durant. Car de quelle beauté parle-t-on ? Le sens commun divise pertinemment l'apparence agréable en deux modes, le charme et la beauté. Mais la différence est pour lui de degré, non de nature : le charme serait une attitude séduisante qui ne collerait pas parfaitement aux critères de beauté en vigueur — une sousbeauté, en somme. Or réduire la beauté humaine à une époque ou à une culture données, c'est se priver de l'appréhender au point de vue universel. Une telle réduction conduit en outre à un dangereux penchant discriminatoire : quelle politique désigne les taupes modèles types et les impose à la société ? Ne fallait-il pas trouver le Noir simiesque et bestial durant la Traite négrière ? Le Juif et l'Aryen n'étaient-ils pas opposés comme le hideux et l'exemplaire pour servir le génocide et le culte de la pureté raciale ? Fuyons donc la « beauté » obligatoire, canonique, dictatoriale ; appelons-la « dogme ». De même, redonnons au charme sa capacité d'envoûtement et de magie au lieu de ravaler au rang de « *beauté des pas-beaux* » ou de « *beauté intérieure* ». Quelle que soit sa civilisation d'origine, une personne est belle — au sens thumétique du terme, c'est-à-dire *au sens fort* — lorsqu'elle répond de son désir, et charmante — *idem* — lorsqu'elle répond de son abandon. Belle, celle qui vit sa passion avec le fond farouche de ceux que nul n'aliène, si ce n'est eux-mêmes, *librement*. Charmante, celle qui porte la succombance à portée de corps, ample et légère. Prête à emporter l'autre dans ses plongeons, du sourire au rire, de l'humour à l'amour. Exercez votre beauté au miroir : vous restez seul à vous contempler. Exercez-y votre charme : vous vous dédoublez activement, vous vous regardez agir sur vous-même. La première tentative estompe les traits forcés de votre visage ; la seconde vous bourre de plaisanteries et de fines distanciations. Vous *désirez* être beau quand vous donnez à votre présence le maximum de responsabilité, d'attention, d'*écho*. Vous vous portez alors excessivement, éruptivement vers autrui. En désirant être charmant, à l'inverse, vous l'appâtez charismatiquement, vous faites irruption dans sa phantasmagorie pour le captiver. Beau, vous provoquez autrui, vous attisez son désir de liberté : admiration. Charmant, vous convoquez autrui, vous attisez son désir de mélange : aimantation. La luxuriance allie le charme et la beauté, la pétillante délicatesse et le ravissement nonobscène. À son propos, nous pourrions donc parler paradoxalement de « *charme excessif* » ou de « *beauté afférente* ». Cette réunion naît de l'épanouissement personnel et de la tropicalité d'autrui qui nous combine à son désir sensuel — qui nous aimante. Par un tropisme profondément grégaire, le corps-à-corps avec la luxuriance pousse ceux qui l'envisagent vers un désir d'épanouissement puisqu'elle les confronte à leur propre carence en ce domaine. Et l'épanouissement a ceci d'extraordinaire qu'il suffit de le désirer pour qu'il advienne. L'épanouissement est donc le désir qui tend le corps vers la vie. Et la vie, c'est le Je(u) lui-même — le Je(u) succombant, fluide, tampon, fait d'altérité et d'abandon. Décédé (« *sousexcité* »), je m'épanouis en m'excédant, en m'extériorisant ; succédé (« *surexcité* »), je m'épanouis en m'accédant, en m'intériorisant. L'épanouissement, en tant que « *pulsion de vie* », est ainsi mon *gardefou*. Le charme séducteur, la beauté irrévocable et la luxuriance (appel à l'amour, épanouissement contagieux) — trois façons de rencontrer autrui *et de s'affirmer en l'affirmant.*

55

Complices. — Viscéralement, la femme est un animal politique ; l'homme, un animal militaire. En ce sens, la femme amazone et l'homme diplomate étonnent par l'envergure inhabituelle du Je(u) qu'ils déploient — elle qui craint si souvent le conflit structuré, lui qui préfère au contraire épancher son agressivité dans la confrontation directe. Une femme sans amazonie, c'est-à-dire sans persévérance guerrière lorsque ses droits sont menacés, cherche spontanément à instaurer des liens de complicité avec l'entourage hostile. Elle utilise un langage tâtonnant pour *sousentendre* des connivences, créer des accords secrets, entretenir ou défaire subtilement les alliances. C'est par nondits qu'elle exprime sa nature politique. L'explicite, l'expose par trop : elle demande aux mots de ménager des havres d'ombres et de silence par lesquels elle prend et donne confiance, s'excède en devenant accessible. La complicité féminine a pour pendant la bellicité masculine. Un homme sans diplomatie, c'est-à-dire sans la responsabilité virile qui lui commande de garder son sang-froid face à l'ennemi, a tendance à vouloir le subjuguer. S'il ne parvient pas à prendre sur celui-ci un ascendant absolu, son mouvement premier s'inverse et il se laisse alors volontiers subjuguer par son nouveau maître. Pas de demimesure pour l'homme : il lui faut une hiérarchie unilatérale — un dominant, un dominé. Les choses ayant trait au pouvoir doivent être clairement déterminées, sans quoi la notion même de pouvoir perdrait son sens, et le sceptre séculaire tomberait des mains mâles. Les mâles veulent à tout prix savoir qui pisse le plus loin, qui a la plus grosse, qui est le chef de qui, car sinon ils seraient tous perdants en laissant le trône à la gent féminine. Le « *sexe faible* » n'est donc faible que parce que l'on sait qui est le plus fort : Alexandre, César, Chirac ou Raoul — qu'importe ! pourvu qu'il ait des couilles à montrer au balcon ! La femme, à l'opposé d'un rapport de force binaire, gravite dans les nuances infinies de ces deux statuts extrêmes (dominant, dominé) sans jamais se laisser épingler par eux. Les relations humaines n'apparaissent pas à ses yeux en noir et blanc, mais en couleurs. En chaque rôle ou fonction elle discerne la stabilité précaire, le vacillement sans cesse possible, le récréatif délassement. Elle fait semblant de croire à la « supériorité » d'un « supérieur » mais peine à imputer celle-ci à une essence, à un ensoi, à un principe de discrimination nécessaire. Tout pouvoir lui semble en son fond arbitraire. Un certain *jeu* demeure toujours jouable. Le pouvoir ne se renverse pas violemment comme pour l'homme : il se tisse et se découd, se représente dans son illaboration même. Le pouvoir masculin *subjugue* ; il ne s'adresse qu'au Moi de ceux qui obtempèrent. Le pouvoir féminin *intrigue* ; il n'ordonne pas militairement : il influence, il attire, il séduit le Je(u) de ceux qui le suivent. Il serait néanmoins dommageable d'inférer de cette différence qualitative une légitimation à glacer une fois pour toutes les représentations du pouvoir dans deux types caricaturalement antinomiques : femme, reine des manigances perfides — homme, éternel conscrit au garde-à-vous. Intéressons-nous plutôt à l'enseignement qu'ils peuvent tirer l'un de l'autre. Car c'est en s'inspirant de la complicité féminine que l'homme peut déployer continence et diplomatie, finesses des politiques intimes. Un politicien « hétérosexuel » et honnissant la compagnie des femmes verse tôt ou tard dans la dictature. Inversement, la femme apprend au contact de l'autorité masculine le sens de la rébellion et du combat. Elle atteint l'amazonie, l'autarcique luxuriance, quand elle soutient ses revendications égalitaires par la cruauté de celles que nul n'enchaîne ni ne dompte. La bellicité acquise l'empêche alors de se sentir fautive. Une amazone « hétérosexuelle » qui fausse compagnie aux hommes développe en effet un complexe de culpabilité pathologique — elle encourt l'Abcès si elle s'obstine dans sa croisade. Ainsi homme et femme gagnent-ils à *jouer* ensemble, le premier pour se politiser et sortir de l'excessive extase, la seconde pour s'engager franchement, sortir du flou et d'elle-même. À la femme d'apprendre à aimer en demeurant entière ! À l'homme d'apprendre à aimer autrement qu'en soldat !

56

Prorata. — Taille féminine moyenne : 70 cm, du cou au con. Taille masculine moyenne : 10 cm, du con aux couilles.

57

Forêt vierge. — La luxuriance, la suavité transgressive.

58

Tempérament. — Le Je(u) donne sa signification au Moi comme l'oubli à la mémoire.

59

Cession. — Nous gagnons à être gagnés par l'abandon ; le moindre bâillement est une victoire.

60

Crise. — La maladie rappelle notre mort à notre bon souvenir ; la maladie nous rappelle à la vie.

61

Indésir. — Il n'y a pas d'équilibre qui n'engendre la stagnation du corps.

62

Ça se complique. — La vie, l'implication.

Spire II

De la phantasmagorie

« Entre le spectacle et le spectateur, aucune rampe. On ne regarde pas la vie, on la pénètre. Cette pénétration permet toutes les intimités. Un visage, sous la loupe, fait roue, étale sa géographie fervente. »

Jean Epstein, *La Poésie d'aujourd'hui, un nouvel état d'intelligence.*

63

Népotisme. — Anagkaion, Basilère et Hormée suivaient, entre autres enseignements, celui de Callisthène d'Olynthe. Bien qu'il fût le neveu d'Aristote, le maître se maintenait résolument à distance de son célèbre aïeul sous prétexte que celui-ci ne posait pas les bonnes questions. Basilère voulut qu'il leur expliquât enfin les raisons de cette ignorance volontaire ; le philosophe répondit alors : « *Moins on en sait, mieux c'est !* » — « *Quoi !*, s'exclama aussitôt Anagkaion. *Comment un philosophe peut-il revendiquer à ce point d'entretenir ses lacunes ? En amoureux de la connaissance ne doit-il pas au contraire laisser sa curiosité le guider et s'instruire de tout ce qu'elle touche ?* » — « *Ma curiosité*, répondit Callisthène, *ne touche pas celle de mon oncle, loin de moi de m'en désoler ! Et s'il me traite malgré mes "lacunes" assumées comme l'un de ses disciples, sachez qu'il s'agit d'une ruse et d'un jeu entre lui et moi. Son vrai disciple est Théophraste. Comme lui, pourtant, je l'accompagne dans ses voyages et jusqu'au Nymphée de Miéza quand il le faut. Mais, hou !, jamais il ne m'importune avec ses contemplations, quand il assaille Théophraste de vérifications chicaneuses, le tance s'il répond mal et défoule sur lui son acribique cruauté, sa rigueur autoritaire. Sans doute s'est-il dit à lui-même : "Avec Callisthène, la solitude ; avec Théophraste, l'exactitude. Pour l'un, tous les silences de ma quiétude ; pour l'autre, tous les tics et les pics de ma sagacité." Et, de fait, lui et moi échangeons uniquement nos présences, non nos doctrines ni nos discursives déductions. Nous aimons nous ennuyer ensemble ; hou !, quel art que de savoir jouir d'un ennui commun ! Celui qui doit sans arrêt se distraire, celui-là s'ennuie de lui-même. Mon oncle et moi n'avons besoin d'aucune diversion lorsque nous sommes ensemble, parce qu'à nous deux, seul à seul, nous savourons plus pleinement le temps, la nature, nos souvenirs et nos rêves propres que lorsque nous sommes séparés. Mais pour ce qui est du pourquoi d'une amitié si évidente, je vous le répète : "Moins on en sait, mieux c'est !" Vois-tu, fougueux Anagkaion, les grandes amitiés s'orientent l'une l'autre en se désorientant. Plus tu méditeras et nourriras ton âme, plus tes ancres seront nombreuses et s'allongeront, si bien que leurs grappins te permettront de t'aventurer dans des territoires forts éloignés de toi-même. Je remercie par exemple mon oncle de m'avoir fait connaître très tôt Pindare, Homère et Euripide. Il m'ouvrait là une voie que je n'ai cessé d'explorer par la suite. Mais plus je découvrais la poésie lyrique et la tragédie, plus mes pas s'éloignaient de la sagesse avunculaire. Toutefois je lui dois mon parcours puisqu'il lui donna une précoce orientation affective. Il aurait pu m'emprisonner dans son système depuis l'enfance : sa générosité l'a conduit tout à l'inverse à m'en affranchir pour la vie. C'est pourquoi, lorsque je découvris à Cynoscéphales les poèmes inconnus du jeune Pindare, je les lui offris. Par ce cadeau, je lui remettais ce que le harpon qu'il avait fait de moi accrocha de meilleur. L'âme de celui qui vous a guidé sans vous contraindre, vous vous devez de la guider en retour. Vous vous devez de lui faire don des richesses que sa bienveillance non tyrannique vous a laissé glaner au gré d'un désir resté vôtre. Mais devant personne, selon moi, le philosophe ne se prosterne.* » — « *Tout de même !*, s'offusqua Basilère. *Aristote est une sommité ! Dire que ses questions sont ineptes, c'est presque commettre un crime métaphysique !* » — « *En outre par quel prodige, foudre Zeus !, jugera-t-on de la valeur de ses écrits si l'on répugne à les parcourir ?* », surenchérit Anagkaion. — « *Par le prodige de l'évidence,* dit Callisthène. *Si tous les hommes accordent de la valeur aux leçons de mon oncle, c'est qu'elles n'en ont désormais aucune ! Dans la mesure où le nouveau monde d'interprétations qu'elles dessinaient jadis est désormais devenu la lecture éculée de notre quotidien, l'inconnu se trouve hors d'Aristote, et c'est précisément l'inconnu que le philosophe doit poursuivre : la démiurgie potentielle du réel.* » — « *Qu'est-ce que cela ?* », demanda Anagkaion. — « *Une œuvre philosophique,* répondit Callisthène, *ne doit pas dépeindre le réel une fois pour toutes comme s'il existait indépendamment d'elle, comme un modèle extérieur. Une œuvre philosophique doit peindre le réel lui-même. Le philosophe offre ses yeux en partage avec ceux qui participent à sa philosophie.* » — « *Offrir ses yeux, c'est devenir aveugle !*, s'écria soudain Anagkaion. *Moi et Basilère nous destinons à l'art militaire ; le seul partage auquel nous consentons, c'est l'irascible allant de nos troupes et une parcelle infime du deuil des veuves de nos ennemis !* » — « *Callisthène dit-il seulement autre chose ?*, demanda alors Hormée. *Les soldats comme les philosophes, selon lui, s'attaquent au réel. Les uns avec des stratégies et des assauts guerriers, les autres avec des mots et des pensées. C'est pour cela que les Macédoniens bourrent leur armée de philosophes, d'architectes et de savants : afin de transformer le réel et d'en partager la vision entre les hommes. Approuves-tu mes paroles, Callisthène ? Mon rapprochement choque-t-il ta vérité ?* » — « *Hormée,* dit Callisthène, *tu y es vraiment ! Ma vérité, la tienne l'effleure tant que je dois vous apprendre une chose incroyable : les Macédoniens m'ont proposé de les rejoindre et j'ai accepté.* » — « *Toi, Callisthène, partir livrer bataille ?*, s'étonna Basilère. *Pourras-tu "peindre le réel" avec du sang perse ou celte ?* » — « *Un philosophe au service des gens d'armes, on aura tout vu !* dit Anagkaion. *Comment diriger une bataille avec une moitié de soi-même et, avec l'autre, développer ses idées ? Une chance que notre Cité ne se soit pas ralliée à la ligue de Corinthe, ou bien nous aurions dû perdre notre énergie dans les escadrons de cavalerie le jour et dans des disputations infinies la nuit ! Ha ! l'épuisante épreuve que de travailler de la hache ou de la tête sans hétaïre, loisir ni récréation !* » — « *Que peut un philosophe en guerre ?*, récapitula Callisthène. *Non point la mener, mais lui donner corps ! Tenir les discours qui chevilleront le moral des cohortes à leurs songes, leurs songes à leurs révoltes, et leurs révoltes à leur victoire réelle. Le philosophe sait déchaîner les passions et justifier que l'ordre présent doive succomber sous l'impériale poussée de l'ordre à venir.* » — « *N'est-ce pas le sophiste que tu décris là ?* », demanda Hormée. — « *Le sophiste*, dit Callisthène, *fait mentir les chefs afin qu'ils abusent leurs soldats. Le philosophe, lui, fédère les désirs afin qu'ils fassent mentir la réalité, afin qu'ils la métamorphosent. Jusqu'ici, cette nécessité demeurait dans le champ de l'art et de la politique ; à présent, hou !, elle investit le champ de bataille et la belligérance.* » — « *Par Cléombrote !*, s'écria Anagkaion. *Depuis quand le philosophe lutte-t-il pour la violence et non plus contre elle ?* » — « *Le philosophe*, dit Callisthène, *lutte pour la violence du désir et non pour le désir de violence, comprends-tu cela ? Mon but ne sera pas de faire philosopher les soldats jusqu'à les priver de sommeil, mais de les faire songer, durant leur sommeil, au monde qu'ils veulent voir transformer. Respectable Hormée, hou !, je te sens soudainement sceptique ! Vas, sois magnifique de me faire écho de tes doutes ! Harponne-le avec courage si ton maître se trompe !* » — « *Je désapprouve en effet une telle limitation de la philosophe, ô bel étrange Callisthène*, dit Hormée. *Oui, la philosophie est une arme et doit pour cela être maniée avec prudence car elle peut bouleverser les songes, et par eux les désirs, et par eux le sens des combats ayant pour enjeu le réel ainsi désiré. Cependant, si la philosophie bouleverse bien les songes, c'est qu'elle est songe elle-même, car, n'est-ce pas ?, seul un songe peut en perturber un autre.* » — « *Nous sommes bien d'accord.* », ponctua Callisthène. — « *Or*, reprit Hormée, *la philosophie, songe perturbateur de songe, s'est toujours située sur le terrain guerrier : elle est cette violence du désir qui se désire*

lui-même tout en désirant sa propre altération. La philosophie est la guerre du désir contre lui-même ; métasonge, métaphantasie, métaguerre. Une violence à l'état pur : la démiurgie du réel comme tu le disais si bien, et j'entends par là la recréation continue du réel par les songes des hommes, et celle de leurs songes par le réel. Guerre interne puisqu'en philosophant je joue avec mon désir. Guerre externe puisqu'en désirant je joue avec le monde. »
— « *Mais... Hou ! comme tu extrapoles !* », protesta Callisthène.
— « *Ce qui me fait dire que la philosophie est la plus dangereuse des armes*, poursuivit Hormée, *précisément parce que aucun chef ni aucun gouvernement ne peuvent maîtriser ses incessantes transmutations produites à l'intérieur de ceux qui s'y adonnent. Une arme de libération absolue, par laquelle l'individu agit consciemment sur ses songes afin qu'ils soient les seuls et uniques guides de son désir autonome. Il me semble alors certain que jamais aucune armée ne voudra s'embarrasser de cette philosophie-là, qui désendoctrinerait chacun de ses combattants et singulariserait le moindre de leurs élans. Les Macédoniens, Callisthène, te réclament donc soit comme stratège, soit comme sophiste, mais nullement comme philosophe. Et vu la qualité de ton enseignement et le lyrisme de ton verbe, je gagerai qu'ils te préféreront flagorneur de chef et dithyrambe plutôt qu'enflammeur de divisions. La prose d'un vrai philosophe désorganiserait les sièges les plus réglés, les plans les mieux rodés. En revanche, réservée aux banquets, aux éloges ou aux stratèges, elle peut divertir, bâtir des légendes ou donner des idées pour flouer l'ennemi comme venir à bout des réticences de son propre camp. Tu peindras bien la réalité, sois sans crainte ! Tu l'enjoliveras, même, en relatant les exploits de ton maître afin qu'il entre dans la chronique. Pourtant la réalité atroce de la guerre, tu ne la toucheras pas par les mots mais seulement par la mort, si tu refuses de te prosterner.* » — « *Tout cela n'est en rien ma pensée, bizarre disciple !*, s'offusqua Callisthène. *À croire que tu n'as point suivi mon enseignement !* »
— « *Bien au contraire, ô mon maître !*, répondit Hormée. *Je l'applique à la lettre : "Moins on sait, mieux c'est !" Toi qui t'es autorisé à méconnaître l'œuvre de ton oncle, daigne donc me permettre d'entretenir quelques lacunes à ton égard.* »

64

Désobéissance civile. — L'amour institutionnel est devenu une calamité au temps de l'incroyance religieuse et de la suggestion sexolâtre. Une dévolution sociale doit en abroger les dogmes ; une dévolution doit séparer le pouvoir et l'amour, faire sentir aux gens que le nouvel Amour vit d'être et meurt d'avoir. Que Dionysos resuscite et terrasse Héra ! Que la liberté révoque l'aliénation ! Que l'entièreté destitue le Toi-&-Moi sacré et ses coupleries médiocres ! Interdire à quiconque — Dieu, Famille, État — de me dire quand aimer, comment aimer, pourquoi aimer. L'amour autonome porte en lui-même sa propre légitimité. Il meurt en pacte, en Pacs, en *pack*, en paquet. Il vit à l'aphélie du pouvoir, à la périphérie de tous mes centres — région de mon axe la plus éloignée de moi-même en même temps que la plus propre. Car lorsque j'aime, je m'engage en l'autre sans garantie contractuelle et je m'engage en moi sans devis ni signature. Je me risque, je m'aventure. — Brûle, jeunesse, les bureaux de ton cœur, les consignes, la paperasserie ! Une fois réduite en cendres ton infrastructure de gestionnaire, une fois battu l'esprit batracien qui croissait dans ta jungle au rythme des *jingles* et des hymnes, laisse-toi porter par le fleuve fluidifié de ton désir. À quoi bon nager à contrecourant de ton corps ? Laisse au contraire venir à toi la cascade, ne te précipite pas. Savoure les algues chaudes, l'humidité tropicale, les piranhas qui t'épargnent et ton cortège de singes tressé d'oiseaux — tes poursuivants. Savoure enfin l'instant où tout bascule, où tu te parcours de part en part. Où tu pars. Où tu n'en reviens pas. Où tu ne comptes plus.

65

Mutinerie. — La luxuriance n'est pas un phénomène de mode. Elle ne relève pas d'une beauté conforme aux critères d'une époque : elle déploie une lumière sexuelle qui illumine ceux qui l'envisagent. La luxuriance est un épanouissement tel qu'il épanouit les présences environnantes. Ensoleillement qui incline à l'amour. Au-delà des yeux qui la contemplent, c'est le corps qui la vit et en vibre ; ses spectateurs participent à son rayonnement, y succombent, l'aiment et veulent en être aimés. La luxuriance est dionysiaque, tellurique, exaltante — les corps rendent l'âme sous sa voûte phantasmagorique et foudroyante. Luxuriance d'Aliénor d'Aquitaine, reine exubérante, inlassable voyageuse, séductrice exquise. Luxuriance de Diane de Poitiers qui fit d'elle un symbole de féminité qui traversa les siècles. Cultivée, intelligente, implacable amazone, Diane entretenait son énergie radiante par un bain froid matinal et plusieurs heures de chevauchée quotidienne. Les fards rehaussent les couleurs — mais la luxuriance n'est pas affaire de couleurs, bien qu'éblouissante. Le maquillage souligne les traits — mais la luxuriance n'est pas affaire de traits, bien que physique. Les parures mettent en valeur la silhouette — mais la luxuriance n'est pas affaire de silhouette, bien que dansante. Elle dégage une vitalité poignante qui revitalise quiconque passe à sa portée. Même à soixante-six ans, recevant la visite de Brantôme à la suite d'une chute de cheval qui lui sera fatale, Diane jouissait d'une fraîcheur et d'une grâce qui devinrent proverbiales. L'écrivain en fut ébahi : « *Je vis cette dame six mois avant qu'elle mourût, si belle encore que je sache cœur de rocher qui ne s'en fût ému.* [...] *Je crois que si cette dame eût encore vécu cent ans, elle n'eût jamais vieilli.* » Nul besoin d'emplâtre aux concombres, de pommades ultramégadouces, ni de toute la médecine crémeuse que les femmes contemporaines ingurgitent par les pores dans l'illusion charlatanesque de « *freiner les effets de l'âge* ». La perte de luxuriance d'une femme est inversement proportionnelle à ses explorations excessives, dont l'explosion orgastique, l'imprégnation phantasmatique et les caresses troublantes sont d'excellents guides. Le secret de la duchesse de Valentinois consistait à concilier les ferveurs catholiques et charnelles. Foin de l'Oréal et de ses starlettes nazes ! Foin de Roc et de ses pubs sexistes à terroriser les jouvencelles ! Seul le dynamisme sexuel fait la peau douce et l'œil espiègle. La vraie fontaine de Jouvence, mesdames, se trouve entre vos cuisses. Ressourcez-vous-y donc à plaisir, avec le tact qui vous convient ! « *Luxuriance, parce que je le vaux bien !* » Mutinezvous contre les marchands de beauté qui vous veulent laiderons pour mieux vous promettre de vous rendre mutines ! L'unique baume propre à vous embellir est le baume au cœur. Réalisez-vous dans la phantasmagorie ! Excessivez-vous dans l'orgasme ! Et si le mâle « officiel » vous en refuse l'éclat, si ses doigts et ses ébats en solo vous lassent, si votre cul flappit faute de se faire chevaucher ou votre visage craquelle faute de réjouissances, devenez amazones ! Sortez de la tutelle enlaidissante ! Faites-vous Diane, mâlicide chasseresse de liberté et de bonheur ! Mécène des hommes attentionnés, tutrice des apprentis virils, cuisinière des coqs obscènes ! Foin d'une sous-vie à la solde de soubresauts sans égards et d'une gaminerie piteuse ! Il n'est jamais trop tard : divorcez !

66

Transports en commun. — L'autobus ou le métro offrent l'agrément des jeux de regards avec de parfaits inconnus. Lors de ces face-à-face inédits, les femmes font mine de rien, les hommes y reviennent par œillades lourdes ou légères, insistantes ou caressantes. Le but du manège est qu'une complicité s'installe en un temps record. Souvent d'ailleurs on finit par se dire au revoir en souriant, en bise de remerciement pour un trajet égayé par la presque-rencontre. Que s'est-il passé ? Pourquoi ces très méridionaux effleurements visuels, voire ce besoin cannibale de se « *bouffer des yeux* » ? Pour le Parisien noyé dans la foule londonienne ou newyorkaise, ce qui est choquant — reposant mais à la longue infernal —, c'est précisément l'absence de frôlements d'yeux, de séduction latente et latine. Tout le monde ignore tout le monde ; nul ne réagit à la présence évanescente d'autrui. Le quidam anglosaxon snobe, toise au maximum ; il lui faut un contexte et de l'alcool pour charmer, mater ou zyeuter. Aucune inhibition, aucune timidité, cependant : il peut même se montrer extraverti et hyperlooké, cela ne dévie en rien ses lignes de fuite dès qu'un inconnu entre dans sa ligne de mire. *Il ne phantasme pas à partir de ceux qu'il voit*, ou tout du moins il se refuse à entrer avec eux dans la douce ambiguïté de la connivence distante — contrairement aux usagers de la RATP, contrairement aux dragueurs rompus des discothèques. Quand bien même le plus pragmatique d'entre nous serait résolu à rester amarré à la réalité, il ne pourrait empêcher quelques « ratés » imaginaires et sensuels face à autrui. Ces microrêveries, où par exemple nous nous représentons en un éclair la forme du sexe d'un interlocuteur, l'orgasme d'une interlocutrice, relèvent non de la réalité mais de la phantasmagorie, cuve rétentrice de nos phantasmes, gorgée de satisfactions virtuelles et d'élans fougueux refoulés. Au point de vue sexuel, nous pouvons définir la civilisation comme le passage de la réalité à la phantasmagorie. Celle-ci tient la fonction de gardefou, nous évitant de sauter bestialement sur n'importe qui, d'embrasser toutes les lèvres affriolantes, de malaxer les formes qui nous tombent sous la main. Tout cela, l'homme civilisé se retient de le réaliser : il le phantasmagorise. Rêves éveillés, nos phantasmes dépeignent secrètement un monde sans conventions sociales ni civisme, sans tabous ni digues, sans respect d'autrui ni éducation. Nos ancêtres préhistoriques devaient user de la violence pour repousser les avances inopportunes ; le civilisé, lui, a intégré les limites qu'il imposera de lui-même à sa propre véhémence. S'il s'encanaille phantasmatiquement en acclimatant son corps aux fièvres de passage, sa noblesse d'« âme » — son grand sang-froid — le maintient dans la réalité. Civilisation précaire, aujourd'hui, car menacée en aval par la bave incivile et, en amont, par l'insolidarité glaçante, la psychologie individualiste, reptilienne et suiveuse du troupeau. D'une part, la décadence vers la grossièreté atteste d'une funeste régression de la phantasmagorie masculine : on traite les jolies filles de « *salopes* » dans la rue, on les drague à la barbare, on les méprise en les convoitant. Dans la dégueulasserie, les œillades se transforment en crachats pleins de salive et d'invectives — en viol immobile. La galanterie et l'amour de la femme ne sont plus à l'honneur ; l'« honneur » consiste au contraire à ramener tout au sexe et à respecter en fonction des services rendus. L'autre extrême est atteint, d'autre part, dans le métro newyorkais : la présence d'autrui n'y est plus une provocation mais renvoie à la vacuité, à l'invisibilité, à l'absence. Les gens glissent les uns contre les autres sans se regarder ; tout au plus s'entr'aperçoivent-ils. Ils se sentent sans ciller ; ils vont sans vaciller. Aucune pulsion phantasmatique ne semble attiser leurs coups d'œil latéraux. Quant aux clins d'œil, ils sont si mal vus qu'ils contiennent en puissance des plaintes pour harcèlement sexuel. Le puritanisme — cet exclusivisme intégriste, ce fanatisme du couple sans phantasmagorie — a eu raison des vieux *saloons*, et même si la pornographie est l'industrie montante, on « *a du sexe* » comme on a du *fun*, c'est-à-dire sans déranger l'individualisme biempensant et conventionnel, en restant poli dans le séduire, en prenant son ticket pour le tourniquet, en ne doublant jamais dans la file d'attente. En faisant la queue.

67

Intuition première. — Il existe d'infinies nuances dans l'appréhension visuelle. Les passants se voient, les collègues se regardent, les amis s'intuitionnent. Mon style d'être sexuel passe à travers mes mirettes de façon fatalement impudique. Les fenêtres grandes ouvertes, je laisse autrui pénétrer ma chambre, ma littérature désirante, mes secrets. Voyants et thérapeutes ne s'y trompent guère, qui lisent dans les regards comme dans un livre ouvert et prétextent trente-six théories pour, au bout du compte, ne rendre compte que de leur intuition. Celle-ci désigne un haut degré d'attention portée sur la présence d'autrui ; c'est pourquoi l'intuition s'exerce et s'affine sans connaître d'autre limite que ma présence propre, mon Je(u) multiple et rayonnant. La civilisation transparaît également dans le regarder individuel, si je sais l'intutionner. Lorsqu'une personne s'excède (m'accède) et s'accède (m'excède) — lorsqu'il y a mélange, fût-il bref et visuel —, j'*envisage* alors la différence de potentiel entre sa réalité et sa phantasmagorie. Nos regards se croisent : nos corps se rencontrent. Sa présence bouleverse la mienne et se laisse simultanément bouleversée *selon un certain style.* Avec suffisamment d'expérience relationnelle, je peux déduire de ce *télescopage* l'âge de la personne, son caractère, sa maturité, mais aussi son appartenance civilisationnelle, ethnique, nationale et même provinciale, selon mon acuité humaine. Plus d'ailleurs je me frotte aux regards et m'y abandonne, plus j'acquiers une telle faculté de déduction intuitive. Le regard révèle tout pour qui sait le regarder au travers du prisme de son expérience propre. Vêtements, langage, gestes, traits physiques sont des indices de façade — notre regard, en revanche, *exprime* tout ce que nous sommes. Le regard d'un Noir étasunien se distingue d'emblée de celui d'un Sudafricain ou d'un Antillais, regard certes soutenu par le faciès, la couleur de peau, l'attitude d'ensemble, mais au fond duquel la culture s'est spécialement sédimentée comme traces ineffables d'une civilisation. Y est donné aussi l'« âme », la modalité par laquelle le corps construit réalité et phantasmagorie, monde commun et mondes intimes, sens des faits et sens des rêves, donné ordonné et transfigurations, présent et présences, objectivité et subjectivités, arrêt et errances, sexe et phantasmes, certitude et flottements. Le regard, affirme Proust, « *à la fenêtre duquel se penchent tous les sens, anxieux et pétrifiés, le regard qui voudrait toucher, capturer, emmener le corps qu'il regarde et l'âme avec lui* » (*Du côté de chez Swann*). Dans la phantasmagorie, mon regard touche vraiment l'autre, le capture, m'excorporifie et l'exâmine. Regarder autrui dans les yeux, c'est me laisser regarder en retour. C'est nous exposer, nous livrer l'un à l'autre — faire l'amour dans la distance abolie de nos corps qui, se rejoignant sans décroître en présence, se mêlent pour une rare fois de ce qui les regarde.

68

Hypnose. — La pupille est noire ; l'iris et le reste, entonnoir.

69

Face. — Dans la méfiance, j'envisage autrui. Dans la défiance, je le dévisage. Dans la confiance, je l'admire.

70

Musicalité. — L'ordre dionysiaque : l'ordre implié — perspectivisme. L'ordre dionysien : l'ordre fractal — inclusivisme.

71

Valeur. — L'homme absolu, l'homme considéré indépendamment de ses signes, est l'unique objet de la mathématique humaine.

72

Spécificité. — « *Le connu est dans le connaissant sous un mode propre au connaissant.* » Saint Thomas ne croit pas si bien dire. Il suffit de remplacer « mode » par « monde », et nous y sommes : « *Cognitum est in cognoscente secundum* mundum *cognoscentis.* » La vérité n'est pas une manière de voir, mais une manière de vivre.

73

Désubstantialisation substantielle. — C'est le tout de l'objet qui est dans le sujet, du bout de la langue jusqu'à l'estomac.

74

Fausses fins. — Le désir est transgression de soi : progression. L'envie est digression de soi : régression.

75

Tempérance. — Les phantasmagories de la psyché — le rapport poétique au monde — servent aux peuples de climatisation. Temps froid : froideur humaine. Les drogues, l'humour, la démiurgie la dégèlent. Temps chaud : chaleur humaine. Les drogues, l'humour, la démiurgie la ventilent. Fumer, rire, créer : réguler notre température. Vodka sibérienne, ironie nordique, danses de salon. Ganjah jamaïcaine, fantaisie d'Afrique, superstitions.

76

Assortiment. — La réalité, cet « *effet cocktail* », ce huis clos ouvert d'imaginaires qui font tchin-tchin.

77

Pépinière. — Notre phantasmagorie est notre jardin secret. Ne la partageons qu'avec nos Intimes ; l'ouvrir au toutvenant, c'est galvauder notre réalité torrentielle et en tarir la source. — N'être avare que de nos phantasmes : refuser que notre jardin secret ne devienne un parc d'*attraction* !

78

Intranscendance. — La pornographie entre par effraction dans la phantasmagorie des enfants. Mais qu'est-ce que la pornographie ? L'image d'un pénis en érection est-elle pornographique ? Tout dépend du contexte. La pornographie est l'obscénité dramaturgique ou visuelle ; l'érotisme, l'abandon dramaturgique ou visuel. Qu'est-ce alors que l'obscénité ? — La puissance immobile et crue ; l'aimantation carnassière dépouillée de présence humaine ; la bestialité sans l'irradiation du corps, sans transcendance, sans *illabor*. C'est pourquoi peuvent être dits « pornographiques » — indépendamment de toute connotation lubrique — un visage, une posture, une situation et de façon plus générale n'importe quelle dictature.

79

Conjugaisons. — Un faux dilemme enferme la figure du couple occidental dans le carcan de l'exclusivisme : est-on autorisé à « tromper » son compagnon, sa compagne ? La question laisse présupposer que c'est mal puisqu'il y a précisément « tromperie » cauteleuse, penchant inavoué pour la luxure, concupiscence infâme. Cette condamnation courue d'avance — fondée sur le judéochristianisme, le Code civil ou le bon sens populaire — est notre calvaire véritable. Si le célibataire fait d'ailleurs si peur, ce n'est pas d'abord en tant que potentiel rival mais parce que son papillonnage renvoie aux couples assidus leur propre manque d'ouverture et d'aventures, leur calamiteuse frustration. Ces derniers s'imaginent que se cramponner l'un à l'autre conduit à l'amour heureux, sans s'interroger sur le modèle idéologique duquel découle cette pseudoévidence. L'exclusivisme est une fiction normative qui appelle « *infantile* » l'amour vraiment adulte (indépendant et nonjaloux), et « *adulte* » l'amour infantile (aliéné-heureux). L'exclusivisme est donc une inversion agie par la peur de grandir et de devoir accéder à une véritable liberté amoureuse, généreuse, inventive et responsable mais. L'exclusivisme est la sanction inconsidérée qu'émet la psyché à l'encontre de l'adultère et, plus généralement, de l'amour pluriel, c'est-à-dire extracouple. Il est à la fois le dogme du couple occidental et son sarcophage, sa définition impraticable, son oxymore. Sexuellement, il est cette croyance en une suspension possible de notre désir butineur, sans comprendre que cette suspension décuple ce désir même. Il n'y a pas plus cérébralement adultère que l'épouse ou le mari exclusivistes : une fois lassés l'un de l'autre, une fois ignifugés par l'habitude, ils s'absentent en plein acte et phantasment sur de joyeuses flambées neuves ; — ils se cocufient en rêve, se l'avouent parfois, phantasment alors sur l'oreiller les frasques qu'ils n'ont pu réaliser. Leur « fidélité » consiste à convoiter d'autres lèvres sans jamais oser y poser *effectivement* les leurs. La réalité monogame qu'ils s'imposent masochistement a pour eux moins de saveur que la phantasmagorie, ce baisodrome virtuel peuplé de tous les corps qu'ils n'ont pas voulu aimer. Les conquêtes que leur exclusivisme prohibe, ils les accomplissent dans l'espace déluré de la phantasmagorie. Celle-ci n'est pas seulement l'instance des séductions refoulées, mais la condition *sine qua non* de ce refoulement. Le désir immédiatement charnel que nous éprouvons envers un tiers ne peut être *nié* par l'exclusivisme : nous le censurons dans la réalité en le transposant dans la phantasmagorie, le royaume des ébats interdits aux amants fidèles, aux couples *modèles*. Le charme différé s'y résorbe, la chaleur contenue s'y déverse. La phantasmagorie ne sublime rien : elle est ce monde parallèle où les rencontres réellement compromises ont virtuellement lieu, cette consigne où nous nous déchargeons des folies câlines qui nous brûlaient le ventre. Ailleurs proprement *utopique* ; réceptacle des prohibitions morales ; bouillonnement libidinal des tentations étouffées, des rétentions douloureuses. Perversité de l'exclusivisme : il nous donne goût à la virtualisation du réel, il nous oblige à la masturbation mentale de la phantasmagorie, imparable et délicieuse. Car les exclusivistes deviennent vite accros à leur phantasmagorie. C'est elle qui rehausse leur obstination de fanatisme et rendrait réellement médiocres les petits écarts qu'ils s'accorderaient en passant à l'acte — en rejoignant les *infidèles*. Mieux vaut jouir dans sa tête, se disent-ils, plutôt que de « tromper » l'autre, être contrit de remords et souffrir sur le long terme pour quelques minutes de plaisir volé. L'exclusivisme est la plus opiniâtre des religions occidentales. Foi en la perfection du couple, il soumet le principe de réalité au principe de phantasmagorie du cocuage. C'est pourquoi la psyché européenne préfère la psychorigidité à la souplesse du corps, le *noûs* au *thumos*, le cérébral à l'animal, l'art contemplant pour rien à l'incantatoire, la science au social, le virtuel au sensuel, la pusillanimité à la grandeur d'âme, les philosophies d'arrière-mondes à la poésie généreuse et vivante.

80

Trac ou troc. — « *J'ai une parole et je sais la tenir, c'est cela qui plaît aux hétaïres !* », se vanta Anagkaion devant Hormée et la musicienne Cnidane. — « *Tu ne comprends rien aux femmes*, se moqua cette dernière. *La droiture des actes et des engagements les contrarie, la phantaisie les emmerveille ! Fais-les rire, flatte-les pertinemment, sois viril mais prévenant, encoléré mais sensuel, et elles s'évanouiront dans tes bras. Responsabilise-les, parle-leur de leur vertu et de tes devoirs, et elles s'évanouiront dans la nature !* » Puis Cnidane se remit à jouer une joyeuse ritournelle. — « *Foudre Zeus !*, s'exclama Anagkaion. *Des propos de musicienne, oui ! Hormée, es-tu folâtre toi aussi ou bien d'accord avec moi ?* » — « *Folâtre, folâtre*, répondit Hormée. *En enfant d'Aphrodite, je deviens agréable dès que l'on se montre agréable avec moi.* » — « *Ha ! Et si cette personne te joue la comédie ?* », demanda Anagkaion. — « *Tant pis pour elle !*, dit Hormée. *Sa comédie m'aura permis de passer un moment agréable avec moi-même ! L'éthique et les maximes ronflantes peuvent d'ailleurs mentir elles aussi. Il est néanmoins davantage certain que celui qui me fait m'abandonner s'abandonne pareillement, et je préfère un beau parleur qui me fait rire à un prometteur qui me fait espérer !* » — « *Quelle amoralité de femelles !* », dit Anagkaion. — « *Quelle amoureuse liberté !* », rétorqua Cnidane. — « *Amoureuse liberté, cela ?*, s'indigna le mâle. *Bonne pour les papillonneuses, les hédonistes, les cyniques, les ingrates, par Icarios !* » — « *Hormée est sûrement plus fidèle que toi !*, dit la musicienne. *Car lorsque deux personnes partagent leur monde intime, leur phantasmagorie, les liens qui se tissent entre elles sont bien plus solides et durables que les cordeaux éfaufilés de ta loyauté de soldat !* » — « *Plus fidèle, je le suis et comment !*, confirma Hormée. *Lorsque je danse, ris, me passionne, me mélange et aime sans devoir ni tempérance, je vis l'autre, je n'obtempère pas !* » — « *Un peu comme cette flûte et moi*, dit Cnidane. *Je n'exige rien d'elle, elle n'exige rien de moi. Quand nos lèvres s'accolent, un chant très délicat parfois s'élève. Parfois je suis nerveuse et les notes sonnent aigre ; parfois elle répond mal et m'essouffle sans magie. Or ces moments de disharmonie se produisent toujours lorsque je sens que l'on me toise. Si les concours me sont aussi redoutables, c'est parce que l'excellence y est obligatoire : comment, dans ces conditions d'évaluations éprouvantes, pourrais-je réussir à m'abandonner ? En revanche, lorsque je joue sans n'avoir rien à prouver, hors de toute espèce de jugement, je m'oublie en donnant le meilleur de moi-même et de mon instrument. De même la morale amoureuse jauge et scrute. Elle distingue l'anormal et le normal, l'illégitime et le légitime, le vice et la vertu : elle rend alors l'amour raide, la danse cahotante, le rire faux. La vraie fidélité se situe hors de la morale, à l'instar de la vraie musique qui se trouve hors du devoir jouer.* » — « *Voyons voir !*, fit soudain Anagkaion. *Joue de ton mieux, sans me leurrer. Moi et Hormée te dirons ce que je pense de ta prestation !* » Cnidane s'exécuta et, sous le regard insistant d'Anagkaion, joua mal, à en faire taire les cigales. — « *Assez ! assez !*, s'écria Anagkaion. *Je n'entends que trop bien ce que tu voulais dire ! Mais à présent soigne mes oreilles, rusée Cnidane ! Que dois-je faire pour que tu retrouves tes notes et ta légerté ?* » — « *Fais-moi rire !*, dit alors la flûtiste. *Fais-moi rire sans attendre de moi autre chose que mon rire sucré !* »

81

L'homme putatif. — Le viril, forêt emplie d'arômes, est une invite à la promenade. Le putatif, un désert aride qui passe pour luxuriant jusqu'à ce que l'illusionnée se rende compte qu'elle s'est plantée. « Putatif », celui qui est pressenti comme étant un bon parti au lit mais qui s'avère pitoyable en réalité. De fait, il ne se décrédibilise qu'au lit. Car dans la phase d'approche il se montre excellent, auréolé d'une gloire sexuelle venue d'on ne sait où. Comment s'y prend-il pour se faire ainsi célébrer fallacieusement ? Trois moyens complémentaires s'offrent à lui : l'esbroufe, la mythomanie, l'érotomanie. L'esbroufe consiste à contrefaire l'allure et l'aisance de l'homme viril. L'esbroufeur putatif a dans son sac plein de tours de passe-passe prêts à l'emploi pour mettre en veilleuse sa mâlitude — arrogance inepte envers la femme — le temps d'une danse ou d'un dîner. Il surenchérit alors dans la galanterie, les mots doux limite mièvres, les traits d'esprits limite beaufs. Il en fait trop, mais il arrive qu'une partenaire soûle ou étiolée s'en accommode. Le mythomane putatif s'invente de folles aventures pour allécher les belles ; scénarios croustillants auxquels il finit presque par croire, à force de les roder et de les perfectionner dans l'espoir de produire le maximum de frissons. Interminable film X ponctué de « *j'te jure qu'c'est vrai !* » en lieu et place de la postsynchro gémissante. Phantasmagorie débordante de l'adolescence qui, le plus souvent, ne piège que des adolescentes, ou bien des femmes blasées que la moindre fantaisie déblase. Les expérimentées, elles, reconnaissent les « *disous* » et les « *faisous* » en suivant le vieil adage : « *Ceux qui en parlent le plus en font le moins.* » Enfin, l'érotomane putatif s'imagine être le chéri de la foule, victime de convoitises lubriques et de pressantes avances qu'il devrait décliner poliment. Pour donc attirer, l'esbroufeur singe l'homme sûr de son attraction ; le mythomane dresse la liste fictive de toutes celles qu'il aurait attirées ; l'érotomane se prend pour un aimant surpuissant. Or les amazones ont cessé d'être dupes de ces trois clowneries. Femmes entières et généreuses, elles savent capter en un coup d'œil la capacité d'abandon d'un homme à des signes qui ne trompent jamais : humour, allure, sensualité. Contrairement au mâle putatif — plus soucieux de sa réputation de mâle que du plaisir de sa partenaire —, l'aisance certaine de l'homme viril le rend doué pour l'autodérision, la légèreté de ton, la poétique du langage. *Les amours naissent d'un grand jaillissement de rires.* Sa finesse d'esprit n'empêche nullement celle de son sens moral. Éminemment adulte, il concilie de tout son corps l'engagement responsable et l'abandon sensuel. Il accomplit son devoir et s'acquitte de ses tâches sans se hamstériser ni s'aigrir. L'effort le fait jouir car il le prend comme un exercice de volonté et d'attention qui renforce sa dignité et sa présence. *Nous sommes intimement responsables de celui qui nous succombe.* Et tandis que la sensualité surfaite du putatif l'impatiente et l'épuise, l'épanouissement du viril le pondère et l'éclaire. Le monde qu'il habite est son territoire immédiat, de par la présence qu'il déploie, sans qu'il lui soit pour cela nécessaire de jouer les caïds en pissant aux pieds des réverbères. *L'amour est une transmission de générosité qui rend beau alentour.* Bien qu'énergique, le viril ne souffre pas de mobilite aiguë. Le putatif veut mener la danse pour prouver qu'il sait être sensuel. Le viril, lui, propose un pas de deux dans une tranquillité immense. Sa sensualité n'est pas un appeau roulant les poules, mais un hymne à la joie clamé par tout son être. Il clôt les débats hors sujet — il ouvre le bal et les réjouissances.

82

Ingrats. — Les musiciens et les dévolutionnaires sont les vrais précepteurs des philosophes. Les libertaires de l'après-Mai-68 doivent autant aux Rolling Stones, à Hendrix, à Dylan et au Che Guevara qu'à Marcuse, Deleuze, Nietzsche ou Wittgenstein. Le rock leur a donné plus qu'il ne leur fallait de vivres, même s'ils ont honte de se l'avouer. Se l'avouer reviendrait à exiger du philosophe autonome qu'il entrât lui-même en connivence avec la rage démiurgique et musicale. Combien le peuvent-ils ? Combien d'amplis rue d'Ulm et de philosophes martiaux ?

83

Dettes. — Reconnaître ses maîtres : le dégagement de Montaigne nous engage, la verve de Fourier nous enchante, l'individu de Simondon nous indétermine, l'itinérance d'Axelos nous parvient. — « *Et les Allemands ?* », protestent nos gentils profs gavés d'amphis. — Dès que la démiurgie leur fait défaut : de gris marioles, comme les autres. César Franck se fendait la poire en lisant la *Critique de la raison pure*. Drôles, les philosophes sans drôlerie ni musique. Ce en quoi Sloterdijk est marrant.

84

Masturbation intellectuelle. — Le Dr Freud ne se masturbait pas. Ses hypothèses psychosexuelles portent la marque de cette dommageable carence, qui lui a fait noyer la phantasmagorie dans le magma pulsionnel de l'inconscient alors qu'elle est plus visible et lisible que la « réalité » elle-même, cette résultante de flux interprétatifs dont nous ignorons tout et qui nous aveuglent même lorsque nous y prêtons attention. Contrairement à Schopenhauer, Nietzsche, Husserl ou Heidegger, le savant viennois — en bon scientifique — ne remet jamais en cause le statut de la réalité ; il la prend comme un bloc insécable, un pan ontologique indiscutable, un roc, une érection. Une turgescence : le réel est ce qui rentre dans le lard, ce qui pousse, frustre ou traumatise — le phallus, en somme. D'où ses tentatives théoriques d'irréalisation du vagin, continent noir dont le Dr Freud peine à en sonder et en hypostasier les abysses. Comment serait-il « réel », lui qui n'existe ni par le sentiment que la fille en a (selon Freud), ni dans l'excroissance, la gonflette pure mâle, la réalité forcément protubérante ? Nous aimerions proposer : et si le vagin était bien plus proche de la réalité que la verge, si dure, longue, grosse et grenouillesque soit-elle ? Plus trivialement : et si le mâle courait toujours derrière sa bite, au point d'en phantasmagoriser la terre entière, alors que la femme ne s'épuiserait pas dans une conquête aussi stérile qu'irréelle ? De fait, le paradoxe du mâle — cette « *bite ambulante* » — est de ne pas posséder ce qu'il a pourtant entre les jambes. Il ne le possède qu'en possédant, et alors seulement il se rapproprie sa mâlitude avec l'assouvissement béat des coureurs de fond récupérant sur l'herbe. Le mâle est possédé par son besoin de posséder pour être. La femme, en revanche, se possède elle-même, mais pour être elle a besoin d'être possédée — ce qui, sans contraception, lui donne la possibilité de *faire être*, c'est-à-dire de mettre au monde, quand le mâle fait être à la fois l'homme (qu'il devient en acte) et la femme, en la possédant. L'exercice de la masturbation aurait révélé à Freud l'existence d'une phantasmagorie consciente et assumée, ainsi que le caractère éminemment fractal de la réalité. Toute automasturbation peut être dite « intellectuelle » dans le sens où elle sollicite autant la tête que l'organe stimulé. Cette participation du cérébral dans la recherche de la satisfaction orgastique vaut d'ailleurs pour la plupart des pratiques sexuelles, mais la masturbation montre plus clairement le rôle que tient la phantasmagorie dans la montée du plaisir solo. Lorsqu'un individu se masturbe sur son lit, la réalité n'est plus que le fond indistinct de ses phantasmes. Il ne perçoit plus les couvertures, la commode ou la chambre *réelles* : il vogue, éveillé, dans l'imaginaire phantasmatique. Celui-ci révoque à son bon souvenir les souvenirs susceptibles d'accroître son excitation présente. Or ces souvenirs émoustillants ont rarement eu lieu dans la réalité, même s'ils en recyclent des éléments, des visages, des situations bien précises. Il imaginera par exemple son ex faisant l'amour avec quelqu'un d'autre ; une étreinte torride avec telle personne de son entourage ou telle vedette ; un viol sollicitant des vécus émotionnels débordant d'érotisme (humiliation, soumission, peur jouissive). La masturbation a ceci de théâtral qu'elle déjoue la réalité pour ne mettre en scène que la phantasmagorie. Elle peut ainsi rejouer la phantasmagorie que notre civilité a dû passer sous silence mais qui, désormais, supplante la réalité pour notre plus grand bonheur. Rien d'étonnant à ce que le jeune « *branleur* » n'ait cure des impératifs de la réalité, lui préfère se phantasmagoriser dans le monde du trivial plutôt que de se réaliser dans le monde du travail. Rien d'étonnant non plus à ce que la masturbation « *rende sourd* » à la longue, puisque à trop prêter l'oreille à nos phantasmes, nous n'entendons plus rien des urgences concrètes, nous divaguons dans la chimérie autistique, l'acoustique recouverte par les sirènes phantasmatiques. La masturbation intellectuelle serait, en outre, la première activité du penseur ; les perplexités, les idées, les arguties devraient tant lui ébranler le corps qu'il en atteindrait l'extase processive, l'attention optimale et jubilatoire. Adéquation de la réalité et de la phantasmagorie, seule la vérité fait jouir.

85

Jeux de mains, jeux d'humains. — L'automasturbation, condition de notre liberté phantasmatique, doit être prise aujourd'hui comme une arme de combat. La civilisation se fonde en premier lieu sur l'onanisme, puisque la phantasmagorie que celui-ci nous permet de développer fait de nous des êtres réfléchis, civils, humains — contrairement aux chiens qui ne peuvent se regarder dans les yeux sans se renifler le trou du cul et restent les pions de l'instinct de grimpette. Mais voici l'onanisme menacé dès que la civilisation entreprend une régression formidable. Le néocortex perd alors ses cases phantasmagoriques. On ne sait plus phantasmer : on passe la sexualité au crible productiviste, on veut des cajoleries rentables, du sexe qui soulage et renforce l'*ego.* L'obsession de l'obscène brouille la pensée ; on ne tient plus en place, on veut sauter sur tout le monde, on se laisse manipuler par le lubrique au lieu de *se prendre en main.* Chaque aguichage extérieur rend fébrile, d'une nervosité d'animal qui veut supplanter ses pairs et féconder toutes les femelles. Pour donc résister à l'âgisme privant les vieux d'orgasme, au culte de la vitesse efficace, au productivisme sexuel, aux « subversions » officielles, à l'anxiété de compétition, à la mise sous contrôle des satisfactions et des désirs, un seul remède fondamental : la périlleuse branlette en solo. Sans film masturbatoire, explorer joyeusement la phantasmagorie pour en étendre les frontières. *S'extirper* de l'Avoir, *regagner* l'Être, le temps d'une excellente caresse sur le canapé.

86

Entremise. — L'historien traditionnel s'arrêtait au seuil de la chambre à coucher. Le psy y demeure, glissé entre le sommier et le matelas. Le sociologue y fait parfois de pataudes intrusions selon ce qu'y cherchent ses commanditaires. Le philosophe, lui, sait qu'ici la réalité est bien trop désolante pour se cantonner à elle. La chambre à coucher, il la phantasme. Toutes les chambres, d'ailleurs, sont des philosophèmes.

87

Remembrer. — Plus une expérience fait se rapprocher la phantasmagorie de la réalité, l'imaginaire personnel de la représentation collective, plus longtemps son souvenir persiste dans ma mémoire. L'inoubliable consiste dans l'interpénétration de ces deux champs : quand celle à qui je faisais éperdument la cour me donne enfin ses lèvres, quand ma vengeance échafaudée les dents serrées éclate enfin au grand jour et glace l'ennemi — bref, quand ce que j'espérais ou craignais voir devenir réel le devient effectivement. Vérité vraie. Parmi les choses qui attisent les plus violents espoirs de réalisation, la haine et l'amour figurent en tête de liste, et bon nombre de souvenirs y ont donc trait. Ces deux états demandent en effet un long temps de maturation, durant lequel je phantasmagorise (c'est-à-dire j'accomplis en les phantasmant) tous les scénarios imaginables, comme autant de projets, de fictions, d'exutoires. Si toutefois ma persévérance les mène à la réussite, de défoulements intérieurs ils deviendront constats euphoriques, de rêves de victoires ils deviendront victoires *mémo-*

rables. Ainsi les souvenirs m'illustrent-ils — photos de mon album intime qui conserve les traces de l'inscription de ma liberté dans la réalité fuyante et impersonnelle. Faire mienne la réalité, y apposer le sceau de mes phantasmes, me permet de la retenir. Et plus j'y réussis, plus j'aime et m'épanouis — plus j'y échoue, plus je ravale ma haine et m'étiole. L'épanouissement (l'enamour vitalisant) colore mes phantasmes de son optimisme bienheureux ; l'étiolement (le désamour insane) les assombrit de son ressentiment taciturne. Si bien que mes phantasmes sont toujours à la portée de ce que je peux puisque la confrontation à la réalité les régule. Mon corps s'adapte à chaque épreuve pour obtenir un épanouissement optimal et une *remembrance* corrélative.

88

Clownitude. — Il faut vivre, pleurez-vous, il faut vivre. — Commencez d'abord par pleurer ! C'est qu'il en faut des litres de larmes pour faire couler tout le maquillage !

89

Bloomitude. — À force d'hypothèquer notre joie de vivre la mort devient une hypostase — une entité fictive —, et la vie, une hypothèse — une construction flottante. Le capital, ou la survaleur statistique de la production du virtuel.

90

Images. — Mettre un « i » en préfixe pour marquer la conversion de la réalité de l'Être à l'irréalité de l'Avoir. Faire le tour de l'immonde.

91

Transcrire. — Pour changer le monde, proférez la langue à l'extrême. Car si les phantasmes se cristallisent à travers les mots, les mots se cristallisent à travers les phantasmes.

92

Vacarme. — La préméditation ne suffit pas : il faut la rencontre.

93

Moule à gaufres. — Toute science est *ad hoc.* Toute science *parle* au capitaine.

94

Cavernes. — Suivre Gorgias : faire de la rhétorique concise et incisive une arme de justice, tout en reculant devant les conséquences d'une telle démiurgie en acte. Ce qui compte n'est pas que la croyance illusionne, mais qu'elle accouche d'un autre monde, d'une autre illusion. — Qu'elle s'illusionne elle-même.

95

Équivocité. — L'Être doit se dire de plusieurs manières pour pouvoir être de plusieurs façons. En le disant, nous le faisons être. Plus mon dire est large, plus s'élargissent ma palette ontologique, mon expérience phantasmagorique, mes horizons. Connaître : renaître à l'être dans un monde immensément poétique par le langage provoqué, par les *sens* sécrété. Exister, c'est *dici* ou *dicere*, être dit ou dire. Le cheval est dans le val, les livres sont par l'ivresse délivrés, comme avant.

96

Appréciation. — On aime beaucoup moins qu'on ne le croit et beaucoup plus qu'on ne le pense.

97

Faut bien vivre. — Parce que indécidable, ma phantasmagorie me force à décider de la réalité, c'est-à-dire à éprouver celle-ci sous l'angle de ma volonté — quand ma phantasmagorie est pur désir.

98

Sagacité. — La passion est la saga du désir.

99

Principe de phantasmagorie. — Si le plaisir que tu poursuis n'est pas réalisable, change de réalité et continue ta quête. Car ce n'est point toi qui poursuis tel plaisir : c'est tel désir qui te poursuit. Ne t'agace donc pas à courir après celui-ci, laisse-toi seulement faire — tôt ou tard, il t'épinglera.

100

À la hauteur. — Nous ne devons pas entreprendre plus que nous n'avons, mais nous ne devons pas réaliser moins que nous ne sommes.

101

Future. — Convoite le malheur si le Bonheur t'exploite.

102

Conscrit dans la durée. — L'amour survit au désir parce qu'il est passion : construction, au cœur du désir, d'une aventure *mutuellement* gratifiante. L'amour survit au plaisir parce qu'il est abandon : déconstruction, au cœur du plaisir, d'une ouverture mutuellement enivrante.

103

Intervalle. — Des gens qui se rencontrent sans corps, virtuellement, décorporéifient le réel et en font une intrication de fantasmes, de phantasmagorie sans corps. Seul le corps est présent, c'est-à-dire *actuel.* Les choses de la vie, elles, sont *torrentielles* (réelles par rencontre des phantasmes), *potentielles* (phantasmées sans rencontre) ou *virtuelles* (fantasmées *via* la technologie).

104

Autre monde. — Ma phantasmagorie, *ma* réalité. Nos phantasmagories, *la* réalité. Participer à la « réalité » de l'autre : l'atteindre en l'aimant. Lui imposer ma « réalité » : l'astreindre en le niant. L'amour peut faire chanter les *segaba* de Pretoria, jamais les orgues prétoriennes.

105

De bons petits diables. — L'anniversaire de la Révolution française sut inspirer la comtesse de Ségur : « *C'est curieux comme les hommes sont excessifs, trop libertins ou trop dévots mais jamais naturels* » (14 juillet 1856). Le naturel : la *délicate* émanation du désir — la virilité défilante.

106

Décalqués. — Les « jeunes » d'aujourd'hui n'ont même plus besoin de faire les clowns, de faire semblant d'être traversés d'émotions sincères : le libéraltotalitarisme en a fait des clones.

107

Plus de pub. — La pubtréfaction de l'environnement mental des jeunes citadins explique leur phobie pour l'esclavage, leur mise en gestion de tout ce qui les touche et risquerait de contrevenir à leur indépendance. L'amour selon eux, c'est *cool* mais ça fait régresser ; même chose pour les élans de tendresse et de sincérité, de gratitude ou de sollicitude : tout laisserêtre est perçu comme une aliénation. Le travail-marché, la famille-marché, la patrie-marché ne sont plus ressentis comme des boulets : c'est la différence de l'autre qui pèse désormais de toute sa lourde indécence sur les jeunes esseulés, lesquels se croient appartenir à une même « *tribu* » (= constellation-marché) dès qu'ils arborent les mêmes blasons. La pubtréfaction de leurs désirs les gave, façon Coué, d'images de liberté souple, fluide et respirante. Aussi ne s'abandonnent-ils que par bidule interposé — virtualisation de la succombance : abandon-marché.

Spire III

La petite mort

« Sans qu'il sût pourquoi, il avait le sentiment d'avoir réussi un très grand exploit. Peut-être tout simplement parce qu'il était vivant, car il avait appris que c'était déjà un tour difficile à réaliser, que les hommes n'étaient pas très doués pour cela, et qu'en fin de compte, ils échouaient toujours.
« — Qu'est-ce que la mort ? disait le pantin Ole Jensen, en contemplant le ciel. Rien qu'un manque de talent. »

Romain Gary, *Les Mangeurs d'étoiles.*

108

Rester heureux. — Anagkaion se leva, triomphal, et lança à l'assistance sa définition du bonheur : « *Le bonheur, c'est d'abord la santé, puis l'amour, puis la liberté, puis la famille.* » Tous les convives entrechoquèrent alors leurs coupes en guise d'approbation, hormis Hormée. — « *Eh bien !*, s'offusqua Anagkaion. *Parle donc, l'Interminable, puisque tu n'approuves pas la conclusion que je viens d'énoncer ! Depuis le début de ce banquet, tout le monde a dit ce qu'il pensait du bonheur et tu étais chaque fois étrangement capable d'agréer. Voici venu mon tour, et voici que tu fais l'imbécile ! Ma définition ressemble pourtant à celles de Dzôocle, de Thaumarque, de Kheirodore et de Mélétès : quatre définitions que tu as toi-même applaudies tout à l'heure !* » Hormée se leva à son tour et dit : « *Tu as raison, Anagkaion. J'approuve Dzôocle quand il affirme que le bonheur commence par une santé convenable. Et j'approuve Thaumarque puisqu'il approfondit l'idée de Dzôocle ; il soutient en effet qu'un homme sain peut être le plus malheureux des hommes et qu'un fou d'amour est assurément heureux, bien que fou. Je suis totalement Kheirodore qui va encore plus loin en faisant du bonheur une illusion de liberté : l'amoureux malade d'amour est heureux parce qu'il se croit libre d'aimer et méconnaît sa maladie ; le malheureux, lui, pleure sur son sort, qui lui semble une sente fatale n'offrant aucune bifurcation. Enfin, Mélétès me paraît dire vrai lorsqu'il voit dans la famille la réalisation du bonheur. Selon lui, le bonheur se transforme en malheur si l'allègre ne sait comment en jouir. Il peut certes crier, chanter, danser de joie, mais après ? L'euphorie durable qui le transporte devrait le conduire à créer, à imprégner la matière elle-même, à métamorphoser son cosmos. Et l'art le plus fécond, toujours d'après Mélétès, consisterait dans l'éducation d'un enfant à la bonté et à la beauté. Mais toi, Anagkaion, tu n'approfondis aucune de ces quatre thèses : tu te contentes de les soutenir toutes ensemble, sans avancer d'une sandale.* » — « *J'avance, Foudre Zeus !, j'avance !*, rétorqua Anagkaion. *C'est toi qui recules, Hormée, comme toujours ! Le père de mon père fut un jour confronté à un timoré de ton espèce, une anguille athénienne qui s'amusait à plonger ses contradicteurs dans la torpeur de l'aporie. Au final, ce furent les citoyens d'Athènes qui le plongèrent dans la ciguë !* » — « *Amis !, amis !*, tempéra Gélos. *Je ne vous ai point invité pour la chamaille. Ma question était sérieuse : "De quels expédients l'état bienheureux a-t-il besoin pour durer toute la vie ?" Y a-t-il là matière à discorde ?* » — « *Anagkaion et moi ne nous querellons guère*, répondit Hormée. *Je pense qu'en ami il veut tout bonnement me mettre en garde. Les Athéniens condamnèrent Socrate à la mort ; à quels supplices, dès lors, notre Cité me condamnera-t-elle si moi, pauvre*

Hormée, je persiste à émettre des doutes, des nuances et des réserves concernant ses plus fondamentales certitudes ? » — « *Mais Hormée*, dit Thaumarque, *nous t'aimons justement pour ta retenue, ta quiétude contemplative ! N'écoute pas le petit-fils de Calliclès : comme son fougueux aïeul, il sort ses griffes à la moindre contrariété ! En outre, Hormée, ton calme dissimule l'ouragan. Nous le savons tous : tu ne te délectes pas de l'impasse, mais du bélier qui fracasse les derniers murs ! Anagkaion est trop emporté pour voir que tes hésitations n'ont rien des décourageantes digressions des sophistes : elles fissurent les constructions qui aveuglent les hommes et redonnent à l'instinct lucide son élan !* » — « *Quel naïf admirateur tu fais, Thaumarque !*, s'exclama alors Anagkaion. *Loues-tu Hormée pour son âme retorse ou bien pour l'excellence de ses caresses ? Prends garde à ne point confondre l'amour de la vérité et l'amour de la volupté — amour, celui-là, dont Hormée sait être proche, de l'avis général.* » — « *Y a-t-il seulement une différence entre ces deux amours ?* », demanda Gélos. — « *Pour Anagkaion, il faut le croire*, dit Thaumarque. *Quant à moi, je n'en vois aucune. Saisir la vérité provoque chez moi une vague de volupté intense, comparable à un orgasme à bien des égards. Mon corps s'épanouit du vrai, voilà tout ; de même que mon âme s'épanouit des plaisirs sensuels qui la perturbent et l'étourdissent. C'est pourquoi, Anagkaion et Hormée, je vous prie d'étayer pour moi votre pensée sur le bonheur afin de me procurer des sensations érotiques semblables à celles qu'ont dû éprouver les trois hommes peints sur ma coupe, tous trois enfiévrés par les plaisirs d'Aphrodite.* » Anagkaion se rassit en maugréant ; Hormée resta debout et dit : « *Sage Thaumarque, sage Gélos, vos paroles répandent le miel quand mon silence déverse la strychnine, rendant ainsi Anagkaion nauséeux. Je tâcherai donc d'enrober moi aussi mes mots de nectar pour le purger de son malaise et apaiser sa susceptibilité. Pour cela, je vais commencer par reprendre sa définition du bonheur et en comprendre avec vous la perfection achevée. Vous autres l'avez admise aussitôt après qu'Anagkaion l'a eu formulée. J'ai pour ma part besoin de plus de temps pour en faire le tour et juger de sa dangerosité ou de sa bienfaisance si je la laisse glisser en moi. Mais j'aurais dû deviner que ma naturelle circonspection risquait d'agacer leur auteur. Car Anagkaion est bien l'auteur de sa définition, cela ne fait à présent aucun doute pour moi. Il n'a pas dit : "Le bonheur, c'est soit la santé, soit l'amour, soit la liberté, soit la famille." Cela aurait été un vulgaire plagiat des propos de Dzôocle, de Thaumarque, de Kheirodore et de Mélétès...* » — « *Tiens donc !*, coupa soudain l'intéressé. *C'est pourtant bien ainsi que j'ai défini tantôt le bonheur ; preuve que tes oreilles sifflent, amène Hormée !* » Des rires moqueurs s'élevèrent de part et d'autre de l'assemblée festive. — « *La rancœur*, dit Hormée, *semble avoir distrait ta mémoire, cher Anagkaion.* » Les rires se turent aussitôt, en même temps que la douce mélodie des musiciens. Hormée poursuivit alors dans un silence inouï : « *Ta définition était bien supérieure, dans sa forme comme dans son contenu, à l'énumération stérile des quatre notions abordées par nos amis médecin, rhapsode, sculpteur et législateur. Le dieu du temps, Kronos, te la souffla. Elle découpe en effet l'existence en quatre âges ayant chacun leur bonheur spécifique. Tu as très exactement dit : "Le bonheur, c'est d'abord la santé, puis l'amour, puis la liberté, puis la famille." T'en souviens-tu ?* » — « *Et comment !*, répondit Anagkaion. *Et laisse-moi donc expliquer par moi-même la belle signification de mes dires ; je ne te laisserai pas t'accaparer de mon or pour conclure brillamment à ma place ! Santé, amour, liberté, famille, disais-je. Dzôocle, toi qui soignes mieux les nourrissons que les hommes mûrs, interromps-moi si je me trompe ! Un enfant n'a besoin que de santé pour être heureux. Sa phantaisie exubérante écarte loin de lui le fracas du ciel, les tracas des adultes, les tristes pluies de la saison morte où Déméter s'est retirée sous terre. Mais la santé n'est plus suffisante pour égayer l'éphèbe : il veut que son corps crépite de passions et de désirs ! Éromène impudique, il attend, tel notre ravissant Thaumarque, l'amour d'un éraste plus mûr qui saura s'occuper de sa jeune ardeur. Le voici devenu éraste à son tour : c'est la liberté qui compte alors à ses yeux — n'est-il point vrai, Kheirodore ? À quarante printemps, ton expérience plaît aux éphèbes, ta tempérance aux vieux, ta bonté aux enfants. L'amour afflue donc de toutes parts ; tu crains même d'en être étouffé. Aussi recherches-tu la délivrance, le choix absolu des attaches, la solitude et la tranquillité faciles, l'absence de dette, de contrainte et d'assujettissement. Mais lorsque nous entrons dans l'âge ultime, nous entrons en dépendance vis-à-vis de nos proches. Nous pouvons dès lors conserver le bonheur si nous avons su nous réserver tout au long de la vie, à l'instar de Mélétès, une famille ample et attentionnée qui nous rend à présent grâce de notre noble persévérance. Recouvrant notre phantaisie d'enfant, il nous revient d'apprendre à nos petits-fils les rudiments du monde et le secret du bonheur. Secret que je viens de vous divulguer, mes frères : la santé jusqu'à quinze ans, l'amour jusqu'à quarante, la liberté jusqu'à soixante, et la famille au-delà !* » À ces mots, ce fut l'ovation unanime. Tous, y compris cette fois-ci Hormée, se mirent à l'applaudir, debout. Anagkaion se tourna alors vers son adversaire de la soirée et concéda : « *Mes frères, cette conclusion n'est pas la mienne, mais celle de Hormée. Grâce à sa suspicion légitime à mon égard j'ai pu en effet trouver la portée de ma définition après que je l'eus dite. Sans elle, je n'aurais pas saisi l'or qui coulait de ma bouche à mon insu. C'est pourquoi, mes frères, je suis son obligé : je dois lui apporter du bonheur.* » Tous acquiescèrent ; Hormée rougit. — « *Et à son âge,* reprit Anagkaion, *ne sommes-nous pas tombés d'accord pour dire que le bonheur consistait en l'amour ? Hormée, ta définition du bonheur, donne-la-moi pendant que je t'aime car c'est à mon tour de t'inspirer, aimable philosophe !* »

109

Démiurgie. — La santé signifie toujours en définitive la *fécondité* intellectuelle ou pratique.

110

Antinomie. — Les grandes philosophies sont celles qui peuvent nourrir l'ennemi et servir de racines à ses arborescences contradictoires. Dernière déviation connue : Dantec, l'extrêmedroite deleuzienne !

111

Être vrai. — Notre vérité ne tient pas du pragmatisme, mais de l'activisme existentiel. Elle est une affaire de vie, d'action et de désir plutôt que de pur intellect. Une proposition vraie n'est pas celle qui « réussit » : une proposition vraie est celle qui *nous* « réussit » et qui, par notre biais, « réussit » à l'Humanité.

112

Satiété de consommation. — Même au comble de ton désir, pourquoi vouloir le combler ? Accepte la tension magistrale de tout ton être ; ne te tourne vers aucun dieu dans l'espoir de te détendre. Ton désir fait que quelque chose te manque ? — Hip ! hip ! hip ! hourra ! Sèche tes larmes, cesse ta jérémiade, réjouis-toi de n'être pas encore assouvi. La désaltération, c'est la grande mort ; aussi fuis le commerce des gens repus et suffisants comme tu fuirais un banquet de morts vivants.

113

Pas de quoi. — « *Tu dois t'abîmer dans ton amour pour Dieu parce que Dieu lui-même s'est sacrifié dans son amour pour toi.* » — « *Fallait pas ! !* »

114

Nonlieu. — L'utopie n'est pas l'infaisable, mais l'intraitable.

115

Frénésie. — Avec l'accroissement des ignorances, il est urgent de philosopher dans l'urgence.

116

Amnésie. — Avec l'accroissement des connaissances, il est urgent d'oublier dans l'urgence.

117

Clouer le bec des perroquets. — Un philosophe a le devoir de prémunir son œuvre de toute orthodoxisation *post mortem*. La pensée piégée de Nietzsche nous montre la voie : rien ne pourrait réussir à la scolastiquer. Ils sont par nature anti-nietzschéistes, les vrais nietzschéens.

118

Poster. — Dieu est mot.

119

Relève. — Cesse de te demander si oui ou non l'homme est digne de Dieu : demande-toi seulement s'il est digne de l'Homme !

120

Jouir et dormir. — Le sommeil est la voie royale de l'abandon ; le rêve en est la culminance ; l'orgasme en est la fulgurance. Par le rêve, l'abandon nous hisse et nous maîtrise ; par l'orgasme, il nous éblouit et nous épanouit. Le rêve nous remet dans l'axe, nous recentre et nous guide ; l'orgasme éclatant nous fait dérailler pleins feux. En quoi l'orgasme se rapporte-t-il au sommeil ? N'est-il pas au contraire l'ouragan d'avant-sieste, le débordement de vitalité qui précède l'accalmie paresseuse ? — Il est vrai que l'orgasme épuise les jouisseurs jusqu'aux cernes. Bien des amants s'endorment après sa montée foudroyante, comme s'il appelait le rêve à la rescousse pour parfaire le lâcherprise amorcé dans l'effusion. Effusion de lumière, à en plisser les yeux ; effusion de plaisir, à en crisper les membres. L'orgasme arrache au corps masculin sa présence ; au corps féminin, il en foudroie la fibre. À l'instar du sommeil, il nous fait donc nous absenter ; mais non point dans les ténèbres douces : dans les rayons étincelants, la petite mort d'un corps criblé de soubresauts forts, vidé de tout Moi, empli du monde entier. En nous absentant, l'orgasme provoque toujours un vertige inhabituel. La femme, ordinairement championne de la retenue et des retraites secrètes, se découvre en quelques secondes perméable à tous les Excès, infiniment violable car comblée d'extériorité soudaine. L'homme, champion des débordements et de la démesure, se découvre brusquement vulnérable, violemment accessible, saisi en ses profondeurs et vampirisé de tout son être. Durant l'amour, il triomphait vers le Succès — terrassé par l'orgasme, le voici sur le point de décéder, répandant furieusement sa substance hors de lui, donnant tout ce qu'il *est* de plus intime. Durant l'amour, la femme se sentait sombrer seule vers un Décès à la suavité inéluctable — en jouissant, elle accepte d'un coup de se mélanger excessivement à son partenaire, de succéder en devenant l'autre, de ne faire plus qu'un. Pour la femme comme pour l'homme, l'orgasme est donc une révolution inverse, un virage à 360 degrés qui change radicalement la donne initiée pendant l'étreinte. De là, l'illumination aveuglante et la fatigue qu'il procure : notre axe a été parcouru en entier, en un éclair. De là, l'épanouissement las qui le suit : en même temps qu'il donne au Je(u) du mou, de la souplesse, il perd le Procès et en suspend l'acuité le temps que celui-ci résorbe son égarement. L'orgasme scintillant invite au sommeil opaque afin que le corps *recouvre ses esprits.* L'abandon déchirant du premier réclame physiologiquement l'abandon réunifiant du second ; la déconcentration extrême exige le ramassement sur soi-même, la concentration autour de son centre. La sensualité — promesse de voluptés splendides et tendres — naît précisément de l'ambivalence éparpillement-recueillement, orgasme-sommeil, frénésie-lasciveté. Sensuelle, la femme radieuse et alanguie après le déchaînement, dont le corps renoue peu à peu avec une présence qu'elle n'a pas pu contenir, mais que le rêve saura recomposer. À Valéry (« *Dormeuse, amas doré d'ombres et d'abandons* ») Pessoa répond : — « *Je ne dors pas. J'entresuis.* »

121

Rira bien qui rira le dernier. — À la fin d'une orgie mémorable la jouissance et l'ébriété eurent raison des convives : une tendre somnolence enveloppait les corps. Seuls Anagkaion, Gélos et Spéléagore — soldats de l'amour qu'une jolie tigresse, Mimnosko, maintenait aguerris — profitaient du dessoûlement de l'aube. Le premier, en plein exploit, fut soudain gêné par Hormée, qui riait dans son sommeil. — « *Dix mille Cléarque !*, fit-il. *Y a-t-il à rire en cet instant ? L'imbécile me déconcentre !* » Hormée continua, si bien que son rire contagieux emporta bientôt la belle, puis Gélos, qui continuait cependant d'onduler. Anagkaion maugréait en s'efforçant de conserver le profil fort. Ce fut au tour de Spéléagore : il orgasma en s'esclaffant jusqu'à en pleurer. — « *Êtes-vous trop ivres ?*, demanda rageusement Anagkaion aux hilares. *"Ah ! ah ! ah !", c'est tout ce que vous inspire l'état des choses ? Gélos, ne sens-tu pas l'excitation quitter ton ventre à force de le tordre ?* » — « *Ah ! ah ! ah ! Au contraire, Anah ! ah ! ah ! Anagkaion !*, assura Gélos. *Leurs rires sont plus forts que moi ah ! ah ! ah ! Mais c'est si bon de se laisser faire ! Va ! Rigole avec nous hou ! hou ! hou !* » Sur ces paroles précipitées, un violent orgasme lui enflamma entrailles et amygdales. Mimnosko, agitant le membre contre sa joue et riant de plus belle, invita alors Anagkaion : « *C'est à ton tour de venir ! Ah ! ah ! ah ! Mélange-toi donc à nos rires, tu ne t'en sentiras que mieux ! Les rires vivants des rieurs le confirment : le risible ne tue pas ah ! ah !* » — « *C'est tout comme : ces rires me dégoûtent !*, lança-t-il. *Ils amollissent ma vigueur, telle la morsure de l'arachnide, l'insecte emmailloté ! Ils m'amenuisent et m'évident ! Leur esclandre me coupe les jambes... et le reste !* » — « *Parce que tu résistes*, affirma Gélos entre deux éclats. *Perds contrôle, mon ami ! Fonds-toi dans l'ambiance au lieu de t'esquiver !* » — « *L'ambiance ? Mais foudre Zeus !, c'est pour lors un mauvais caprice de Morphée !*, dit Anagkaion en jetant un coussin sur Hormée. *Un vrai mâle commande l'ambiance, il ne la subit point !* » — « *Eh bien ! Qu'attends-tu alors pour l'infléchir ?* », demanda Spéléagore. — « *C'est ce que je fais !* », rétorqua Anagkaion en jetant un deuxième coussin qui acheva de réanimer la source des troubles aux si amusants songes et décupla l'hilarité des trois drôles. Hormée, tranquille et austère au réveil, ne pipait mot face au trio euphorique. — « *Le vin et l'amour font leurs effets à ce que je vois*, lâcha Hormée, flegmatique. *"Que celui qui a ri le premier se donne tout entier à la chaîne du rire !", comme le disent les Ménades. Et à celui d'entre vous qui doit assouvir Anagkaion — que je retrouve décidément en forme —, je lui souhaite bien du plaisir !* » Cette remarque déclencha un fou rire énorme parmi les convives que les gloussements précédents avaient tirés du sommeil. Car, de pâle, Hormée devint rouge quand Anagkaion — enfin désopilé ! — acheva son marathon nocturne entre ses lèvres tendres.

122

Point d'exclamation. — Nous ne désirons pas l'impossible : nous désirons l'interdit. Plus précisément, nous désirons ce qu'on nous interdit de désirer. Les femmes les plus excitantes sont ainsi celles qui portent l'interdit en elles, mêlé au désir perceptible de la transgression, inavoué par leurs mots mais avoué par leur regard. Luxuriance : tropical tabou ; beauté de la responsabilité impeccable alliée au charme mutin. Cette danse dionysienne au bord de la transe rend fou n'importe qui. Héra en fulmine de jalousie, Zeus en succombe. La scandalisation du corps intensifie l'aimantation. Tapage intime. La chose est sûre : « *Pas d'interdire, pas de désir.* » Dévolution corporelle qui nous tend vers l'ailleurs de notre corps, le désir a besoin de s'entendre dire « *Ne va pas là !* » pour, irrésistiblement, nous y faire aller. « *Pas de dire, pas de désir* », par conséquent. « *Pas de dire, pas d'abandon.* » Ce dernier raccourci peut sembler problématique : comment le Procès langagier pourrait-il entraîner la suspension de la conscience réflexive ? Comment, de la maîtrise de soi, l'incontrôlable découlerait-il ? Comment l'être dit et situé pourrait-il conduire au laisserêtre, au Je(u) aléatoire et ambulant ? Ces contradictions s'évanouissent néanmoins dès que nous saisissons que l'abandon n'est pas un état du corps parmi d'autres (colère, joie, tristesse, etc.), mais sa dynamique essentielle. Autrement dit, je m'abandonne à la colère, à la joie, à la tristesse ainsi qu'à toutes les émotions qui me traversent à partir du moment où je cesse d'*appréhender* ce qui m'arrive — où je cesse d'en faire le Procès. La colère m'emporte, la joie m'enfièvre, la tristesse m'empleure ; ou alors, il s'agit d'une colère, d'une joie ou d'une tristesse *réfléchies*, c'est-à-dire de sentiments mis à distance du corps et donc inauthentiques, parce que maîtrisés. Crispation, clownerie, étiolement. *To wince yourself : to act aigainst abandon : not to be : to bane.* L'abandon est la sincérité du désir à même son élan. Or, pour que le désir s'élance, il lui faut des digues à rompre, des résistances à vaincre, des règles à enfreindre, de l'improbable à vérifier — une rampe d'élancement. L'attitude signifiante du corps (le langage) peut ici initier la quête subversive du désir en exprimant des prohibitions. Dire, c'est en effet toujours déjà interdire. Interdire ne serait-ce que la parole de l'autre le temps de finir notre phrase. Interdire surtout le mensonge, même si nous mentons. Cette fameuse vérité que le langage présuppose en tant que porteur implicite d'une intelligibilité interpersonnelle, voici qu'elle est à même d'attiser un désir de contradiction, le désir le plus rudimentaire de la psychologie humaine. Les désobéissances infantiles, civiles ou anarchistes éprouvent l'autonomie dévolutionnaire du désir en contrevenant aux injonctions, aux lois, aux commandements. Elles tirent une satisfaction de l'affirmation de la libérté l'*emportant* sur l'ordre ou la légalité stricts. Or, si nous mélanger à autrui est comparable à une petite mort et si mourir est le suprême interdit de l'humain vivant, il apparaît clairement que l'abandon porte la désobéissance à son plus haut degré de transgression et d'extase. En effet, en deçà des tabous culturels, la succombance représente le fondamental tabou de l'*homo loquax*. Les animaux sont agis par le rut et les instincts préprogrammés de leur essence ; ils ne se transgressent jamais eux-mêmes : ils accomplissent rectilignement leur intrinsèque destin. Nous sommes en revanche capable de transgresser notre corps, de nous surprendre, de nous éprendre, de nous illaborer. Violer les verberies grammaticales : gémir, rugir, crier. S'inspirer de l'autre, expirer en lui.

123

Anomaux animaux anémiés. — La hamstérité ressemblerait à l'aboulie (du grec *a-* privatif et *boulesthai*, « vouloir »), c'est-à-dire à une impuissance anormale de volonté par défaut d'impulsion, si ne s'y ajoutait une dimension de complaisance, de servitude-paresse volontaire. Le hamster est content de sa cage, elle subvient à ses besoins : paille, nourriture, défoulement. L'aboulique, lui, serait alors plutôt le décédé — le hamster qui s'étiole, qui ne gigote plus, qui crève grave. Hamstérité du « jeune » vieux que le *tittytainment*, le spectacle-divertissement, enferme dans sa jeunitude ; Décès du « jeune » *dead* qui se fout de tout. Le Décès — ou aboulie autistique — est le destin de celui que le *tittytainment* lui-même finit par écœurer ; quand le hamstérisé gesticule, testicule et frétille encore au-dedans.

124

Caution juratoire. — Le philosophe : « *Si tu n'es pas heureux, c'est que tu ne sais pas l'être.* » — infantilisme. Le sociologue : « *Si tu n'es pas heureux, c'est que tu ne peux pas l'être.* » — dolorisme. Le psy : « *Si tu n'es pas heureux, c'est que tu ne veux pas l'être.* » — cynisme. Dogmatisme du pubard (« *Si tu n'es pas heureux, c'est que tu ne me suis pas* ») et du politicien (« *Si tu n'es pas heureux, c'est que tu suis les autres* »). Qu'on arrête de vouloir que je *veuille* mon bonheur ! Je vis : je suis heureux. M'incombe seulement de sentir cette vie en moi. M'incombe d'en faire vaille que vaille l'expérience sans me débarrasser de cet absolu devoir en chargeant des usurpateurs professionnels de vivre ma vie pour moi, d'en extraire entorses, heurts, litiges ou tragédies et de ne m'en donner que des becquées tendres. Si je ne me *sens* pas heureux, c'est que j'ai trop peur du malheur pour m'abandonner à la vie. Par feintes et sortilèges, je veux tabler sur quelque expert de l'abandon pour qu'il *s'abandonne à ma place* et qu'il m'en fasse profiter sans jamais me mettre en péril. Je veux qu'un autre m'expose sans m'exposer moi-même. Je veux succomber par procuration — hétéronome abandon. Aussi ai-je déposé l'or massif de mon bonheur dans une banque étrangère — filtreuse de souillures, monnayeuse de joie purifiée. Je me suis alors dépossédé de moi-même ; j'ai placé ma vie sur un autre compte pour qu'un autre s'abandonne à ma place. J'ai coffré mon Je(u) au lieu de l'épanouir ; j'ai confié mon corps à la science ; j'ai tergiversé. Je me suis finalement crispé sur mon abandon, suivant en cela l'impraticable définition occidentale du bonheur : « *N'*être *qu'*heureux ». Quelle tristesse infamante ! C'est occulter que dans la maladie, la misère, le chagrin d'amour, la mort même, il y a du bonheur. Et qui plus est, que recouvrer la santé, survivre en contrevie, faire le deuil d'une passion ou mettre en échec la mort procurent en ce bas monde les exultations les plus débordantes et les plus hautes exaltations.

125

Tournis. — À force de trop jouer sur les mots, les mots se jouent de vous.

126

Semis. — Les artistes dévolutionnaires fertilisent la brousse en y implantant un peu leur jungle intime. Ils étendent leurs bras, ils étendent leurs lianes. Ils arrièrent les primates mais redonnent aussi aux civilisés leur primitivité délicieuse.

127

Pneumatique. — L'autonomie commence lorsque nous acceptons l'*état de bonheur* sans vouloir en faire quelque chose ni désirer l'essoufflement.

128

État créateur. — La démiurgie, ce que les philosophes désignent par la notion de libre arbitre (*libertas a necessitate*) : entre l'éponge absorbante et la résorption de soi.

129

Cris en thème. — Écrire, faire son deuil.

130

Nuit blanche. — Il y a les insomniaques qui ne dorment pas pour ne point céder au sommeil, et les insomnistes qui ne dorment pas pour ne point céder à la veille. Et puis il y a les artistes — les somnambules...

131

Recueillir. — Le philosophe-adîb doit accroître sa perméabilité aux phantasmagories et aux réalités, aux autres et aux mondes, aux mots et aux maux. « *Quelle autre solution que de se dissoudre ?* » Quant à ses sources, il les veut *rares*. C'est-à-dire intempestives, introuvables, quasi antéhumaines. S'ils ne redécouvrent pas du dit inédit et des pistes oubliées, les livres d'aujourd'hui avancent dans le néant.

132

Occulte. — Les livres inouïs que nous ne lisons pas nous hantent. Les bouquinistes sont ainsi les gardiens d'un cimetière bords-de-Seine emplis de spectres pagineux ; les vieilles libraires, des lieux peuplés de honnis fantômes et d'omises phantasmagories. Il faudrait tout avoir lu pour trouver rémittence. Tâche impossible, tant les publications d'hier dépassent à elles seules notre mortelle capacité d'exorcisme. Et la conjuration d'une goule livresque en fait surgir dix autres. Nicolas Berdiaev approximativement éloigné, apparaissent Nicolaï Mikhaïlovski, Léon Chestov, Dimitri Merejkovski, Alekseï Khomiakov, Jakob Böhme, Martin Buber, V. Ern, V. Rozanov, V. Soloviev, V. Nesmièlov — ses compagnons d'âme. La stérilittérature postmoderne a ceci de profitable qu'elle nous laisse le temps de combattre avec les vampires du passé, à commencer par les chefd'œuvres nonlus du siècle dernier. Tout parcourir à défaut de tout lire ; jouir même de la mécompréhension. Adjurer des succubes malconnus pour nous incuber d'un mal sans remède, en succomber, et devenir démon à notre tour.

133

Le primordial poétique. — « *Elle est retrouvée/Quoi ? — L'Éternité./ C'est la mer allée/Avec le soleil.* » Comment expliquer que l'un des plus célèbres quatrains de Rimbaud soit paradoxalement celui qui donne lieu à une exégèse pitoyable ? — C'est qu'il est décortiqué par des chimistes, non des alchimistes, non d'authentiques démiurges. René Etiemble y voit un « *esprit païen* » (*sic*), Hiroo Yuasa le « *salut chrétien* » (*sic*), Jean-Pierre Richard une « *eau de feu* » (*sic*), Suzanne Bernard « *une forme imagée et souvent sibylline* » (*sic*), Antoine Adam « *un coucher de soleil sur la mer* » (*sic*). — Observations hoquetantes des crispés du verbe et du ventre. Comprendra-t-on un jour qu'il faille rendre compte d'un poème en poète, non en expert *en* poésie ? Que l'expérience littéraire, jouissance incantatoire et irruptive, est un corps-à-corps, une guerre des mondes ? Que l'art naît justement de l'intercession de deux corps qui s'abandonnent l'un à l'autre, et que l'œuvre, en tant que telle (comme la sueur, le sperme et le lit défait des amants), ouvre l'espace dilatoire de la rencontre, mais qu'elle se referme sur sa stricte matérialité dès que l'analyse prend le pas sur le mélange ? Ayons l'œil phénoménologique pour aborder le fameux quatrain. Sans lui supposer un sens préexistant, que nous donne-t-il à vivre par sa seule émergence ? Pour en saisir la force originale, lisons-le à voix haute. « *Elle est retrouvée/ Quoi ? — L'Éternité./ C'est la mer allée/Avec le soleil.* » De quelle épreuve s'agit-il du point de vue du lecteur-artiste ? Que met-elle en vibration dans sa mythologie intime ? Le va-et-vient entre la présence et l'absence, l'angoisse de la perte et l'ivre affolement des retrouvailles, le réengloutissement du Moi dans la déesse-mère, une remontée temporelle vertigineuse jusqu'à la fécondation de celle-ci par l'astre solaire — notre père, d'avant Dieu. Horreur d'autant plus grandiose qu'aucune déferlante ne la trouble : nous voici revenus à l'aube de notre propre substance ! À rebours de notre histoire, jusqu'à notre toute première étincelle de vie — laquelle contient déjà notre crépuscule. À notre genèse ; à notre chevet. Éternité : condensation maximale de l'existence, jusqu'à l'explosion absolue qui la dissémine et la nie. L'être s'y perd en immanence et en transcendance ; il déborde des deux côtés pour avoir été trop *pressé*. Fœtus et fantôme, il contemple sa propre absence, son imminence et sa suppression toute récente. Il se saisit depuis le vide qui l'annonce et le subtilise. Par la sorcellerie d'un quatrain, nous cessons de vivre et nous renaissons, nous déprimons et nous exultons, nous décédons et nous succédons à nous-même. Nous suspendons notre Procès et ressentons alors, dans un épanchement intense, l'ample teneur d'un axe qui submerge notre capacité d'appréhension. Nous nous abandonnons, enfin — sublime et torturante extase. Libre, au-delà même de notre propre désir de liberté. Merci Rimbaud.

134

Well done ! — Que critique donc un critique littéraire ? Vu le tas de ratures qu'il préconise, certainement pas la qualité littéraire. Il sabote la littérature avec l'assurance de celui qui ne porte aux nues que les livres qui l'arrangent *politiquement*. Il convainc ainsi les gens de lire le « *chef-d'œuvre* » qui leur assènera ses propres convictions. Autrement dit, il nomme « *coups de cœur* » les livres qui le confortent dans son exercice, ses valeurs, son pouvoir. D'où l'encensement obligé de l'« *œuvre géniale* » du patron. D'où le *name-dropping*, à la mode chez tous les branchés de la capitale — clin d'œil aux personnes de leur clique dont les membres, carburant au narcissisme et flattés de se voir cités noir sur blanc, se démènent alors pour aggraver l'audience du bouquin du pote qui parle d'eux. D'où l'indigence imaginative aussi, puisqu'on n'écrit qu'obséquieusement, c'est-à-dire uniquement pour brosser les critiques dans le sens du poil. Écrire n'est plus la guerroyante quête de soi-même, mais la conquête, tout extérieure, du maximum de suffrages au sein de l'intelligentsia germanopratine. Les critiques jugent « *géniale* » la moindre suite bavarde dans laquelle ils peuvent se reconnaître. Quand le livre provient en revanche du camp ennemi, ils jouissent de leurs pleins pouvoirs en matière de calomnie. Ils ont le démolissage ou la révérence faciles. Ils arbitrent en toute partialité, ils critiquent à vue. Michel Houellebecq servit par exemple de caution littérairement correcte à la gauche caviar : glorifiant la névrose banale et la prose bas de gamme de l'auteur, elle pouvait enfin dire du mal du Coran, des musulmans, et même du prolo en vacances. Vive Lui !, qui ouvre la voie de la chiasse aux sorcières et promet la mort de la Sorcellerie ! « *Comme notre religion égyptienne, lorsqu'on y songe, était plus profonde, plus humaine et plus sage* [*que l'islam*]... *Et nos femmes ! Comme nos femmes étaient belles ! Souvenez-vous de Cléopâtre, qui envoûta le grand César. Regardez ce qu'il en reste aujourd'hui.* [...] *Des tas. Des gros tas de graisse informes qui se dissimulent sous des torchons. Dès qu'elles sont mariées, elles ne pensent plus qu'à manger. Elles bouffent, elles bouffent, elles bouffent !... (Son visage se gonfla dans une mimique à la de Funès). Non, croyez-moi,* cher monsieur, *le désert ne produit que des désaxés et des crétins.* » Ce n'est pas la vulgarité provoc qui fit le succès de l'ouvrage, mais la politique qui la soustend. La *Plateforme* houellebecquienne aurait logiquement dû couler ; le 11-Septembre lui fit exploser la rentrée littéraire. Plateforme des intellectuels de gauche qui pouvaient se droitiser en douce, se risquer aux excursions arabophobes et soutenir ainsi la propagande étasunienne. Plateforme qui les sinistra sans appel, le 21 avril 2002. Beigbeder, le complice de Houellebecq, se chargea de décrédibiliser le Parti communiste en se mêlant de sa campagne de pub après avoir craché sur la pub. La gauche houellebecquienne, dans son élan « *Islam pas soluble dans la République* », avait oublié que les nombreux enfants des « *tas de graisse* »... votent. Cyniquement, la gauche fit d'un crispé moribond son nouveau gourou, son grand champion de littérature. Mais elle tomba sur plus cynique qu'elle, et trépassa.

135

Maniacorépressif. — Les deux derniers décapités de la République française furent un débile mental et un Tunisien, sous Pompidou. Pour que le peuple se sente en danger, on lui invente des ennemis que l'on guillotine — on rive les yeux sur les potences et les échafauds. Le débat sur la peine de mort veut non pas *dissuader* les malfaiteurs, mais *persuader* la foule insécurisée que la répression doit battre son plein. Et par « *peine de mort* », il faut entendre « *suppression de vie* » : prison pour quinze ans, trente ans ou à perpétuité. Plus l'État punit légalement, plus il manifeste son fascisme intrinsèque, sa contrerévolution posthume et préventive. Posthume car elle a déjà maté la révolution illusoire qu'elle disait menaçante ; préventive car elle mate encore. Et la presse fasciste en redemande ! Davantage de « *violences urbaines* », de crimes, d'anecdotes scabreuses ! Au point que la petite mamie de Roquefort-La-Bédoule a peur des beurs qu'elle ne croise qu'en TV. — Si nous nous laissons impressionner par la propagande d'État, attendons-nous à un coup d'État légal et applaudi par nous. Mais quoi ! Réfléchissez ! Ce coup d'État n'a-t-il pas déjà eu lieu ? Ne sommes-nous pas — même si cela n'est pas réellement *criant* — entrés en dictature ? Sacrés clafoutistes ! Sacrés sondeurs ! Sacrés experts en politique ! Vous nous avez bien eus, sagouins chauves ! Nous avons prouvé que la démocratie nous revenait : Jospin recalé, malgré vous. Vous avez prouvé que la démocratie n'existait pas : Chirac réélu, malgré nous. — Puisse les hommes de bonne volonté crier, et les autres se taire !

136

Sorbonne. — L'université tue la philosophie en laissant des historiens chicaneurs, des philologues maniaques ou de lourds troubadours s'accaparer des chaires. Un professeur de philosophie ne doit pas nécessairement être un philosophe, mais on devrait exiger de lui un minimum d'entièreté dans sa démarche. Jérôme Laurent parlant de Platon, Jean-Marie Beyssade de Descartes, Patrick Wotling de Nietzsche, Renaud Barbaras de Merleau-Ponty : ce n'est pas leur brio qui compte, mais leur amour pour une pensée qu'ils ont su faire leur. À les entendre réinsérer telle phrase dans la cohérence du système, faire tel parallèle avec l'expérience quotidienne ou illustrer telle thèse par tel poème, nous saisissons l'ultramoderne pertinence des idées qu'ils exhument. Ils nous donnent à voir l'album de voyage de leur aventure dans un autre monde, et font que les philosophies du passé se déclinent au présent. Froissé par l'imparfait, Jean-Louis Chrétien conseille à l'étudiant : « *N'écrivez pas : "Plotin disait...", écrivez : "Plotin dit...". Plotin n'est pas mort : il continue de nous le dire.* »

137

Tartes. — N'est-il pas étonnant de voir les plus médiatiques partisans de l'antitotalitarisme se conduire dans leur vie privée comme de véritables despotes ? Ils ne louent la démocratie que pour en devenir les propriétaires. Débordants de narcissisme et d'arrogance, ils tyrannisent leur petit monde, usent de leurs réseaux pour s'autopromouvoir ou bien faire virer les inconvenants qui allusionnent l'imposture. Les yeux écarquillés, ils diabolisent tous les Ben Laden du globe comme pour mieux taire leurs propres prétentions au terrorisme intellectuel — bien qu'eux ne lancent que des avions de papier. Ô *my* Godin ! Crème des pâtissiers-kamikazes ! Grand démystificateur ! À quand la dixième ? À quand la régalade ?

138

Le goût du vide. — Rien de tel qu'un ouvrage couronné par l'Académie française pour saisir le gâtisme de la politique francophone. Le *Dictionnaire des difficultés de la langue française* (Larousse, 1971) offre en l'occurrence une bonne illustration de la frilosité absurde et pernicieuse qui refroidit notre langue. À ce rythme de cryogénisation, elle sera morte congelée dans deux siècles. Qu'a-t-elle pour plaire aujourd'hui ? — Elle chante moins bien que l'anglais, sa prononciation reste difficile, sa grammaire et son orthographe ne sont plus du tout enseignées. À ces problèmes formels s'ajoute un problème de contenu : une vacuité culturelle croissante. Elle ne survit que sur ses acquis. Au panthéon des écrivains contemporains, on introduit des clafoutistes de la prose et des tocards qui se la racontent. Les scribouillards de la presse pondent tous des ouvrages insipides dans l'espoir de laver leur médiocrité plumitive avec un prix littéraire. À chaque rentrée, seulement huit romans s'avèrent parcourables sur mille narcissures publiées. Les huit seront bien sûr évincés sous la chiasse des écrivaillons célèbres et le suivisme des critiques. Ne parlons pas des essayistes qui — avec leurs petits yeux chassieux de malbaisés, leur corps tout embibliothéqué, leur débilitant pointillisme — ont troqué l'ironie mordante contre une affabilité d'autistes diplômés. Ne parlons pas des faux auteurs — *stars* loanesques ou politicards en quête de biographies — sans autre talent que l'imposture, le cravachage de nègres et la télégénie. Pourri de fond en comble, notre beau monde littéraire prend l'eau. Les lecteurs, noyés depuis vingt ans sous l'infect déluge, n'y voient plus que des algues. Le nombre de romans et d'essais cadavériques que ces merlans gobent est en soi un scandale. Qu'une personne de goût lise deux pages des meilleures ventes du mois encensées par la critique, et c'est le fou rire absolu. De qui se moquerait-elle ? Certes pas des lecteurs, mais bien de ceux qui leur font avaler tant de bulles, qui soutiennent les imbéciles de leur réseau parisien au lieu de promouvoir l'excellence d'où qu'elle vienne, qui noient les cinq perles rares sous un raz-de-marée crasseux d'écrits d'huîtres. Les gens mangent ce qu'on leur donne à manger, lisent ce qu'on leur donne à lire — la néorésistance littéraire doit donc changer l'offre : la demande suivra. Pour regonfler les voiles de la langue française et faire passer par-dessus bord tous les mercenaires baragouineurs qui l'ont prise en otage, il faut faire demitour et se réengager dans la traversée désintéressée de la passion littéraire. Proposer une autre façon de façonner la phrase, d'y couler l'or, le sang, le venin et les larmes. Permettre l'avènement d'un art ranimant les corps par le verbe, et par la fièvre les instincts. Libérer la langue française de son carcan académique ! À quel conventionnalisme les savantasses se bornent-ils ? — Réticence à la ferveur et soumission aux normes. « *Quelle règle devons-nous suivre en présence de néologismes ? La première chose à faire, c'est de recourir à un dictionnaire comme le Larousse, qui s'efforce de suivre le bon usage contemporain. Si le mot ne s'y trouve pas, il faut, surtout en écrivant, agir avec prudence. Il ne faut jamais s'approprier un mot inconnu que l'on a entendu ou lu sans s'efforcer de savoir exactement ce qu'il signifie [...]. Si c'est un mot que nous avons lu, la notoriété de l'écrivain qui l'a employé pourra servir de garant.* » (*op. cit.*, article « Néologisme »). — Fou rire absolu. Inversons plutôt la manœuvre. Exercice : traduire les néologismes du présent Pli en bon français académique (« *clafoutistes* de la prose », « médiocrité *plumitive* », « romans *parcourables* », « corps tout *embibliothéqué* », « stars *loanesques* », « *néorésistance* littéraire »). Objectif : maîtriser la langue en sa musique-même pour rendre le lecteur musicien.

139

Un livre dont vous êtes le héros. — La jouissance que procure un texte thumétique résulte d'une quadruple contrainte d'écrivain : architectonique, spéculative, critique et musicale. Équilibre dynamique ; démiurgie. Tenez-vous à la croisée des chemins (envisagez tous les possibles) ; n'empruntez que ceux qui font sens (suivez le fil de *notre* pensée) ; affrontez l'injustice et ses objections (munissez-vous de concepts et d'ironie), triomphez en héros de vos propres réticences (sortez de la circonspection par l'ardeur). Dédale, Ariane, le Minotaure, Thésée. Le « style génératif » permet d'héroïser le lecteur, de le rendre davantage philosophe, de lui faire illaborer lui-même une vérité toujours plus jouissive. Plus il lit, plus il vit. Plus il interprète dans le sens de son corps. Plus il orgasme en *comprenant* le monde. Plus il s'oublie au présent et gagne en présence, en liberté, en abandon. Hautement curative, la phrase thumétique doit procéder par multienchâssements conceptuels (incitant à l'interprétation) et euphoniques (incitant à l'enthousiasme). À partir d'une *phrase matrice* — noyau de l'idée que l'on veut « démontrer » —, on insère des *phrases enchâssées* qui en poursuivent la mélodie, le champ lexical et l'intrigue. La ponctuation édifie les parois du labyrinthe, qu'un jeu des corésonances rend dans le même temps poreuses. Lorsqu'il y a saturation, c'est-à-dire lorsque l'intelligibilité du verbe risque l'entassement de matière grise et la surchauffe, un point la tronçonne. Puis l'enchâssement se poursuit sur les parties ainsi séparées, à l'instar d'un ver de terre coupé en deux dont l'enfant s'imagine que les morceaux forment deux créatures autonomes.

140

Vanification. — Les tentatives inclusivistes des années 1970 ont échoué parce qu'elles étaient fondées sur une charpente idéologique malassemblée et dans le droit fil patriarcal, sorte d'humanisme mou et adulescent. Sexualiser Marx et politiser Freud revient en effet à annuler l'un par l'autre et l'autre par l'un. Ceux qui ont su éviter cette neutralisante aventure en s'infusant de Nietzsche et d'Artaud, de Faulkner et de Rimbaud, de Benjamin et de Dosto, de Hölderlin et de pataphysique, ceux-là — tel Baudrillard — ont su enregistrer la perte d'autonomie de l'humain sans essayer néanmoins de juguler cette consoumission compassionnelle. Leur nontentative signe leur faiblesse philosophique. Car la déconstruction ou l'analyse deviennent *système* si elles ne proposent pas, dans le même mouvement, des voies nouvelles. Pas de critique sans l'outrecuidance de la transgression démiurgique ; pas d'intelligence des faits sans l'illaboration conjointe de l'imagination. Le scepticisme dévolutionnaire doit désormais soutenir la recherche inclusiviste en multipliant les hypothèses, en surinterprétant les phénomènes, en réinventant les lois sociales et amoureuses. Contre les explications paresseuses : l'ardeur créatrice partant des motifs et des passifs, des volontés et des antécédences. Sans l'effort d'émettre du neuf, les languides descriptions débouchent sur le vide. La vinification est l'opération qui transforme le moût en vin ; la vanification est l'opération qui transforme le mou en vain. L'improlificité intellectuelle invalide la recherche ; l'oiseveté à laquelle le lecteur est contraint à la fin d'un essai suffit pour nous en montrer l'indigence. La pensée doit être efficace, elle doit nous faire *penser à l'acte* à défaut d'y passer. Il ne s'agit pas ici de montrer la supériorité des méthodes psys qui prescrivent des comportements, des paroles, des certitudes. De telles recettes n'ont aucune valeur conceptuelle : le ton de « science infuse » donne à leurs auteurs une fatuité sectaire, et aux propos une inélégante vanité. Comprenons simplement que la néorésistance intellectuelle connaît trois exigences *a priori* inconciliables à concilier pourtant par le style : le doute qui émet la vérité, la démiurgie qui la permet, l'ardeur qui la commet. Rationalité thumétique, déraisonnable et pour cela même dévolutionnaire. Faire se dérouler les idées, faire couler l'encre, faire circuler le sang.

141

Noble art. — Philosopher thumétiquement : entrer par effraction, toucher par énigme.

142

Pages blanches. — Lâcheté des romanceurs sans teneur : « *Ce n'est pas moi qui le dis, c'est mon personnage !* » Ceux qui n'ont pas le cran d'assumer la pleine conséquence de leur œuvre, faites-les taire : ils polluent l'enjeu littéraire !

143

État d'âme. — L'« âme » est le désir en Procès — le spirituel ; le corps est le désir irréfléchi — le passionnel. L'âme est amour ; le corps, aimant. Chez Fourier, « spirituel » et « passionnel » sont d'ailleurs synonymes. Monisme athéiste : grand pas vers la philosophie iatrique !

144

« *Tout se m'évapore* ». — Les humains meurent parce qu'ils savent qu'ils doivent mourir. Rares sont ceux qui *disparaissent*, — qui s'abandonnent à la mort toute leur vie durant.

145

Renaissances. — Vivre ta vie n'est pas suffisant : tu dois surtout la mourir.

146

Livraison. — C'est en bouleversant avec style la raison du lecteur que la passion aboule.

147

Dérangement. — La peur est notre raison de vivre ; l'abandon en est la passion.

148

Fontaine. — Tenir la démiurgie pour inépuisable, c'est professer qu'on peut commencer à l'épuiser.

149

Original. — Années post-1985 : la femme-objet ; les mâles, lassés, se tournent vers les hommes. Années post-1995 : l'homme-objet ; les mâles, lassés, se tournent vers les mineurs. Années post-2005 : l'ado-objet ; les mâles, lassés, se tournent vers les objets. Années post-2015 : le robot-objet. Les mâles, lassés, se tournent vers les singes...

150

Pour prévenir d'un contresens concernant le désir. — Je(u) désire. Je(u) tends vers ce que Je(u) ne suis pas. Progressiste et dévolutionnaire, le désir s'oppose à la complaisance, à la promiscuité et aux stagnations de toutes sortes. Il est tension, rectitude des cordes intimes, devoir-être-autre, mise en qui-vive, relève urgente. Une fois élancé, rien ni personne ne l'arrête ; je ne peux que l'orienter en lui donnant du Je(u). À l'instar du piment grillant ma langue et que l'eau — d'ordinaire apaisante — transforme aussitôt en brin de lave, chaque tentative pour calmer la cuisson du désir le déplace (me déplace) en le décuplant. Le thermostat de mon désir n'est pas entre mes tempes : soit je m'abandonne à ses vapeurs et les laisse me conduire où il veut, soit je me crispe et il m'assaille tel une guêpe énervée que je chasse et qui me revient en essaim. Nous ne désirons jamais combler un manque — cela est besoin si ce manque est nécessité, envie s'il est caprice. Nous ne désirons jamais le manque pour lui-même — cela est besoin de désir, ou Décès. Nous désirons, à proprement parler, ce qui *fait* manque. L'inassouvissement n'est donc pas la cause efficiente du désir mais son projet même et, pourrait-on dire, son unique volonté., Dans *La Bâtarde*, Violette Leduc fait le récit d'une boulimique de sexe, « *tragédienne de [ses] ovaires* », qu'aucune ivresse charnelle ne parvient à rasséréner. Tantôt objet offert aux caprices de ses partenaires, tantôt les possédant, elle reste prisonnière du faux dilemme sujet-objet sans pouvoir le dépasser par la défaillance intérieure-extérieure du vrai mélange. Son désir n'est pas insatiable : son désir est l'insatiable. Car l'insatiable a pour elle l'avantage de fuir la mise en abîme de son être, de se tenir à l'écart d'un abandon qu'elle ne fait que frôler sans s'y résorber tout entière, sans s'y épanouir. Pourquoi donc ce désir de résister aux transports de soi ? — À quatorze ans, elle vécut la déchirante trahison d'une mère dominatrice qui, bien que follement vénérée par l'adolescente, se maria, l'abandonnant à son désespoir. Or, pour nous abandonner à l'autre, il nous faut surmonter l'abandon du havre maternel ; il nous faut réapprendre à faire confiance au bonheur plutôt que de le défier en nous crispant dans l'inamour. Devenue adulte, voici l'héroïne en proie à un désir d'accumulation vaine et d'insatisfaction, comme si le quantitatif pouvait opérer un bond qualitatif et permettre enfin de succomber à l'autre. Comme si l'Avoir qui virtualise l'Être pouvait le remuer et l'émouvoir. D'ailleurs la bâtarde abandonnée sait bien qu'une sommation de joies virtuelles ne la fera jamais s'abandonner à la joie vivante : « *Piétiner, voilà ma débauche. Je suis venue au monde, j'ai fait le serment d'avoir la passion de l'impossible.* » Danser toute la vie n'est pas suffisant. Pour jouir de la danse, il faut la transe — une embardée finale dans la spirale stérile. L'absolue sortie des évitements ; le cri du corps.

151

Orthodoxie. — Qui décide de l'orthodoxie et de l'hérésie, de la béatification et de la damnation, de la vie et de la mort ? — Les doctrinaires des puissances exploiteuses, prescripteurs des dogmes qui justifient la mise au pas de l'Aphélie, de l'humanité d'en bas. Mais le manichéisme serait ici une erreur grossière : il y eut de tout temps des puissants éclairés pour assouplir les dogmes et tolérer l'esprit critique. Voltaire, « *pape de l'impiété* » comme on le surnommait alors, méprisait par exemple la papauté non sans hypocrisie. Son « *Je baise vos pieds sacrés* » qui conclut sa lettre envoyée à Benoît XIV le montre assez. Provocant, il demande en outre deux médailles à l'effigie du chef du Saint-Office. Au grand dam de ses adversaires, celui-ci les lui fit envoyer. Le Saint Père avait compris que la prohibition décuple le désir — que toute mise à l'Index attise les tentations ; que toute interdiction est, à terme, peine perdue. Son successeur, Clément XIV, voulu réfréner la dévolution des Lumières, persécuter les Jésuites, faciliter les autodafés et les tortures de l'Inquisition : ses crétineries aggravèrent la déchéance de la Chrétienté.

Spire IV

Entraves

« Il n'est pas de plus bel exemple de l'inéluctable que celui que nous offre un jeune homme doué se rétrécissant pour entrer dans la peau d'un vieil homme quelconque ; sans intervention du Destin, par le simple ratatinement auquel il était voué ! »

Robert Musil, *L'Homme sans qualités*, I.

152

Assaillir. — Anagkaion livrait une lutte finale contre le puissant Okheutippe lors d'un concours de pugilat. Le premier était nu, le corps frotté d'huile ; le second gardait toujours son pagne, au risque d'offrir des prises efficaces à son adversaire. En plein corps-à-corps l'occasion vint justement à Anagkaion de saisir Okheutippe par son vêtement et de le projeter en le faisant rouler sur sa hanche. L'autre s'écrasa dans un immense nuage de poussière et ne semblait pas devoir se relever de sitôt. Anagkaion, haletant, desserra alors les poings. Le pagne d'Okheutippe en tomba : il le lui avait arraché ! — « *Ouvrez les yeux, vous tous !*, lança-t-il à la foule en liesse. *Dès que le nuage se dissipera vous pourrez vous délecter d'un rare spectacle : Okheutippe tel que sa mère le vit naître !* » Mais le vent se levant subitement, le nuage s'épaissit de brins d'herbe et de grains de sable au lieu de disparaître. Aussi Anagkaion s'adressa-t-il par signes à Hormée qui, agile et svelte, pouvait se faufiler dans les gradins et voir ce qu'il en était de l'autre côté. Honnête, Hormée refusa. — « *Bouge-toi donc !*, lui cria l'autre. *Ce n'est pas tricherie que de t'enquérir de la santé d'un combattant ! Tu n'es pas énorme : en quelques foulées rapides tu pourras ainsi prévenir Dzôocle, le médecin, qui interviendra aussitôt au cas où le nouveau nu agoniserait ! Allez ! Contourne la tribune et dis-moi si Okheutippe bouge encore !* » — « *Vérifie par toi-même sans craindre son membre !*, lui répondit Hormée, ironique. *Il ne te mordra point !* » — « *S'il en est doté d'un !*, dit Anagkaion. *Ce dont je doute fort, car il n'a jamais laissé quiconque le regarder en cet endroit. Le voilà à présent dans la tenue préférée de mon lointain ancêtre, Orsippos de Mégare — c'est justice ! Celui-ci fut en effet le premier à courir nu sur un stade parce que sa ceinture-caleçon s'était dénouée. Il fit depuis bien des adeptes dans notre Cité, mais il faut croire qu'Okheutippe a quelque manque à cacher...* » Anagkaion ne put terminer sa phrase : des bras vigoureux encerclèrent tout d'un coup son torse et le comprimèrent violemment. Déséquilibré, l'athlète tenta alors de se dérober en se laissant tomber au sol ; sa peau glissante lui permettait de demeurer mobile dans l'étau musculeux. Mais le bloc adverse s'affala avec lui, et le combat continua au sol. Les mouvements nerveux des lutteurs soulevaient davantage de poussière, si bien qu'on ne percevait plus qu'un pied foulant le vide de temps à autre ou un visage empourpré par les strangulations, le tout accompagné de grognements de fauves. Puis soudain, plus rien. Depuis le brouillard qui s'évaporait lentement, seul un râle de mourant entonnait sa litanie douloureuse. Anagkaion et Okheutippe apparurent enfin, le premier à cheval sur le dos du second et le faisant suffoquer dans une clef imparable. Mais Okheutippe ne voulait pas frapper à terre en signe d'abdication, comme s'il eût préféré mourir asphyxié plutôt que de se rendre. Anagkaion avait beau resserrer sa prise au maximum, rien n'y faisait : Okheutippe refusait de s'avouer vaincu. Puis, le corps cédant avant sa volonté, il perdit connaissance et s'effondra, ventre à terre. Aussitôt Dzôocle et quatre gardiens accoururent et emportèrent l'inanimé sur une civière. Tandis que l'on acclamait Anagkaion à tout rompre, celui-ci alla retrouver sa victime dans la salle de soins ; il croisa Hormée dans le couloir qui s'inquiétait tout comme lui de la santé d'Okheutippe. — « *Est-il mort ?* », demanda Hormée. — « *J'ai tout fait pour qu'il n'en soit rien*, dit Anagkaion, la voix blanche. *J'aurais pu lui briser la nuque : je me suis contenté de lui serrer progressivement la gorge. Mais Nouveau Nu résistait comme une mule ! Pourquoi ? Je l'ignore complètement.* » — « *Penses-tu que, le sexe voilé, il se serait entêté de la sorte ?* » — « *Quel rapport y a-t-il entre son obstination et son glabre malencontreusement dévoilé ?* » — « *Peut-être avais-tu raison, Anagkaion : Okheutippe a sans nul doute quelque tare à cacher...* » — « *Mais que ne me l'a-t-il point dit, foudre Zeus ? Je lui aurais volontiers laissé le temps de se rhabiller pendant que la poussière le protégeait des regards !* » — « *Ce n'est pas ce que tu annonçais, Anagkaion. "Vous pourrez vous délecter d'un rare spectacle, prévenais-tu alors, Okheutippe tel que sa mère le vit naître !" La taille de la verge importe pourtant si peu !... Ce qui compte, c'est sa fermeté dans la mêlée. Et nul ne peut déduire les performances d'un sexe au repos, fût-il modeste. La vieille leçon de beauté d'Aristophane vaut aujourd'hui encore pour juger de la perfection d'un corps : "La poitrine robuste, le teint vermeil, les épaules larges, le discours bref, la fesse rebondie, la verge menue."* » — « *Menue, menue !... Il ne faut rien exagérer ! La dureté est l'essentiel, je le concède ; mais de là à faire des verges naines le canon de la virilité !...* » — « *Tel est le canon, Anagkaion, tu dois t'y résoudre. Et des sculpteurs comme Kheirodore le perpétuent en choisissant pour modèles des éphèbes aux humbles proportions.* » Les quatre gardiens interdisaient l'entrée de la salle de soins aux curieux. Parmi ces derniers, Anagkaion reconnut Xeucrite, le jeune esclave d'Okheutippe attaché aux terres, lequel ne pouvait contenir ses pleurs. — « *Pars attendre ton maître dehors, Xeucrite !*, lança alors Anagkaion au bel attristé. *Ne sais-tu pas que notre Cité interdit le gymnase aux hilotes ?* » — « *Ne l'écoute pas, Xeucrite*, dit Hormée. *La culpabilité d'Anagkaion lui a rongé l'âme. Suis-nous plutôt, nous trouverons à nous trois un moyen de voir Okheutippe loin de ce vacarme.* » Le moyen fut tout trouvé : Anagkaion s'avança vers les gardiens avec l'aplomb du vainqueur, le corps nu et imposant, la démarche superbe. Les gardiens et la foule en restèrent bouche bée ; Xeucrite et Hormée, qui marchaient sur ses talons, n'eurent qu'à refermer la lourde porte derrière eux. Une vision surprenante les frappa dès leur arrivée : le médecin Dzôocle profitait de l'inconscience d'Okheutippe pour lui baiser la bouche ! Anagkaion et Xeucrite voulurent aussitôt intervenir, mais Hormée leur fit signe d'attendre. Dzôocle, loin de dissimuler son étrange attention, ne semblait d'ailleurs éprouver aucune gêne face au trio éberlué. Contenant sa rage, Anagkaion lui dit, dents serrées : « *Surtout ne t'inquiète pas pour son état, Dzôocle ! Continue ta caresse pendant que ton blessé dort, je le sens tout disposé à s'émouvoir !* » Xeucrite surenchérit : « *Mon maître sera heureux d'apprendre que tu as su prendre son problème de santé de front.* » Mais Dzôocle ne s'interrompait guère : voici même qu'il respirait avec Okheutippe et lui massait le basventre. — « *Frisson d'Agis !*, lâcha Anagkaion qui n'y tenait plus. *Puisque tu brûles de le rejoindre, je vais t'aider !* » En prononçant ces mots, il agrippa le médecin sous les aisselles, l'arracha des lèvres d'Okheutippe et le plaqua contre la paroi, à deux coudées du sol. Le mouvement déplaca la couverture qui recouvrait les parties de l'endormi, laissant apparaître un sexe au repos d'une taille impressionnante. — « *"Une verge de nain", pensais-tu, Anagkaion ?*, dit Hormée, l'air narquois. *Ma foi, il me semble que si tu le bats au pugilat, Okheutippe te devance de ce côté-ci...* » — « *Cet homme est un favorisé d'Érôs, en effet*, dit Dzôocle depuis les hauteurs. *Toutefois, Anagkaion, je puis t'assurer que ses proportions chevalines ne m'intéressent guère. Je ne l'embrasse pas par appétit : je pratiquais sur lui une guérison des plus communes, laquelle, je le reconnais, peut paraître insolite pour qui ne sait rien de l'art de la médecine.* » Puis, il supplia : « *Puis-je... Puis-je descendre ?* » Visiblement stupéfait par ce que révélait la nudité d'Okheutippe, l'athlète laissa Dzôocle glisser le long du mur. Soudain, l'évanoui toussa, au grand soulagement de tous. Il ouvrit les yeux, se frotta longuement la gorge, sourit amoureusement à Xeucrite. — « *Je suis d'accord avec Aristophane*, lui dit cruellement Anagkaion. *Menue, la verge. Menue.* » Okheutippe s'aperçut alors qu'il n'avait toujours pas recouvré son pagne et, à nouveau, s'évanouit.

153

Excommunication. — L'Église du Moyen Âge dénonce sous le terme « sodomie » tous les actes sexuels dénués de finalité procréatrice, tels la masturbation, la fellation ou le coït anal. Le Système postmoderne poursuit lui aussi l'*homo illabilis* autonome — l'humain capable d'une libre succombance. Tous les actes amoureux dénués de finalité mercantile sont pour lui hérésie. L'idéal néototaliraire ? — Le *coïtus interruptus.* Frustrant à souhait, avide. Propice au sentimentalisme, au Toi-&-Moi individualiste et entrepreneurial, aux réclames sexolâtres. Le Marché nous fait ainsi reprendre à notre compte les paroles que le roi Marc adresse à son ami Tristan : « *Pour l'amour de toi, je veux rester toute ma vie sans femme épousée. Si tu m'es fidèle comme je te serai fidèle, si tu m'aimes comme je t'aime, nous vivrons heureusement notre vie ensemble.* » Non plus amitié virile de la chevalerie, mais amitié servile de la mercanterie. Idéal d'une société sexomilitaire qui n'aurait plus besoin des femmes libres, ces parangons d'abandon.

154

« *Ta gueule, taggueuse !* » — Pourquoi les femmes ne s'insurgent-elles pas contre les canons de beauté inatteignables véhiculés par les marchands qui les tyrannisent et les consternent ? Pourquoi les taggueurs d'affiches — néorésistants des premières heures — sont-ils presque toujours des hommes ? La France entière devrait gribouiller « *FEMME OBJET* », « *HONTE* » ou « *SEXISME* » sur le visage de Lætitia Casta, que les pubards des Galeries Lafayette ont voulu dégoulinant de crétinerie. Les fesses insolites des lingeries Aubade, retouchées numériquement, donnent de désespérantes leçons de séduction assistée par ordinateur. Les maris les collectionnent ; les épouses doucement dépriment. Elles ont beau se décharner aux cours d'abdos-fessiers, n'avaler que des légumes verts et boire des litres de flotte-à-mincir, elles n'égaleront jamais leur clone digital. Le cynisme est la meilleure force de frappe publicitaire : convaincre les « *cibles* » qu'elles sont tristes, laides, malades ou idiotes, puis, une fois inoculé le syndrome d'autodépréciation, les charlatans inhibiteurs leur vendent de la joie, de la beauté, de la santé, de l'esprit. Ils les humilient et les insécurisent. Étioler l'être en truquant les critères de l'épanouissement véritable pour imposer le devoir-être du consommateur, tendant indéfiniment vers un épanouissement qu'il ne possédera jamais. L'épanouissement procède de l'abandon. L'« épanouissement » commercial — supercherie de l'Avoir jouant sur les platebandes de l'Être — est en vrai la suspension toute provisoire d'un étiolement continuel et sans cesse sollicité par les marchands de frustration. Endormissement du manque à être par la possessivité gloutonne. Le malaise est précairement levé ; mais la déception postachat fait vite retomber l'allégresse. Le bidule doit prendre le monopole du triomphe individuel, et son nonachat doit nécessairement conduire à l'échec sans appel, cuisant, redouté. Le slogan des lingeries *Triumph*, épinglé à l'imagerie d'une taupe modèle sculpturalement inimitable : « *telle que vous êtes* ». La femme est sommée de devenir surnaturelle ; l'homme, lui, prouve sa virilité en restant tel qu'il est. D'où vient cette imparité ? Précisément, de la carence de femmes boycottrices. Insultés, les hommes se fâchent ; mais blasées par l'acharnement mâle, les femmes passent outre. Cependant, lorsqu'elles se feront amazones — inculpabilisables et fières —, elles cesseront de se laisser ainsi étriller, dénigrer, difemmer. On les verra détourner des messages pubeux aux heures de pointe, elles prendront même des amendes. À moins qu'elles ne redécouvrent les astuces du taggueur pour ne pas se faire pincer par les palpations policières : du rouge à lèvres dans le sac à main, peut-être, mais contre le pubis, impatient de surgir de la culotte, du bon gros marqueur pour la Casta !

155

Observance. — Les adulescents « *gèrent* ». Amour et sentiments, corps et tête : tout est pour eux « *gérable* » et doit entrer sous le régalien contrôle de leur volonté. Le temps n'échappe point au stoïcisme mercantile — et somme toute optimiste — de ces épiciers du bonheur : ils gèrent les traumatismes du passé, digèrent les régals précaires de l'instant, prennent en main leur avenir. Sont-ils responsables pour autant ? Et comment expliquer cette mentalité de gestionnaires à un âge qui, hier encore, était réputé prodigue et insoucieux ? Si la jeunesse a gagné en sériosité ce qu'elle a perdu en abandon c'est qu'elle a peur d'échouer comme de demander de l'aide. Jeunesse carriériste, pour laquelle la pire existence consiste à être subalterne. Unique ambition adulescente : *être reconnu par autrui.* D'où la ploutolâtrie ou passion immodérée pour la richesse matérielle. D'où également l'envie de popularité, l'importance fanatiquement accordée à l'apparence et au « *style* » vestimentaire, la jalousie envers ceux qui percent. Jeunesse autiste aussi, pour laquelle la pire dépendance consiste à être redevable de quelqu'un. Unique obsession adulescente : *ne jamais reconnaître autrui.* D'où la sexolâtrie ou passion immodérée pour la copulation sans effusion affective, — le sexe efficace, l'échange de *services.* D'où également l'envie d'indépendance, l'importance hystériquement accordée à l'évitement des dettes et des remerciures, le mépris intérieur envers les benêts bénévoles qui nous aident. La jeunesse néocannibale est profondément pourrie par l'amourpropre, cette salissure superbe qui me fait *baver* sur les autres, dans les deux sens de l'expression : envier et dire du mal. Crispation nombrilique : prendre en tout le pouvoir pour régler violemment ses comptes ; n'avoir aucun compte à rendre, aucun attachement. Adulescence irresponsable, donc, c'est-à-dire manquant soit d'intégrité, soit d'entièreté, soit de générosité. Comment un ploutolâtre en effet pourrait-il demeurer loyal et incorruptible ? Quelle entièreté pour le jeune que la mode pubeuse et la doxa médiatique mènent par le bout du nez ? De quel don de lui-même un sexolâtre est-il enfin capable, lui qui se sert du corps de l'autre comme d'un instrument masturbatoire et fuit le lâcherprise, le mélange intrépide, l'immaîtrisable trépidation ?

156

Destiny. — Nous nous faisons notre film, celui où nous sommes héros de l'abandon. Le Marché nous terrorise pour intensifier notre surconsommation paranoïaque. Le Marché nous défraîchit pour augmenter notre soif de fraîcheur. Et c'est l'apologie des activités symbolisant l'abandon : surf, ski, eau, glisse, glisse, glisse. « *Fraîcheur de vivre ! Hollywood chewing-gums ! On en prend un, on se sent bien !* » — *West Slide Story.* Par le prodige de la suggestion publicitaire, l'adulescent, l'être le plus assisté du néototalitarisme (parce que potentiellement subversif), affirme refuser toute sorte d'assistanat. Les adulescents pubtréfiés disent vouloir gérer leur Moi et leurs émois ; en fait, c'est la pub qui a pris le contrôle de leurs désirs et les gère comme de vulgaires pions, des *cibles* faciles. L'enfant, déjà, est prescripteur : au supermarché, la mère suit ses choix : « *Prends du lait Bidule pas du lait Trucmuche !* », « *Prends de l'huile Bidule pas de l'huile Trucmuche !* » Il n'y a guère que pour la lessive qu'elle garde un semblant de quant-à-soi. Au supermarché, l'enfant s'éclate : on lui donne un pousse-bidules à sa taille, toutes les marchandises *veulent* son bonheur. Et la mère s'émerveille : « *Benjamin est trognon ! Il connaît mieux les marques que moi et me dit ce que je dois acheter !* » Mère douteuse qui, en promenant Benjamin au milieu des rayons, valide les stratégies pubeuses les plus mal intentionnées. Benjamin gobera davantage de pub pour faire davantage plaisir à maman. Il troquera ainsi sa phantasmagorie, son imaginaire propre, contre l'utopie-là pantocratique, monde virtuel et conforme où les rêves de tous n'appartiennent à personne, où les aventuriers se sédentarisent, où les sourires s'éteignent et où les corps ploient sous les envies contagieuses. Passé seize ans, Benjamin ne crée plus rien de personnel ; son authenticité a déserté une présence réduite à ses grandes lignes, sans le souci du détail de soi. Passé vingt ans, Benjamin digère l'existence et gère tout ceux qui le bougent. Passé trente ans, il s'encouple avec une comptable compatible et gère sa libido déficitaire. Passé quarante ans, il gère ses gosses et les emmène au supermarché. Passé cinquante ans, il gère son divorce. Passé soixante ans, il gère sa retraite. Passé soixante-dix ans, il gère sa fourbure. Passé quatre-vingts ans, il gère sa mort. Une vie de merde dans un caddie *Auchan* ; merci papa, merci maman.

157

Couper le cordon. — Faute de cérémonial initiatique et de claire définition de la virilité, la condition d'homme a perdu de sa consistance. Triomphe de la « *chère môman* » toute-cajolante, du « momisme » comme l'appelle Philip Wylie : mère totalement désœuvrée aux abords de la cinquantaine, despote et nourricière adorée de son « *petit garçon chéri* ». Le momisme étasunien a réussi en un demi-siècle à materner la moitié des Étasuniens — infantilisation secondée par le *tittytainment*, divertissement abêtissant et puéril. Les mères y flottent partout dans l'air, à côté de la Bible et du drapeau étoilé. Matriarcat retors. Institution non point tenue par des femmes mais par des mamans-momies, fardées à l'extrême de cosmétiques et de graisses de baleines, sans luxuriance ni loyauté. Ces vipères vitupèrent et crachent un venin de culpabilité à la gueule du mari à jamais castré et du marmot en passe de l'être. L'antiféminisme de droite issu de ces ridées indéridables s'est montré catastrophique pour la femme. Il attaquait la sexualité au lieu d'en faire le soutènement d'une équité nouvelle. Il fit du combat pour l'égalité des droits un passetemps pour mégères inoccupées, une manie de momie, un caprice de plus. L'amazone que nous appelons de nos vœux doit se charger de ces mères exclusives — faiseuses d'exclusivistes — qui enchaînent à vie leur progéniture au lieu de la laisser devenir virile. *Minime gentium* l'amazone ne minimise jamais le père et méprise l'homme qui se laisse minimiser : elle n'a rien d'une virago qui profiterait de la défection masculine pour phagocyter par mille chantages un fils à peine éclos. La momie accable en simulant, protège pour mieux ronger — martyrannise. Si ce dernier ne lui voue pas un culte permanent, la voici prise de colère, de larmoyance, de malaise, de vomissement ou d'aérophagie. Et combien de momies françaises ! Combien de petits hamsters condamnés à l'adulescence pour faire plaisir à môman ou du moins lui éviter des calculs rénaux ! L'amazone, elle, sait que c'est en aidant l'homme à sortir de ses esclavages que la femme cessera de subir son joug. Esclavage d'un devoir-être mâle qui rend le merdoiseau macho ; mais aussi esclavage d'un devoir-être couvé, qui lui fait croire qu'il trahit mère poule à la moindre coquinerie.

158

Gynophobie. — D'où vient que l'on ait dressé l'exclusivisme, la crispation sacrificatoire, en principe absolu légiférant l'amour ? Si la promiscuité rend triste, pourquoi l'emporte-t-elle malgré tout ? — Parce que l'homme a peur de la femme. Toute la construction exclusiviste repose sur la gynophobie : l'homme éprouve une répulsion envers l'attraction féminine, répulsion proportionnelle à son désir d'abandon. Inamour : il « hait » à la mesure de son manque à aimer. Il bâtit des rites, des mythes, des religions, des doctrines pour brimer celle qui — en dépit du « bon sens » et des traditions *ad hoc* qu'il met lui-même entre les cœurs — l'excite et le captive. De la Bible à Nietzsche, les grandes pensées ont donné de brillantes raisons à l'homme d'occulter sa gynophobie au lieu de la résorber par l'abandon — l'acceptation d'être gagné par un sentiment qui met le Moi en péril parce qu'il épanouit le Je(u). L'abandon nous décèle. L'homme occidental se crispe donc sur sa peur de la femme *de façon non flagrante* : il la gomme avec la philosophie, la débrouille avec la psychologie, la transfigure avec l'art. Il redouble d'efforts pour *fuir sa fuite* éperdue de la femme. Pour preuve, la fiction du « sexe faible » qui dupe l'Occident tout entier en une ruse magistrale. La femme, encerclée d'accablements, se voit infériorisée en théorie comme en pratique, si bien que l'homme finit par se persuader qu'il lui est en tout supérieur. Il en oublie ses alarmes profondes ainsi que les méthodes répressives — rodées depuis des siècles — qu'elles échafaudent froidement. Rassuré dans sa suprématie, l'Occidental condescendant accorde alors à la femme l'« égalité » et se vante aux yeux des autres peuples de s'être définitivement affranchi d'une gynophobie, qualifiée du coup de « *primitive* » pour stigmatiser ces derniers. L'Occidental dit en effet au reste du monde (qu'il convoite) : « *Je détiens désormais la toute-puissance ; nul ne peut rivaliser avec moi, pas même Dieu : je n'ai plus peur de la femme ! Voyez : je la veux ma semblable en droit, en liberté, en devoir ! Par quotas, parité, lois, éducation mixte, sexolâtrie, je lui assure ce que toi, société archaïque, tu n'auras jamais la force de lui promettre : l'égalité. Ma Civilisation supplante ta Barbarie précisément parce qu'elle n'avilit pas la femme mais lui donne au contraire l'essor nécessaire à son humanité, quand tu l'emprisonnes et l'exploites. Lâche ! Tu la caches pour ne plus te cacher ! Lâche ! Tu l'effraies pour ne plus t'en effrayer ! Lâche ! Tu la persécutes pour ne plus subir ses jugements cassants qui te consternent ! C'est ta lâcheté que je viens combattre sur ton sol, mes missiles contre tes cailloux, mes bombardiers contre tes rifles, mes chars contre tes prières. D'homme à homme.* » Ruse de l'Occidental, qui feint de s'être dégagé de ses muses pour prouver sa grandeur et accabler ses pairs. L'« *émancipation de la femme* » est pour l'Occidental un gage de Civilisation. Une illusion pragmatique, qui ne berne que les Occidentaux et les conforte dans leurs sermons ethnocentriques. Car la société « archaïque » aurait cent fois raison de rétorquer : « *Mes traditions te semblent périmées ; mes religions, sexistes ; mes projets, désuets. Cela t'est facile de me blâmer : tu n'as plus d'autre tradition que les anniversaires et les fêtes commerciales ; tu n'as plus d'autre religion que le sport et l'argent ; tu n'as plus d'autre projet que le cannibalisme et l'extinction de la planète. Tu prétends tendre vers l'égalité des sexes. Ce n'est pas courage : c'est perversité. Moi, je crois la femme terrible, intenable, magicienne, et c'est pourquoi je la contiens. Toi, tu crois la femme faible, indolente, écervelée, et c'est pourquoi tu la libères. Tu me donnes des leçons d'humanisme, tu tances et humilies mes mœurs, mais tes femmes se plaignent déjà de ta fausse magnanimité envers elles. Pervers ! Tu feins d'affranchir des esclaves-femmes qui n'ont jamais appris l'usage de la liberté ! Pervers ! Tu les dis tes égales parce que ta fatuité — effroi changé en morgue — te persuade d'un constant triomphe sur elles ! Pervers ! Tu te sers de ce subterfuge pour me fustiger ! C'est à cette perversité envahissante que je résiste, mes attentats-suicides contre tes radars, ma foi contre tes dollars, mon passé contre ton avenir.* » Choc des Civilisations ? — Non pas : symétrie stricte. La gynophobie outrée affronte la gynophobie étouffée.

159

Iceberg. — Qu'on nomme « clownerie », « négociation », « crispation », « vénalité », « fatuité » ou « inauthenticité » le contraire de l'abandon, tous ces antonymes renvoient à la *peur.* Peur occidentale du lâcherprise, peur du don féminin. Peur de l'abandon, laquelle ne s'assumera et ne se dissipera que par... abandon ! Les hommes y recouvreront le sens de l'*évidence* et une liberté qui, au sortir de la glaciation néocannibale, à nouveau dégèle et brûle les corps. Écologie, terrorisme, mésinformation, communications virtuelles — on donne au citoyen planétaire une sainte crainte de la planète. On sinistre ses engagements, on technologise ses espoirs ; on le console en lui faisant acheter d'inutiles bidules et choisir « *librement* » dans mille catalogues, dix mille formules, cent mille options. Terreur généralisée des hommes qui voient leur humanité passée à la machine. Mais aussi terreur inquisitoriale dans laquelle les marchands plongent des citoyens de plus en plus abêtis par les insultes pubeuses et les joies imbéciles. La gynophobie est tout bonnement diluée par l'irrigation forte et paniquante — larmes qu'engloutit l'océan d'anxiétés artificielles sur lequel flottent nos démocraties-marchés — jusqu'à l'Iceberg. Le *Titanic* fermait le siècle de la technologisation des transports ; les *Twin Towers* ferment celui de la technologisation de la mort. Après le voyage industriel et la mort industrielle, au siècle de la technologisation du sens, quelle catastrophe attend l'homme qui s'abandonnera à la dernière peur de l'inconnu qu'il lui reste : la peur de l'Accès, la peur de la femme ? L'évidence amoureuse est le grand défi du siècle, où l'on comprendra que l'ordinateur est un mauvais coup et le couple exclusiviste, une mystification. — « *Je cherche des parfums nouveaux, des fleurs plus larges, des plaisirs inéprouvés.* »

160

Branlebas. — Le projet amazonien d'une authentique libération des femmes commence par une prise de conscience individuelle. Il ne veut pas ajouter un nouveau corporatisme à ceux qui bafouent déjà confidentiellement les principes républicains. Les amazones partagent entre elles une lutte commune, mais elles la trahiraient en s'épaulant, en se cooptant, en se liguant contre la « *fraternelle* » fratrie des mâles. Déclarer la guerre des genres est socialement suicidaire : les hommes ont des avants-bras plus musclés et une expérience multimillénaire en matière d'hécatombe. L'infiltration nonconcertée, aléatoire, contagieuse est plus efficace que la coalition organisée. Théorie du chaos, pour renverser l'ordre établi avec une finesse impétueuse. L'amazone manœuvre seule et dans l'ombre ; mais les leçons qu'elle donne bénévolement aux mâles contribuent à changer leurs attitudes et, partant, profite à toutes celles qu'ils croiseront. Son premier terrain de bataille ? — entre ses jambes. Sa première arme ? — une luxuriante audace. Sa première résolution ? — interdire la persécution. Son premier obstacle ? — la langue, modelée par les phallocrates. De nombreuses appellations de métiers, jadis bastions masculins, sonnent faux lorsqu'ils changent de sexe ; le mariage lui fait perdre son nom par tradition machiste ; la « Fraternité » de la devise républicaine l'exclurait presque de la République ! À quand la sororalité ?

161

E muet. — Nous devons outrepasser le conservatisme linguistique, typiquement français, qui réprouve innovations, dérivations et néologismes. Car le but inavoué des puristes et des acacadémiciens qui préconisent l'immobilisme est de perpétuer les conditions linguistiques de la phallocratie. Poulain de La Barre prônait l'égalité des sexes en 1673, jusqu'à imaginer les femmes en présidentes de Parlement ou en « *généralles* » des armées. Ses thèses, bien que d'inspiration cartésienne et d'une audace dévolutionnaire, furent bien sûr ignorées par l'androcentrisme régnant. Avant de se « *retirer définitivement de la vie politique* », Jospin a pu faire passer discrétos l'obligation de féminiser les noms de métiers... sans même consulter les Français ! La langue appartient pourtant à ceux qui la parlent ; la trafiquer avec des lois, c'est en accélérer la mort. Certains proposent par exemple pour la formation du féminin d'« auteur » : « autrice », « auteuse », « auteuresse », « auteure ». En vain : les femmes elles-mêmes continuent de se dire « auteurs ». Exposons alors une règle simple et systématique pour la féminisation : la « Loi de dérivation féminine ». Si, pour féminiser un mot, la gent féminine rejette *à l'usage* tous les néologismes (à commencer par le simple ajout d'un « e »), il est possible d'ajouter « -femme » à la suite dudit mot afin de signifier son appartenance au beau sexe. Une antéposition conserverait en effet les vieux préjugés en soulignant le caractère inhabituel ou anormal du cas ainsi désigné. Si « *auteure* » ne prend pas, on préférera alors « *une auteur-femme* » à « *une femme-auteur* » (pour cet exemple précis il y a de toute façon pléonasme !). S'il est possible de dire « *une peintre* » (terme épicène), le genre disparaît pourtant avec le pluriel. La loi de dérivation féminine devient là aussi opératoire : au début du XXe siècle, Humbert aurait pu appeler « *peintres-femmes* » Marie Laurencin et Valentine Gross, ses « *élèves-femmes* » à l'École des beaux-arts. La postposition du genre vaut d'ailleurs pour les deux sexes : « *une ministre* », « *deux ministres-femmes* » ; « *un gynécologue* », « *deux gynécologues-hommes* ». Enfin des « *juges-femmes* », des « *chefs-d'orchestre-femmes* », des « *phi-*

losophes-femmes » ! — Enfin des amazones ! Même expédient avec l'article élidé qui efface le genre des mots épicènes : « *l'architecte-homme* », « *l'artiste-femme* », « *l'arbitre-femme* ». Il faut particulièrement réformer la sphère du pouvoir. Tous les titres hier dévolus aux hommes doivent être féminisés avec l'adjonction d'un « -e » final : « professeur*e* », « docteur*e* », « chevalièr*e* de la Légion d'honneur ». Adieu « *Docteur Quinn, femme-médecin* » ! — *i.e.* femmelle et de surcroît médecin, fortiche la chaudasse ! — : bonjour « *Docteure Quinn, médecin-femme* » ! Si en revanche un mot dépourvu de notion de prestige résiste à la féminisation, il peut rester invariable au singulier (« *une témoin* », par exemple, et non « *une témoin-femme* ») ; la loi de dérivation ne se charge de son cas qu'au pluriel (« *deux témoins-femmes* »). En sollicitant davantage médias, écrivains et traducteurs, quantité de mots suffixés passeront dans la langue à la longue — « professeure », « sénatrice », « défenseure » (pitié ! pas « défenderesse » !) —, comme sont déjà passés « factrice », « sculptrice » (même si certaines « sculptrices » préféreraient « *sculpteur-femme* »), « soldate », « avocate », « chirurgienne », « députée », néologismes devenus peu à peu familiers. Reste à ce que les Assis — les « *académiciens-hommes* » — bougent leurs fesses, fassent honneur aux belles trouvailles *populaires* en la matière et rendent officielle la loi dévolutionnaire de dérivation féminine ! Qu'ils se soucient plutôt de la féminisation des dictionnaires que de leur désuète « *réforme de l'orthographe* » ! — la dignité des francophones-femmes le leur somme !

162

Le nom de la mère. — Pour dépasser le patriarcat, la tradition patronymique du mariage doit être dépassée en utilisant la récente réforme. La tradition passe en effet sous silence l'ascendance maternelle d'un enfant, faisant symboliquement du fils le seul continuateur de la lignée. Réduction arbitraire de la descendance au seul nom de famille ; suprématie arbitraire des mâles ; dévalorisation arbitraire de l'enfant-fille. Injustices.

L'enfant né au sein d'une Constellation hérite dans son état civil du nom de ses deux parents reliés par un tiret. Mais à l'usage, un seul nom est conservé entier pour des raisons euphoniques, ergonomiques ou de prestige ; la majusucule de l'autre nom suivie d'un point est alors intercalée entre le prénom est le nom, sans tiret. Valentine Gross épousa par exemple le petit-fils de Victor Hugo, Jean. Dans la Constellation, son nom (état civil) aurait pu être Valentine Gross-Hugo ou bien Valentine Hugo-Gross. Mais elle aurait pu *choisir* « Valentine G. Hugo » pour nom d'usage afin d'hériter du renom de son grand-père et parce que « Gross » ne donne pas, en français, la juste mesure de son élégance... De fait, elle conserva son nom de femme mariée après son divorce en 1929, n'épousant ni Paul Éluard, ni André Breton, bien qu'elle fût muse et compagne des deux poètes. D'une part, la pratique constellaire de la préférence patronymique — à l'instar de la tradition espagnole — permet une disparition progressive des noms de famille aux sonorités cacophoniques ou handicapantes (« Couillard », « Titebite », « Trouduc », etc.). Bien des enfants de constellés seront ainsi ravis de pouvoir se débarrasser du fardeau paternel en prenant le nom de leur mère et en en faisant profiter leurs enfants. Même si pépé Couillard boude. En peu d'années, la sélection patronymique aura rejeté les noms disgracieux — ceux que cette perspective effraie pourront bien sûr choisir de s'appeler Trouduc, s'ils y voient là quelques subtils avantages. « *La diversité patronymique s'en trouvera réduite de moitié en un siècle* ! », anticipent-ils idiotement, en oubliant l'infinie profusion d'apports étrangers. Oui, la pratique constellaire de la préférence patronymique est une discrète promotion du voyage et du métissage. En l'étendant, la Mondialisation interstellaire révoquera du même coup les relents de chauvinisme et de misoxénie. D'autre part, avec la pratique constellaire de la préférence patronymique, le nom devient une sorte de *karma* qui m'incite à agir dignement si je ne veux pas qu'il disparaisse au fil des générations. L'ayant choisi, me voici responsable du nom que *je porte*, et je partage cette responsabilité avec tous mes homonymes. Je forme avec eux, pour ainsi dire, une famille virtuelle qui s'étiole ou s'épanouit selon que les existences qu'elle subsume se montrent pleutres ou dignes. Si je ternis mon nom par ma crapulerie propre, je le nimbe, à ma mesure, d'une aura négative. Cette mauvaise publicité peut aller du local au global selon ma notoriété — plus celle-ci grossit, plus m'incombe la responsabilité d'illustrer mon nom par des actions nobles. Porteur d'un nom rare ou en voie de disparition, je peux le faire renaître en faisant preuve d'excellence et de droiture — à moins que son âcre chant lui soit rédhibitoire : la poésie peut l'emporter sur la gloire. La pratique constellaire de la préférence patronymique permet aux innocents descendants d'aïeuls ignominieux d'être délivrés de la poisse historique. Elle met fille et fils, Intime-femme et Intime-homme, sur un strict pied d'égalité. Elle libère la filiation patronymique de sa gangue sexiste et fait du partage d'un même nom, par voie de *consonance*, le partage d'un même sort.

163

Énormité. — Les avantgardistes français du XXe siècle semblent s'être inconsciemment ligués pour fuir Rimbaud au lieu de le *relever* comme défi sublime. Rimbaud, mythe triplement négatif de la littérature : jeunesse, génie et fuite impensables. Rimbaud insurmontable, final, achevant. Rimbaud, limite jusque-là extrême de l'art français au-delà de laquelle toutes les ambitions s'arrièrent. La psyché française s'est traumatiquement crispée sur une prose faite d'abandon et d'extase. Quelques-uns en ont cherché en vain les schèmes, jusqu'à l'humiliation médusante ; la plupart se sont perdus à trop vouloir l'ignorer. Un retour à notre roi Arthur s'impose pour surmonter la Tétanie ! N'ayons pas la lâcheté de nos prédécesseurs : succombons à la démiurgie titanesque et allons même encore plus loin ! Continuons ensemble ce que Rimbaud n'a pas eu la santé d'exécuter seul : l'avènement de la poète, le dépassement de l'art par l'abandon. « *Quand sera brisé l'infini servage de la femme, quand elle vivra pour elle et par elle, l'homme — jusqu'ici abominable, — lui ayant donné son renvoi, elle sera poète, elle aussi ! La femme trouvera de l'inconnu ! Ses mondes d'idées différeront-ils des nôtres ? — Elle trouvera des choses étranges, insondables, repoussantes, délicieuses ; nous les prendrons, nous les comprendrons* » (Arthur R., dix-sept ans).

164

Polis. — « *Bonjour !* », « *Merci !* », « *Au revoir !* » : politique minimale des rapports *humains*. Quand l'un de ces mots vient à perdre sa chaleur, son sens et sa spontanéité, nous pouvons détecter un symptôme de crispation. Les Parisiens au « *Bonjour...* » mâchouillé sont des esseulés vifs ; les jeunes au « *Merci !* » envolé sont des vieillards ingrats ; les marchands à l'« *Au revoir* » matois sont des clowns. Une éducation parentale valable et fortifiante se résume à ces trois mots : « *Bonjour !* », « *Merci !* », « *Au revoir !* » — et à la vie qui va avec, naturellement. La vie *sociale*, cette condamnée à mort que les incivilités utilitaristes fustigent, que la pub étrille, que la TV vainc.

165

Thuriféraires. — Il suffit de voir Costner en Robin des Bois se lavant nu sous une cascade avec la marque du slip pour décrypter ce qui se drame derrière les gros budgets étasuniens : une propagande autopromotionnelle adressée aux beaufs du monde entier. Avec un slogan récurrent : « *Nous sommes les maîtres militaires du monde parce que nous incarnons la Justice, le Bien, la Démocratie, la Liberté, le Progrès.* » Bien entendu, un tel slogan s'adapte à tous les genres. Pour Costner des Bois, cela fait : « *La noblesse ne se transmet pas en naissant ; elle se mérite par les actes.* » Il est vrai qu'Azeem (*sic*), sa fidèle tête de Maure, rectifie le tir discrètement : « *La perfection n'est jamais dans les hommes, mais parfois dans leurs intentions.* » Plus *high-tech*, Spiderman lâche le slogan sous le drapeau d'USA™ comme au bon vieux temps reaganien : « *De grands pouvoirs impliquent de grandes responsabilités.* » — 11-Septembre oblige ! Des bobines de mensonges débitées aux débiles. Comme si le capitalisme pouvait être intègre ! Comme si le conformisme inculte, la privatisation des services publics et le néodarwinisme cynique représentaient les sommets de la noblesse et de la responsabilité ! Si l'on demande à des lycéens européens d'établir leur panthéon personnel de trois grandes figures de l'Histoire, deux personnalités seront étasuniennes (Luther King, Malcom X, Monroe, Kennedy) ; une seule sera de la même origine que l'élève. Les cours de langue anglaise et de civilisation, relayés par les films hollywoodiens et les séries TV, leur ont fait imprégner des clichés et des bribes caricaturales de la psyché yankee, comme le fameux « *I had a dream...* », repris à toutes les sauces — notamment à la sauce pubeuse ! Mais surtout, ils éprouvent le besoin inconscient de faire une référence comme s'il y avait manquement moral en cas d'irrévérence à USA™. Il importe, pour la nouvelle génération d'Européens, de se liguer contre le cowboyisme sans devenir pour autant antiétasuniens. Il importe pour la socialdémocratie d'être une gauche radicalement anticapitaliste et non plus une gauche d'alternance, sans quoi la sinistrose et le Syndrome de Durn — le déclin et la haine du politique — l'emporteront. Éducation aux images ? — Qu'on apprenne plutôt aux jeunes étasunophiles à percevoir les messages politiques derrière les effets spéciaux, le néototalitarisme derrière les barreaux, la supercherie derrière les traces de maillot !

166

Doute critique. — Point de départ du scepticisme dévolutionnaire : les interprétations d'un « empire » sont toujours biaisées. L'impérialisme hégémaniaque s'édifie en effet sur des dogmes, endoctrinant et désinformant le peuple à sa guise. Ses versions officielles ont ainsi toutes les chances d'être faussées par ses aversions officieuses. Seul un journaliste *éclaireur* peut *s'interroger lui-même* et sortir ainsi de la Com, autrement dit de la propagande systématique et induite par l'appareil médiatique. Or l'informationnalisme postmoderne — le fait que

Com et Info, publicité et enquête, manipulation et rédaction désormais confusionnent — conduit les éclaireurs à user d'un scepticisme dévolutionnaire. L'hypothèse probable issue de l'analyse des passifs et des motifs a pour celui-ci plus de vertu que la vérité révélée. Si elle n'atteint pas le réel, du moins le brûle-t-elle. Face à des éditoriaux dégoulinant de mensonges, savoir faire les Thierry Messan s'avère salutaire.

167

Pour prévenir d'un contresens concernant la néorésistance. — La néorésistance est la branche dévolutionnaire de la Thumétique, ou philosophie du corps fervent. Aussi serait-il caricatural de la réduire au combat contre la Globalisation (le pancapitalisme totalitaire) et ses inepties. Certes, le néorésistant n'accepte aucun compromis avec le pouvoir dominant ; il tient en cela de l'anarchiste. Mais sa lutte dépasse le simple refus (« *Ni Dieu, ni maître !* ») : elle est « résistance », c'est-à-dire opposition illaborative et roborative élevant les consciences au-dessus des illusions carverneuses, les amours au-dessus des familles et des frontières, les libertés au-dessus des mesquineries, l'Homme au-dessus du Barbare et du Clown. La néorésistance est l'exigence persistante du *cran* supérieur. Elle ne procure pas plus de lisibilité au monde, mais plus de grandeur à l'humain. En ce sens, les néorésistants sont des humanisateurs ; ils sabotent les machines, dévorent les néocannibales, contrecarrent les quadrillages. Le suffixe « néo » ne désigne pas leur propre nouveauté, mais la virtualité de leurs nouveaux ennemis : l'argent, l'Avoir, la *trash-life*, la déformation médiatique, la forfaiture globale. Les néorésistants ne font pas front : ils piratent, ils infiltrent, ils détournent. Fracture fractale : ils *déchirent* et se rallient dans le déchirement. Pour apporter de la lumière, l'ombre les organise, l'actualité les brûle, la dévolution les soude. Entre autres débats débiles installés par les réactionnaires, celui de l'« *antiaméricanisme* » espère les confondre aux yeux des « *gens de bonne volonté* ». Si nous entendons par « *Américain* » un citoyen-pion de l'administration étasunienne, tous les néorésistants sont bel et bien « *antiaméricains* », y compris — et même surtout — les néorésistants étatsuniens eux-mêmes ! Les discours d'un Noam Chomsky ou d'un William Blum devraient suffire pour prévenir définitivement de l'amalgame entre nationalité et intentionnalité, passeport et convictions. Pour cibles, non pas d'innocents embobinés mais la politique hyperterroriste de Washington. Sacrifier la dimension humaine pour frapper la dimension symbolique s'avère en tous points condamnable. À l'instar des crimes étasuniens, le 11-Septembre semble provenir de la *rencontre* de deux délires entrés en conflit d'intérêt bien plus que d'un *choc* des civilisations — l'affaire des doctrinaires. Le but des intellectuels néorésistants ne consiste pas seulement à incarner la conscience dévolutionnaire de leur temps, mais à en devenir les démiurges. Ils ne sont pas les créatures du dogme établi, mais les créateurs de l'idéologie à venir. Ils servent une cause pétrie par le chaos qu'ils révèlent ; ils ne s'en servent pas. À eux la jungle jeune ! — Ils transforment le hamster en lion et la vipère en aigle. Ils libèrent les panthères que l'aristocratie, la misoxénie ou l'islamophobie avaient écrouées. *Feu* racisme ! À eux les fleurs, les lianes, les vieilles branches ! — Ils transforment la famille sacrosanguine en Constellation libre, volontaire ; tissage d'amours vers la réconciliation des peuples et des cultures, vers l'authentique Mondialisation. Voici les vétérans de l'existence faire don de leur œuvrevie à des enfants qui boivent la dignité de leur présence : *feu* âgisme ! Voici les femmes autrefois amputées par leur encombrante progéniture recouvrer l'espace et le temps de leur épanouissement personnel : *feu* sexisme ! Voici les amoureux enfin débarrassés du couple impératif, cette aliénation passionnelle qui obnubilait leurs jugements, les crispait l'un sur l'autre au détriment du monde, les étiolait dans un tourbillon de panique ou les lovait dans la clownerie coconeuse. « *L'amour, c'est l'espace et le temps rendus sensibles au cœur* » — *feu* exclusivisme ! La néorésistance est une militance qui s'incarne d'abord dans une existence. Elle est cette entièreté amorale qui fait que nous ne transigeons jamais avec nos convictions ; cette intégrité amorale qui nous préserve du proxénétisme marchand, de la braderie ladre, de la codebarrisation de nous-même ; cette générosité amorale qui veut que nous ne désespérions jamais d'aider nos semblables à se défourvoyer des travées anémiantes.

168

Empire. — Aux États-Unis, les grandes firmes peuvent subventionner les partis politiques. Depuis les adieux d'Eisenhower en janvier 1962 qui la dénonçait, la connivence entre le *lobby* militaro-industriel et les politiciens n'a cessé de se renforcer. Une ploutocratie bardée d'armes, qui doit consulter ses génér*a*ux donateurs et contribuer à ce qu'ils en aient pour leur argent. Ajoutez à cela la connivence obligatoire avec le *lobby* judéochrétien, et vous n'obtenez pas une démocratie, mais une hystérie collective, hégémaniaque et sécuritaire. Envahir parce qu'on doit se protéger ; se protéger parce qu'on envahit ! Empire de la désinformation, du carnage sans images et légalisé, des jolis drapeaux distribués par les agences de Com après les bombardements et agités par des bombardés devant *Marines* et caméras. Quand la Com remplace l'Info, tout doit être soupçonné de propagande. Scepticisme dévolutionnaire — puisqu'il est devenu impossible de distinguer le réel du virtuel ni l'événement de l'avènement : *philosopher* sur le donné, en regard de l'Histoire (*passifs*) et des intérêts en jeu (*motifs*). Donnons un exemple de scepticisme dévolutionnaire : les causes du 11-Septembre. Suspendons notre réflexion ; laissons s'*écouler* nos idées, notre pensée, nos hypothèses, en prenant en compte passifs et motifs. Qu'avons-nous ? — Les États-Unis, nation cynique. Outrancièrement guerrière, mais vantant la paix ; outrancièrement protectionniste, mais vantant le libéralisme ; outrancièrement géocide, mais vantant l'écologie ; outrancièrement bornée, mais vantant l'*open-mindness.* Sa logique hégémaniaque n'a pas changée depuis la conquête de l'Ouest : le pacte rompu. On rend charitablement les Indiens « *propriétaires* » de leurs terres ; on tue leurs bisons ; on leur achète ensuite les terres pour une bouchée de pain ou une goulée d'alcool. « *Va migrer ailleurs pour voir si j'y suis !* » Grâce à la tactique du pacte rompu, les peuples floués se vengent souvent en organisant de maigres représailles, lesquelles justifient alors une riposte militaire disproportionnée qui les écrase définitivement et permet aux cowboys d'étendre leurs paturages. Une propagande médiatique convainc en outre le peuple étasunien des bienfaits universels de leur empire et sensibilise les enfants du globe aux valeurs néocannibales. Sous l'angle du pacte rompu, analysons succinctement les attentats du 11 septembre 2001 — la plus importante *riposte* que les États-Unis aient eu à essuyer jusqu'à ce jour. Mais le cynisme permet de tout assumer. La CIA promet vraisemblablement le trône d'Arabie Saoudite à Oussama Ben Laden, puis « oublie » de le récompenser pour ses bons et loyaux services en Afghanistan — pays d'exil où il attendait son heure de gloire en combattant une Armée rouge dont il n'avait cure. Si ce milliardaire acceptait pourtant les grottes insalubres et le mauvais climat, c'est qu'il s'imaginait déjà dans l'antichambre du pouvoir royal. Mais la promesse ne fut pas respectée par les « *infidèles* ». La trahison fut suivie de prévisibles représailles — « *messages sans parole* ». D'abord contre du menu fretin (ambassade, navire), puis, l'absence de réponse US faisant bouillir la bile de Ben et de ses lieutenants, les cibles gagnèrent en hauteur et en proximité. Depuis, USA™ jouit d'une vue imprenable sur la péninsule arabique.

169

Virer sa cuti. — L'arrivisme, nerf des « *collabos* » de tout temps. Je suis inculte, borné, doué d'une verve de bidasse. Je n'ai pas eu le temps d'apprendre en profondeur : il me fallait courir après mes rendez-vous, créer un réseau qui regonfle ma bandaison molle, lécher des bottes et botter des culs, dire du mal en catimini hi ! hi ! hi ! Une hargne héritée de ma relation au père ainsi que de minables études de droit ou d'éco m'ont doté d'un esprit revanchard, psychorigide et obtus. Si je viens néanmoins d'un milieu bourgeois, une agrégation de philo peut faire impression et masquer provisoirement mon indigence humaine. En matière d'humour, j'en suis resté aux histoires de blondes ou d'Éthiopiens qui s'envolent. En matière de glamour, je verse dans l'homosexualité refoulée ou l'érotomanie *hard*, la bite en berne. Un beau jour, quelques miettes de pouvoir m'échoient pourtant. Je n'en dors plus la nuit de peur de ne plus croquer la galette. Je fabule alors quant aux intentions supposées de mes supérieurs et *j'en fais plus qu'il n'en faut*. Zèle des opportunistes ; vanité des parvenus. La majorité du gouvernement bascule ? — Je retourne mon costard, censure mes ouailles et m'autocensure derechef. Les projets sont remaniés, les budgets rebudgétés, les études « *quali* » reconduites sur de nouvelles bases. Face à un auteur, je fais mon intéressant, suggère des modifications, l'énerve mais le tiens par les burnes. Face à un ancien rival — clafoutiste tout comme moi mais que le hasard des réseaux n'a point promu — je fanfaronne sec et lui rabaisse *illico* le caquet. Face à un homme du ministère, en revanche, je sors la pommade, le cirage, la vaseline, le fouet, que sais-je encore ?, pourvu que l'arriviste que je suis ne reparte pas déjà.

170

Dans la merde. — L'adulescence assoiffée d'argent, ploutolâtre, de la staline au fond de l'âme, collabore avec les marchands qui ont su la manipuler toute petiote sous l'œil attendri de maman et l'œil hagard de papa. Comment une *révolution* déshamstériserait-elle cette jeunesse tyrannophile ? Des culs nouveaux venus se poseront sur les trônes ensanglantés par le parricide sans que d'un éclat les mentalités soient ennoblies. Ni l'assassinat ni la destitution légale des dictateurs ne peuvent effacer l'*ethos* dictatorial que la propagande néocannibale a gravé dans les corps. C'est donc la *dévolution* que les néorésistants doivent déclencher, une nouvelle vague idéologique soulevant la société entière. Les icônes qui l'incarneront nécessairement se garderont de devenir des idoles : elles personnifieront un mouvement général, elles ne le personnaliseront pas. Le dévolution ne fait aucun dévot ni ne connaît aucun dévoiement puisque c'est la synergie de tous les désirs qui orientent les corps, et toutes les intelligences qui illuminent la progression sociale. À des fins strictement dévolutionnaires, l'acceptation d'un pouvoir *dévolu* est une saine et salutaire audace. La prise de pouvoir à des fins personnelles est en revanche une pathologie mentale ; maladie frappant hélas ! tous les marchands d'opinion : brejnévisme des hauts dysfonctionnaires du service public, berlusconisme des gros lascars multinationaux, cynisme des agences de Com. Cette pathologie est souvent corrélée de perversions sexuelles extrêmes : pédophilie de tel ministre, coprophilie de tel producteur, sadomasochisme de tel dirigeant. Richelieu aimait à voir pleurer les femmes qu'il martyrisait ; Kennedy consommait des prostituées à tirelarigot ; Hitler aurait aimé que l'on déféquât sur lui.

171

Fourbi. — Trop tendu tout au long de sa vie, il arrive que le vieil Occidental casse : c'est la fourbure. Une inattrayante carrière et des amours sans âme y prédisposent. Le remède vient d'Asie : *si le sourire ne nous trouve pas, c'est que c'est à nous de le chercher.* Vieillesse : partie de cache-cache avec soi-même. La règle du Je(u) exige de convertir, par le souffle dévolutionnaire du désir, la crispation en abandon, l'étiolement en épanouissement — longévité éternelle ! La vieillesse devrait être ce grand assouplissement vers la sérénité plutôt que le miteux couloir de la mort. Mais dans sa *fourberie* néocannibale, le Système suce les sèves fraîches jusqu'à la ratatinade, puis expédie les tubes vides à la *décharge* du « troisième âge ». La fourbure signale à chaque petit vieux au moral moribond une incohérence dans la machinerie — à l'instar de la hamstérisation lycéenne qui prostre des ados sans allant ni vive adolescence. Aux fourbus pleins aux as, les mafias vendent des filles et les médecins du Viagra. Aux fourbus jusqu'à l'os, les médias vendent des souvenirs et les médecins de l'oubli. Pire : âgisme et sexisme se combinent. Mesdames, où sont donc passés les joyeux gigolos ? Votre fourbure a beau être moindre, la société vous laisse seules gobant la TV, entourées de médecine, de mafiosités vagues et de lettres d'amour jaunies.

172

Mue. — Les enfants s'abandonnent sans entraves. Ils jouissent de l'évidence d'être au monde et sont naturellement prédisposés pour cette jouissance. Même orphelins, maltraités, couverts de plaies, ils trouvent merveilleusement leur compte dans le simple fait de sentir et d'imaginer. La survie de leur bonheur en n'importe quelle circonstance relève du scandaleux miracle. Ce n'est qu'après que l'abandon se gâte. Quand, à la puberté, le sexe en devient peu à peu le pôle unique, l'*organe*, le point de transit du jouir alors transformé en orgasme. En se frottant maladroitement sur l'oreiller, le préadolescent expérimente la focalisation de son plaisir, sa réduction en un mécanisme où les sens et l'imagination *servent* une dramaturgie proprement animale. La gratuité a déserté ses mouvements : il s'agit d'atteindre le soulagement libératoire par la tension maximale du corps. Ne plus épouser souplement les émotions caressantes : se raidir. C'est « l'âge idiot » ; on boude, on s'impatiente, on se crispe, on geint. On crise. On oublie, non sans *pathos*, ce que s'abandonner veut dire. Les garçons gardent de l'enfance comme des mimiques de chiot qui charme, quelques moues de bébé pour attendrir les filles. Les filles en retiennent quelques poses fragiles, un parfum de vulnérabilité et de candeur prompt à pygmalionniser les mâles. Mais la quintessence de ce qui rend l'enfance fatalement heureuse s'est évaporée avec les derniers poils : l'insouciance. — L'intime et sereine conviction que le bonheur foisonne.

173

Banc de touche. — À trop héroïser des bidules, les pubards ont rendu la jeunesse fétichiste et les héros interchangeables. Se déshamstériser : retrouver le sens de l'irremplaçable.

174

Métaphysique. — Trop d'épreuves fatiguent la liberté. Trop de preuves fatiguent la vérité.

175

Ajournements. — Ce qui se dit la nuit ne voit jamais le jour. Ce qui se dit le jour ne passe pas la nuit. Si tu veux du long terme, ne parle pas : agis !

176

Chiottes Story. — Américanisation : passage de la vie privée privée à la vie privée publique. Rêve de la flicaille, du bétail et des patrons.

177

Rappel. — La naissance du rap en témoigne : nous sommes tous démiurges. Le déclin du rap en témoigne : toute démiurgie est corruptible.

178

Populacerie. — La néorésistance est une aristocratie : les gens qui refusent la dévolution se rejettent dans le troupeau des hommes dont la vie restera négligeable parce qu'ils auront été les premiers à la désœuvrer.

179

Contorsionniste. — Céder à la panique, c'est se niquer soi-même.

180

Crachat. — *Emergency*, émergence : l'urgence provient du corps. Le reste, l'argent l'obtient. L'argent l'obère.

181

Allez ! — Celui que sa vitalité emporte a de l'allant ; celui qui sait la maîtriser, de l'allure. Allant du jeune impétueux bringuebalé par ses propres humeurs — allure de l'homme responsable qui se pratique lui-même avec aisance.

182

L'inexprimable. — Mode sexiste des actrices vieillissantes : se faire fixer chirurgicalement la trogne. Face lisse, cirée, grévi-nisable. Plus de rides à la surface. Émotions crayeuses, vie sans vibrations ni ondes — visage d'huile. Les réalisateurs se plaignent de cette frigidité mortuaire : eux veulent des tressaillements, des pliures, des grimaces. « *Quoi ?*, répond l'Isabelle. *Ce serait faire la vieille ! Plutôt mourir !* »

183

Retenue. — De son vivant, il craignait d'aimer. De son aimant, il se sentait mourir. De son mourant, il renaissait, altéré. Oser aimer : oser ne plus craindre. — La peur de ne plus avoir peur, frein capital de nos abandons.

184

Exclusion. — S'abandonner à un amour n'est guère difficile, il suffit de réveiller son insouciance d'enfant. S'abandonner à un ami : tâche contrariée par la défiance des petits roquets et l'insolidarité de la grande meute. Il suffirait pourtant de faire de l'ami un amour.

185

Moins belles. — Quand les jeunes femmes s'encouplent pour de bon, leur luxuriance est mise à mâle. Les Brésiliennes délaissent heureusement leurs implants... pour s'oublier malheureusement dans la nourriture ! D'autres militent pour leurs toutous, leur époux, leur tribu. Le Toi-&-Moi les déluxurise ; le Triangle les antiféminise. Nostalgie des Brigitte Bardot rebelles, des Simone Signoret belles, des mamas brésiliennes désormais trop lourdes pour la samba.

186

Console. — Pour faire le deuil de Maman (de Dieu), devenez un obsédé du père, un maniaque du pouvoir portatif. La psychanalyse, ce paternalisme au prix fort, vous aide à convertir votre chagrin dans ce sens : même Maud Mannoni ou Françoise Dolto portent la barbe. L'autre solution consiste à aimer Maman à travers vos amours. L'angoisse périphérique ou bien l'unité centrale.

187

Étalon. — L'esclave d'Okheutippe, Xeucrite, alla trouver un matin Anagkaion et Hormée qui se baignaient dans la rivière. — « *Je vous apporte quarante drachmes chacun de la part de mon maître*, leur dit-il maladroitement. *Dois-je les poser sur la rive, près de vos habits ?* » — « *Salut à toi, Xeucrite !*, dit Hormée. *Comment va Okheutippe depuis le concours de pugilat d'avant-hier ?* » — « *Pour quoi faire, cet argent ?* », coupa soudain Anagkaion. — « *Pour votre silence, votre silence ! Vous avez pu voir de lui, dans des circonstances spéciales, une particularité anatomique qu'il n'aimerait garder que pour lui seul...* » — « *Pour lui seul et pour toi, joli Xeucrite ?*, demanda Hormée. *J'ai en effet senti l'autre jour que des liens illicites vous unissaient, lui et toi. À la façon dont tu craignais pour sa vie une fois qu'il perdit conscience ; à la façon dont tu maudissais Anagkaion du regard, comme si le vainqueur de ton maître avait souhaité cet accident...* » — « *Si je l'avais voulu, j'aurais pu lui rompre les os du cou...* », se souvint Anagkaion. — « *... à la façon aussi dont tu fulminais contre Dzôocle qui pratiquait sur lui sa médecine au bouche-à-bouche ; enfin et surtout, à la façon dont Okheutippe te sourit lorsqu'il se réveilla.* » — « *À la vérité, Hormée*, répondit Xeucrite, *j'avoue aimer mon maître autrement qu'en hilote. Amour que notre Cité prohibe durement, mais avec quarante drachmes de plus j'ose espérer que vous redoublerez de silence.* » — « *Avec cent drachmes chacun, nos bouches resteront triplement closes !*, lança Anagkaion. *Mais fais venir Okheutippe ici, que nous réglions ce marché entre citoyens !* » Xeucrite disparut alors dans les sousbois. — « *Je devine que cette apparente soif d'argent est une ruse, Anagkaion.* », dit Hormée en nageant circulairement sur le dos. — « *Tu devines juste, mince athlète ! Une ruse pour faire sortir Okheutippe de sa retraite et qu'il s'explique de façon franche avec nous.* » — « *Et qu'espères-tu qu'il te dise ?* » — « *Vois-tu, Hormée, depuis l'incident de l'autre jour, je m'interroge. Lorsque, durant mon corps-à-corps avec Okheutippe, je lui arrachai son pagne par mégarde, pourquoi cet étalon intégral préférait-il mourir étranglé plutôt que de se montrer nu aux spectateurs ?* » — « *Peut-être perçoit-il la grosseur et la longueur de* *son appendice sexuel comme un handicap... » — « Plaisantes-tu, Hormée ? Un tel membre ferait la joie de bien des concubines ! » — « J'en doute, Anagkaion. L'observation et ma propre expérience m'ont montré les désagréments innombrables que les sexes trop forts occasionnent. Leurs frottements irritent, leur lourdeur écœure, et pour peu que l'amant s'y prenne comme un bouc, il risque de faire saigner sa partenaire ou son éromène. Tu t'enorgueillis toi-même d'être généreusement doté, tu y vois même la justification naturelle de ton ascendant sur le commun des mortels, mais ta vénération pour le phallus te vient du fait que tu n'en as jamais subi les formes. » — « Que veux-tu dire là, frêle Hormée ? » — « Je veux dire que, malgré ton jeune âge, tu n'as jamais consenti à tenir le rôle d'un éromène. Est-ce que je me trompe ? » — « Certes non, foudre Zeus ! Tel Xénophon, je répugne à la passivité masculine en amour ! » — « Or il est certain que ceux qui vouent un culte à la bestialité masculine et aux verges démesurées, ceux-là n'en subissent jamais les assauts — ce qui les ferait sûrement changer d'avis. Car la disproportion gâche en cet endroit le plaisir, Anagkaion. » — « Thermopyles défilent !, démontre ces affirmations péremptoires ! J'ai pour ma part remporté quantité de victoires charnelles avec l'engin que tu incrimines ! » — « Pour ce que tu es ferme, non pour ce que tu es important. Ce qui excite en effet l'éromène ou la concubine, c'est l'excitation-même de l'éraste ou de l'amant. Quand deux excitations se rencontrent, elles augmentent l'une et l'autre, elles s'intensifient mutuellement. Or l'excitation se traduit par la dureté du sexe, quelle qu'en soit la taille naturelle. Aristote de Stagiros explique la dureté d'un muscle par l'afflux de sang ; il soutient ainsi qu'une gaine musculaire conséquente nécessite davantage de sang qu'une gaine plus petite, et que la durcir demande un effort plus laborieux. J'en déduis, pour ma part, qu'une verge menue est beaucoup plus prompte à se raidir et que cette promptitude permet à celui qui en profite des instants bien plus délectables. » — « Quelle démonstration toute bancale ! Qu'un nabot affublé du phallus d'Okheutippe peine à y concentrer le peu de sang qu'il a, voilà ce que tu prouves ! Mais moi et Okheutippe faisons le double de tout homme en corpulence. Il est donc bien normal que nos verges conservent ce rapport. Et outre, nous possédons le double en sang et en sueur pour la déployer sans y perdre la nuit ! Vois les Nubiens à la peau noire : ils nous ressemblent en formes et leurs femmes ne se plaignent pas de leurs services. Comment crois-tu sinon que les Pharaons, leurs ancêtres, aient prospéré comme nous prospérons aujourd'hui ?* » — « *Soit. Je te l'accorde, Anagkaion. Mon discours forçait les rapprochements. Mais voici Okheutippe et Xeucrite qui arrivent sur la berge. Invite ton frère-colosse à se dévêtir et à prendre l'eau avec nous, il nous dira ce qu'il pense de tout cela et t'éclairera sur son étrange conduite de l'autre jour.* » Après avoir insisté vivement, Anagkaion dut menacer de divulger les secrets d'Okheutippe à toute la Cité pour que celui-ci daignât les rejoindre. Il s'était déshabillé dans l'eau afin de ne pas s'offrir une nouvelle fois en spectacle aux deux voyeurs. — « *Tes drachmes ne m'intéressent pas, Okheutippe*, dit alors Anagkaion. *Ce qui m'intéresse en revanche, c'est de comprendre d'où te vient ta pudibonderie, laquelle faillit t'être funeste avant-hier lorsque tu me laissas t'étrangler jusqu'aux songes.* » — « *Mer de Colchide !, frères, sous Nyx Okheutippe dira vrai ! Mais ne le trahissez jamais si vous le voulez ami sûr !* » — « *Anagkaion et moi te le promettons*, dit Hormée. *Que Héphaïstos forge cette parole !* » Bien qu'ayant encore pied, l'athlète s'accroupissait pour avoir de l'eau au niveau des épaules. Accroupi lui aussi sur un rocher, Xeucrite essayait de suivre autant qu'il le pouvait la conversation. Son maître dit alors : « *Si Anagkaion a de quoi se sentir descendant de Persée et de Héraclès, Okheutippe se sent en tous points descendant d'Achille et de Jason. Sa verge remplace en effet le talon de l'un et le crâne de l'autre, fracassé par une poutre pourrie. Il souffre, amis, de ne pouvoir la loger sans endolorir l'accueillant. Mais cette désolation serait un moindre mal s'il ne devait pas de surcroît cacher sa difformité de peur de subir l'opprobre de la Cité. Cette dernière considère en effet qu'un énorme phallus sied à l'animal ou au barbare, non aux beautés helléniques. Okheutippe craint en fait d'être un enfant bâtard, né de l'union de sa mère avec un monstre mêmement muni. C'est la raison pour laquelle il ne se montre jamais nu, il évite orgies et courtisanes, il pratique la gymnastique toujours vêtu d'un pagne suffisamment ample pour y taire ses grosseurs.* » — « *Es-tu lâche, par Icarios ?*, s'écria Anagkaion. *Tu trembles pour des regards jaloux, voilà tout ! C'est à toi, Okheutippe, de t'imposer à ta juste dimension ! Ne crains ni les médisances, ni les quolibets ; et si les envieux t'en veulent, sache que leurs persécutions ont pour cause qu'ils sont plus nombreux à en avoir une petite et qu'ensemble ils comptent dévaloriser ta valeur ô combien supérieure ! Brise-les, frères ! Tranche les queues ridicules par ton rire, ton aplomb, ton olympienne prépondérance ! Tu es trop infrangible pour te laisser rabaisser par les vilains vents !* » — « *Soit pour les persiflages, Anagkaion*, dit Hormée. *L'indifférence et le détachement amusé me semblent d'ailleurs participer d'une conduite défensive contre les sarcasmes moins épuisante que l'énervement. Je sais par ailleurs, Okheutippe, que les normes de perfection virile varient suivant les époques : du temps de Ménélas, dit-on, l'honneur allait aux sexes droits et l'horreur aux sexes recourbés ; on dit aussi, sous couvert d'Aphrodite, que le roi put reconquérir Hélène à l'immortelle beauté parce qu'elle s'était lassée de la mollesse de Pâris et lui préférait la verdeur et la puissance de son ancien époux. En outre, nous connaissons tous cette plaisante inscription qui provient du sanctuaire d'Épidaure, dans le Péloponnèse : "Les serpents sacrés d'Asclépios/Guérissent de Thrace en Mysie/De très fins pour les gens d'Argos/De très épais pour la Phrygie/La Thessalie les aime sages/La Phénicie raides et drus/Mais pour Hécate aux trois visages/L'important est qu'ils soient têtus."* » — « *Allons bon !*, fit Anagkaion. *Voici que Hormée joue les poètes !* » — « *Je veux simplement illustrer combien est relative l'appréciation que nous portons sur les proportions orthodoxes ou anormales*, dit Hormée. *Et pour achever de te rassurer, Okheutippe, laisse-moi te raconter ce que prévoit la Pythie de temple de Kalkhas, en Apulie...* » — « *Fort bien !*, coupa de nouveau Anagkaion. *Tu joues les prophètes à présent ?* » — « *Par le devin Mopsos !*, lança Okheutippe. *Parle donc, Hormée ! Qu'annonce-t-elle d'heureux pour les mallotis ?* » — « *Elle dit que dans un lointain avenir ce seront eux, les bienlotis. Les hommes, hantés par la comparaison, rivaliseront d'exercices, de stratagèmes et de violence pour paraître en bas plus imposants que leurs voisins. Des peuples entiers subiront la haine de peuples rivaux aux appendices moindres, tels les descendants des Pharaons à la peau d'ébène ou les tribus chamelières du désert, à la peau de sable. Les vieillards boiront des philtres faisant bouillir le sang pour maintenir entre leurs œufs flétris l'honorante épaisseur. D'idiotes orgueilleuses applaudiront le bestial assaut qui déformera leur entrée et contusionnera leur ventre. Les jeunes possesseurs de tiges courtes seront frappés par la honte et l'infamie : ils feront pouffer les courtisanes, ils garderont tout comme toi leurs pagnes jusque dans leurs bains, et la plupart préféreront se soummettre définitivement à de plus virils plutôt que de devoir essuyer la raillerie cruelle des femmes. Les idoles et les icônes seront pourvues de conséquents phallus devant lesquels la Cité se posternera.* » — « *Mer de Colchide !*, s'écria Okheutippe, *si ton Oracle dit vrai, le fleuve du temps coule en faveur d'Okheutippe ! Combien de lunes, Hormée, doit-il attendre cette inversion de jugement pour lui si souhaitable ?* » — « *Plus de lunes qu'il ne t'en reste ici-bas, cher Okheutippe...* », répondit Hormée. — « *Peu importe, frères ! Fort de ces bons augures, et sous la clairvoyance d'Apollon, Okheutippe n'a plus à s'inquiéter du dénigrement et des calomnies à son encontre ! Si ses formes sont la perfection de demain, il s'en montrera digne et fier, jusqu'aux champs Élysées ! Mais il se gardera aussi de retourner les moqueries contre ses actuels moqueurs, car l'Oracle d'Apulie n'a pas vu le règne qui suivra le sien : peut-être s'agira-t-il d'un retour aux proportions modestes. Parce que l'objet des risées change au cours des ans, frères, seuls le dédain et le mépris demeurent* toujours *risibles.* »

188

Quand les moines changent d'habits. — La première tâche des psys, ces curés patelins des temps modernes, est de persécuter les femmes. Les concepts de l'Église médiévale demeurent ; seul change l'enrobage terminologique de la nouvelle Inquisition. Le goût des femmes pour l'apparence fut condamné sous le nom de « vanité » ; aujourd'hui, il porte celui de « narcissisme » — les mêmes péchés capitaux se perpétuent en passant de la morale à la biomorale, à la psychologie. On psychologise à toutva des préjugés qu'on aurait honte de défendre à découvert. Ayant survécu aux Lumières, notre vieille religion porte désormais le nom de « Science » — Haeckel n'y entendrait plus rien. Le peuple se prosterne devant l'absconse idole ; les clafoutistes aident à la génuflexion. Pas un shampoing sans du « *Régénium-XY* » vendu par une Catherine Deneuve en potiche « *convaincue* ». Pas un débat de société sans un psy sermonneur, prévaricateur des plateaux à la science infuse. Dites-leur que leur raisonnement ne tient pas : ils se réfugient en criant « *maman !* » derrière leur *corpus*, ou derrière l'animateur en criant « *papa !* » Pétris de veulerie comme nos bons curés pédophiles, ils n'en sont pas moins omniprésents, vendant de la bonne conscience aux marchands et amenant à confesse les rares impies qui dévoilent l'imposture. Dans ce contexte de religiosité rampante, où les gens avalent n'importe quelle merde saupoudrée de sacrosainte « *objectivité* », il n'y a plus de place pour l'épanouissement de la femme. Le mâle y trouve alors son compte et demande du rab aux psys marmitons. Car d'« *instrument du diable* », l'amazone réfractaire devient logiquement instrument de son « *inconscient* », de son « *manque de pénis* », de son « *complexe d'Œdipe* », de son « *inhibition* », de ses règles ou de sa ménopause — selon la théorie du jour. La Science n'a pas attendu les pubards pour lui en mettre plein. Voyons derrière chaque « *dérangement psychologique* » comme autant de manœuvres intellectuelles pour la cantonner à son rôle de sousêtre humble devant servir l'homme. Rôle « *naturel* » puisque validé par la Science — c'est-à-dire décrété par Dieu. Ne parlons même pas des neuropsychologues qui en font un sac d'œstrogènes et qui, les doigts trifouillant la cervelle, prennent pour des *causes* les conséquences hormonales de l'amour !

189

Au pays des gays. — La pertinence de la distinction lesbophobie-gayphobie tiendrait à ce que les lesbiennes cumulent les discriminations liées au genre (gynophobie) et aux préférences sexuelles (homophobie). Avec les films X et leurs fréquentes scènes saphiques, la lesbophobie tend pourtant à cesser d'être un tabou, du moins au strict point de vue phantasmatique. Car le sexisme a tôt fait de redevenir lesbophobe dès que les femmes se virilisent ou bien refusent catégoriquement leurs statuts d'épouses et de mères — leurs fonctions sociales assignées. D'inoffensive sur l'oreiller, voici la Sapho militante prendre diabolique figure pour la psyché en menaçant de produire des fils efféminés et des filles viriles, en portant préjudice à l'équilibre démographique, en haïssant nécessairement le « *sexe porc* ». Contre elle, tous les normalisateurs se déchaînent : antiféministes hommes et femmes qui revendiquent la « *naturelle* » subordination féminine ; réactionnaires prêchant — avec cent vingt ans de retard — l'ordre familial fondé sur l'encouplement hétérosexuel, avec la transmutation « naturelle » du Toi-&-Moi en Triangle ; apôtres de la ségrégation rôlatique féminin/masculin, domesticité/politique, discrétion/extraversion ; théorisateurs de la hiérarchisation des sexualités et propagateurs du sexisme homophobe, car hétérocentré. Les psys ne cessent de vanter plus ou moins explicitement la supériorité biomorale des comportements hétérosexuels. Et bien des marginaux et des marginales se soumettent sans le savoir à cet hétérosexisme en se disant « *homosexuel(le)s* », c'est-à-dire en contrenormalisant leurs préférences au lieu de rester de le libre flou de leurs désirs. En effet, militer pour une « *homosexualité* » institutionnelle, c'est vouloir la faire entrer dans la « *sexualité* » institutionnelle, ensemble des normes sociales amoureuses ; c'est donc réfléchir selon les dogmes, non selon la dévolution. Encore l'homme noir peut-il se revendiquer « *Noir* » pour combattre le racisme, même si se revendiquer « *Homme* » permet un surpassement plus fort ; mais à quoi riment un homme se revendiquant « *Gay* » ou une femme « *Lesbienne* » comme s'il s'agissait d'une détermination inscrite pour toujours dans leur essence ? Combien de gays gays par gynophobie ou misogynie et qui aimeraient bien parfois pouvoir étreindre une femme s'ils ne s'étaient pas étiquetés tout seuls ? Combien de lesbiennes lesbiennes par peur ou haine de l'homme et qui s'entêtent à lui tenir tête phobiquement ? La militance homosexuelle possède un autre aspect préjudiciable aux militants eux-mêmes, à savoir qu'elle est souvent accompagnée d'un prosélytisme — ne serait-ce que comportemental — et d'un tribalisme défensif faisant le jeu des homophobes et cultivant la même intolérance à leur égard. La néorésistance amorale, c'est-à-dire exempte, elle, de volonté normalisatrice, milite pour la *diversité ludique des jeux sexuels* en respect avec la protection de l'enfance et de la santé humaine. L'homosexualité sectaire ou de carnaval étant tout aussi nuisible que l'hétérocentrisme, c'est l'idée de *bisexualité* qui, seule, conjugue la liberté des mœurs, le respect des goûts d'autrui, la fin du sexisme et de la crispation.

190

Au pays des psys. — Nous entendons par « psys » ces as moralisateurs du bienêtre néocannibale, les nouveaux docteurs de bonheur. Ils pratiquent la doxosophie, discours démagogique prescrivant ce que les gens veulent qu'on leur prescrive : opinions rebattues, conseils de bon sens, leçons de zenification pour une zombification des foules « incontrôlables ». Les psys sont les évangélisateurs du contrôlat, les canrobertistes de l'Avoir qui disent comment tailler son épanouissement personnel dans l'étiolement général. Les psys assistent donc les clowns que nous sommes devenus à force d'autogestion. Quand les néorésistants dévoilent le stress du sens, ceux-là endorment le sens du stress ; quand les néorésistants responsabilisent le citoyen sans corps, ceux-là culpabilisent le consommateur sans cœur, hamstérisé. « *Comment composer avec les maux du néototalitarisme ?* », telle est l'unique manuel qu'écrivent psys-écrivains et psys-médecins, psys-sociologues et psys-astrologues, psys-nutritionnistes et psys-chronobiologistes. Un « Psy Nobel » est régulièrement décerné par la presse féminine, l'autre grande vitrine psy après la TV. Bien sûr, ces psys clafoutistes n'ont rien des intellectuels responsables : ils ne visent que la renommée, l'argent, et le pouvoir non de fédérer, mais de faire dire « *oui* ». Le Néant, ils le *positivent.* Ils pondent des sophismes sur commande, de la « vérité » en veux-tu en voilà ; — de la charabiade pour vedges, ces ménagères de moins de cinquante ans que la *neocannibal way of life* confine à la dépression hystérique et qui forment par conséquent un bon fonds de clientèle. Que ces vautours monnaient chers leurs « *il faut faire* » n'est pas révoltant en soi, ni qu'ils usurpent la parole des antiexclusivistes et des vrais philosophes — ne sont-ils pas là justement pour cela ? Que la plupart n'aient par contre pas l'once d'une culture digne de ce nom, voilà ce qui mériterait la vindicte des journalistes éclaireurs et l'estrapade médiatique. Quant à leurs dithyrambes sur la famille et leurs *show* chiants rassurant maman, les tomates mûres suffisent.

191

Répression antisexuelle. — Suivant comme toujours l'ordre moral du moment, les plus hautes sommités médicales du XIXe siècle furent sollicitées par les pères bourgeois pour crier haro sur l'onanisme de leurs enfants. D'éminents orthopédistes européens mirent au point régimes et corsets adaptés. D'éminents docteurs inventèrent des listes de désordres physiques censés menacer les masturbateurs. D'éminents professeurs pratiquèrent pour les garçons la cautérisation de la portion prostatique du canal de l'urètre au moyen de nitrate d'argent, et pour les filles, la clitoridectomie, ou excision. — L'Orient eut quelques bons sorciers mais jamais de bons chefs ; l'Occident eut quelques bons chefs, jamais de bons sorciers.

192

La mort, la vraie. — Norman Mailer voit très pertinemment dans les matières plastiques une cause omniprésente du stress occidental. Avec le plastique en effet, nulle passation de tiédeurs vivantes, nulle passion tactile, nul abandon dans l'étreinte, nul épanouissement. Et même gainée non de plastique mais de latex, l'énergie humaine devient toute *chose* — l'« âme » s'éloigne, le corps ne respire plus ; ne percent que les spasmes saccadés de l'étouffement. Convulsions « *sous*

Cellophane », suffocations ennuyées des sexes qui s'agitent en pure perte pour s'atteindre. Le plastique met à sac les vibrations essentielles ; en échec, la rencontre de l'homme et de la nature. Le bois, la pierre, la terre ou le métal absorbent au contraire l'onde humaine. La paille la chatouille ; les tissus avec respect enveloppent ses palpitations. Mais « *l'excrément du pétrole* » est l'inespoir matérialisé, le dégueulasse rendu propre, l'hygiénique cynisme qui met des gants en caoutchouc pour s'en laver les mains. Recyclage lucratif de merde polluante. Mélasse éternelle de feuilles mortes, de vers, d'insectes et de cadavres, passée vingt mille fois au baimmarie pour qu'il n'en reste qu'un souvenir schlinguant la neige et la machine. « *Naturam expelles furca, tamen usque recurret* » (« *Chasse à la fourche la nature, elle reviendra au galop* ») — l'optimisme du vieil Horace a été mastiqué. « Génération Sida », apprends bien l'art des pipes ! Pour le reste, reviens aux jouets en arbre, aux boîtes en carton, aux sièges en cuir, aux chemises en lin, au papier, à l'acier, au fer, au verre, au velours, à la roche. Ne sacrifie pas ta présence à la pétrochimie emballée des grandes surfaces : prends ton panier d'osier et pars faire ton marché !

193

« *Art, Corps, Abandon !* » — S'armer de sensualité et de patience : le postnihilisme est pour bientôt. Depuis la fin du siècle des Lumières, l'intelligence humaine n'a cessé de s'obscurcir, c'est-à-dire de créer les conjectures favorables à sa propre négation conjoncturelle. Lors des trois siècles précédents, l'histoire occidentale du « progrès » de l'Esprit témoigne d'un croissant nihilisme de l'Être. XIXe siècle : siècle de la Science — disparition rationnelle du mystère malgré la résistance romantique. XXe siècle : siècle de l'Avoir — disparition industrielle du don malgré la résistance narcotique. XXIe siècle : siècle des Ténèbres — disparition virtuelle de l'existence par le néototalitarisme. La néorésistance *ontologique* combat donc avec trois démons : elle oppose l'Art à la Science, l'Abandon à l'Avoir, le Corps aux Ténèbres. — L'ardeur personnelle au collectif aveuglement. « *Le désir croît.* »

194

Boursicoter. — Des historiques, des palmarès, des écroulades ; des bonnes actions, des fonds de portefeuille, des débandades. Le boursicoteur à domicile orgasme ou souffre selon. Souvent, son hystérie mixe ces deux échantillons émotionnels pour recréer dans son ventre les tressaillements excitants de l'étreinte. Ce joueur jouit — qu'il perde ou gagne, que le marché décline ou s'érige — ; seul importe l'hypnose de valeurs qui ne veulent plus rien dire, la danse des titres du CAC 40, la transe des plusvalues et des pourcentages. Son fluctuant capital, parce que virtuel, le rive obsessionnellement à son *computer* grâce auquel il tapote des ordres divins censés le sauver de la famine en multipliant les gains. Sa compagne, ses proches, ses amis finissent par manquer de volatilité à ses yeux pour qu'il s'y attarde. Pour évacuer le stress et seulement s'il n'a qu'un humour lourd, il baise, baise, baise. Éjaculothéraphie. Les boîtes échangistes débordent de boursicoteurs en quête d'absences et de décompression. L'espace et le temps se résument à son PEA, dont il compte étendre la puissance financière en une érection superbe. Sa réalité n'est plus celle des déconnectés de la Bourse, ces gobemouches qui croient encore à la matérialité de l'argent et qui estiment honnête une assurance-vie à 5 % l'an. Lui se branche aux marchés mondiaux — il subit la suprême connexion des boursicoteurs de son espèce : l'orgie monétaire internationale ! La Nénette Internet est la seule qu'il *honore* avec constance. Les bénéfices égayent ses nuits ; les pertes gâtent son désir. Une OPA, et c'est l'euphorie ; un krack, et c'est l'impuissance. La boursomanie agit directement sur les testicules : joie juvénile ou sénilité selon les tendances, semence abondante ou éjaculation en poudre selon l'apport de liquide. Ce genre de joueur se révèle dans la pratique un pari intenable : il aime trop perdre pied pour prendre son pied ; il aime trop se faire mettre par des transactions transcendantes pour dépenser sa sueur en s'abandonnant. Si douces soient-elles sous ses doigts, les courbes féminines ne peuvent détourner son attention des courbes du Nasdaq — lianes de sa jungle imaginaire dont le sanctuaire est une libido en ruine, et la voûte, un enchevêtrement de peurs inclarifiées.

195

Dysfonctionnaires. — La question de la pédagogie est une question de démiurgie, non de format ; une question d'inventivité et d'enthousiasme, non de didactisme ni de « science ». Quand l'Éducation nationale aura compris que les seuls véritables « experts » de l'École sont les professeurs compétents avec plus de dix ans de bouteille, il lui sera facile de thésauriser leur expérience professionnelle afin d'en faire profiter les jeunes recrues. Pour lors, elle laisse de parfaits incompétents transmettre les compétences. Il faut vraiment avoir dégusté des cours de « pédagogie » à l'IUFM pour prendre la mesure de l'imbécillité obsessionnelle qui y sévit impunément. Les sciences de communication valent la science astrologique, du point de vue du jargon comme de l'ineptie. Là encore, répétons-le : la communication est une technique empirique, non une science *a priori* ! Qui enseigne d'ailleurs pareille usurpation cognitive ? — maniaques, autistes, charlatans séducteurs ou clowns déconfits. L'époque engendre les sciences censées la guérir de ce qu'elle meurt : dévolution. Or l'ère informationnelle qui est la nôtre voit la communication naturelle et sincère devenir artificielle et malaisée. Derrière les natels, les courriels, les écrans : de fats rats, des timides grandes gueules ! Derrière les répondeurs, aucun répondant ! Plus les télémédiums nous éloignent les uns des autres, plus nos messages *communiquent* sans qu'il y ait *échange*, mélange, abandon. Plus, par conséquent, la science prétend rafistoler cette dispersion avec une logorrhée de théories *ad hoc* et d'études truquées. Un bon professeur ne communique pas un contenu : il communique sa passion, au sens où il la fait partager. Relation d'échange — et donc d'abandon —, l'enseignement relève d'abord du corps, non de la simple érudition abstraite. Les professeurs excellents dont nous gardons le souvenir, par leur approche enthousiasmante et l'aventure qu'ils nous faisaient vivre au travers des exigences de leur discipline, sont ceux qui bouleversaient notre désir. N'en déplaise à l'hygiénisme pédophobe de l'École postmoderne, enseigner recquiert de l'amour — fût-il froide incandescence — et de l'intuition humaine — fût-elle froide incandescence. Or l'amour et l'intuition ne s'apprennent pas : ils se vivent. Allez demander à un ladre de lire la recette de la générosité et de devenir généreux ! Allez demander à un évaporé de lire la recette de l'attention et de devenir présent ! Allez demander à un couard de lire la recette de la vaillance et de devenir preux ! De même que la recette n'est pas le tour de main, de même la technique n'est pas la science. Il ne suffit pas de lire un livre de cuisine pour savoir cuisiner ; l'art de cuisiner réclame des gestes, des trucs et des astuces que seuls la pratique et l'œil avisé d'un chef peuvent faire acquérir à l'apprenti cuisto. Pareillement, la pédagogie est un *art* (« *tekhnè* », « *savoir faire* »). Son apprentissage se fait au contact des élèves et des maîtres expérimentés. Et même avec un apprenti talentueux, il ne faut pas moins de cinq années pour pouvoir faire quelque chose de potable au sein d'une classe — autre chose que de la séduction ou de l'abnégation démagogiques ; autre chose que du sadisme ou du cynisme névrotiques. Sans un amour longanime, le professeur opprime ; sans une vive empathie, le professeur engourdit. En revanche, s'il sait faire preuve de bienveillance et de clairvoyance, de justice et de justesse, de pertinence et de perspicacité, alors il ôte aux rigolards leur niaiserie contagieuse et rend démiurge la classe entière. Du moins, si « classe » il y a.

196

Curés incurables. — Imperturbablement, l'amazone épie les psys mais ne s'y colle pas. Ces exclusivateurs fanatiques sont sensuellement inéducables. Si de surcroît ils se suicidaient par « Amour » pour elle, ça ferait désordre.

197

Ardeurs aurifères. — Le désir est or ; la passion, travail d'orfèvre ; — l'envie, ornière.

198

Avise-toi. — Scepticisme dévolutionnaire : si l'Info penche du côté des dominants, de l'État, du Système libéraltotalitaire, ce n'est pas de l'Info, c'est de la Com. À défaut de sortir des canaux conventionnels, inverser la charge de la preuve est le seul moyen pour ne pas s'intoxiquer les yeux et les neurones de vérités officielles, virtuelles, — mensongeuses.

199

Exutoire. — Interdisez la corrida, et voilà les combats de chiens ! Stérilisez les pitbulls, et ce sera la baise à dix dans les soussols ! Scellez les caves, et le haschich fécondera toutes les lèvres ! Écrouez les fumeurs, et ce sera un défilé d'aiguilles ! Coupez les bras, et c'est l'ecsta sous techno, la vie de *rave* ! Mitraillez les amplis, et les vandales strieront les villes ! Lâchez sur eux les *banderilleros*, et c'est la corrida ! — Pas de démocratie poétique sans abandon ; pas d'abandon collectif sans transgression de l'humain ; pas de transgression viable sans démocratie.

200

Patronat. — En France, ils te demandent des CV ; aux *States*, ils te demandent d'essayer.

201

Matronat. — Aux *States*, elles te demandent des CV ; en France, elles te demandent d'essayer.

202

Racine quintuple. — Les cinq piliers du libéraltotalitarisme : 1/Le pilier *concentrationnaire*, ou hamstérisation des désirs par les publicitaires (gardefous de l'utopie-là) ; 2/Le pilier *discrétionnaire*, ou médicalisation des individus réfractaires au Marché par les blouses blanches (gardefous de la servitude volontaire) ; 3/Le pilier *insécuritaire*, ou droitisation de la doxa populaire par les clafoutistes (gardefous de l'insolidarité) ; 4/Le pilier *doctrinaire*, ou uniformisation des pensées par les doxosophes (gardefous des préjugés réactionnaires) ; 5/Le pilier *judiciaire*, ou criminalisation des mouvements sociaux par les policiers et les magistrats aux ordres (gardefous *in fine* de l'Oxymore). La prison systématique est donc bondée de matons officiels à la casquette double. Côté visière : « *Nous garantissons votre illusion de bonheur* » — côté nuque : « *Nous frappons fort pour éviter la moindre désillusion, d'où qu'elle vienne.* » Le Désir, la Science, la Fraternité, l'Intelligence, la Liberté sont ainsi mis sous scellés pour servir les intérêts d'une poignée de cowboys au détriment d'un peuple massifié, — troupeau sans rêve, sans joie, sans idée, sans possibilité d'attache ni de délivrance. Un troupeau de clowns blancs aux numéros tristes, cherchant par monts et par vaux un chapiteau pour les accueillir, un public pour les réchauffer, un programme pour se rendre utiles.

203

Panique à bord. - Resté en retrait sur la berge, l'esclave d'Okheutippe tomba malencontreusement dans l'eau tandis que son maître, Anagkaion et Hormée discutaient dans la rivière. Le jeune garçon se débattait contre un invincible courant venu des profondeurs qui l'emportait dans des remous tumultueux. Okheutippe voulut immédiatement venir en aide à Xeucrite mais, ignorant l'art de la nage, il commença lui aussi à se noyer dès qu'il perdit pied, si bien qu'Anagkaion et Hormée eurent tous deux un homme à secourir — mais lequel ? Sauver Xeucrite relevait de l'exploit : seul Anagkaion, excellent nageur, pouvait accomplir une telle prouesse. Mais Hormée était bien trop faible pour soutenir le poids du géant Okheutippe, qui de surcroît paniquait tant qu'il risquait de se servir de son sauveteur comme d'une bouée et de l'étrangler sans le vouloir pour survivre. — « *Sauve Xeucrite, Anagkaion, vite !*, ordonna soudain Hormée. *Il a moins de souffle et d'énergie qu'Okeutippe, et sa situation est plus critique !* » L'athlète se lança sans réfléchir vers le pauvre garçon qui roulait dans des tourbillons sans fin. La lutte avec les flots allait être longue et âpre, Hormée le savait. Il lui fallait donc absolument s'approcher du colosse en perdition et, sans recevoir de méchants coups, tenter de le ramener vers la rive. Mais les bras d'Okheutippe s'agitaient violemment à la surface, telle une masse d'arme éclaboussant sa rage. Hormée n'esquiverait jamais autant de trajectoires furieuses et brouillées par des gerbes d'eau. L'idée lui vint alors de plonger vers les jambes qui brassaient la rivière au ralenti. Mais la tâche se révéla également trop périlleuse : les mouvements de détresse d'Okheutippe soulevaient les algues et le sable du fond au point qu'on ne distinguait plus qu'un nuage opaque en lieu et place de ce qui aurait dû être une course claire et lente dans le vide. Hormée se saisit alors d'une branche qui dormait dans le lit de la rivière et voulut frapper le noyé afin de les préserver tous deux. Las ! La branche, tirée de sa paresseuse stagnation, se pulvérisa comme de la boue sur le crâne sans lui faire recouvrer sommeil ni raison. Bien qu'à quelques talonnées du sol, Okheutippe avalait plus de liquide qu'il ne pouvait en contenir. Il haletait, criant, mourait en s'affolant. Tenace, Hormée continuait en vain ses tentatives d'approche et prenait tous les risques sauf celui, inutile, de se faire cogner et de finir immobile entre racines, algues et poissons. Les paroles rassurantes n'y faisaient rien : Okheutippe n'entendait que ses propres hurlements. Soudain, Hormée défaillit. Une plainte suraiguë s'échappa de sa bouche et arrêta net les borborygmes de l'autre naufragé : « *Au secours ! Au secours, Okheutippe ! Je me noie !* » Hormée sombrait, à quelques brassées de la berge ! Sans doute un mauvais coup avait dû l'assommer : son corps s'agitait violemment mais la rivière finit par l'absorber, jusqu'à la dernière main tendue... qu'Okheutippe, de nouveau lucide, saisit à temps ! L'alerte de Hormée avait fait cesser la panique du géant sans qu'il sache pourquoi, comme si l'urgence de l'autre prévalait sur son propre état d'urgence. À bout de bras, Okheutippe fit surgir Hormée hilare des flots ! — « *Mer de Colchide !*, fit-il. *Tu mourais pour de faux ?* » Hormée, tout sourire, fit « oui » de la tête tandis qu'Anagkaion et Xeucrite hélaient au loin les deux survivants : « *Jouer la victime était le seul moyen pour te faire te repêcher toi-même, Okheutippe ! Le démon de la peur pour soi nous fait périr ; le démon de la peur pour l'autre nous sauve. C'est ce dernier démon que j'ai invoqué afin qu'il te délivre du premier.* » — « *Sous Nyx ! Tu es drôlement spectaculaire dans la tragédie, Hormée !* » — « *Et toi donc, Okheutippe ! Cette mésaventure me dissuade à jamais d'être la rivière dans laquelle tu te noies !* »

Spire V

Alertez les bébés !

> « *Jeunesse force fraternelle*
> *Le sang répète le printemps*
> *L'aurore apparaît à tout âge*
> *A tout âge s'ouvre la porte*
> *Étincelante du courage* »

Paul Éluard, *Jeunesse engendre la jeunesse.*

204

Jeunesse en danger. — « *Sais-tu qui t'a trahi, Spéléagore, mon ami ?* », demanda Anagkaion à celui qui venait d'être frappé d'ostracisme par la Cité pour avoir projeté d'assassiner trois invités nouveaux venus. — « *Je me suis trahi moi-même,* dit Spéléagore, en embrassant Hormée pour la dernière fois. *Dès que j'ai su la mission de nos futurs hôtes, j'ai annoncé à qui voulait l'entendre que je leur ferais boire de force du sang de taureau ! J'ignorais alors qu'ils avaient, parmi nos plus proches amis, des protecteurs haut placés...* » — « *Du sang de taureau ?*, s'étonna Anagkaion. *Par les hoplites de Léonidas ! Quel criminel tu fais, fantasque et tendre ! Comment les magistrats ont-ils pu croire à la réalité de ta menace ? Du sang taurin ! Ah ! ah ! Avec un peu plus de discrétion tu aurais pu faire carrière dans le meurtre... de sang-froid ! Ah ! ah ! On s'en étranglerait presque de rire !* » — « *Tu ne crois pas si bien rire, Anagkaion,* dit alors Hormée. *On dit que Thémistocle, le vainqueur de Salamine, se suicida en en buvant une coupe pleine après avoir été déclaré traître par Athènes : le sang aurait entraîné une mort rapide en se coagulant dans ses veines. Eurige d'Érésos, savant aussi peu célèbre qu'impitoyable dans ses conseils, explique aux empoisonneurs : "S'il vous faut obtenir une mort d'aspect naturel, préférez à la ciguë n'importe quel sang vieilli de mâle. Sang de coq pour une fin cruelle, sang de taureau pour un ultime assoupissement." Enfin, Anagkaion, pour achever de te convaincre de l'effroyable efficacité du sang laissé quelques jours à l'air libre, sache que Chilon, notre plus grand philosophe, partit lui-même grâce à ce breuvage. À cent trois ans, en effet, l'heure lui semblait venue de mourir sans souffrance. Avec une précision extrême il choisit son heure et la voulait joyeuse ; ainsi mourut-il dans les bras de son fils, frais vainqueur des Jeux olympiques, en lui donnant des baisers de bonheur ! Spéléagore, une question cependant : l'idée d'une telle intoxication te vient-elle de Thémistocle, d'Eurige ou de Chilon ?* » — « *Tu es redoutable, Hormée,* dit le banni sur le départ. *Comme tu sais que je ne veux rien dire de mes mobiles, tu enquêtes sur mes méthodes ! L'instinct de vérité ne te lâchera donc jamais, féroce philosophe ! Mais ni Thémistocle, ni Eurige, ni Chilon ne m'inspirèrent : c'est toi, Hormée, qui fus complice malgré toi de mon méfait !* » — « *Hormée, complice ?,* demanda Anagkaion. *Et moi qui croyais Hormée bonasse ! Foudre Zeus !, me voici encerclé de brigands !* » — « *Complice,* répondit Spéléagore, *parce que c'est pour te protéger et protéger notre Cité contre les conspirateurs que je préparais mon triple homicide. Le danger est imminent, amis ! Le danger arrive ce soir !* » — « *Qui arrive ?,* s'inquiéta Anagkaion en secouant Spéléagore. *Qui vient ? Parle ou pars, mais ne fais pas d'énigme, mon frère !* » Spéléagore eut un étourdissement subit. Il s'allongea, soutenu par ses deux interlocuteurs. Après un temps de répit, le mal empira, si bien qu'Anagkaion, l'air coupable, s'en alla en courant demander de l'aide. Pendant ce temps Hormée tentait de maintenir le défaillant éveillé, mais à chaque phrase un mauvais sommeil alourdissait son corps et ses paupières. — « *Hormée, je meurs,* dit le mourant. *L'agonie que je complotais m'est rentrée au-dedans. On m'a affamé durant tout le procès, aussi me suis-je jeté bestialement sur la viande que l'on me donna avant ma sortie. Une viande vraisemblablement imbibée de sang croupi. Du sang de taureau, louée soit Europe ! Je vais quitter ma Cité chérie dans un ensommeillement final...* » Hormée, intérieurement fébrile mais toujours calme dans ses caresses, tenta de le rassurer : « *Sans doute survivras-tu, Spéléagore : la quantité qui tu as avalée ne pouvait équivaloir une coupe pleine.* » — « *C'est pourquoi, Hormée, la terrible mixture ne m'emporte que maintenant ! Mais avant que je ne sombre, écoute : ils savent.* » — « *Qui ?* » — « *Les trois arrivants, les trois escamoteurs, ils savent.* » — « *Quoi ?* » — « *Que tu es leur pire adversaire, philosophe ! L'antagoniste à écarter s'ils veulent réussir à conquérir une jeunesse privée de tes lumières et, une fois celle-ci soumise, à instaurer la tyrannie dans notre Cité ! Méfie-toi, Hormée ! Ne dis rien, même à Anagkaion : ils ont des soutiens parmi les nôtres, mon agonie le prouve !* » — « *Qui donc leur aurait parlé de moi ?* » — « *À son retour, le messager que l'on envoya pour les prévenir fit halte chez Nûnon et ses affriolantes nymphettes. Libéré par l'ivresse, il révéla tout au premier homme capable, par l'écoute, de soulager son cœur. Et ce premier homme, Hormée, ce fut moi. Je crus d'abord à un délire, mais devant l'exactitude de ses descriptions et la logique minutieuse qu'elles dévoilaient, je compris bien vite qu'une infernale machination se tramait contre les jeunes gens de notre Cité. "Nos prochains maîtres nous dompteront par l'amour !, me dit le messager. Ils prendront en otage les enfants, les rendant par l'amour dodus et dociles, puis suivront leurs parents, puis les vieux, puis la Cité entière. Nul ne pourra déjouer leur stratégie inédite qui veut que ce soit en modifiant les règles d'Érôs que l'on brime, domine et contraint tout un peuple. Aussi feront-ils déferler sur la future génération d'amoureux, par vagues successives et de plus en plus submergeantes, le nouveau culte de la passion exclusive et de l'amour toujours déçu. Placé sous le patronnage de Héra, ce double culte abolira celui, latent, de Dionysos ; celui de la liberté féminine et celui de la virilité féconde qui ont fait jusqu'ici les délices de la jeunesse. Celle-ci en vieillira prématurément ! Une fois débile faute de pouvoir aimer sans craindre d'être servile, la jeunesse se laissera gentiment asservir, croyant trouver dans l'illusion permanente quelque permanent réconfort. L'œil vide, la curiosité éteinte, l'âme assaillie de fantômes et le corps pétrifié de peur, elle se laissera dompter par des discours lui promettant eaux de Jouvence, jeux de dupes, parfums de liberté. L'amour possessif et dépendant l'aura rendue dépendante et vide ! Quel admirable stratagème, n'est-il pas, que d'imposer dès la naissance la doctrine de l'amour isolant, déterminant, fatal ? Il suffit pour cela de mettre hors d'état de nuire les détracteurs, comme Hormée ; ces prometteurs de l'amour indéterminable et incontrôlable parce que pluriel et généreux. Nos prochains maîtres n'auront alors plus qu'à noyer définitivement la Cité dans les larmes de Héra pour mener chaque existence par le cœur. Ils paieront cher des sophistes faiseurs de couples jaloux, des artistes multiplicateurs d'extases éphémères, des tribuns excellents rhéteurs camouflant les viles manœuvres sous de la bonhomie. Bien qu'enchaîné comme jamais, le peuple ne se révoltera pas : il mettra ses malheurs sur le compte de ses amours tristes, sans voir qu'une propagande corrosive lui en a inoculé les travers. Or, puisque cette propagande aura corrompu son intelligence affective dès l'enfance, comment pourra-t-il seulement s'en rendre compte ? Plutôt que de réformer sa façon d'aimer et renouer avec Dionysos, le peuple pleurera son insouciance perdue et la cruauté d'un amour qui, parce que vidé d'élan profond et autonome, ne peut plus rien combler. Nos prochains maîtres frapperont une première fois par l'intermédiaire des étrangers que je sais superbes pour avoir été ébloui par leur prestance. Ils ne s'attarderont pas mais imprégneront déjà si fortement la jeunesse que ce sera elle qui, idolâtre, implorera leur retour ! Retour que nos prochains maîtres organiseront ! Oui, c'est bien cela, l'infaillible nouveauté : le peuple remerciera ses tyrans pour avoir eu l'aimable obligeance de sucrer son propre esclavage et de tremper leur tyrannie dans du spectacle, de l'oracle et du miel !" Ainsi parla le messager, Hormée. Ainsi le laissai-je tout me dire avant qu'il ne finisse, comme Thalès, au fond d'un puits sous les étoiles. Mais, oh ! voici mon tour... Va ! Ne dis rien à personne et fais ce que tu peux, je te sais si capable ! Aïe ! Du sang de coq peut-être :*

mes... mes entrailles me brûlent ! De l'eau, Hormée, de l'eau ! Le sang commande. Le sang commande toujours. » Quand Hormée ramena une coupe pleine, Spéléagore gisait, les yeux comme le sang figés. Anagkaion, revenu avec Dzôocle et Dunadème, questionna longuement Hormée bien qu'il vît tout de suite que c'était peine perdue. Hormée doutait en son amour. Cette fois-ci aucune vérité ne sortirait de sa bouche — autre que le silence. Son silence, si lourd d'aimer.

205

Crise de foi. — Microghetto en quête d'un épanouissement illusoire, le couple exclusiviste traverse une crise sans précédent depuis trente ans. Crise de légitimité et de stabilité que les néorésistants doivent rendre funeste pour enfin passer de la *destruction* de la société néototalitaire à la *construction* d'une démocratie poétique, non virtuelle, dans laquelle la liberté ne se contemple pas mais s'exerce, la justice ne se décrète pas mais s'instruit et se traduit en actes, la solidarité ne se calcule pas mais s'instinctific. Or, comme dans toute crise institutionnelle, l'effondrement du dogme conjugal traditionnel s'accompagne d'un fort courant réactionnaire ainsi que de la réhabilitation fiérote de la dépendance affective, portée aux nues par les nouveaux partisans de l'exclusivisme — portée aux hues par les détracteurs éveillés ou les désabusés de l'« Amour ». Situation conflictuelle, donc ; guerre des tranchées domestiques. D'un côté, les procouples ; de l'autre, les anticouples. Dans un fossé, ceux qui veulent croire à l'Élu de leur cœur, à l'épanouissement continu que la vie à deux permettrait jusqu'à ce que mort s'ensuive. Dans l'autre fossé, ceux qui ouvrent enfin les yeux, constatent ruptures et déconfitures, mariages précoces et divorces, familles brailleuses et broyeuses, enfants tyrans et tiraillés, accablements et pétage de câble. Ceux-là rêveraient peut-être encore d'adhérer à l'équation familialiste « *Père + Enfant(s) + Mère = Bonheur* », mais, au bout de cinq, six tentatives d'encouplement désastreuses, ils n'en peuvent déjà plus. C'est à ces désespérés de la famille que nous voulons offrir une autre façon d'envisager la *concrétisation* amoureuse : l'inclusivisme indirect ou famille constellaire. Il s'agit d'un nouveau modèle familial étrangement évident, sorte de néocommunisme multicentralisé, de réseau d'entraide à conformation fractale, de confrérie organique évolutive. Les mots importent peu quand c'est un principe organisationnel qu'il faut saisir, mais ils s'avèrent indispensables dès que nous voulons appliquer ce principe, c'est-à-dire passer du schéma au chemin, du dessin au destin, de l'idée à l'acte. La Constellation familiale est aussi souple et fluide que la consternation familiale est rigide et déterminée. La liberté y règne ; une *liberté libre*, nonesclave d'engagements pris tôt qui pourrissent l'existence jusqu'à tard. Une liberté sans renoncement ni contrat, sans « *tant pis !* » ni « *trop tard !* », — sans peur. Une liberté proprement inaliénable ; à des années-lumière, par conséquent, du croupissement des partenaires-époux et de la corde au cou. L'inclusivisme indirect n'a rien des essais d'inclusivisme direct (essais avortés des années 1970), où la cohabitation enchaîne plus qu'elle ne déchaîne, alourdit plus qu'elle n'émancipe. La *personne* y est au contraire centrale ; elle n'est pas un individu noyé dans le groupe, membre anecdotique et somme toute anonyme — ou interchangeable — d'une communauté. Ni tribalisme, ni communautarisme, le style indirect libre tient pourtant de la famille de cœur. Il tire sa puissance du réseau, cet avenir de la structure. Il en démocratise, pourrait-on dire, l'économie politique : réseaux des bobos (« *bourgeois bohèmes* »), ces glandeurs dorés qui se hissent aux postes clefs par un fatras de cooptations sympathiques et de « *bandes de potes* » ; réseaux des grands bourgeois tout court, qui savent où placer leurs enfants, leurs intérêts, leurs chers amis, mais aussi à qui renvoyer l'ascenseur ; réseaux des corporatismes juif, catho, gay, maçonnique, royaliste et consorts, pour lesquels les affinités électives prévalent sur le mérite, le pedigree sur le CV, la parenté sur la sueur ; réseaux mafieux enfin, aux trahisons mortelles et aux amitiés vénéneuses — où seul le *sang*, en définitive, valide les liens et invalide les arrangements. Dans la Constellation, nulle allégeance : les alliances ne sont fondées que sur l'amour. Le négatif peut certes y faire son travail, mais il ne crée rien : il défait. Sa seule efficience consiste à séparer des Intimes qui ne s'aiment plus, à remettre de la distance entre des amants en colère, à rompre les attaches qui ne tiennent plus que par la possessivité — fussent-elles jadis pleines de légèreté généreuse.

206

Les pionniers de l'intime. — L'amour est cet état de grâce par lequel l'individu devient *personne* : un être qui se trouve en s'abandonnant, une indétermination essentielle déterminée par la rencontre de l'autre. Un Je(u) qui joue à s'éprendre aux Je(ux), à s'y perdre, à s'y méprendre. Danse : relatif absolu. Partant, l'inclusivisme à l'œuvre dans la famille constellé a ceci d'indirect qu'il donne à l'amour l'état de grâce qui lui revient de droit, pur de tout compromis, de toute jalousie, de toute dépendance, de tout boulet, de toute crispation. — « *Je t'aimais inconstant, qu'aurais-je fait fidèle ?* » — Facile à dire, dira-t-on, mais difficile à vivre. Il est vrai que, pour les pionniers de l'intime qui constitueront la première génération d'inclusivistes libres, une psychanalyse ou un désapprentissage des réflexes de pouvoir et de propriété ne seront guère un luxe. Mais gageons que leurs enfants braveront aisément la pression des *lobbies* réactionnaires. Nés et élevés dans la Constellation, ils recevront en effet le modèle exclusiviste comme un archaïsme de plus vers lequel la société marchande espère les voir régresser, afin de les placer sous la tutelle du Bien de consommation et d'en faire ainsi des frustrés à vie cavalant vers le *fun*. Des hamsters. Des pouilleux de l'amour monnayant leurs illusions d'aventure ; des encagés ravis de recevoir la joie de vivre à domicile ; des *empafés*.

207

Bien. — La Constellation tend vers la jouissance universelle.

208

Danseurs étoiles. — Union libre : le célibat conjugal, encouplade de conjonctions et d'injonctions, de Toi-&-Moi et de déchirures. Amour-autarcie : mafia. Union autonome : le constellat, peuplade de solitaires solidaires. Amour-anarchie : millefa.

209

Corollaire. — À chaque technologie, son organisation sociopolitique. Société militaire avec le nucléaire ; société dévolutionnaire avec le solaire ou l'éolien. — Le développement néocannibal n'est pas durable. Le Système n'est pas durable. Les seules énergies renouvelables, ce sont les éléments naturels. Phénomène cumulatif paradoxal, qui accroit la quantité avec la dépense, l'amour, lui, est une énergie renouvelante.

210

Sexiler. — En France, les Français sont des brebis râleuses. Hors France, chabadabada ! — les voici galants ! En France, les Françaises sont des aigries bêcheuses. Hors France, chabadabada ! — les voici jouissant !

211

Cosmologique. — Le propre du Firmament, c'est de rechercher son expansion et de maintenir la solidarité humaine.

212

Décentralisation. — Il faut attendre vingt-cinq mille ans pour que les déchets d'uranium perdent la moitié de leur dangerosité. En ayant recours à l'énergie atomique, nous condamnons donc nos descendants à surveiller sur des milliers d'années nos radioactifs excréments ! Mais comment dénucléariser l'Europe, France et Lituanie en tête ? Quelle ressource nouvelle pourra remplacer les 80 % d'électricité produite par nos centrales ? — L'aimantation amoureuse, l'induction interstellaire. Sortir de la famille et de l'énergie *nucléaires*. EDF : Electricité Du Firmament.

213

Abracadabrante. — Marianne : crapaud transformé en princesse dès qu'une bise exotique effleure sa joue. Mais dès qu'il faut rentrer de voyage, reprendre le métro : princesse transformée en crapaud !

214

Bluffie contre les vampires. — Telle prostituée du X s'invente un passé de tournantes pour plaire aux médias et se retrouve élargie en plan large, à côté de sa bonne maman, mêmement sodomisée. À dix-neuf ans, le regard vitreux, la voie soumise à l'aigu, l'apprentie et sa mère maquerelle en décollecté font des plateaux TV, racontent cent bobards à Mireille et consœurs. Envie de crier : « *Ta mère est folle, petite ! Sauve-toi vite !* » Mais quoi ! La téléfoule est sexolâtre et névrosée : il lui faut sa dose de perversion et d'exclusivisme. Depuis Collaro, les putes font bander les foyers. Et au nom d'une liberté *qui ne veut plus rien dire*, la traite des minettes augmente à chaque prise son infemme rendement.

215

Dernier virage. — La sexolâtrie est le dernier masque du nihilisme utilitariste et sa ruse finale : réduire l'abandon au pornarcotique ; la jouissance, à des bouffées d'organes. Déspiritualiser la carcasse pour mieux la désosser, la piercer, la codebarriser, la livrer aux marchands. *Sextorquer* soi-même. L'accident de voiture qui tua Lady Di marque en cela un tournant. Il inaugure symboliquement le désintérêt croissant de la téléfoule pour les têtes couronnées. Les familles royales manquaient de sexe, de peps, de compatibilité pubeuse : les sexolâtres les ont donc fait rempiler. Il fallait trouver plus nihiliste pour fourguer des bidules qui, une fois évidée la consistance de l'amour, parviennent par le néant environnant au monopole de la valeur. Il fallait des *stars* plus *trash*, nouvelles élites flingueuses d'idoles, à même d'insinuer chez les *real people* l'absence de sens, le vertige de l'excitabilité commerciale : travestis hyperboliques (*drag-queens*), excentriques fiers d'éclater les normes (*queers*), trôneurs cyniques et décadents des *night-clubs*, des boîtes SM ou des caves *underground*. Le culte du cul fait tout tourner à la dérision. Décalage qui, finalement, nie le monde policé des clowns, des normopathes, en une stylisation permanente de la mort — en un appel, même. Tout réduire au vide existentiel, puis tout monnayer sur le même plan puisque plus rien ne compte. Faire table rase de la grande santé, de la présence d'esprit, de l'ivresse lucide du corps. Bouffer les fleurs du mal par la racine.

216

Foule sentimentale. — Ne confondons pas le sentimentalisme et le romantisme, la passion ladre et la libre, la dépendance affective et l'autonomie amoureuse. Le « grand » sentimental — car le sentimental se dit toujours « *grand* » — est un pervers en conquête d'aliénation ; la trop sentimentale — car la sentimentale se dit toujours « *trop* » — est une exclusiviste en quête d'aliénation. Que l'un et l'une se rencontrent, et cela donne la femme soumise, la débandade, le couple raide. Mais le sentimentalisme sert l'Église, sert l'État, sert le Marché — il est l'affaire des aphéliens, des exploités, jamais celle des bourgeois adultes et de l'oligarchie dominante. Aussi est-il verrouillé dans les cœurs par une instruction séculaire, une littérature proverbiale, des fictions à l'eau de rose, des bénédictions institutionnelles. Ses slogans font pleurer parce que le destin qu'il prône est tout simplement inhumain, contrenature, inatteignable. Il n'y a que des *instants* sentimentaux ; nullement de quoi décider de la vie entière. Le sentimental larmoie donc parce que sa posture existentielle aberrante fait de l'exception la règle. En s'offrant sur l'autel de l'Amour absolu, il sacrifie l'extrême évidence de l'*amour relatif*, il se complique le corps avec des déchirures forcées et se constipe l'« âme ». Le sentimental meurt d'amour au lieu d'en vivre : il ne succombe pas à un corps, mais à l'abandon lui-même. Il fait abstraction de l'autre pour n'en retenir que le symbole : l'altérité qui fait chavirer. Et il a le plongeon facile. Et il a toute une mufléee d'exclusivistes célèbres qui travestissent son suicide en exploit surhumain : « *Se servir d'une seule âme pour être deux* » ; « *L'homme et la femme ne se rencontrent qu'une fois* » ; « *Le couple heureux qui se reconnaît dans l'amour défie l'univers et le temps ; il se suffit, il réalise l'absolu.* » Désir d'arrêter l'Histoire au couple, le sentimentalisme est un solipsisme dual : pour lui, rien n'a plus d'importance que le Toi-&-Moi, entité abstraite qui procure un plaisir désespéré dès que s'esquisse une concrétude quelconque — car on sait que l'« Amour » est friable : ça ne tiendra pas. La *senti-mentalité* amoureuse fait ainsi système et fonde le couple, si bien qu'il faut tout le temps en entretenir l'ardeur cérébrale avec une quantité croissante de combustibles : bisous, cadeaux, voyages, déménagements, enfants... Combustibles dont le Marché et la TV produisent la plus grosse part. Utopie-là : nous pataugeons dans le sentimentalisme de consommation, un individualisme de couple sans cesse réactivé par des bidules et emballé par des arguments de vente. Un sentimentalisme à faire à la maison. Cela débouche sur la gentille famille avec papa et maman qui s'aiment sentimentalement : une TV avec quatre murs autour — le ménage postmoderne ! Le sentimentalisme est un jeunisme pour adulescents vieillissants où l'on joue aux ados hyperémus, fleur de peau et larme à l'œil : « *Je veux ton bonheur !* » Mais derrière la gaminerie foraine, le « *Je t'aime* » sentimental est surtout un « *Fuck off !* », un « *Rien à foutre du reste !* », — une crise duocentrique où la violence des zamours se retourne contre la terre entière. Je t'aime : je suis le roi du monde. Je t'aime : le monde peut s'écrouler. Et si tu ne m'aimes pas, je meurs, je meurs, je meuuurs !... Hystérie servile ; testérie morveuse. Le romantisme, lui, ne relève pas de l'apolitique conte de fées. Il veut injecter l'amour dans l'Histoire et introjecter l'Histoire dans l'amour. Le sentimentalisme dogmatique étiole par sa passivité : désir avéré d'aliénation. Le romantisme dévolutionnaire épanouit dans l'action : désir avéré d'autonomie. Le « *Je t'aime* » romantique est un « *Je te veux libre* » ; et pour cela, je dois me battre afin d'amener au réel les conditions phantasmées de ta liberté. L'amour romantique me politise puisqu'il combat contre tous les aliénateurs : exclusivites, tyrans, pervers, psys. Romantique, je le suis par le décentrement, où je te perds un temps afin que tu ne perdes pas la mesure de ta solitude et où je te rejoins intensément et te transforme, une fois redevenu toi-même. Romantique, je le suis par nos œuvre-vies qui s'entrelacent au monde ; par l'art de succomber en toi et d'accueillir ta présence de toute mon humaine envergure ; par l'évidence des fidélités plurielles qui font rayonner nos corps de liberté responsable. Romantique, je le suis par la famille constellaire, où les forces amoureuses soustendent les forces sociales en un universel lacis de bienveillances. Contre Simone de Beauvoir, la Mondialisation : « *Le Firmament heu-*

reux qui se reconnaît dans l'amour défie l'univers et le temps ; il se suffit, il réalise l'absolu. » Contre Jacques Audiberti, le mélange : « *L'homme et la femme se rencontrent à chaque regard.* » Contre Paul Claudel, le style indirect libre : « *Embrasser des milliers d'âmes pour être soi.* »

217

Prophylaxie. — S'il est possible de dévouer la psychanalyse pour en faire une cure individuelle nous débarrassant des scories de l'exclusivisme, le constellat, lui, est assurément une cure collective prévenant des éventuelles rechutes. Les névroses possessives n'y sont pas concentrées, mais diluées. Je suis au centre de *ma* famille, de mes Intimes et de mes Proches — au centre d'une toile amoureuse qui m'occupe si je suis désœuvré, me soutient si je sombre, me laisse seul si je le désire. Le contrôlat ne peut surveiller le constellat : même si tous les constellés s'illaborent, personne ne le *contrôle.*

218

La chasse aux trésors. — Harry Potter ça fait peur, c'est fait pour. En livre, inoffensif; mais soigneusement fasciste en cineptie. De l'*Orange mécanique* sans l'appareil écarquilleur d'yeux : un flot ultraviolent de monstruosités virtuelles. Plus le jeune spectaté se fait tabasser d'images fortes, plus il consommera la merde dérivée. Autres effets désirables de la *fast-lobotomy* : l'addiction au tétonnement, la perméabilité aux amalgames publicitaires, l'acception des dogmes néototalitaires, l'étasunophilie.

219

Spectral spectacle. — Placez un homme d'hier devant la TV : il ne lui faudra pas trois quarts d'heure pour comprendre que nous vivons sous une dictature. La drogue cathodique nous rend groggy ; lui, elle le saisira d'effroi. Des jeux vulgarissimes, des pubs obscènes, des séries à la dramaturgie niaise et, sur toutes les chaînes, les mêmes infos pour tous : aucune analyse, aucun débat constructif, pas une once d'intelligence à l'œuvre. « *À quoi cela vous sert-il de passer trois heures par jour devant pareille machine à décerveler ?* » La réponse gît dans la question. Mais ceux qui ne craignent pas la mauvaise foi rétorquent : « *Nous divertir.* » — « *Alors pour vous,* conclut l'ancêtre, *se divertir consiste à s'abrutir ? Quel démon vous a-t-il inculqué cette misérable équation ? Pourquoi ne pas profiter plutôt de votre temps libre pour refaire le monde et rire entre amis, découvrir la nature, développer votre sensibilité, affiner votre entendement, exercer votre jugement, acquérir un art ? Ne confondez-vous pas l'hébétude et le divertissement ? Où est le véritable bonheur dans tout cela ? Je devine que cette boîte à images et à cris paralyse la vie en vous. Dans ce linceul scintillant, vous ressemblez à un cadavre ! Un dindon, vraiment ! Et vous faites de vos enfants des petits poussins morts qui — au lieu de picorer le réel — s'imbibent d'inertie, de faux désirs et de stupeur. Adultes irresponsables ! Vous livrez l'enfance aux décerveleurs avant qu'elle n'ait pu se faire une cervelle ! Attendez au moins qu'elle finisse ses classes, qu'elle puisse se défendre ! Mais non : cela vous arrange, fumistes ! Vous pouvez en pondre ainsi à peu de frais : ils auront toujours la couveuse électrique pour leur enseigner des fadaises travesties en mauvais contes ! Comment les maîtres peuvent-ils rivaliser avec cette sorcière lumineuse ? Ils réclament d'eux de la rigueur, de l'attention lucide, de l'investissement — elle ne demande rien, mais leur prend tout cela ! Elle dérobe le soir même les frêles victoires que les élèves ont durement remportées la journée ! Elle pille les trésors de l'école et réduit à néant les attitudes nobles à peine initiées ! Elle tue dans l'œuf la conscience des poussins ! Quoi ! Je lis que vous voulez maintenant les* "éduquer aux images" *! Quelle discipline essentielle ce cheval de Troie foulera-t-il ?*

Quelle leçon y a-t-il à tirer du chaos, de la violence, de la cupidité, de la lubricité en spectacles, si ce n'est s'en détourner ou lutter contre ? Êtes-vous cyniques au point d'introduire le mal dans l'enceinte vénérable et, sous prétexte de leur apprendre à s'en prémunir, leur donner les moyens de ne pas s'évanouir sous la torture, d'en différer les effets indésirables et la rendre indolore ? Pourquoi ne pas leur donner, avec intransigeance, les germes d'une haute culture humaniste afin qu'ils méprisent — comme je le fais devant vous — l'instrument de servilité plaisante qu'est cet engin de mort ? Vous me parlez de "documentaires" *: que retenez-vous vous-même d'un flot d'images qui noie plus qu'il ne porte ? De mes trois quarts d'heure d'intoxication, il ne me reste que les dernières bribes ; rajoutez-m'en une heure, il ne m'en restera rien. Vous rappelez-vous les excellents reportages de la semaine dernière ? Non : ceux de cette semaine ont tout effacé ! Un livre, en revanche, se garde à l'esprit et le forme sans coup férir. Quoi ! Vos enfants n'aiment plus lire ? À qui la faute ? Que votre société veule de veules esclaves ne vous dispense pas d'essayer d'enrayer l'appareil ! Et, croyez-moi, la résistance commence pour vous par un bon débarras. Soyez dans le tube en discret rebelle, soit ! Mais jamais devant, malheureux ! Et n'exposez jamais votre progéniture pour la ramollir, la rendre béate, même si elle trépigne et subit l'ostracisme de ses camarades opiomanes. L'abstinence me semble préférable — vous en ferez une personne d'excellence. Je vois que vous étiquetez la provenance de vos poulets selon qu'ils proviennent de la ferme ou bien d'élevages intensifs et cloisonnés. Soyez sûrs que le dictateur vous étiquette, selon que vous goûtez aux imageries tétanisantes ou bien que vous vous maintenez à l'écart du poison. Les meilleurs loisirs développent le corps et l'âme ; cette chose-là ne développe que votre résignation. Aucune révolution n'est possible sous son emprise ; ni aucune originalité de vue, ni aucun sens moral, ni aucun désir (qui ne soit perverti par la cupidité). Méditez donc un conseil de bon sens : ce que des millions de personnes avalent, tenez-vous-en éloigné si vous tenez à la liberté. Vous voulez arrêter de fumer ? — Commencez par arrêter de vous abrutir ! Mieux vaut crever les poumons noirs mais la raison sauve que naître, vivre et vieillir sous hypnose. Je vois ! Vous craignez de quitter le grand troupeau léthargique ! Vous* *craignez la distinction et la solitude ; vous vous craignez vous-même. C'est souvent ainsi lorsqu'on ne s'abandonne point aux passions : on s'ignore fatalement soi-même et l'on veut trouver quelques distractions pour continuer de s'ignorer. Le courage que vous n'avez plus, faites alors en sorte que votre enfant puisse l'acquérir un jour ! Laissez-le apprendre de lui-même à se divertir, à créer des mondes, à se passionner — au lieu de corrompre son imagination avec les standards débilitants des boutiquiers ! Vous verrez : c'est lui qui, lentement, vous donnera les clefs de votre propre délivrance. Cesser le cigare deviendra une simple question de volonté. La volonté, vous vous rappelez ? L'estime de l'estime de soi.* »

220

Pile. — Un néorésistant en rage devant la TV : une batterie qui se recharge.

221

Gênes. — La postmodernité est l'exigence, systématiquement contrariée, d'étendre la politique au long terme.

222

Toujours des beaux yeux. — Amour mutuel : remède au chagrin des ruptures. Fidélités plurielles : remède au chagrin d'« aimer ».

223

D'évolution. — Passer de l'exclusivisme à l'inclusivisme, c'est dénouer la complexité par la complicité et prévenir la duplicité par la multiplicité.

224

Veine. — Il faut être opportun, mais en fonction d'une exigence romantique.

225

Réponse à tout. — Trois questions : 1/Quels sont les effets attendus de l'organisation constellaire ? ; 2/Pouvons-nous dégager des valeurs communes aux partisans de l'inclusivisme indirect ? ; 3/Qu'est-ce qui peut invalider une liaison d'Intimité ? — Trois réponses : 1/Le don ; 2/Le don ; 3/Le don.

226

Amor. — Grâce au décentrement constellaire, l'amour inclusif amorce et amortit notre amorale métamorphose.

227

Affluence. — Avoir vécu : être noir de monde.

228

Complétude. — À l'amour, qui est la générosité avec nous-même, doit s'adjoindre la générosité, qui est l'amour envers les autres.

229

Lâcher l'Affaire. — L'aventure constellaire n'est pas réservée aux immariables : tout le monde peut s'y risquer. Mais si l'exlusivisme — excécrable *héxis* — nous revient au galop, inutile d'insister. Les transfuges ne sont plus ceux qui trahissent leur camp, car chaque étoile ayant sa propre orbite, sa propre famille, son propre camp, il n'y a plus de trahison possible. Les transfuges sont ceux qui se transfigent eux-mêmes, ceux qui élaborent au lieu d'illaborer et qui calculent les autres au lieu de s'adonner. Le comble de la responsabilité, ce n'est pas la rétraction de soi, le raccourcissement des élans ivres mais — bien au contraire — l'abandon.

230

Toxicoman. — La pornographie verrouille psychologiquement le sexisme. Elle agit comme une drogue. De chaque *shoot* de mâlitude le mâle sort toujours un peu plus étourdi ; l'oppression sociale des femmes perd à ses yeux son parfum de scandale, entre dans la « banalité », la « normalité », la « légitimité ». Au finfond d'elles-mêmes, se dit-il, elles doivent se régaler d'être besognées comme des truies, d'être offertes comme des esclaves humides, d'être vidées de leurs sentiments et aspergées de foutre. Le film X proscrit l'amour — pour lui, péché capital — par souci hypnotique et dogmatique. La violence *assentimentale* des situations et des coups de butoir fascine et rassasie l'accro. *Idem* pour le pornochic publicitaire : pour river l'œil de bœuf au bidule, il faut l'encercler de vaches qui sucent. *Idem* pour la sexophonie, la Nénette Internet, les services télématiques : sans le moindre contrôle, les enfants découvrent tristement la masturbation avec un assistanat virtuel et putassier qui ne les quittera plus. Par les imageries masturbatoires et le pornarcotique asséné s'infiltre à la longue la conviction qu'en toute femelle une pute sommeille. La « Femme » ne serait dès lors qu'une fiction d'humaniste à la mords-moi-le-nœud. Par ailleurs, si l'« Homme » connaît invariablement une tendance à régresser vers la bestialité, pourquoi la « Femme » ne serait-elle pas assaillie par semblable pulsion ? Le porno, ou l'art d'abrutir le civilisé pour qu'en son for intérieur il renonce à la civilisation, à la légitimité de l'autorité féminine, à la raison s'extirpant des déséquilibres graves. La pulsion bestiale existe bel et bien, mais la pornographie ne veut avoir affaire qu'à elle, y réduire par la violence du cliché l'essence assumée de l'homme et la nature « *inavouée* » de la femme. Son nihilisme revient donc à circonscrire le sexuel au sexe, l'abandon des corps à la gym tonique. La dépendance est plus volontiers masculine : en tant que projection réelle aimantant les projections phantasmagoriques, elle titille l'Excès, la dynamique efférente du corps. Sans désinhiber *réellement* le spectateur, elle suspend ses inhibitions phantasmatiques et le rend complice bite en main, acteur salivant, jouisseur excédé. À un plus fort degré d'addiction, il s'agit de jouir du saccage virtuel commis envers l'héritage phantasmagorique légué par nos aînés, depuis le néocortex jusqu'au savoir-vivre. Par lâcheté porcine, le pornophile est prisonnier de l'*industrie nihiliste* — le néocannibalisme — qui échange une réplétion de consommateur contre une dévalorisation grotesque de la virilité, de la féminité et de la séduction. Les mœurs à peine émancipées ont été pornographiées, c'est-à-dire reconduites à l'esclavage, des centaines de cases avant la case départ de Mai-68. Mais la pornographie *aliène au nom de la liberté* : verrouillage sémantique d'une venimeuse nouveauté. Nous voici esclaves de notre « liberté ». C'est de cette liberté marchande que nous devons à présent nous libérer pour regagner notre humanité mise au pas et notre plaisir mis en branle. En ce sens, la vraie liberté consiste aujourd'hui à *nous retenir* d'acheter un bidule vendu au nom du droit à la liberté, avec des culs autour. La sexolâtrie va précisément contre l'idée même d'autolimitation, confondant malignement le laisseraller, la ventripotence, avec l'abandon amoureux, la liberté digne. Toxique, elle parodie l'intime, en exhibe les ersatz ainsi simulés pour mieux pousser les mâles à contrôler les « *femelles* », à abuser de leur géométrie variable, de leur anatomie flasque, de leur biologie toujours déjà déspiritualisée. Femelles nulles et décevantes car inférieures aux *taupes modèles* ; femelles soumises pour lesquelles c'est le plus macho qui rentre. Femelles sans âme ; femelles pour ânes. Le mâle bâté ne flanche ni ne pense : il cultive au contraire sa stupidité réactive, son érectibilité de plante, sa calvitie naissante. Il ne s'effraie jamais de l'obscène — étalage de boucherie ficelée de velours — et s'imagine se rendre viril quand il fait l'animal. La sophistication, l'aisance et la fantaisie sexuelles le font pouffer. Lui recherche la saillie crue, la performance de locomotive, la répugnance même pas « *beurk !* » Véritable propagande sexiste, la sexolâtrie pornographise l'art, la littérature, les massemédias, la doxa et la jeunesse, la gueule enfarinée. Filles roulées dans la farine puisque servantes *déshonorées* du plaisir mâle, oscillant de la « *bonne* » au « *thon* », de la hardeuse en puissance au « *trou* » à défoncer en phantasmant sur Brigitte. Garçons roulés à leur tour dans la farine puisque, à force d'être représentés comme des pénis sur pattes, ils vivent une sexualité nombrilique, bornée à l'érection royale, au coït rythmé et à l'intention vicieuse. La sexolâtrie qui dès douze ans les tient par les couilles leur intime l'ordre de penser avec leur pénis. Donc d'être immédiats, irréfléchis, irresponsables : tout le contraire de la cour, de l'intelligence, de la virilité — cette responsabilité sensuelle. Les moins neuneus deviendront de fieffés pervers. — Ah ! le pervers ! Le nouveau mâle du siècle !

231

Au-delà du ladre. — L'exclusiviste qui persécute son partenaire (« *Si tu me trompes, attention !...* ») a l'intention de le tromper. L'exclusiviste qui jure d'être fidèle se met en vrai lui-même au défi et impose à l'autre l'aliénante ascèse. À l'instar de l'inclusivisme, l'exclusivisme connaît lui aussi deux versions : le style direct ladre, le style indirect ladre. Le premier mode (exclusivisme de promiscuité) correspond au dogme familialiste traditionnel du couple fusionnel qui s'interdit de vivre autrement que par et pour le couple. Au fil des ans, pourtant, le Prince charmant pue de la bouche, la Belle au bois dormant va se faire réveiller ailleurs. Le second mode (exclusivisme de décentrement) rend justement compte de l'impraticabilité du style direct ladre et du cocuage général que celui-ci instaure, paradoxalement. — « *À Londres je connus Bella,/ Princesse moins lointaine/Que son mari le capitaine/Qui n'était jamais là.* » — L'exclusivisme de décentrement continue de se présenter comme du style direct, aussi noie-t-il les couples dans l'insincérité catarrheuse et le parjure infâme : même les amants sont cocufiés ! Que répondre alors à ceux qui restent persuadés que l'exclusivisme constitue la seule et unique voie de l'amour ? Comment dessiller les yeux des endoctrinés qui, tout en glissant secrètement du style direct ladre au style indirect par la force des choses, finissent flasques jusqu'au fiasco ? — Leur dire que la nature est mère de santé ; qu'être dans le vrai est un enjeu vital. Leur dire qu'il vaut mieux suivre l'idéologie de la liberté amoureuse que le dogme exclusiviste qui fait tourner les corps en remords et les baisers en morsures. Leur dire que l'amitié est 100 % amour ou bien 100 % fable ; qu'instituer entre ces deux mêmes sentiments une différence de degré ou de nature conduit les amis au mépris et l'amour à l'inégard. Leur fredonner enfin le quatrain des Inclusivistes : « *L'amour est un état et non une personne ;/ Il faut donner beaucoup pour le connaître un peu./ "De l'or ? — Lourd ! Des promesses ? — Mensonges ! — De soi ? — Donne !"/ Donner de soi : s'ouvrir jusqu'à fermer les yeux.* »

232

Contracture. — Nietzsche, le mâle philosophe, oppose Apollon à Dionysos, la perfection achevée et l'éternel retour. Beauté artistique apollinienne ; devenir innocent dyonisiaque. Or l'inclusivisme n'est pas *dionysiaque* mais *dionysien*. Il ne relève pas de l'*amor fati*, de l'acquiescement surhumain au monde, mais de l'*amor mori*, de l'abandon subhumain à l'autre. Possessivité furieuse héraïenne ; libres fidélités dionysiennes, c'est-à-dire capables de transe et de danse, d'innocence et de pluralité. Ou, pour le dire autrement : le dionysiaque renverse Apollon parce qu'il ébranle ordre et mesure ; le dionysien renverse Héra parce qu'il remet en cause la légitimité de l'union « légitime », et, en perspective, la sempiternelle jalousie de ceux qui *contractent* l'amour comme on contracte une maladie. L'amour dionysien *décontracte*, on n'y signe rien. On y soigne, on y enseigne, on s'y étreint.

233

Syllogisme du pervers. — L'illusion d'être aimé donne l'illusion d'aimer. Or quiconque aime dans l'illusion s'aliène à l'être aimé. Donc, il me faut abuser autrui pour abuser de lui.

234

Lampions du monde. — De la délicatesse entre les étoiles pour illuminer le Firmament ! De la scintilligence !

235

L'adulte erre. — Plus fourbe que le « courage » du cocufiage : la « fidélité » du puritain. Faire de puissance vice honteux passe encore ; mais faire d'impuissance vertu d'abstinence : — loi malingre des peine-à-jouir ! L'épanouissement tu ou bien l'étiolement, la « *torture réciproque* » mise en dogme ! L'acrobate ou l'avachis ! Le gaffeur ou le gâchis ! Si la nuit tous les trompeurs sont rouges, tous les « chastes » sont gris.

236

L'amour est mort : vive le sexe ! — La monotonie sexuelle de Catherine M. : un inventaire avant fermeture. Après la nymphomanie-calorifère des années 1970, la pornomanie pour viandes froides du néocannibalisme triomphant. Une baise sans le moindre abandon, dont on tient les comptes en gestionnaire blasé. Marcher au sperme et au piston comme jadis le train au charbon.

237

On connaît la chanson. — « *Les homm's ils aiment les femm' à hommes/Les femm's ell's aim'nt les homm' à femmes/Au paradis y a plus de flamme/Au paradis s'en vont les âmes/Alors ell's crèvent d'ennui et se rappell'nt tout's les folies/Qu'elles auraient pu s' payer sur terre/Elles rêv'nt à la fermeture Éclair/Qu'elles remontèr'nt d'un air si fier/Elles rêv'nt des divans profonds entrevus dans les garçonnièr's/Mon dieu ! pourquoi fich' des manières ?/ La vie s'envole/Et quand on s'affole/Hélas ! il est trop tard pour prendre son mouchoir !* » Désexclusiviser musicalement les exclusivistes ? Avec du Cyrus Bassiak chanté par Jeanne Moreau pour la naïveté tendre, du Georges Brassens pour les bécots bucoliques, du Boris Vian pour l'acidulé. Mais aujourd'hui ? De la moraline comme jamais ; même les dévolutionnaires se suicident dans le Toi-&-Moi au lieu de se le faire au micro. Les comédies musicales françaises sont au zénith de la bondieuserie exclusiviste : *Roméo & Juliette*, *Cindy*, *Autant en emporte le vent*, *Les Dix Commandements*, *Notre-Dame de Paris*. Pire que l'ordre moral : les méloperies morales qui lui préparent le refrain. Car la musique façonne les corps nouveaux, c'est pourquoi le totalitarisme publicitaire chante à *tue-tête*. Avec les CD, la TV, le ciné, la jeunesse a perdu le goût du silence en même temps que celui de l'eau. Elle se tétonne avec du *walkman* et du sucre, du natel et du lucre. Elle se cherche une « âme » entre ses deux oreilles. Du Mozart ou du jazz pour détendre l'atmosphère du métro ; du radioréveil pour se réveiller, des boules « *Qui est-ce ?* » pour s'endormir. Les multinationales poussent des musicos ignares à commettre leurs propres textes, à égraigner leurs deux accords (majeurs pour la *fiesta*, mineurs pour la *siesta*), à *freudonner* leur vacuité intérieure. Les fils de, paumés parmi les larsens de leur grosse descendance, ont l'exubérance momolle et la guitare apolitique. Quant aux putes, elles tiennent le haut du pavé depuis treize ans. « *Une merde braillée par une pine-up ça s'appelle un hold-up !* » Hold-up, en effet, quand la Staracadémerde se fait 12 millions d'euros en incitant les consommateurs décitoyennisés au vote lucratif (appels téléphoniques, SMS, services télématiques). Mais hold-up aussi lorsqu'on n'apprend plus de chansons aux enfants et qu'on les livre, sans armature musicale, aux bons soins des compositares, des paroleurs et des interproutes.

238

Iconne. — La nouvelle *star* jetable de l'industrie du disque est castée pour le *sex-appeal* de son visage. Avec elle, c'est désormais l'intention qui compte : une connivence hypersexuelle, un *air* on-ne-peut-plus *entendu*. Pourtant, nulle touche immédiatement sexy dans ses chorégraphies, ses textes ni même son *look*. Les sousentendus s'expriment par un regard lubrique qui donne aux paroles leur ambiguïté nigaude. La donzelle, dont l'âge télégénique avoisine les quinze ans, incarne le glamour pornochic du bout de ses fossettes et de ses arcades. Une machine à pédophiliser les instincts mâles et à pornographier les attitudes des femelles en culottes courtes. Pour le reste, c'est une *Jeunefille* comme les autres : extradisponible, péchue, inculte. Un pseudoprénom sans nom, une pipeuse virtuelle, une pine-up labélisée. Son physique de shampouineuse normande abonnée au Gymnasium pue l'artifice, la superficialité fardée, le fantasme glandes surfaces. Nulle luxuriance ici : du travail marketing. Charme composé, beauté d'équipe — spontanéité d'*étudiante* coachée pour scotcher mâles et fifilles au poste.

239

Avantgarde. — La pornographie arrive à faire croire que l'acte sexuel n'a rien à voir avec le désir mais qu'il est seulement une question d'envie. Or cette réduction de l'abandon au sexe, au soulagement organique, au « *vidage de couilles* », réconforte les adolescents dans leur crispation naissante. S'il détient l'avantage de déniaiser précocement, le hard comme unique source d'information de la vie sexuelle adulte passe du statut d'instrument masturbatoire à celui de dogme sexiste illustré par l'image. Mais les néorésistants œuvrent aussi en ces eaux, amazones en tête. Contre la censure et l'absence de dialogue dans les familles, ils doivent inventer une pornographie érotique, façonnière de phantasmes, brûlantissime pédagogue. Le *body-building* paraîtra alors ringard, le culte du coït fascisant, les fausses poitrines bouffonnes, les bandes musicales totalement débandantes. Qu'y verra-t-on ? — Des amours faites chair, des scénarios distillateurs de vertige, des Je(ux) qui se dilatent et se mélangent. Les amants porniqueurs espèrent de nouvelles dramaturgies sexuelles qui les rendent luxuriants, démiurges et libertins. Défi de la néopornographie : sans miser sur l'efficacité perverse, comment donner le sens de la défaillance ? — En faisant du spectacle des corps qui s'aiment une œuvre d'art thumétique, violence ensauvageante transgressant les bornes humaines. Laissons la censure aux parents et consacrons-nous furieusement à décloisonner de tous côtés corps et monde !

240

« *¡ Punto y basta !* » — Les marchands, titillant enfants et parents à longueur de pub, ont fini par faire des premiers des marchandeaux en herbe pour lesquels tout se négocie : quiétude, joujoux, gentillesse, repas, heure du coucher. Malheur aux seconds s'ils ne disent pas « *stop !* » au marchandage affectif ! S'ils se laissent faire, ils deviennent les bonnes poires que les pubards espèrent : des parents *achetant* l'amour de leurs enfants. Dès qu'un môme prostitue son image pour la pub, on lui fait logiquement jouer le rôle de la pute qui réclame des biens de consommation (couches, roquefort, voiture...) en échange de bisous. L'abjecte leçon imprègne plus efficacement les familles téléphages de l'Aphélie. Elle sape l'autorité des parents ; un « *non* » catégorique de leur part devient une injustice criante aux yeux des négociateurs en culottes courtes. Contre la tutelle trop rigide de leurs aïeuls, les soixante-huitards ont formé des petits artistes égocentriques et caractériels, aux convictions branlantes et à l'entièreté douteuse. Les voici désormais parents à leur tour. Obligés d'être responsables, pour la première fois de leur vie. Obligés en outre d'enseigner le sens des responsabilités à une marmaille déresponsabilisée à grande échelle par les dealeurs de bonheur. L'insouciance naïve des enfants-rois postsoixante-huitards privait les garçons de virilité ; elle en faisait des machos à la petite semaine, des paumés maudits ou des homos marginalisés. La nouvelle génération déboule, encore plus irresponsable puisque non encadrée par ses aînés mous et encouragée par les vautours à davantage de mollesse. Une génération de « *jeunes* », surprotégés, sans autre qualification que la jeunesse, sans autre ambition que l'argent, taxant l'intégrité de sottise et la générosité de « *truc de ouf* ». Les filles se font affreuses ou nunuches ; les garçons, lavettes ou mâles. L'amazone et l'homme viril, ressorts clefs de la concorde mondiale, auront disparu dans quarante ans. À moins que les vieux de soixante-huit fassent un effort de mémoire et se souviennent de la formule magique qui en fit jadis des personnes tout de même capables de responsabilité. Cet abracadabra, sans autre magie que la légitime autorité des parents — n'en déplaise aux pubards —, inculque, en creux, des repères structurants. Il met un terme au négoce ; un point barre au marchandage. Il acclimate les personnes majeures à leur rôle, remet l'enfant à sa place, lui donne le désir de devenir adulte plutôt que de plagier les vendeurs d'amour en piaillant, le cul sur la chaise. Il le prévient surtout des surenchères violentes qui, s'il ne l'a que trop peu entendu, entacheront chaque nouvelle rencontre de défiance — infernale besogne sondant les limites d'autrui. Cette expression que l'on pourrait croire tenir du miracle pédagogique, la voici en français, à dire sans méchanceté aucune, avec un ton ferme et le regard truffé d'amour : « *C'est comme ça et pas autrement !* » D'aucuns lui préfèrent l'inflexible concision des mères andalouses : « *¡ Punto y basta !* » Un point, c'est tout. Point fixe à partir duquel la vraie liberté peut enfin commencer, et l'identité, se construire.

241

Treize à la douzaine. — Nul commerçant du XVIIe siècle n'a suivi les humbles conseils de Jean de Saint-Samson. À défaut de devenir son maître spirituel, le mystique aurait pu transmettre à l'épicier l'once de sainteté qui lui fait aujourd'hui encore tant défaut ! Hélas !, tout comme ce dernier, il était aveugle. Il loupa le coche, parla d'amour suprême et de suréminence au lieu de prêcher finances. Pour le religieux, l'abandon débute par la méditation. Pour l'autre, les choses sérieuses commencent lorsque Sainte-Dalila — sa femme, sa sœur, sa fille, qu'importe ! — mène les gentilshommes aux échoppes en roulant du cul. Avant sa vie pieuse, Saint-Samson fut mendiant et pianotait de l'orgue. Comment convaincre dès lors le simple boutiquier de ne jamais quêter ni jouer du pipeau ? « *Absorption réciproque de l'homme et du bon Dieu ? Je veux, je veux, je veux !*, dit un jour celui-ci au moine, tout surpris. *Vends-m'en au prix de gros que je l' vende à gros prix !* »

242

Bon marché. — On pourrait croire que le touriste occidental qui achèterait comptant et au prix annoncé la poterie d'un artisan arabe lui manquerait grossièrement de respect. Il agirait en cannibale : ses espèces absorberaient le travail de l'homme et s'accapareraient d'une vitalité moralement inachetable. La logique du marchandage paraît insensée pour le capitaliste : « *De quoi se plaint ce marchand ? Aurait-il préféré gagner moins d'argent ?* » — Cela se peut, si *en échange* on avait pris la peine de le reconnaître en tant que personne autonome et non en tant qu'esclave. Mais de fait, le touriste qui marchande pour faire « *couleur locale* » est perçu comme le pire des goujats par les autochtones. Il lui faut vivre longtemps à leurs côtés pour saisir la subtile loi du marchandage et s'y risquer sans condescendance résiduelle ni scélératesse. Car lorsqu'un commerçant et un client prennent le temps de marchander, ils réintroduisent de l'amitié dans la pratique, autrement froide, du négoce. Ils prolongent l'échange, qui d'économique devient *rapport humain*. Le vendeur vante la qualité de l'article tout en prenant en compte la situation financière de l'acquéreur ; celui-ci tente d'en baisser la traduction quantitative — son prix — tout en prenant en compte l'effort, le talent, les arguments de son propriétaire. Une bienveillance réciproque s'installe patiemment. On évite les vexations, on tire son épingle d'un jeu qui se gagne ou se perd à deux. En effet, la finalité ultime est moins de faire une bonne affaire que de ne pas porter préjudice à autrui. Car sans marchandage, l'activité mercantile vire à l'escroquerie : le marchand *abuse.* Il achète un objet un euro et le revend au sextuple. Sans marchandage, tous les marchands sont des arnaqueurs. Et, parmi eux, les farmaciens sont les plus gâtés puisqu'ils échangent de la « Santé » et s'acoquinent directement avec la mort ; les autres doivent recourir aux services des pubards pour donner à leurs bidules un brillant « *antimort* », gage de profit maximal. La vente de « vie » prend l'acheteur en otage et le transforme en *consommateur*, en moribond gagnant sa vie au bureau pour pouvoir l'acheter au supermarché — en apeuré du vide vide de monde, en déceptionniste décédé, en petit chiot fragile. La vente de « vie » s'oppose totalement à la conciliation, laquelle vise le produit *pour lui-même*, non pour le bonheur que les charlatans promettent afin d'achever de nous convaincre ; — afin de nous duper : le bonheur de l'être ne s'achète pas. Si bonheur il y a ce doit être l'acquisition elle-même, et la conciliation, en prolongeant l'achat, prolonge le bonheur de l'échange. Cette transaction respectueuse donne de la plus-value à l'objet : le souvenir d'une négociation amicale, courtoise, éminemment civilisée, rend l'article unique, y ajoute une dimension affective, y introduit une épaisseur humaine. Un tel marchandage possède ainsi la vertu de faire doublement tampon : il rend l'échange juste et humain. Juste, parce qu'il y va là comme au tribunal : on plaide, on prouve, on juge. Mais on tranche *à l'amiable*. Si la bonne foi y préside, la conclusion de l'accord privilégiera le plus pauvre sans pour autant léser le plus riche. Humain, car même si le débat porte explicitement sur un montant pécuniaire, il s'inscrit tacitement dans une relation éthique. Les deux parties en présence s'apprivoisent, se jaugent, se *rencontrent*. La marchandise est un prétexte cachant une dialectique amoureuse. En ce sens, le terme « marchandage » possède une forte connotation péjorative ; parlons plutôt de « *conciliation* ». En latin, « *conciliare* » signifie « assembler » et « *conciliabulum* » (« conciliabule ») désigne le lieu de réunion. Un lieu où l'on s'entretient, où l'on s'accorde des faveurs, où l'on se réconcilie. Un acte par lequel le vendeur et l'acheteur cessent d'être des adversaires parce qu'ils aboutissent finalement à un rapprochement. Ils se concilient l'un l'autre ; leurs intérêts respectifs trouvent un terrain d'*entente*. — Certes, en Occident les vendeurs de choses chères acceptent parfois de faire un rabais quand nous les sollicitons, non sans tirer d'ailleurs une tronche offensée qui nous culpabilise. Ici, nul conciliabule, nul cérémonial : uniquement de la défiance, rapport de force sousjacent qui sourit de toutes ses dents. Rien à voir avec les cultures pour lesquelles la conciliation relève de la coutume et de la civilité. Le « *geste commercial* » de 10 % n'est pas le geste amical de complicité : il ne va pas de soi. L'air pincé du vendeur qui dit faire un « *effort* » s'avère incommensurable aux palabres passionnément généreuses qui impliquent affectivement l'autre, engagent dans l'échange son corps et non simplement son portemonnaie. Le *marchandage* du concessionnaire tient de la tête, de la stratégie boutiquière, de l'arnaque planifiée ; la *conciliation* civilisée tient du cœur, de la séduction chaleureuse, de l'abandon. L'acquéreur y perd peu à peu son statut de client pour devenir ami, le temps qu'il reconnaisse une valeur autre que l'imposture au métier de marchand. Au-delà donc de l'offre et de la demande, des valeurs d'usage et d'échange, c'est bien la *dignité* des deux parties qu'il s'agit de concilier. — « *Dans les affaires, comme en amour, il est un moment où l'on doit s'abandonner.* »

243

Paraphilies. — L'addiction sexuelle suit le scénario de la boulimie : insatisfaction, phantasmagorie de suppléance, passage à l'acte pour se sentir mieux, culpabilité penaude, lutte contre soi-même pour ne pas replonger, échec, autojustification pleine de mauvaise foi, insatisfaction, etc. ; les comportements des drogués du sexe tirent toutefois leur spécificité du jusqu'auboutisme de leurs obsessions. Le boulimique ne part pas en quête — si ce n'est celle, compulsive, des *ice-creams* et des sucreries qui l'appellent depuis le frigo. Le sexomaniaque, en revanche — outre le fait qu'il puisse sacrifier sa vie sociale, professionnelle et familiale à sa dépendance —, a besoin d'expériences de plus en plus déshumanisantes, humiliantes, inédites. Le *crescendo* vers la mort distingue ici boulimie et addiction. Cette dernière additionne les dépravations, les flétrissures carnées ; la crispation des mœurs n'est pour elle jamais assez prononcée. Elle rend ainsi le besoin de soulagement graduellement plus pressant en même temps que plus difficile à obtenir. Cybersexe, pornographie, partouzes, prostitution sont explorés avec toujours plus de perversion autoérotique et utilitaire : voyeurisme, exhibitionnisme, fétichisme, travestisme, sadomasochisme pour les « —ismes » ; gérontophilie, pédophilie, zoophilie pour les « —philies ». Ajoutons à la liste inexhaustive le viol, l'inceste, et le viol incestueux. Parce qu'il s'embourbe dans les sables mouvants du cynisme, le sexomaniaque s'enfonce dans un esseulement grandissant où l'hostilité et la dépression, le Décès et l'Abcès se rejoignent, comme si son Je(u) s'effaçait peu à peu pour laisser la place aux extrêmes. Procès *défaillant* de l'addiction sexuelle : perte de contrôle de soi par la négation perverse d'autrui. À ne pas confondre avec le Procès *succombant* de l'aimantation érotique : perte de contrôle de soi par le mélange lumineux avec autrui. Dans le premier cas il y a perversion : l'autre devient *accessoire*, soulage et fait survivre. Dans le second cas, il y a abandon : l'autre devient collusoire, fait mourir et libère. Il est aisé de comprendre que la sexomanie postmoderne — « nymphomanie » étiolante, cynique et compulsive — provient de la propagande sexolâtre que le néocannibalisme exerce sur les individus, rendant accros ceux dont l'identité est plus friable. Mais d'où proviennent dès lors ces branlantes structures identitaires qui doivent s'enspiraler dans l'addiction pour ne point tomber en miettes ? Quel enfant fut cet amateur d'humiliations scatologiques ou bien cet exhibitionniste qui se masturbe frénétiquement dans le métro devant les demoiselles ? Quelle enfance eut ce masochiste qui réclame les plus durs traitements pour y laisser sa dignité, sa sueur, son sperme et son sang ? Quel passé houleux leur présent honteux veut-il revivre ? Tandis que les savants s'affairent à nous confectionner des facteurs cérébraux et hormonaux, tandis que les psys s'attachent à renforcer la surveillance biomorale à l'encontre des « déviances », tandis que les apôtres de Néron rêvent eux d'esclaves châtrés, de verges hypertrophiées et de viols successifs, la vérité est tue, parce qu'elle suffit à elle seule pour invalider le dogme exclusiviste : quatre fois sur cinq, l'addiction sexuelle est la suite d'abus sexuels survenus dans l'enfance. En quoi la famille nucléaire est-elle responsable de ces abus ?, demandera-t-on. N'y a-t-il d'ailleurs pas un risque de voir de tels abus se multiplier avec la famille constellaire ? La Constellation met effectivement en contact l'enfant avec davantage d'adultes — ses « *darons* » —, unis à ses parents par des liens intimes. Mais ces relations connaissent un changement qualitatif salutaire :

pourvu de nombreux pôles affectifs, l'enfant n'a plus à subir la fréquentation exclusive et parfois oppressante du papa ou de la maman. Le cercle des adultes, des frères, des sœurs, des cousins s'est considérablement agrandi par rapport à la famille consanguine. Les Intimes de son père et ceux de sa mère, en tant que darons constellaires, participent à son bienêtre affectif et effectif, à son épanouissement, à son éducation, à ses loisirs, à son apprentissage de la vie. Mais l'enfant ne les *subit* pas. Plus libre dans ses mouvements, dans le dialogue, dans le choix de ses complicités, il est aussi mieux encadré et jouit d'une *structure affective plus souple.* L'enfant n'est plus livré à son esseulement et peut trouver des interlocuteurs de confiance à qui parler. La parole circulant, elle dissuade alors des adultes malintentionnés à son encontre : les vilenies, les actes et propos déplacés, les méfaits de toutes sortes ne peuvent plus être cachés par quelque chantage que ce soit. Dans l'organisation familiale archaïque, en revanche, l'enfant est livré au bon vouloir de ses parents — l'Égalité et la Liberté républicaines ne peuvent survivre à ce *fatum.* Constellation : le « désordre » daronal fait ordre. Consternation : l'« ordre » parental fait désordre.

244

Preuves vivantes. — Les jeunes assommés partiront demain au combat pour recouvrer leurs esprits, esprits que la publicité a ravis par ponctions cérébrales régulières. Ils rêvent aujourd'hui de guerre et de sanguinolance. Nous leur proposons une voie pareillement exaltante, mais de surcroît innovante et pacifiste : la subversion du traditionalisme amoureux par l'inclusivisme de réseau — la Constellation ! Qu'ils se rassurent, il y aura des coups de sang, des coups de poing, des coups de gueule. La vitalité retrouvée aura de quoi se vivre intensément. Car les exclusivistes réactionnaires, secte régnante et fragmentée, prendront les enfants en otage et n'auront de cesse de leur répéter qu'aimer plusieurs personnes, ce n'est pas « *naturel* », ce n'est pas « *normal* », ce n'est pas « *bien* ». Ceux qui n'en ont pas la générosité humaine taxeront l'amour pluriel de « *vice* », de « *faiblesse* », de « *danger* », comme ils taxent la jalousie d'« *ingrédient nécessaire* », l'amourpropre de « *vertu universelle* », la promiscuité de « *construction* », le *comfort* de « *bonheur* », le consentement de « *consentiment* », l'exclusivité de « *fidélité* », la dépendance de « *témoignage* », l'étiolement de « *compromis* », le mensonge de « *respect* », l'individualisme familialiste de « *progrès* », l'envie de « *désir* ». Les inclusivistes devront prémunir leurs enfants contre le dogme de la possessivité amoureuse — « *J'aimais, Seigneur, j'aimais : je voulais être aimée.* » Pour cela, nul endoctrinement, surtout ! Ce serait opposer un dogme contre un dogme, une théorie contre une autre, et tomber dans un relativisme qui, on le sait, perpétue les dogmes les mieux ancrés dans la psyché. Il faut prendre idéologiquement de la distance et juger l'exclusivisme depuis le fiasco psychologique et fraternel que ses forains et ses doctrinaires tentent de masquer — aujourd'hui en vain. L'exclusivisme est coupable de cinq névroses sur six, de cinq violences conjugales sur six, de cinq drames amoureux sur six, de cinq suicides sur six, de cinq vies gâchées sur six. « *Et pueri qui nunc ludunt nostri judices erunt.* » Les enfants des inclusivistes n'auront pas l'âme emplie d'anathèmes, mais le corps dévolutionnaire : leur propre épanouissement parlera en faveur de l'inclusivisme constellé et fera des émules. Leurs sourires radieux laisseront les vipères sans langue ; leurs parcours poétiques les piétineront ; leur œuvrevie ternira les nids mistigris. Un réseau avec l'amour pour lien ne tremble pas devant le *credo* de l'amour pour rien. Le miracle de la libération, d'après Dagerman, tient en cette courageuse évidence : « *La vie avant tout* » — « *Personne, aucune puissance, aucun être humain, n'a le droit d'énoncer envers moi des exigences telles que mon désir de vivre vienne à s'étioler.* »

245

Amortisseuse. — La liaison constellaire *fait tampon.* Elle avive les désirs, elle dissipe les crispations, elle encourage les succombances, elle amortit les chocs. Elle rend la conduite de la vie possible, les rapports humains subtils, l'éducation élevée. Elle nous muscle et nous assouplit ; elle nous redresse et nous optimise. Elle nous illabore.

246

Supernovae. — Toutes les étoiles sont *filantes.* Toutes les étoiles se commettent dans l'attraction universelle, y tissant leur trajectoire personnelle et météoritique.

247

N'être que tous. — La Constellation contient implié l'individu.

248

Abécédaire interstellaire. — ***Abandon*** **:** laisserêtre d'un corps. ***Accès*** **:** interiorité infiniment vécue du corps, en deçà de la peau. ***Aimantation*** **:** nécessité pour celui qui s'abandonne de s'abandonner à une *personne* qui s'abandonne à lui. ***Amazone*** **:** amoureuse consciente de sa tropicalité et responsable de sa présence. ***Âme*** **:** aptitude d'un corps à la succombance. ***Amour*** **:** laisserêtre de plusieurs corps s'aimantant les uns aux autres. ***Amourpropre*** **:** désir d'être soi-même le centre de l'aimantation et de maîtriser le mélange — pour cela, impossible — par crainte de perdre le Je(u) ; perversion semiconsciente de l'amour en pouvoir. ***Axe*** **:** le corps en tant que triple dynamique intensive, réflexive et extensive (A = Accès, X = Procès, E = Excès). ***Beauté*** **:** liberté de désirer ; marque sensible de l'autonomie dans l'attitude d'un corps. ***Charité*** **:** amour *donné* aux malaimés, contrairement aux mérétrices qui le *vendent*. ***Charme*** **:** sourire intérieur ; marque sensible de la succombance dans l'attitude d'un corps. ***Clownerie*** **:** crispation déguisée en abandon. ***Constellable*** **:** tout individu majeur en tant qu'il peut créer sa Constellation. ***Constellaire*** **:** objet ou chose relatifs à la Constellation. ***Constellat*** **:** désigne le Firmament au point de vue abstrait, théorique, principiel. ***Constellation*** (E. « *Stelaro* ») : désigne *stricto sensu* l'ensemble des Intimes et des Proches de premier degré, ainsi que leurs enfants ; pris plus largement comme équivalent de l'inclusivisme indirect libre (= « constellat », E. « *Stelarismo* »). ***Constellatoire*** **:** intention ou activité relatives à la Constellation. ***Constellé*** **:** état relatif à la Constellation ; désigne également un individu constellé, ou « étoile ». ***Consteller*** **(*se*) :** entrer en Intimité ou en Proximité. ***Couple*** **:** légitimisation de l'aimantation ; contractualisation de l'amour. Pacte exclusiviste de persécution mutuelle quand la femme n'y est pas subordonnée à l'homme. ***Cousin(e)s*** **:** les « *cousins* » de la famille consternée sont appelés « *frères* » dans la famille constellaire ; deux enfants y sont alors « *cousins* » lorsqu'un parent de l'un est en Intimité ou en Proximité avec un parent de l'autre — « cousins de x^e^ degré » signifie ainsi que les parents sont des Proches de x^e^ degré, mais il n'est souvent guère nécessaire d'apporter une telle précision. ***Crispation*** **:** état douloureux d'un corps qui refuse de s'abandonner. ***Darons*** **:** le père et la mère sont les *parents* de l'enfant, leurs Intimes sont ses *darons*. ***Décentrement*** **:** caractérise le style indirect du désir d'aimantation, c'est-à-dire la différance de celle-ci, son report, sa médiation, sa transformation continuelle. ***Déconsteller*** **(*se*) :** rompre toute liaison avec l'organisation constellaire (mariage exclusiviste, par exemple). ***Degré*** **:** caractérise le nombre de personnes intermédiaires entre deux membres d'un Firmament ; peut aussi se dire « *cercle* ». ***Délier*** **(*se*) :** rompre une liaison d'Intimité ; en cas de litige, la déliaison de deux Intimes I et J se fait en présence d'au moins un Intime de I et un Intime de J, souvent après plusieurs réunions — « Démêlements » — où ils tentent par le dialogue de résoudre les problèmes. ***Démêlé*** **:** écrit d'intention marquant la réconciliation de deux constellés suite à la médiation d'un Démêlement. ***Démêlement*** **:** en cas de conflit ou de problème entre Intimes, ces derniers peuvent s'ils le désirent demander qu'un nombre déterminé de leurs Intimes (appelés alors « démêleurs ») participent à un Démêlement, c'est-à-dire à une réunion destinée à rétablir leur entente ou à clarifier leur problème ; le plus souvent, une déliaison s'officialise par un dernier Démêlement si les précédents n'ont pu améliorer la situation. ***Démêleur*** **:** Intime participant à un Démêlement. ***Démiurgie*** **:** création illaborative de la réalité par le mélange des phantasmagories. ***Désir*** **:** mouvement extérieur/intérieur du Je(u) qui tend vers où il n'y/en est pas. ***Dévolution*** **:** vitalité idéologique d'une société ; réaction de tout le corps social qui se protège du dogmatisme et des conjonctures pathogènes. La dévolution est à la psyché ce que le désir est au Je(u). ***Dionysos*** **:** dieu-symbole de l'inclusivisme. ***Direct*** **:** mode de relation fondé sur la promiscuité. ***Domicile*** **:** lieu d'habitation personnel d'un constellé, par opposition au « Foyer » (en jargon constellaire). ***Doxa*** **:** Moi sociétal. ***Duocentrique*** **:** désigne la relation bilatérale du couple exclusiviste, le Toi-&-Moi imposé par les dogmes judéochrétien et libéralsexolâtre de l'amour ; en opposition, la Constellation peut être dite « unicentrique » (du point de vue de l'individu, qui se trouve toujours au centre de *sa* famille) ou bien « multicentrique » (du point de vue de ses Intimes). On le voit, la Constellation est fondée sur une théorie de la relativité amoureuse. ***Excès*** **:** extériorité infiniment vécue du corps, au-delà de la peau. ***Envie*** **:** désir factice, né du chantage à la mort publicitaire ou de l'amourpropre, non de la phantasmagorie personnelle. ***Épanouissement*** **:** essor du corps lorsqu'il persévère dans sa présence. ***Étiolement*** **:** affaiblissement du corps lorsque sa présence décroît. ***Étoile*** **:** autre nom pour désigné une personne constellée. ***Exclusivisme*** **:** conception de l'amour comme association exclusive entre deux êtres (duocentrisme), et de la parenté comme unique détermination du lien familial (familialisme). ***Fantasme*** **:** représentation d'une envie sans interprétation personnelle. ***Fatuité*** **:** amourpropre reconnu et assumé. ***Firmament*** **:** ensemble interstellaire ; chaque étoile est au centre de sa

Constellation, et les Constellations reliées les unes aux autres forment un Firmament. ***Frères*** **(*Sœurs*) :** lien de parenté entre deux personnes ayant au moins un aïeul en commun (« *demi-frère* » et « *demisœur* » sont des expressions caduques, « *cousin*(*e*) » a un sens précis). ***Foyer* :** en jargon constellaire, le Foyer est un vaste lieu convivial, acheté ou loué par plusieurs Proches afin d'en faire profiter leur Constellation ; les usages peuvent en être très variés (résidence secondaire collective, garderie, atelier, lieu accueillant les plus âgés, etc.). ***Galaxie* :** en jargon constellaire, désigne la famille de parenté ; « galactique » signifie ainsi « familial » au sens juridicotraditionnel de l'acception ; on dit aussi « *voie lactée* » et « *lactique* ». ***Héra* :** déesse-symbole de l'exclusivisme, jalouse, persécutante, haineuse et possessive. ***Illaborer* :** produire par succombance, non par réflexion ni préparation motivée (cela est « élaboration ») ; l'*homo illabilis* est l'être humain capable de faire du don de soi un processus démiurgiquement fécond. ***Inamour* :** peur de s'abandonner à l'autre, d'où la nécessité de fuir la vulnérabilité amoureuse, débouchant sur la défiance, l'indifférence affective ou le cynisme utilitariste. ***Inclusivisme* :** conception de l'amour comme association inclusive, psychologiquement plus saine et socialement plus solidaire que la parenté pour *choisir* sa famille. ***Indirect* :** mode de relation fondé sur le décentrement. ***Instellation* :** officialisation d'une nouvelle liaison constellaire, soit en aparté, soit en présence d'Intimes et de Proches (cérémonie, fête, etc.). ***Interstellaire* :** qui est relatif au Firmament. ***Intimité* :** liaison sans intermédiaire entre deux membres de la Constellation. ***Je*(*u*) :** l'être que je *suis* ; mon corps qui, parce que ductile et pour se sentir *mien*, doit constamment faire son propre Procès. ***Luxuriance* :** *sex-appeal* ; marque sensible de la tropicalité d'un corps. ***Mâle* :** homme croyant que l'abandon n'est qu'une affaire de femme. ***Mélange* :** abandon *réalisé*, quand les Je(ux) cèdent aux phantasmagories désirantes et qu'ils font émerger la réalité de l'effusion fusionnelle de celles-ci. ***Mérétrice* :** femme vendant ses caresses de son plein gré — masculin, « méréteur ». ***Millefa* :** en jargon constellaire, autre appellation de la famille constellaire. ***Moi* :** l'être que je crois être ; mon corps réfléchi par le Procès des autres. ***Mon-***

dialisation **:** concorde interstellaire ; liaison universelle des Constellations. ***Nébuleuse*** : ensemble de constellés partageant des convictions ou des projets communs ; quand des étoiles du Firmament accordent leurs vues et alignent leurs actions (pétition, élection, *lobbying*, etc.), on parle de « *Nébuleuse* ». La Nébuleuse, synergie noncentralisée, échappe par essence au contrôle de l'État puisqu'elle est la dévolution en marche. À noter le rôle capital des technologies de télécommunication pour donner corps et cohérence à une Nébuleuse sans la transfiger en dogme. ***Parenté*** **:** liaison de consanguinité, d'adoption ou de mariage ; unique lien du Triangle. ***Passion*** **:** tension persistante du Je(u) vers ce qu'il n'est pas encore, mais *brûle* de devenir. ***Personne*** **:** sujet-objet de l'abandon. ***Perversité*** **:** amourpropre reconnu mais nonassumé, clownerie visant à aliéner autrui. ***Phantasme*** **:** représentation du désir en situation. ***Phantasmagorie*** **:** mythologie personnelle ; ensemble mouvant des phantasmes qui orientent le désir et font monde. Ontologie de l'imaginaire, la phantasmagorie s'oppose ainsi au virtuel, ontologie des contraires. ***Phantasmatique*** **:** est « phantasmagorique » ce qui relève des phantasmes en général, y compris les cophantasmes qui font la réalité ; est dit « phantasmatique » ce qui relève des phantasmes personnels, autrement dit de l'espace phantasmagorique impartagé avec autrui. ***Planistelle*** **:** carte représentant une partie du Firmament à l'instant *t*. Internet fournit aux proxémologues le support le mieux adapté à la planistelle, parce que évolutif et consultable par tous. ***Proches*** **:** inclusivistes ayant un Intime en commun. ***Proches de x^e degré*** **(ou *de cercle x*)** **:** inclusivistes liés entre eux par x personnes intermédiaires (« *Proches de premier degré* » se dit plus simplement : « *Proches* »). ***Procès*** **:** réalité indéfiniment déduite du corps par lui-même — sa remise en axe après *relaxe*, après mélange. ***Promiscuité*** **:** émoussement du désir d'aimantation par une trop grande familiarité, l'aimantation ayant toujours-déjà lieu (style direct) ; tendance pour le duocentrisme (le Toi-&-Moi) à se transformer en unicentrisme et à perdre le contact avec l'extérieur, faute de décentrement. ***Proximité*** **:** liaison médiate entre deux membres du Firmament. ***Proxémologie*** **:** science relative à l'arborescence interstellaire ; le proxémologue est au Firmament ce que le généalogiste est à la parenté, le « *proxémogénéalogiste* » pratique ces deux métiers. ***Psyché*** : Je(u) sociétal. ***Révolution*** : explosion idéologique d'une société dont les dominants ont voulu bloquer la force dévolutionnaire, afin de maintenir leur pouvoir. ***Sexe*** : sexualité sans aimantation. ***Style ladre*** : autre nom de l'exclusivisme, lequel conçoit l'aliénation duocentrique qui rend les amants *propriétaires* de l'un et de l'autre comme un gage d'amour absolu. ***Style libre*** : autre nom de l'inclusivisme ; si la fidélité est fidélité à soi, la personne autonome peut alors *librement* s'abandonner à des amours plurielles sans chercher à les aliéner par contrat moral. ***Succombance*** : le *s'abandonner* ; la perte de Je(u), la suspension de la conscience quand les corps s'aimantent et se mélangent. ***Toi-&-Moi*** : le devoir-être-deux de la construction amoureuse légitime, autrement dit du couple promiscuit ; jadis dogme de l'Église, le Toi-&-Moi est aujourd'hui imposé par la propagande libéraltotalitaire en même temps que lui sont ravies ses conditions de solidité avec l'apologie sexolâtre du nomadisme célibataire, — si bien que le « & » du Toi-&-Moi ne relève plus de la foi ni de l'engagement, mais de l'Avoir et de l'abandon de consommation. ***Transfiger*** : geler l'illaboration d'un processus. ***Triangle*** : modèle familial institutionnel fondé sur la trinité père-enfant-mère, accomplissement *normal* du Toi-&-Moi (où le « & » est le projet enfant). ***Tropicalité*** : désir d'aimantation et de succombance ; caractère essentiellement libidinal de l'épanouissement. ***Viril*** : amoureux conscient de sa tropicalité et responsable de sa présence.

249

Pour éviter un contresens concernant la Constellation. — La Constellation n'est pas une famille politique, mais une politique de la famille. Il est bien entendu recommandé à la personne constellable de faire un travail sur elle-même afin d'acquérir les trois vertus de la responsabilité adulte, seules garantes contre la xénophobie, la défiance et la possessivité.

Les trois années qui séparent la majorité de la constellabilité peuvent par exemple être mises thématiquement à profit : dix-huit ans, devenir *généreux*, répondre de l'autre, rencontrer sa « différence » ; dix-neuf ans, devenir *entier*, répondre de soi, tenir parole ; vingt ans, devenir *intègre*, répondre d'un idéal. Ces valeurs contredisent radicalement celles enseignées par le néototalitarisme de marché, à savoir la défiance, l'insolidarité et la compétitivité. « *Manipulez-vous dans la haine et dépecez-vous dans la joie !* », ordonne le capitalisme néocannibale à la téléfoule, en osant parfois se draper de croix chrétiennes, de colombes ou de « liberté » démocratoc. La Constellation combat l'ultracapitalisme sur le terrain qu'il accidente le plus : l'amour et les alliances que l'aimantation amoureuse peut faire naître. Il existe cependant deux façons d'aimer. 1/L'« exclusivisme » prétend que l'on aime lorsqu'on réserve des privilèges exclusifs aux aimés. Cette conception individualiste définit donc l'amour comme un lien favorisant quelques élus du cœur, généralement la famille entendue au sens de liens de consanguinité « *grands-parents, parents, enfants* », mais aussi les très proches amis. Or cet amour-là s'avère absurde en son présupposé fondamental qui voudrait qu'il existât un déterminisme amoureux. Outre la substitution névrotique que l'on appelle bien complaisamment « *coup de foudre* », il est aisé de démontrer aux nonsuperstitieux que l'amour authentique relève de la liberté, non du destin. Combien de vœux candidement prononcés et qui sont démentis par l'étiolante expérience de la promiscuité ? Combien d'enfants fuyant père et mère une fois émancipés ? Combien de parents maltraitant leurs enfants ou se les aliénant à vie ? *M'engager* à aimer quelqu'un, c'est nous promettre à tous deux le supplice. 2/L'amour est en son essence même anarchique : aucun Dieu ni aucun maître ne peuvent le commander. En jurant le contraire, en espérant stérilement déduire du sentiment amoureux droits et devoirs, privilèges et obligations, l'exclusivisme tue l'amour dans le même temps où il en énonce les strictes directives et en codifie la marche à suivre. La millefa ou famille constellaire, elle, conçoit l'amour comme une relation de style indirect libre — « inclusivisme ». Style *libre*, parce que l'amour y est préservé en son mystère et suit ses propres règles, n'en déplaise aux dépendants qui veulent se persuader du contraire pour se rassurer au lieu de purger leurs angoisses profondes. L'amour libre ne connaît en effet d'autre détermination que l'aimantation spontanée des corps qui désirent le mélange et le consentiment que l'abandon fait naître. Style *indirect*, parce que l'amour absolument polarisé sur autrui tient davantage de la fusion obsessionnelle que de l'épanouissement libre. Faire culminer l'amour dans le couple, telle est l'incroyable mascarade du judéochristianisme et de l'institution qui en a racheté les droits : le sentimentalisme marchand. L'abandon ne survit pas à l'imbrication duocentrique continuée — à peine les mélangés recouvrent-ils leurs esprits qu'ils désirent s'éloigner l'un de l'autre, peut-être pour renouveler ultérieurement une aussi magnétique attraction. L'abandon se dilue dans la promiscuité, l'entassement des centres — unicentrisme de circonstance qui entame tôt ou tard notre indispensable solitude et finit par nous excéder. L'amour inclusiviste qui lie les Intimes constellés ne les encouple point ni ne les engroupe nécessairement. Il opère par décentrement ; il étoffe leur configuration sans étouffer leur aura ; il les inclut chacun dans l'univers affectif-effectif de l'autre afin d'accroître la synergie d'ensemble. Si l'amour indirect libre est un nouveau continent à découvrir, la Constellation veut en être le moyen de locomotion et de navigation, évolutif et optimal. Les constellés ne se harcèlent pas : ils proposent à qui veut leurs services, leurs talents, leur phantasmagorie, leur ardeur, leur présence. Et — là est tout le *sel* — ils disposent d'innombrables soutiens, projets et possibilités. Par l'exponentiel prodige du corporatisme amoureux, ils ont à portée d'étoiles les loisirs, les arts, les cours, les stages, les professions, les résidences, les voyages, les orgies, les fêtes, les vieux, les enfants. Les constellés jouissent de l'adossement maximal quand il leur faut prendre appui pour s'élancer, de la solitude maximale quand il leur faut prendre racine pour se retrouver, de l'amour maximal quand il leur faut prendre corps pour s'épanouir. Au point de vue objectif, l'organisation constellaire est un contresystème dévolutionnaire, logé de façon mouvante et organique au sein des démocraties-marchés afin d'en résorber les métastases oxymoriques et les aberrations. Mais au point de vue subjectif, l'édification de la concorde mondiale par l'amour-anarchie n'a pas à être l'intention première des constellés. Ce point est capital : chacun se constelle en fonction de son histoire et de ses espoirs propres. Toutes les raisons sont bonnes pour se consteller, y compris les pires. — « *L'amour, c'est l'infini mis à la portée des caniches.* » — Si par exemple l'adulescent ladre, versatile et calculateur trouve des personnes prêtes à entrer en Intimité avec lui, *qu'à cela ne tienne* ! Mieux vaut un irresponsable à l'école de la responsabilité qu'un adulte sain en proie aux tares de l'exclusivisme. De toute façon, si le pleutre constellé s'obstine dans sa pleutrerie sans chercher à la dissiper, il y a fort à parier que ses Intimes, eux, ne s'obstineront pas à désirer l'*indésirable*. Inutile donc de se haïr pour se délier : il suffit que s'épuise la réciprocité du don — si, du moins, don véritable il y eut.

250

Cosmogonie. — Le corps social : le rendu de l'organisme humain au microscope. Le corps propre : le rendu de la société en grandes focales. Ni l'Accès ni l'Excès ne rencontrent de limite ; nous pouvons toujours aller plus loin au-dedans et au-dehors. Les deux infinis dont parle Pascal, le Décès et le Succès, restent à jamais hors de portée. Les cellules, les atomes, les particules, etc. — les villes, les planètes, les galaxies, etc. ; autant de phantasmagories à explorer, autant de frontières où s'arrêtent arbitrairement nos incursions et nos excursions pénétrantes. Comme le corps propre, donc, le corps social peut guérir ou tomber malade, s'abandonner ou se crisper, être porté par le désir ou le fuir, s'épanouir ou s'étioler. Maladie de l'Oxymore par exemple, ce tissu de résolutions antagonistes, cette déflexion conflictuelle des instances décisionnelles ; Oxymore que la poésie dénoue, cette convergence des actions parcellaires vers une symphonie qui les transcende, cette réflexion concertée de tous les partenaires conscients de leur interdépendance et de leur soif. Pointe 1 — « *Tomber malade :*

la vie se simplifie à mort ; être sain : la mort se complique à vie. » La bureaucratie sociale comme la bureaucratie de soi du maniaco-obsessionnel, l'entièreté généreuse les facilite. Crispation du Moi ou de la Loi par exemple, ces photographies d'un état du corps (propre ou social) qui lui portent préjudice si elles ne sont pas démultipliées au fil des changements de forces ; contre les instantanés qui virent nécessairement aux clichés obsolètes : l'abandon, la filmographie incessante du Je(u) qui se déploie. Pointe 2 — « *Se crisper : la vie se meurt ; s'abandonner : la mort se vit.* » La narcose sociale comme la tétanie de l'abcédé ou l'anémie falciforme du décédé, la danse les assouplit. Or c'est toujours le désir qui danse. À l'échelle de la société, nous l'appelons « dévolution », transmission d'un enthousiasme collectif qui oriente la démiurgie de chacun vers la construction idéale d'une phantasmagorie *commune*, d'une même réalité. La passion propre ou sociale est essentiellement idéologique : elle fait découler d'un corps la mythologie optimale pour sa santé. Elle témoigne de la persistance d'un désir (ou d'une dévolution) qu'il est aussi urgent qu'impossible de satisfaire, à savoir celui de *réaliser* la totalité des phantasmagories, de concrétiser un imaginaire personnel ou partagé, de faire monde en rêvant. Mais qu'est-ce que le monde, le réel, le concret ? — L'interpénétration de plusieurs phantasmagories. Partant, nous désirons toujours transformer le monde ; il n'y a pas différents degrés d'ambition en la matière. Le désir (la dévolution) est la tension de l'impossible absolu, le nonencore-là de l'être-là (de l'utopie-là), l'imminente immanence qui n'en finit pas de transcender le *corps*. Pointe 3 — « *Envier : fuir la vie ; désirer : fuir la mort.* » La hamstérisation sociale comme la hamstérisation de soi, l'idéologie peut les subvertir. L'épanouissement en dépend. Il ne s'agit pas d'un *crescendo* quantitatif, mais d'une persévérance dans l'Être par la succombance dans l'Autre. Même abcédés, nous ne stagnons jamais : nous nous épanouissons ou nous nous étiolons selon que notre Je(u) joue bien ou mal, gagne ou perd, se délie ou grince et rouille. Plus de qualité épanouit, plus de quantité étiole. L'étiolement n'est donc pas le Décès — cette mise en abyme du corps, cette perdition du Je(u) dans la qualité pure, cette déperdition intérieure. Il est tout comme lui une dévitalisation du désir, une baisse de tension et de tonicité, mais cet affaiblissement de régime est *perçu* : l'étiolé sent qu'il s'étiole, le décédé l'ignore. Si le Décès est une dépression insensible, l'étiolement est une dépression identifiable, voire mesurable (poids, libido, surmenage, crises d'angoisse, rides, cernes, chute de cheveux, cancer). Il conduit fatalement au ressentiment et au désir malsain d'étioler ceux qui rayonnent de bonheur. Parce que l'étiolement pousse à la comparaison, les marchands le promotionnent et affirment que leurs produits y remédient : « *Bidule : être mieux chaque jour* ». Bien sûr, leur but véritable n'est pas d'épanouir les gens — faillite assurée — mais plutôt de faire prendre conscience aux décédés qu'ils s'étiolent. En outre, ils n'hésiteront pas à faire croire aux biemportants qu'ils se portent mal, aux épanouis qu'ils ont mauvaise mine, au plus heureux des hommes qu'il souffre le martyre. Il suffit pour cela de les confronter au dépérissement naturel de leur vigueur ; de leur faire anticiper le pire. De leur mettre la mort en face afin qu'ils détournent les yeux vers le bidule. La publicité, rappelons-le, est la grande machine à étioler du libéraltotalitarisme ; ce pourquoi elle constitue la première cible des néorésistants. Pointe 4 — « *Épanouissement : la mort est si loin ; étiolement : la vie est si proche.* » La déliquescence sociale comme la déliquescence du clown, la néorésistance les renverse.

251

Aphone. — Grâce au Marché, non seulement la téléfoule donne sans se fatiguer mais, quand les fêtes l'exigent, elle double sa capacité de don ! *Message SMS du 9/12/02, 17 h 30 : « Info SFR : Pour aider l'enfance en détresse vous pouvez donner 3 euros à La Voix de l'Enfant en envoyant "DON" au 8649, SFR double aussitôt votre don jusqu'au 2/01/03.* » Don anonyme, hygiénique, glacial ; don masqué, à distance, humanitaire mais dépourvu d'humanité : la téléfoule, *elle sait faire*. Pédophonie. Et comme peu donnent, le Marché — médiateur d'amour exclusif — redore sa propre image à peu de frais avec le maximum d'impact éthique et de bons sentiments. Sa vénalité cannibale, il la dissimule derrière une fausse « *transparence* » et du fiel plein de miel. Le Marché aspire en effet à disparaître derrière ses imageries heureuses ; il vise une mercantilité d'une discrétion absolue, planante. Seule sa voix envoûtante, virtuelle et pour tout dire *divine* berce les connes consciences et gerce les cœurs réfractaires. Les néorésistants doivent donc le saisir à la gorge, réduire au silence ses insultes enduites de sirop d'orgeat, — le faire taire en détournant ses messages et en chantant mieux que lui. Quand l'Homme Invisible a une extinction de voix, il ne lui reste pas grand-chose...

252

Historique. — La famille constellée entend transformer les détestables conditions du désaxage : le ladre dogme du Toi-&-Moi et la putasserie de marché. Pourquoi ces deux grandes industries névrosantes du capitalisme postmoderne se partagent-elles autant d'inimitiés, de drames, de suicides ? L'exclusivisme a plus de deux mille ans, le capitalisme plus de deux siècles : rien de bien nouveau. Le vrai changement — très peu analysé par les superexperts qui, en tant que tels, ne s'osent pas à la transversalité — tient à ce que le lent enterrement de Dieu a donné suffisamment de terreau à l'économie pour qu'elle *fasse religion.* Or l'exclusivisme, qui collait si bien au monothéisme (cette incroyable fusion de Zeus et de Héra excluant Dionysos, pour le dire en grec), s'est vu devenir le frère ennemi de l'économisme triomphant. L'économisme, pourrait-on dire, *a parasité* l'exclusivisme, aux sens biologique et radioélectrique du terme : il vit à ses dépens tout en brouillant son message. En effet, alors que l'exclusivisme théologique se fondait sur l'Être, l'exclusivisme de marché a été infesté par l'Avoir et prolifère en profitant de l'énergie des familles, à la manière du gui. Le gui, rappelons-le, possède de la chlorophylle lui permettant d'élaborer sa propre matière organique, aussi se contente-t-il de détourner l'eau et les sels minéraux puisés par son hôte. De même, l'économisme s'est greffé sur la famille exclusiviste, lui suçotant sa sève nerveuse et son dynamisme vital. Ectoparasite, l'achat-bonheur se fixe au tégument des couples avec ses crochets pubeux et ses ventouses fictionnelles : standardisation de l'Amour « légitime », enfantement obligatoire, attentat au cocufiage synonyme de rupture de contrat, perte d'autonomie bienheureuse — telles sont les pseudoévidences de la famille judéochrétienne que les marchands ont pu mettre à leur profit lorsqu'ils ont reçu en héritage le grand troupeau déboussolé des « *agnostiques* » du XXe siècle. Leur parasitage a eu pour conséquence un individualisme de rigueur, cette fois-ci aux antipodes du familialisme bondieusard de naguère. Car le libéraltotalitarisme intercède ; il entend diviser au maximum les solidarités afin qu'elles cherchent à se rejoindre en passant par son intermédiaire. « *Au maximum* », cela signifie jusqu'à la cellule familiale — s'il déborde au-delà, s'il s'immisce au cœur des relations papa-enfant, maman-enfant ou papa-maman, il détruit son hôte et s'autodétruit ! Ce qu'il fait, pour notre plus grand bonheur ! Il sabote tant, il pirate avec si peu de retenue qu'il finit par faire éclater la cellule qui l'abrite. Cette implosion de l'Avoir par lui-même est un phénomène récent. À la chute du Mur, le communisme démasqué est soudain apparu comme un Avoir de plus et non comme un retour à l'Être. En absence d'Être, donc, l'Avoir prôné par le capitalisme est devenu le dogme unique ; son extension planétaire ne rencontrait que des obstacles barbus, aussi risibles que rasables. Mais, dès lors, le parasite de l'exclusivisme devenait une entité distincte, autonome, autrement dit parasitable à son tour : la famille-marché, composée de consommateurs de bouffe, de divertissements, d'envie et de « *Vie* ». Avant 1989 en effet, l'économisme se nourrissait non seulement du sang des familles comme le pou et la sangsue (« *Chômage = mort : travaillez !* »), mais aussi de leur peau comme les sarcoptes de la gale (« *Abandon = mort : gérez !* ») et même de leurs sécrétions (« *Solidarité = mort : consommez !* »). Après 1989, la famille-marché a racheté les parts de l'Église et du communisme en faillite. Unique modèle occidental à présent qu'elle n'a plus de dogme dominant à parasiter, voici qu'elle s'expose elle-même à un double péril, externe et interne. L'externe concerne le saccage commis par un siècle de parasitage capitaliste. Avec la décomposition trop avancée des liens sociaux, les familles ne tiennent plus, la défiance compromet l'amitié, le peuple jadis vivant se change en peuple de clowns et attend la prochaine coupe du monde de foute, la prochaine grève générale ou le prochain Le Pen pour se déglacer un, deux, trois jours vraiment beaux. Encore toute perforée par le récent parasitage du libéralisme larvaire, la fragilité de la fraternité le confronte lui-même à un parasitage interne, maintenant qu'il marche tout seul et ne dit plus « *Areuh !* » Les ennemis de la famille-marché sont de deux types : les mésoparasites et les endoparasites. Les premiers vivent à l'intérieur de son tube digestif, à l'instar du ver solitaire dont nous pouvons être infesté en mangeant de la viande mal cuite. La famille-marché, en continuant de s'en prendre par habitude à la famille traditionnelle, grignote ce cadavre trop cru et tend à se métaboliser en cela même qu'elle digère, en famille traditionnelle ! Mais puisqu'elle y a ajouté sa salive et ses sucs gastriques — l'individualisme qui dissout précisément les attaches affectives —, elle se transforme en famille traditionnelle insolidaire, esseulée, condamnée à la dissolution. En 2002, les pubards italiens se révoltent d'ailleurs contre cet autoparasitage. Ils réprouvent unanimement les programmes TV qui déversent un flot de flagrants délits d'adultère, de putes en bikini, de jeux obscènes et de confessions exhibitionnistes : ces programmes détruisent les familles, disent-ils, et freinent donc la consommation ! Paradoxe du ver solitaire : il affaiblit l'hôte qui le fait vivre ; au même titre que l'exclusivisme de marché qui se condamne lui-même en esseulant les gens et en brisant les familles traditionnelles devenues familles-marchés. Les annonceurs italiens ont besoin d'émissions sexolâtres et familicides pour instiller la peur et le malaise dans les foyers et les pousser ainsi à la surconsommation. Mais il arrive un point de nonretour où le processus s'inverse et où, à trop pubtréfier les relations humaines, les malheureux n'achètent plus que des mouchoirs et refusent de se consoler en faisant les magasins. Enfin, les familles-marchés vont connaître un second adversaire interne, endoparasite non plus logé dans leur estomac mais pour le coup dans les cellules-mêmes, comme les virus ou le plasmodium (protozoaire responsable du paludisme) : les inclusivistes. Ces bébêtes teigneuses s'attaquent au Toi-&-Moi, dont elles ôtent la légitimité imposée aux amoureux par les prêtres, les psys et les législateurs depuis le rapt de Perséphone — depuis bien longtemps. Naissant en milieu exclusiviste, l'inclusivisme se propage de façon virale et exponentielle à mesure que la famille-marché se putréfie et que ses membres s'étiolent, se harcèlent ou se violent les uns les autres. Signe de perfection et de tolérance supérieure : l'inclusivisme inclut l'exclusivisme mercantile. *Dépassé*, ce dernier n'aura très vite plus qu'un seul recours pour perdurer : l'exclusivisme théologique, son ancien hôte parasité. Il faudra ressortir les bibles, réapplaudir Dieu, réélire un Pape et prier fort pour qu'il carbure à la papaye et que ses bénedictions nous parviennent depuis sa papamobile. Après la prostration exclusiviste et contre la protestation inclusiviste : la prosternation. Mais la famille constellaire n'aura pas à affronter la nouvelle coalition exclusiviste, pour deux raisons. D'abord parce que la millefa se veut mutante par essence, en tant que réseau en continuelle illaboration. Ensuite, et corrélativement, parce qu'elle englobe l'exclusivisme et peut s'adapter souplement à tous les parasitages, condom et gel aidant. Elle ne forme pas un *bloc* uni qui menacerait de s'effriter au moindre choc extérieur ou à la moindre secousse tellurique. Elle forme un *organisme* toujours déjà autorégulé, vivant et libre. Et ce terme, nous le rapprochons du mot grec « *orgân* » qui donne « orgasme » et signifie littéralement « *bouillonner d'ardeur* ». Le corps constellaire est ainsi le produit d'endoparasitages enchâssés les uns dans les autres, ou, pour le dire moins sordidement : un Soleil. Le produit d'incessantes réactions *nucléaires* ; un astre s'effondrant sur lui-même et renaissant de cet effondrement. Un Firmament d'ardeurs entrelacées provoquant — sans le décider, sans le désirer — une rotation sidérale.

VI

Misère sexuelle

« Le mariage, institution sur laquelle s'appuie aujourd'hui la société, nous en fait sentir à nous seules tout le poids : pour l'homme la liberté, pour la femme des devoirs. Nous vous devons toute notre vie, vous ne nous devez de la vôtre que de rares instants. Enfin l'homme fait un choix là où nous nous soumettons aveuglément. Oh ! monsieur, à vous je puis tout dire. Eh bien, le mariage, tel qu'il se pratique aujourd'hui, me semble être une prostitution légale. »

Honoré de Balzac, *La Femme de trente ans.*

253

Les trois sophistes. — Pydnais, Iphionte et Maraxox, trois frères sophistes soidisant originaires de l'Épire, séjournaient quelque temps dans la Cité avant de reprendre leur mystérieux périple. Ils ne parlaient que d'amour. Les jeunes gens défaillaient de plaisir sous leurs paroles, et les prétendants se bousculaient dans l'espoir de partager leurs nuits. Le jeune disciple du médecin Dzôocle, Dunadème, était l'un d'eux ; sa fascination semblait sans limite. Mais de nature réservée et malhabile, il n'osait proposer ses services nocturnes aux prestigieux inconnus. Le dernier soir de leur séjour pourtant, n'y tenant plus, il alla chercher ses compagnons Anagkaion et Hormée afin de se faire remarquer lors du discours d'adieu. Entouré de ses éloquents amis, Dunadème attendait que les trois frères questionnent la foule pour saisir les mots qu'on soufflerait à ses oreilles et briller d'un vif éclat. Mais l'aide escomptée vira vite à la catastrophe : Anagkaion ponctuait la prose des orateurs par des « *Thanatos en crèverait !* » et autres « *Foudre Zeus !* » de plus en plus sonores ; quant à Hormée, incomparable en rhétorique mais cette fois-ci visiblement ivre, ses commentaires se résumèrent à de petits coassements. — « *Amis ! amis ! aidez-moi !*, supplia Dunadème à voix basse, tandis les sophistes déclamèrent des vers d'Alcée et de Sapho. *Qu'avez-vous d'autre que des injures ou de l'ivresse à me donner ?* » — « *Pouah ! De la vieille poésie lesbienne à présent !*, s'écria Anagkaion sans l'écouter. *Qu'ont-ils d'autre à nous donner que des odes et des épithalames ?* » Hormée se contentait de répéter comme sous hypnose l'hymne entonné par les étrangers : « *La voix me manque, ma langue me manque, ma langue se casse, un feu subtil court sous ma peau...* » L'assistance et les sophistes se turent soudain. Dunadème pâlit de timidité : la question tant attendue venait d'être prononcée sans que lui ni ses acolytes ne s'en aperçussent, enfermés dans leur inattention brouillonne ! La foule s'écarta alors de chaque côté, isolant Dunadème, Anagkaion et Hormée qui poursuivait par cœur la litanie saphienne : « *Un frisson me prend tout entière, je deviens plus verte que l'herbe et me sens tout près de mourir...* » — « *Je vois que ces trois citoyens veulent relever notre défi, qu'ils s'avancent !* », lança alors Maraxox. — « *Un défi ? Quel... quel défi ?* », bafouilla Dunadème en s'approchant, poussé par Anagkaion qui entraînait aussi Hormée par le bras. — « *J'ignore cela !*, bougonna Anagkaion. *Mais si ces trois imposteurs veulent me défier, ils vont être servis !* » Quand ils parvinrent à la tribune des trois frères, Hormée se mit à délirer : « *Elle ne coassait pas ! Elle ne coassait pas ! C'est à moi de coasser durant sept jours, maintenant ! Crôa ! crôa ! crôa !* » Comme une rumeur d'étonnement agita la foule, Anagkaion expliqua : « *Oui, mes frères ! Hormée est lamentable, profitons-en : cela est si rare ! Dzôocle affirme que sa vie n'est pas en danger ; mais quelle vie ne le serait point, n'est-ce pas Dunadème ? Et s'il me faut l'avis de la médecine, c'est que la boisson n'explique en rien de tels vacillements de l'âme. Hormée est sobre, parfaitement !* » Des rires suspiscieux s'élevèrent. De façon autoritaire, Maraxox leva les bras pour les faire taire : la foule lui appartenait. Puis il s'adressa à Anagkaion en évitant son regard : « *Vous êtes bien téméraires d'accepter de nous défier à deux contre trois. Seriez-vous des maîtres de l'art de la controverse ? Ou bien la participation de votre ivrogne signifierait-elle que c'est par la bouffonnerie que vous comptez l'emporter ?* » Anagkaion se dressa brusquement devant son interlocuteur avec l'intention de lui fracturer quelques angles, mais Dunadème s'interposa aussitôt : « *Ce serait faiblesse et honte*, murmura-t-il. *Vous m'avez aidé plus que je ne pouvais l'espérer : me voici cerné par mes idoles ! Anagkaion, je t'en conjure : ne gâche pas ces instants qui sont chers à mon cœur ! Acceptons dignement ce combat éristique et laissons-les gagner sans jouer les barbares ! Vois, aux premières loges : les magistrats te jugeront valeureux pour ta magnanimité et fermeront les yeux sur ta vie licencieuse ! Ton destin d'homme de guerre se joue ici ! On te sait déjà supérieur à Alcibiade dans l'établissement des plans et l'exécution des manœuvres ; à toi de prouver maintenant que tu es l'égal de Périclès quand il s'agit de haranguer à la tribune !* » Anagkaion, non sans grommeler, se laissa convaincre. Sous le contrôle de Maraxox, le public peinait à garder le silence tant l'inénarrable Hormée tenait des propos saugrenus : « *Noble assemblée de Samos, je suis satrape de Lacédémone ! Mieux que Tissapherne ou Pharnabase !* » Pydnais, le plus drôle des trois frères, s'amusa à converser avec l'inepte : « *Ô noble satrape, sobre satrape ! Voulez-vous jouter avec nous ? Ou bien vous réfugierez-vous dans je ne sais quelle prière ?* » — « *Je préfère les trières aux prières !* », lui lança Hormée. — « *Voici que l'ivrogne a de l'esprit !*, s'écria Iphionte. *La rencontre sera donc équilibrée ! Commençons !* » — « *Rencontre déséquilibrée !*, interrompit soudain Anagkaion. *Et non du fait qu'une grenouille vénéneuse a mordu Hormée, ballottant pour une semaine sa raison, mais parce que vos poésies sentent la poussière et que la démystification par mes soins de vos démagogiques manigances vous la fera bientôt mordre !* » — « *Excellent !*, dit calmement Maraxox. *Voici notre défi, arrogant bellâtre. Voici ton prochain déshonneur...* » Cette provocation acheva de rendre Anagkaion furieux ; et Dunadème ne put cette fois le retenir. Au grand désarroi des auditeurs, l'athlète administra une râclée magistrale aux trois sophistes sans qu'ils puissent riposter ni par le geste ni par le verbe. La violence de la scène innervant la foule, le discours d'adieu vira à la bagarre générale ; même les magistrats s'empoignèrent. Dunadème siffla tout d'un coup un son strident au-dessus de la mêlée qui mit immédiatement fin aux lynchages. Il lui incombait subitement le devoir d'apaiser tout le monde par la parole, ce qu'il fit courageusement : « *J'ai beau être apprenti médecin, mes services vous coûteront cher ! Alors continuez, mes frères, de vous malmener de la sorte ! Je veux vos dents jaillissant de vos maxillaires, je veux vos maxillaires jaillissant de vos crânes, je veux vos crânes jaillissant de vos épaules ! Vous ferez ainsi de moi l'homme le plus riche de la Cité ! Ces frères sophistes nous ont subjugués : je fus leur première victime. À ne parler que d'amour, ils retournaient notre âme et profitaient de notre fascination d'enfants. Voici qu'ils s'apprêtent à partir, et c'est le chaos qui éclate ! Nous séparer d'eux nous rend tristes et nerveux : nous avons désormais besoin de leurs paroles consolantes. Nous sommes prêts à leur garantir l'hospitalité permanente et à sacrifier ce que nous avons de plus cher pour leurs philtres enchanteurs. Et nous rions de la détresse de Hormée, qui nous prive de ses pensées comme pour laisser celles de nos hôtes endormir les nôtres. Qui sont-ils ? Nul ne le sait. De beaux parleurs, certes, doués obtenteurs de subsides. Mais quels sont leurs motifs ? Leur passif ? Leur mission ? Nous espionnaient-ils en nous berçant ? Quels tyrans se cachent derrière tant de morgue ensorcelante ? Des violeurs d'enfants phocidiens ? Des rescapés d'Ochomène ? Des hilotes déserteurs de Messénie ? Des mercenaires thraces, pellastes semeurs de guerre et d'affabulations ? Ce qui est certain, c'est qu'ils ont tout fait pour nous subjuguer et que seulement deux d'entre nous n'ont point défailli : Anagkaion, parce que son impétuosité le rend rebelle aux moindres formes de sujétion, et Hormée, sagace et rebelle par passion pour la vérité, mais pour lors insensible à tout discours jusqu'à ce qu'un bain dans les eaux glaciales de l'Eurotas ne désengourdisse sa tête. Et ce bain, frères, nous en avons tous besoin ! Afin de ne plus dépendre des trois délicieuses et séditieuses sirènes qui nous ont confisqué notre attention, notre jugement, notre fraternité. C'est en médecin fraîchement revenu de sa torpeur que je vous parle ! Pydnais a pris le contrôle de nos joies : sans ses facéties hypnotisantes, nos visages jadis prompts au sourire restent ternes comme jamais ! Iphionte a pris le contrôle de nos certitudes : sans son encyclopédisme épars, nous nous sentons à côté de la réalité, tout vides des connaissances "indispensables" pour pouvoir l'apprécier à sa juste mesure. Enfin Maraxox, l'intraitable Maraxox, a pris le contrôle de nos désirs : sans ses ordres et ses injonctions implacables, nous ne savons plus à quel sein nous vouer. En brebis, en bourricots et en singes nous suivons donc la volonté de Maraxox, le savoir d'Iphionte et les hâbleries de Pydnais. De diverses et imprévisibles, nos attractions sont à présent hantées par les trois mêmes idoles ; elles convergent vers leurs mains et se donnent en chœur à leurs bons caprices. Parce que leurs chants nous épouvantent et nous réconfortent simultanément, ils nous ont fait abdiquer de nos libres existences ! Retrouvons dans un commun élan de rage et de fraîcheur notre souveraineté, frères ! Car ceux qui s'accaparent de l'amour des citoyens pour prendre sur eux le pouvoir méritent notre haine, ceux-là seuls ! Pire que nos ennemis déclarés, ils se déclarent nos amours et nous rendent ennemis les uns des autres, subrepticement ! Les jambes dans l'eau froide, citoyens ! Puis le ventre, la poitrine et la nuque ! La rainette de l'hallucination amoureuse nous a injecté à tous son éberluant poison ! Nous nous en curerons non dans la brouille collective, mais dans le collectif embrasement !* » — « *N'écoutez pas ce vil ignorant !*, hurla soudain Maraxox, l'arcade sanglante, soutenu par ses deux frères pareillement esquintés. *Restez sourds aux élucubrations de ce sectaire ! Ne balayez pas d'un pernicieux sermon d'apprenti médecin les leçons finales que nous vous avons inculquées, Pydnais, Iphionte et moi-même, depuis une semaine qui doubla en intensité toutes les émotions de votre vie ! Songez plutôt à l'Amour ! À l'Amour, enfants d'Érôs ! Grâce à la force que nous vous avons transmise, vous allez...* » — « *Mensonges !*, coupa net Anagkaion. *Comment trois mortels pourraient-ils apprendre à aimer à mille ? Vous professez l'amour comme Protagoras professait la vertu : pour l'unique but de prendre l'ascendant sur la multitude et d'être rétribués en argent et en chair, offrandes que l'auditoire charmé vous supplie de bien vouloir saisir et que vous saisissez sans vous faire supplier ! Les vrais philosophes m'ouvrent les yeux et m'éclairent sur le monde sans exiger ne serait-ce qu'un "merci" en retour : ils pensent d'abord pour eux-mêmes et rivalisent contre eux-mêmes. Mais vous autres, charlatans pitres, vous pensez pour nous empêcher de penser et rivalisez contre notre indépendance ! Terminez donc votre séjour dans les fonds de l'Eurotas, épaves ! Nous nagerons sur vous !* » — « *Soit, nous partons dès à présent !*, dit Pydnais, l'air faussement détendu. *La colère vous aveugle et vous animalise. Nous vous laissons donc avec votre drôle de philosophe. Puissiez-vous croasser bientôt à la batracienne puisque c'est cela que vous appelez "philosopher". Grenouilles rouges, il est têtard : nous vous saluons et vous disons "Crôa ! crôa !"* » La plaisanterie cette fois-ci n'emporta pas l'agora. En revanche, Anagkaion se mit à s'esclaffer bruyamment à la stupéfaction de tous. Il attrapa Pydnais par le bras : « *"Grenouilles rouges", dis-tu ? Ah ! ah ! ah ! Tu viens de te trahir, sorcier ! Car comment sais-tu que la grenouille qui plongea Hormée dans la folie le lendemain de votre arrivée, était en effet d'un rouge vermeil avant qu'elle ne devienne écarlate sous ma sandale ?* » Pydnais paniqua ; Iphionte essaya de prendre maladroitement sa défense : « *Sache que j'ai instruit mon frère taquin depuis son enfance. Très tôt, il s'est passionné pour les études d'Eurige d'Érésos, le frère de Sapho. Dans son traité* Des animaux au-delà des zones frontalières, *au livre XXI ("Animaux rares et venimeux"), le savant mentionne une minuscule espèce de grenouille à la peau rouge-orangée, dont les Laconiens...* » — « *Mensonges !*, souffla Anagkaion en agrippant Iphionte et en le projetant à terre avec Pydnais. *Ces connaissances prouvent que vous avez piégé Hormée dès votre venue afin de vous emparer de nos volitions sans résistances sérieuses. Vous vous êtes vite renseignés pour savoir lequel d'entre nous risquait de déjouer vos manipulations, puis avez glissé la grenouille d'Eurige dans ses habits ! Et tandis que Hormée délirait et que moi et Dzôocle veillions toute la semaine sur sa santé, vous ensorceliez la jeunesse de notre Cité durant les banquets faits en votre honneur ! Mais Dunadème, alors sous votre emprise, nous implora de venir l'aider à se faire reconnaître par vous, et ce fut votre fin ! Sans notre malencontreuse intervention, vous auriez quitté une Cité tout entière soumise à votre souvenir, disposée à répandre vos louanges, à vous recevoir comme bon vous semble et à vous donner au besoin ses trésors sacrés, ses hoplites et ses cavaliers. Pour quels oligarques travaillez-vous donc, vilains mercenaires* ? » — « *Aucun ! aucun !*, répondit Maraxox. *Tous vos dires délirent, citoyens ! Nous sommes des sophistes au service de l'Amour et de l'Harmonie, et nous ne demandons ni or ni armée en échange ! Vois-tu, la Vérité est pour nous vocation, chacun ayant il est vrai son domaine. La puissance de nos discours n'est en rien manipulation, mais synergie. Nous nous complétons pour délivrer les Grecs de leur ignorance, non pour les asservir ! Les cités qui nous accueillent sans que nous nous imposions s'améliorent toutes à notre contact. Quand nous repartons, elles nous acclament et nous adressent leurs prières...* » — « *Je préfère les trières aux prières !* », coupa soudain Hormée, pantois. Anagkaion reprit aussitôt sa colère et souleva Maraxox en le ceinturant : « *Mensonges ! Tu ne nous endormiras plus jamais !* » Le troisième frère dégringola la tribune. Ovationné par la foule — magistrats aux premiers rangs — Anagkaion traîna par les jambes Pydnais et Iphionte, les balança sur Maraxox et projeta sur eux toutes leurs affaires. Une boîte s'éventra ; tout le monde poussa un cri de terreur : apparurent une dizaine de grenouilles rouges, grosses comme des figues et bondissantes ! Elles firent quelques victimes, dont les trois frères, affolés. — « *Tous à l'Eurotas, citoyens !*, clama Anagkaion. *Et que chacun reçoive sa morsure ! À perdre la raison sans en devenir fous, nous étions morts depuis trop longtemps !* »

254

Survivances. — Malgré le parlement, le vote, le *référendum*, l'État autocratique français agit antidémocratiquement. En l'absence de contrôle effectif et de concertation, les citoyens sont murés dans leur passivité, dans leur consternation. L'Oxymore paralyse la moindre velleité réformiste ; les cohabitations n'ont pas su profiter de l'occasion pour accorder les partis sur le long terme ; le Système nous court sur le haricot. Pour gagner en poésie et en cohérence, nous avons besoin de traiter la bureaucratie en momie — le réseau constellaire l'enterrera. Pour gagner en solidarité et en autonomie, nous avons besoin de traiter la démocratie en amie — la famille constellaire y pourvoira. Quant à la gauche et à la droite ploutocrates, traitons-les en ennemies du peuple tant que la dévolution ne sourd pas des médias — les Nébuleuses constellaires les annuleront. Il y eut vingt ans de croisade anticathare (1209-1229), due à la double animosité de l'Église romaine et de la féodalité française. La civilisation occitane fut réduite en cendres. Mais, par là même, les thèmes féministes, charnels et spirituels de ses inventions poéticosentimentales nourrirent durablement les théories occidentales de l'Amour. De même, il y aura vingt ans de croisade antisociale (1989-2009), due à la double animosité du Marché global et de la féodalité européenne. Sinistrés, les idéaux de solidarité ne seront plus que cendres. Terreau alors fertile pour faire germer les thèmes communistes, laïques et libertaires dans tous les corps.

255

Utopie-là. — Nous subissons à notre insu un dogme, un dogme récalcitrant qui nous discipline. Une trop vieille idéologie, perpétrée par les bourgeois doctrinaires, perpétuée par le peuple sous doctrine. Son principe, le libéralisme, pose que la poursuite des intérêts privés sert l'intérêt général : « *Le Marché reconnaîtra les siens* ». Son corollaire, le familialisme, veut que l'*homo œconomicus* soit marié — l'individualisme s'arrêtant à la cellule conjugale : « *Chaque famille pour soi.* » Sa méthode, l'exclusivisme, pousse l'aspiration à la liberté jusqu'à la hantise en enferrant les relations humaines dans l'amourpropre, la comparaison tenace, la jalousie multirécidiviste : « *Ma liberté commence où s'arrête celle d'autrui.* » Trilemme fondateur : le libéralisme est une régression à l'infini puisqu'il se fonde sur le familialisme, qui se fonde sur l'exclusivisme, qui se fonde sur le libéralisme ; le familialisme est une pétition de principe puisque la famille nucléaire et la vie maritale sont des normes arbitraires ; enfin, l'exclusivisme est un cercle vicieux puisque sa validité ne peut se démontrer qu'à partir de ses conséquences (« fidélité » sexuelle, entraide, quiète promiscuité). Si ledit dogme repose donc sur le trilemme de Münchhausen, c'est parce que sa finalité, précisément en tant que dogme, n'est autre que lui-même : dogmatisme. Contrairement à l'idéologie qui déroule spontanément ses idées au rythme de la dévolution sociale, le dogme fige tout élan dévolutionnaire grâce au conditionnement de la téléfoule, interdisant ainsi la régulation de la société par elle-même. Il vise son autoconservation, sa réitération indéfinie, son indépassabilité. Le dogme libéraltotalitaire — faisceau postmoderne qui pour lors nous assène son impériale « vérité » — semble si bien implanté dans les consciences que la pensée-unique qu'il dispense ne permet même plus de le concevoir comme tel. L'âge tendre est la cible de ses morsures ; l'âge fourbu, l'objet craché de ses quintes. Et la maladie s'éternise, les farmacies foisonnent aux carrefours, la malvie nous accueille avec sa répression duveteuse, sa peur euphorisée. Dans l'ouate, le dogme de l'Avoir étouffe nos cris et plume une à une nos plus fermes substances. Dès l'instant où nous croyons *avoir* tout pour être heureux, nous ne *sommes* plus rien, et, virtualisés de l'âme aux Nike, nous flottons à côté de nos corps dont la reconquête doit désormais passer par la grande surface. Nous nous étalons dans les étalages ; nous nous aiguillons dans les aiguillages ; — nous nous piquons aux Je(ux) sans y être, ni en être. L'utopie-là nous a délocalisés de nous-mêmes. Nous errions à la recherche d'un état : c'est le vide béat que nous avons trouvé. La rencontre n'aura plus jamais lieu, autant s'attendre.

256

Fallot-cratie. — Avec un « f », le mot « fantasme » renvoie à un scénario sexuel né du croisement de la doxa néototalitaire et de la phantasmagorie individuelle, autrement dit de l'imagerie spectaculaire et de l'imaginaire spectaculé. Véhiculé par les marchands, le mythe de la gentille famille traditionnelle emprisonne les jeunes générations dans un devoir-être conjugal *insoutenable*. Le « célibat » involontaire est une tare ; le volontaire, un vice. Le « normal » familialiste consiste à tant haïr la solitude qu'il faille tout le temps s'en prémunir en trouvant l'Amour à tout prix. Une fois l'Élu repéré, il faut se l'agripper par le col et se le séquestrer. La suite logique veut que les soliphobes, empaquetés l'un contre l'autre, soient dorénavant contraints de surconsommer pour « construire » à deux. « Construction » qui n'est rien d'autre que la tentative désespérée de minorer le glauque emmerdement de la vie de couple (travail forcé, repas-TV, libido bée) grâce aux divertissements de couple (congés payés, « amis » invités, projet bébé). Aux couples de sept à soixante-dix-sept ans que les engagements exclusivistes étiolent jusqu'au train-train-fantôme, le Marché débite du sexe lyophilisé — à l'instar de la poudre improbable vendue chez les fleuristes et censée retarder la fanaison. Première fabricante de fantasmes préchauffés : la publicité. Son esthétique même est calibrée pour métamorphoser les *phantasmes* de notre industrie personnelle en fantasmes industriels de masses, véritables carcans zérotiques destinés à faire passer l'âcre pilule de l'exclusivisme. Car la pub vend des fantasmes, et ne vend d'ailleurs que cela. Les cinepties en témoignent : *37°2 le matin* et ses fièvres proprettes, *Neuf Semaines et demie* et sa kitschenette. La pubtréfaction du réel virtualise le réel, le fantasmagorise pour que tous puissent s'y confondre. La singularité, si gênante pour l'homogénéisation de la cybermeute, n'a plus ainsi à être déclarée hors-la-loi : la voici hors jeu, hors champ, *out*. L'homme doit se reconnaître dans la mâlitude, la femme dans la féminitude, le jeune dans la jeunitude et l'Occidental dans son esseulement de clown : étrangeté *impayable* des autres et de soi-même. Passion de la rencontre avortée ; passion du néant affublé de visages, de dénouements fibrillaires. Course sans fin vers l'Être — déperdition. En laissant les marchands fantasmer à sa place, le clown s'empêtre dans la réalité sans écart phantasmagorique, sans y mettre du sien. Le clown, c'est alors l'humain déshumanisé qui n'humanise plus rien ni personne, le consommateur en phase terminale qui plaide compendieusement en faveur du Codebarre et ne divague plus que sous perfusion. — Le consommateur qui s'*économise.* Dans le prétoire extensif de l'Avoir, les fantasmes avec un « f » sont donc des phantasmes stéréotypés, de l'abandon prêt à l'emploi, de l'Être holographique. De rêves irréalisant le réel consensuel et libérant les tempêtes du corps, les phantasmes issus de mon maelström intime sont devenus les fantasmes de tout clown, issus de *brainstorming* auquel il n'a même pas participé. Je cérébralise mon corps à défaut de pouvoir encore le célébrer. Plus je ploie sous le joug de l'invasion libéraltotalitaire, plus ma phantasmagorie se fantasmagorise, se stérilise, perd sa cohorte de miroirs et s'engage brutement dans l'opaque matérialité du seul monde qu'il me reste : le monde de tout le monde — autre nom du Néant. En troquant le « ph » de phare pour le « f » de fard, *des* fantasmes me défrayent et m'égarent quand je crois, en les suivant, n'obéir qu'au besoin pressant de la chair. *Mes* phantasmes au contraire révèlent mon désir, de rêves en rêveries. Phantasmes qui, par rétention et protention, expérimentent encore et déjà toutes les aventures *jouables.* Fantasmes qui, par répression et prétention, formatent les histoires d'amour, organisent les fiascos familiaux, mettent en piste les ménages et en scène les déboires. Phantasmes de laborantins ; fantasmes de laboratoire.

257

X raisons. — Pour l'institution sexuelle traditionnelle, le X (symbole de censure) est subversif dans la mesure où il incite doucement le sexe fort à s'affaiblir et à se cambrer afin de mieux imaginer ce que ressentent les filles qui, sans qu'il puisse s'y frotter, le font jouir. Pour l'institution sexolâtre occidentale, en revanche, le X (symbole de multiplication des gains) jouit d'un accueil plus que favorable. En témoignent son expansion industrielle, la starification des hardeuses et des hardeurs, la tendance pornochic et la Nénette Internet, une fois sur quatre à quatre pattes. En témoigne surtout le trio Marché-X-Gays, partout constatable, et qu'une analyse sociologique sommaire voudrait faire passer pour une « *libération* » des mœurs quand il ne s'agit que d'une pornographisation des mâles. On comprend dès lors la volonté liberticide des gays de s'enfermer dans une « homosexualité » identitariste, — crispée mais hédoniste façon *fun* ou festive façon « jeunes ».

258

Paranormal. — Sade fut le fade bouc émissaire de l'Ancien Régime agonisant. Le retour à l'ordre moral a toujours signé la fin d'un règne, fin dont il est le dernier cachemisère. Chose pourtant curieuse, aujourd'hui : le sinistre retour à l'ordre moral a lieu... en pleine sexolâtrie triomphante ! — Le Système n'est plus à un oxymore près.

259

Préjugés. — Avant d'être un attrappe points pour profs en quête de mute, le Pacte civil de solidarité (Pacs) est un sousmariage entérinant l'infériorisation hétérocentriste des couples homosexuels. Veulent-ils fonder une famille ? Veulent-ils s'aimer au grand jour ? Veulent-ils se prémunir contre l'endémique ségrégation sociale qui continue tacitement de les médicaliser, de les marginaliser, de les criminaliser ? — Qu'ils se constellent ! Qu'attendre d'un État pour lequel seul le mariage fécond rapporte des têtes blondes soumises aux convenances ? Qu'attendre d'un Système récupérant les diversités sexuelles pour en faire des produits ?, appelant chaque consommateur à transfiger sa sexualité pour réclamer au Marché des biens et des services ? Le Pacs, le sexisme gynophobe, l'« homosexualité » étiquetée ou avant *coming-out*, les discrimminations légalement fondées sur les préférences sexuelles : tout cela n'est qu'avanie. Le vrai problème n'est pas d'amender nos lois positives, mais de rendre succombantes et éternellement plurielles les *négatives* lois de notre amour.

260

Vains. — Le clown est vaincu d'avance ; le crispé ne s'avoue jamais vaincu.

261

Folle du -logie. — Sur le petit millier de sexologues français, combien de charlatans ? Combien de ces psys refusent-ils de mettre la main à la pâte, le cœur à l'ouvrage, de donner leur langue au chat ? La seule « sexologue » digne de ce nom est la mérétrice. Elle possède science confuse, technique et tour-de-reins. Elle manie l'imagination fertile ; la luxuriance diffuse à travers elle ses ensorcelants secrets. Les sexologues en blouse grise, eux, ne sont généralement que des clowns gynécologues d'avance recalés au concours.

262

Mésalliances. — Le crispé est toujours celui qui ne sait pas se faire aimer. Le clown est toujours celui qui ne sait plus aimer se faire aimer.

263

Plat du jour. — *Étreinte mexicaine* (zones érogènes stimulées, paroles enflammées, baisers en cascade sur tout le corps, coït généreux) — durée : 45 minutes ; orgasmes : 4 à 5. *Étreinte tunisienne* (longs préliminaires, questions excitantes, léchage intégral, jouissance féminine prioritaire) — durée : 30 minutes ; orgasmes : 2 à 3. *Étreinte française* (peu de caresses, insultes timides, aucune ondulation, coït nerveux) — durée : 15 minutes ; orgasme : 0 à 1. Bon voyage ! Bon appétit.

264

Drogués de la drague. — Faire la cour n'est plus de mise aujourd'hui : on drague. Le néocannibalisme a fait de la laborieuse conquête amoureuse un *fast-food.* Le coup de foudre est désormais un coup de *speed* : il faut que s'écoule le moins de temps possible entre l'instant où nous « *flashons sur* » X et l'instant où nous lui volons le premier baiser. De cet impératif de diligence suit tout un wagon d'accélérateurs de flirts : le *speed dating* où il faut tomber l'autre en sept minutes chrono, le *chat* virtuel où l'on « *emballe* » sous pseudonyme, le *cybersex* où l'on se branle sous webcam, les *backrooms* où l'on ne prend même pas le temps d'allumer la lumière, les boîtes échangistes où l'on s'emboîte, le téléphone rose où l'on phantasme jusqu'à souiller le combiné. Le rituel de la séduction visait une *défaillance* mutuelle ; sa réduction au charnellement consommable n'aspire qu'à la *performance.* La générosité passionnelle cède le pas sur le nombrilisme, le thumétique sur le « *tu me suces ?* ». La drague est la science empirique de l'excitabilité sexuelle d'autrui. Le dragueur exerce son pouvoir d'attraction sur le dragué, lequel peut faire de même, se méfier ou se défier, ou encore prendre ses jambes à son cou. Se faire draguer par une personne « *potable* » enorgueillit ; les mots doux, les sousentendus et les avances nous montrent que nous sommes désirables puisque nous sommes désirés. La drague est bien cette valorisation superficielle de notre Moi par laquelle celui-ci usurpe notre Je(u), semble nous désenclaver de nos anfractuosités, nous délester de notre pesanteur, résorber nos contradictions profondes. La drague simplifie les choses, et d'abord nous-même. En effet, le technicien-dragueur n'a que faire de la personnalité de ceux qu'il drague : il se contente de les réconcilier avec leur Moi, de les conforter dans leur mise en scène, de les enrôler dans leur propre rôle, sans nouvelles tirades ni contremploi. Lorsqu'elle reste respectueuse, la drague — même rustique ou percutante — a ceci d'agréable qu'elle nous *situe*, qu'elle stabilise notre identité. Elle tend à notre Je(u) un miroir qui ne reflète que notre Moi, c'est-à-dire notre jeu favori, celui où nous excellons et par lequel toutes les prouesses relationnelles paraissent possibles — moyennant certes une amputation de notre ambivalence. On courtise, en revanche, pour faire ressortir le Je(u) de l'autre dans la pleine complexité de son dynamisme. Nous courtisons pour *jouer avec* le Je(u) de l'autre et non nous *jouer de* son Moi. Celui qui entreprend de faire la cour ne *vole* pas des baisers de surface, smackés à l'arraché après de flatteuses paroles ras le nombril : il *vole*, il danse, il embrasse de toute sa présence la présence du courtisé. La drague est le préalable univoque à un laisser embrasser de consentement ; la cour veut parvenir à un consentiment bilatéral des êtres, à un abandon les abîmant l'un en l'autre, à un élargissement de leur présence. Draguer : restreindre la rencontre à l'espace du sexe en y mettant du « cœur » ; donc verser immédiatement dans l'approche pragmatique, caricaturale et subversivement correcte. Courtiser : faire doucement éclore le désir d'abandon en le dansant soi-même, en invitant l'autre à la danse, en y mettant du corps. Cette chorégraphie-là n'est pas obnubilée par les contraintes désespérantes de la réalité qui font se démener dare-dare les dragueurs postindustriels — pour qui tous les dragués sont interchangeables, appâtables et baisables. Cette chorégraphie-là met sur pied le dépassement du sexuel par l'amour. Elle montre que ce qui est réclamé est l'abandon de soi-même *avec* l'aimé, et non l'abandon de l'autre seulement — comme le souhaitent les dragueurs, qui veulent que l'on se livre à eux sans qu'ils se livrent en retour. La drague est donc un vice, un penchant motivé pour une relation d'aliénation à sens unique grâce à laquelle nous profitons de l'autre. « *Bel ami élégant et bon,/ Quand vous tiendrai-je en mon pouvoir ?* » La cour est une vertu, une force d'abandon qui épanouit notre Je(u) et libère autrui de son Moi réducteur. La drague nous délimite et nous entrave ; la cour nous illimite et nous enflamme. La première négocie avec notre Moi pour avoir notre cul ; la seconde découvre notre Je(u) pour qu'un mélange devienne possible. Mais le Je(u) se virtualise en Moi dès que la technologie lui prête ses supports. Nous pouvons encore le saisir dans l'écriture d'une lettre, l'improvisation d'un tango, la proximité vive d'un entretien que rien ne presse, la délicatesse d'une promenade. Mais mis en courriel, en natel, en mots lourds-dingues, en poses étudiées pour, le Je(u) s'efface derrière le Moi — c'est-à-dire sa vitrine, son étalage, son étiquette, sa moyenne. L'abandon est l'absolue négation de la technicité ; partant, plus on y met du savoir-faire, plus on sort du terrain de Je(u). Courtiser, c'est alors désapprendre, oublier les trucs et les astuces, faire lâcher prise en lâchant prise soi-même, délaisser les méthodes et partir à l'aventure de l'autre. S'aventurer en terres étrangères, à commencer par soi. Car si la drague est une technique de mise en sexe du désir, la cour est l'art de la mise en amour du sexuel. Un art que la scientificité défigure et que le néocannibalisme broie entre ses mâchoires : trop lent, trop cher, trop imprévisible, trop naïf, trop dangereux. L'épanouissement réel est la plus grande subversion pour un Système qui ne survit que par nos frustrations et doit donc les entretenir. Un baiser gratuit, d'abandons et d'amour, suffit pour détraquer la machinerie libéraltotalitaire. Ce baiser unit pour le bonheur de s'unir — autrement dit pour une valeur qualitative que l'Avoir ne peut quantifier. L'Être ne renaît de ce baiser *donné* ni pour du sexe ou pour une promotion, ni par *fun* ou par nombrilisme. L'Avoir s'y casse alors les dents. Si la drague est donc bien le verrouillage fantasmagorique du Système imposé à la doxa, la cour en serait la cure certaine, la délivrance, la clef des champs.

265

La fin des festivités. — Les premiers films pornographiques montrent le bienfait des bordels et de la camaraderie bon enfant. Après 1925, le porno change de tournures : esthétique de plus en plus caricaturale, femelles ultrasoumises, scénarios joués d'avance. Soixante ans plus tard, il ne s'adresse plus qu'aux mâles frustrés devant leur TV. D'œuvre personnelle, il est devenu instrument masturbatoire, stupre vengeur. Vengeur, car l'onaniste accro d'X est généralement un timide à la phantasmagorie déficiente. Il n'ose pas aborder les jeunes filles dans la rue ; il bande sur lui-même et s'en table sur les cassettes vidéo pour lui livrer de nouveaux fantasmes. Au fur et à mesure de sa dépendance pornographique, il s'enfoncera dans le sadomasochisme. Pour le client du X, l'aguicheuse doit en effet payer pour ses aguichages : sodomie, gangbang, éjacs faciales, domination. La violence du hard répond donc à la violence du conso-mateur, — celle-ci est favorisée, développée, encouragée par l'esseulement de branleur dans lequel le porno le fait suinter.

266

Abordages. — Nous pouvons déduire le degré de gynophobie et de sexisme d'une culture donnée en observant comment ses hommes draguent ou font la cour. Trois facteurs entrent ici en jeu : la maturité personnelle du séducteur — ce « *mélomane ravagé* » —, la représentation sociale de la figure maternelle et le degré de pleutrerie masculine vis-à-vis du don de soi-même, de l'engagement amoureux. Si la cour à l'italienne a grande réputation, c'est précisément parce qu'il s'agit de cour et non de drague. Pour caricaturer l'homme italien — pour saisir en fait la psyché italienne — nous pouvons dire qu'il drague comme il fait la cour et *vice versa.* Sauf lorsqu'il s'active à l'étranger où, en mâle putatif fort de son accent et de son origine, il se montre souvent condescendant et m'as-tu-vu : la virilité doit rester humble dans le voyage. En son for intérieur, l'Italien ne veut pas consommer la femme mais véritablement l'aimer, même s'il affiche moins de nostalgie envers ses relations passées que les Français pleurnichards et multiplie allégrement les *avventure* sans souci du qu'en-diront-elles. La cour-drague italienne se distingue encore des approches consuméristes dans la mesure où elle fait prévaloir la qualité sur la quantité, l'Être sur l'Avoir, le respect de l'unicité de la courtisée sur la drague à la chaîne indifférenciée, le romantisme sur le pragmatisme, la légèreté de l'offre sur la possessivité réclamant son dû, l'humour et l'assurance sur le harcèlement tyrannique, le rire sur la raillerie, le compliment sur la défiance vexatoire, le chant poétique sur les bobards bâclés. Luxuriance des Italiennes ainsi sollicitées, magnifiées, amadouées par la générosité casanovienne ! La plupart des autres peuples séparent drague et cour, salopes et mamans, sans comprendre que la *mamma* sait se montrer salope (d'ailleurs toute l'astuce est là : aimer la Femme en toute femme !). La pure drague s'effectue alors avec des femmes que l'on méprise tacitement : la nommusulmane draguée par le jeune beur tient par exemple pour lui le statut de subalterne, surtout si sa peau noire le renvoie à l'ancestrale misoxénie qui l'identifie alors à une esclave aux yeux de l'insultant sultan. On connaît la frénésie dragarde des Antillais qui, sitôt les beaux jours revenus avec leur pagnée de jupes affriolantes, sautent avec insistance sur toutes celles qui bougent et les hantent — zouk ou pas, avec ou sans punch. Le Français n'est d'ailleurs pas en reste, mais ses obsessions se doublent d'une névrotique fatuité et fait de sa drague un brouillon timide et hésitant. Il sait s'y prendre, mais n'*ose* pas. Il craint non pas de blesser la belle mais plutôt de prendre un « râteau » — pour le narcissique qu'il est : gong suprême ! Aussi le Français qui courtise fait-il copain-copain, prend-il son temps sans trop y croire puis teste, en l'effleurant du bout des doigts, les bonnes grâces de Marguerite à son égard. Le Français qui drague s'adonne à la grivoiserie, contrefait allure, audace, aplomb avec des balourdises empressées, ou bien — toujours timoré — s'imagine incisif avec un « *Tu... tu veux boire un café ?* » lâché chevrotamment. Quant au Anglo-saxons...

267

Galériens. — Les aphéliens désignent leur misère par le terme « galère », qu'elle soit pécuniaire (« *galère de thunes* ») ou sexuelle (« *galère de meufs* »). En ce sens, ils se disent volontiers « *galériens* » : population pénalisée, insérée malgré tout dans la société urbaine mais embarquée dans une contrevie de fonds de cale. Ils *rament* laborieusement vers un improbable bonheur. Bien que la « *galère de meufs* » ne dépende pas d'un diplôme ou d'un emploi, elle sévit pourtant. L'argent est davantage monnaie courante que la cour ou l'amour tant la pression mâle écrasant les filles dissuade celles-ci des liesses frivoles. Les galères continueraient-elles donc d'être la plus importante institution pénitentiaire de France ? Nos forçats connaissent eux aussi les évasions sporadiques, l'absence d'horizon, les bastonnades. Quelques-uns s'improvisent dealeurs pour décrocher la « *thune* » ; d'autres, maquereaux pour y lier le sexe. Les jeunes femmes doivent flirter loin de la cité, sans quoi elles multiplieraient les hordes d'assaillants et se feraient une réputation sordide. Tant d'obscures manœuvres instillent entre mâles et filles un parfum de proxénétisme et de défiance. L'étreinte consommée devient le risque primordial. La chiourme des jeunes aphéliens suit ainsi sa virée violente sans que les adultes, d'un iota, ne la dévient. Embarquement immédiat vers le fruste, où déplaisir et complaisance mènent étrangement la barque. À croire que pagayer tienne chaud.

268

À voile et à vapeur. — Se justifiant de la règle tacite de l'intendance galérienne, Colbert réprimandait fort peu les forçats « *convaincus du crime de sodomie* ». Les pays du Maghreb qui assujettissent la femme tolèrent pareillement les étreintes d'homme à homme, de façon il est vrai tacite ; — nombre d'adolescents y trouvent occasion d'apprentissage et de contentement, faute de mieux. Mais les Français d'origine maghrébine sont homophobes en très grand nombre. De là, la négation de la liberté de leurs sœurs, la persécution machiste qu'ils font subir aux autres filles, la misère sexuelle que leur comportement colporte et qui pourtant les abcède, les hypersusceptibilise, les rend fébriles et tout nerveux. Plus ils harcèlent la femme avec des mimiques dédaigneuses, des insultes et des regards furieux, plus ils mériteraient de profondes sodomies afin d'y passer leurs nerfs. Colbert y voyait fort justement un exutoire nécessaire aux galériens. Il en serait de même pour les galériens de l'Aphélie s'ils n'étaient farouchement hostiles à l'homoérotisme. La hantise d'un discriminé a toujours été d'éviter de multiplier sur sa personne les occasions de ségrégation. Être fils d'immigrés et fils de pauvres, cela fait déjà beaucoup ; ajoutez-y la découverte de la sexualité avec des pratiques homoérotiques violemment comdamnées par l'hétérosexisme du pays qui vous reçoit, et vous voici paria suprême. Voilà pourquoi l'homophobie des aphéliens exclus vire presque toujours à la testérie fascisante. Comme la violence gynophobe ne débouche sur rien de bien satisfaisant, l'alternative des rebeus vénères pour qu'ils se sortent de leur propre galère sexuelle demeure aujourd'hui la même : permettre l'émancipation luxuriante de leurs sœurs ou bien dépasser leur crispation et se permettre quelques écarts... entre (vrais) mâles. — Ninon de Lenclos au marquis de Sévigné, trois siècles avant le nôtre : « *Vous êtes bien singuliers, vous les hommes ! Vous vous tenez pour offensés dès qu'une femme ne répond pas avec empressement aux regards que vous daignez jeter sur elle. Votre orgueil révolté l'accuse sur-le-champ d'injustice comme si c'était sa faute que la tête vous tourne, comme si elle était obligée de se trouver, à point nommé, saisie du même mal que vous.* »

269

Instructions. — Vous voulez supprimer les viols en meute ? — Éduquez les « jeunes » à la sexualité et au respect de la femme ! Vous voulez supprimer les meutes ? — Éduquez les « jeunes » à la solidarité et au respect de l'autre ! Vous voulez supprimer les « jeunes » ? — Éduquez-vous vous-même !

270

Logique anarchiste. — La seule règle valide est celle qui soutient que la seule règle valide est celle qui soutient qu'il n'y a pas de règle. — Logique des *propositions*.

271

Souffrage. — Notre actuelle démocratie pèche sur un principal point : le Président est élu par une majorité de cons. Si on peut encore appeler cela « *élire* »...

272

Trop, c'est trop. — Trop d'amour tue l'amour. Trop de haine tue la haine. Quantifiez vos désirs, et vos passions s'éteignent.

273

Combat de cons. — Ardisson piégeant Arthur : « *Une dernière question : connais-tu la définition du mot "onanisme" ?* » — « *Non. Pourquoi ? Ça veut dire quoi ?* » — « *Merci. C'était Arthur, mesdames, messieurs !* »

274

Les histoires d'amour finissent mal, en général. — Pour Spinoza, l'amour est une joie qu'accompagne l'idée d'une cause extérieure. En présence de la chose aimée, un apaisement (*acquiescentia*) est dans l'amant ; en son absence, un sentiment de perte (*desiderium*), une passion triste. Mais pas toujours (*plerumque*). Avec la jalousie, l'amour se convertit en une haine mêlée d'envie. Mais pas toujours (*plerumque*). Il faut donc passer entre ses deux *plerumque* pour atteindre le seuil étréci de la sagesse amoureuse : éviter la déréliction qui convertit *dans la plupart des cas* la joie en tristesse, éviter aussi la jalousie qui change *dans la plupart des cas* l'amour en haine. Le tragique est là : joie et déchirement peuvent extraordinairement cohabiter. Joie de parfaire, dans le déchirement du chagrin, notre intelligence des choses. Le *thumos* est là : les pulsions n'ont pas à être réprimées — elles doivent servir l'accroissement de la puissance du corps. Nous sommes le projet, l'emmarche vers l'utile, l'œuvre en chantier. Mieux vivre : *faire exception.*

275

Marchons ! — Les clafoutistes, ces experts de pacotille, nous ont offert unanimement deux analyses du 21 avril 2002 : la cécité collective et l'effondrement de la gauche plurielle. Dans *Sinistrose — Pour une renaissance du politique*, nous en décelons deux autres : le clafoutisme politicomédiatique et la dévolution démocratique. Les journaleux — y compris les plus désastrologues — ont tant tambouriné du Chirac-Jospin au premier tour que les citoyens ont voulu faire mentir ce dictatorial pronostic : démocratie ! L'insécuritaire comme unique bruit de fond médiatique, l'anecdotisation de l'acte politique, le dé(bi)litement de l'Europe éclairée, tout devait mener au verrouillage du Système toutcontrôlant engagé par la « cohabitation ». Mais : démocratie ! Le peuple, enténébré d'ondes cathodiques et de vie virtuelle, connut pourtant cet éclair authentiquement démocratique : le rejet viscéral des zouaves qu'on lui impose. Son vote bras d'honneur relève bien sûr encore de l'instinctif ; il n'empêche qu'il lui fit jeter son dévolu sur l'antidogme, l'anticonsensus, l'antisuivisme : démocratie ! Curieusement, en réquisitionnant le ploutocrate Le Pen pour jouer l'intrus du second tour, les électeurs visaient inconsciemment l'éclatement de la ploutocratie. Encore un effort de colère, démocrates ! Encore un doigt d'ire pour que *ça* marche ! Encore une once d'entièreté pour que la dévolution reprenne sans s'étrangler à la moindre *Marseillaise* ni se désengorger aux premières manifestations ! Quand le syndrome de Durn qui vous pousse à flinguer les politicards se fera mobile. Quand vos imprévisibles soubresauts, plutôt que de le singer, signeront l'espoir.

276

Brouille. — Délinquance juvénile, délinquance juvénile ! Séquelle exclusive de la *délinquance parentale* ! Tant que les parents s'aiment d'amour, tout tourne rond. Mais dès qu'ils se haïssent d'Amour ou se divorcent la gueule, les enfants chutent. Impertinence, violence, adulescence. Culpabilité infantile lestant à vie l'amour de mort. — Du collège au lycée, les mauvais élèves ont des parents qui l'ont mauvaise.

277

Action. — Les jeunes désirent l'encadrement et les missions militaires. Ainsi peuvent-ils jouir de faciles transgressions à peu de frais et sans trop se creuser la tête. Cette surdiscipline, donnons-la-leur autrement que par des jeux de petits soldats : la réalisation cinématographique fera l'affaire. Apprendre aux jeunes à faire un film : fédérer tous les talents et toutes les obédiences vers un projet commun.

278

Écœurement. — À l'origine, la chamade désignait la sonnerie de trompette ou le roulement de tambour qui annonçaient aux assiégeants qu'on était prêt à rendre les armes. Dans l'abandon, le cœur bat lui aussi la chamade. Des émotions le prennent d'assaut ; il ne les repousse plus mais au contraire défaille. Les pancapitalistes voudraient annexer cette disposition capitulative, y rattacher un prix, une condition, un logo. Mettre l'émoi sous *copyright* et le cœur sous contrat. Fort heureusement, ils frappent trop fort. Les cibles décèdent, criblées de spots et de slogans. Elles s'amalgament, elles ne s'abandonnent pas. Sauvagement frustrées, elles troquent leur survie mentale contre un consentement de surface, sans consentiment. Nul amour ne les traverse, seulement un drôle dégoût d'elles-mêmes — une impression d'esseulement et de défectuosité. Le cœur des cibles bat la *saudade*. Pour qu'elles retrouvent la chamade, il faut que des appels sincères remplacent les appels de phares, et le panache dans l'adversité, le panaché.

279

Flipper. — Le compagnon idéal, vu par Melle Agnès de Canal + : « *D'abord un mec avec une très très grosse paire de couilles !* » De même qu'il semble idiot de s'engager avec un homme dont on ignore le comportement dans des situations périlleuses, de même il paraît avisé de ne point se fier à un discours ou à une intuition pour juger de la vaillance, mais d'attendre plutôt qu'elle fasse ses preuves. Car la plupart des hommes exclusivistes, frustrés par le devoir-être monogame, manquent singulièrement de sang-froid. Derrière l'aplomb de façade, une guirlande de guimauve sans teneur. Lâcheté de l'aphélien dur à cuire qui craint d'exceller ; lâcheté de l'embourgeoisé mou à moudre qui craint de déchoir. Hypocrisie aussi du mâle gynophobe, qui en vient à ne plus contenter sa belle par peur de ne plus pouvoir la contenter. Or la pleutrerie masculine, perceptible dans le quotidien du couple, humilie la libido de la femme et finit par l'étioler tout entière. L'homme exclusiviste déçoit dès que sa virilité de mascarade se dévoile n'être justement qu'une mascarade, un numéro de prestidigitation censé épater la galerie. Et comment le style ladre pourrait-il seoir à l'homme véritablement viril ? Comment la perspective du couple serait-elle conciliable avec la luxuriance, ce mixte éblouissant de charme et de beauté, de phantaisie et de présence, de dédramatisation et de tragédie ? L'homme viril et l'amazone brillent par leur courage face à l'existence : ils assument mais savent aussi s'abandonner, ils persévèrent mais savent aussi en rire. Or la virilité putative est une esbroufe de long terme qui feint le courage en absence de tout danger puis, une fois confrontée à celui-ci, prend ses jambes à son cou. Tant de mesquineries complaisantes écœurent la femme qui, à force d'assister à la faiblesse résignée de son Jules, cesse de le désirer. Entre eux, si la mécanique sexuelle continue un temps sur sa lancée, l'abandon, lui, n'est plus qu'un lointain souvenir... Aussi l'amazone approuve-t-elle Melle Agnès et, au contact d'un homme qui tremble, lui apprend-elle à se montrer brave, couillu et valeureux.

280

Litteris, recuperata libertate, civitas. — Telle École, tels dogmes en vigueur. Dire que l'on continue à faire des sciences mathématiques le grand critère de sélection scolaire ! On sait pourtant que de gros neuneus mous peuvent y exceller sans peine ; pourquoi dès lors ce culte de l'inculture mis en équation ? Pourquoi du sinus aux morveux, de la tangente aux lâches, des fonctions *f(x)* et des repères orthonormés ? Inventons le Lycée de la néorésistance, de la 3e à la T^le^ ; — que des mécènes donnent les fonds, nous l'édifierons au cœur de l'Aphélie ! Haine des chiffres, amour des humanités. Espéranto obligatoire, seconde langue de l'établissement ; deux autres langues au choix, du russe à l'arabe en passant par le chinois. Philosophie dès la 3e, droit et politique dès la 2de. Salaire identique pour tous les professeurs, quelle que soit leur ancienneté : 180 € brut *la journée de travail* ; à chacun de choisir son quota, de une à quatre journées par semaine. Aux professeurs incombe également la tâche de surveiller à tour de rôle les récréations, de se concerter pédagogiquement, de préparer les quatre *conseils de classe bimensuels*. L'« astuce » de l'emploi du temps tient dans l'aération optimale des *cinq heures quotidiennes de cours*, la qualité prévalant de loin sur la quantité. Quatre heures de devoirs sur table tous les samedis, de 8 h 45 à 12 h 45. Lundi, mardi, jeudi, vendredi — *8 h 15* : récréation ; *8 h 30* : cours 1 ; *9 h 45* : récréation : *10 heures* :

cours 2 ; *11 h 15* : récréation ; *11 h 30* : cours 3 ; *12 h 45* : déjeuner ; *14 h 15* : cours 4 ; *15 h 30* : fin de la journée, études facultatives jusqu'à 18 heures. Mercredi — *9 h 30* : récréation ; *9 h 45* : options artistiques et sportives ; *12 h 45* : déjeuner ; *14 h 15* : options artistiques et sportives ; *17 h 15* : fin de la journée. Soit au total 30 heures de travail par semaine, réparties de la façon suivante : 20 heures de cours, 4 heures de composition, 3 heures de sport et 3 heures d'art. Quant à l'organisation des vacances et des jours fériés, une refonte s'impose là aussi tant ils dérèglent aujourd'hui le rythme des élèves. Les jours fériés ne doivent pas les concerner ; les quatre bimestres doivent être espacés par dix jours de vacances, pas plus. 1er bimestre : 10 sept. — 10 nov ; 2e bimestre : 20 nov. — 20 janv. (mieux vaut donner Noël et le jour de l'An à l'École plutôt qu'au Marché !) ; 3e bimestre : 1er fév. — 1er avril ; 4e bimestre : 10 avril — 10 juin. Examens et fête de fin d'année : 20 juin — 25 juin. Un décalage de cinq jours suivant les zones de vacances pourra prévenir des encombrements sur les routes de France. Soit au total 120 jours de vacances, un tiers de l'année — la même proportion que pour le sommeil et la veille.

281

Léonine Égalité. — Comment ne pas approuver la boutade lancée par François Bayrou en 1995 : « *Collège unique, collège inique* » ? Les professeurs savent ce qu'ils doivent au giscardisme : la massification mortifère de l'enseignement d'après Mai-68. Le ministre de l'époque, René Haby, a laissé son nom à la calamiteuse réforme du système éducatif (Loi n° 75-620, du 11 juillet 1975). En trente ans, l'enseignement identique de l'*École moyenne* auprès d'élèves très différents n'aura fait qu'accroître les discriminations sociales, culturelles, ethniques. L'article 5 de la loi « Haby » constate : « *L'un des aspects les plus apparents du changement de la vie est le développement considérable et multiforme de l'*information, *que celle-ci revête les caractères de la description objective ou subjective, de la publicité,* *de la propagande, etc.* » La question politique devient alors : du point de vue de l'enseignement, comment profiter de cette déferlante d'information pour y noyer l'Aphélie — la France exploitée — sans qu'elle ne s'en aperçoive ni qu'elle ne s'insurge en criant à l'inégalité de traitement, de chances, de droits ? La réponse est machiavélique : le collège unique, souffleur des rares lumières aphéliennes qui auraient dû permettre le vrai partage du gâteau « Démocratie » — *Haby birthday to you* ! En prônant une organisation et des finalités identiques, en unifiant les anciens CEG et CES sous l'appellation « collège », en supprimant les anciennes filières et les classes de transition, en modifiant radicalement les programmes, la loi « Haby » circonscrit l'Aphélie à l'Aphélie et le Centre au Centre. Anscenceur social bloqué aux soussols pour les pauvres, dans les hauteurs pour les nantis. Le tout sous couvert d'« *éducation de masse* », de « *modernisation de l'enseignement* » et d'« *éducation permanente* » (que les aphéliens ne peuvent bien sûr pas s'offrir !) — jeux de maux dont la droite libérale a le secret. Car de quelle modernité parle-t-on ici ? Haby paraît habilité à nous répondre (« Pour une modernisation du système éducatif », *in La Documentation française*, *Les Cahiers français*, N° spécial hors série, février 1975) : « *La prise en compte des intérêts des jeunes est un élément nouveau et important dans la définition d'une éducation moderne et fructueuse.* » Deux remarques cependant : 1/Les « *intérêts des jeunes* » sont le corrollaire de leur milieu socioculturel ; l'enseignement doit-il les y emprisonner ou au contraire élargir les perspectives des plus démunis, les forcer à voir plus loin que les modestes exigences de leurs parents ? 2/Qu'est-ce qu'une éducation « *fructueuse* » ? Fructueuse pour qui ? — Pour les serfs dont les parents refuseront tout redoublement et qui finiront *illettrés diplômés* sur le marché de l'esclavagisme rénuméré ; pour les cossus aussi, qui trouvent dans le collège unique de quoi masquer l'élitisme scolaire et justifier *a posteriori* leurs hautes fonctions, leurs parcours d'excellence tracés au détriment des miséreux. La loi Haby veut la massification du troupeau pauvre. Maintenir des abrutis totaux dans la filière générale est bien moins coûteux que de leur réserver dès le primaire des filières adaptées, des classes de dix élèves, des éducateurs spécialisés. — « *Et l'Égalité, vous la mettez où ?* », hurlent aussitôt les syndicats, l'angélique gaucherie des aphéliens et les parents fumistes qui confondent École et Garderie. Égalité ? La misère appelle les misères, la misère est contagieuse — c'est ce qu'il faut prendre en compte pour penser les conditions effectives d'une justice sociale. Ville de merde = collège de merde = proviseur de merde = intendance de merde = ambiance de merde = *niveaux* de merde ; si on ne s'attaque pas aux racines de la misère, elle ne cesse de croître et de tout recouvrir. Soutenir l'Égalité, ce n'est ni égaliser les ambitions ni instaurer des « *discriminations positives* » qui stigmatisent les miséreux et les enfoncent un peu plus dans le bourbier sordide. Soutenir l'Égalité, ce devrait être vaincre la diffusion épidémique de la misère par une hygiène structurale, psychologique et professionnelle d'une constance sans faille. Que les cyniques partisans de l'« Égalité » tentent d'apprendre quoi que ce soit aux « égalisés » en fin de parcours, les incurieux de l'incurie générale étendue au nom de l'Égalité ! À vingt-trois ans, ces derniers seront prêts à entrer dans les statistiques du chômage avec la bouche bée des cancres las. Les coûts sociaux qu'ils entraîneront dans leur chute dépasseront de loin ce qu'aurait demandé une scolarité adaptée à leurs handicaps socioculturels ; mais ni les gouvernements ploutocrates, ni leurs médias bourdieuphobes ne s'intéressent au *long terme*, le grand défi de la postmodernité. Grâce au collège inique, voici des années qu'*ils ne comprennent absolument rien à ce qui leur arrive*. L'Égalité ? L'Égalité ? — Pédagogistes et bons apôtres, venez faire cours dans le trou du cul de la France abyssale ! Là où Le Pen lui-même militerait pour le métissage blanck-blanc-beur tant le Français « de souche » — fin-de-race — semble translucide face aux descendants d'Afrique. Venez, intégristes de l'Égalité, affronter deux heures durant une classe de STI ! Égalité ? Impossible pour ces garçons de se concentrer sur autre chose que sur leurs revues de cul ou *L'Équipe*, leurs uniques centres d'intérêt. Comme ils n'ont pas reçu l'éducation minimale, ils ne comprennent pas pourquoi il est incommodant de s'étirer en gémissant, de péter, de bavarder, de se lever en plein cours. Égalité ? Éponges à testostérone, ils se rotent à la gueule, traitent la jeune prof de « *pute* », croient imiter les médiatiques banlieusards en feignant une violence qu'ils n'ont même pas et en suivant moutonnièrement le plus beauf, leur capitaine. Lui décide de la fin du cours, dit à la prof qu'il va lui faire un enfant, fout le boxon dès qu'il est contrarié. Égalité ? Pas de classement ZEP surtout ! Cela nuirait à la sage image de la commune ! Alors chaque adulte accuse son voisin de laxisme sans changer d'un soupir le désespoir général. L'esseulement et la démobilisation attisent la misère endémique ; l'amour, l'humour et la séduction semblent avoir déserté les lieux pour toujours. Il est trop tard : les bons plis se prennent tôt. Sans quoi les blouses chantent le *blues* — révolte sourde et létale d'une misère qui, au nom de l'« Égalité » budgétariale, continue de baigner dans le jus de ses ancêtres. Paroles et musique : Réné Haby.

282

Institution sexuelle. — La sexualité est une construction sociale qui, par un jeu de promotion et de condamnation, normalise les pratiques. Jadis gâterie des prostituées, le cinéma a par exemple fait entrer la fellation dans le couple en en montrant crûment la technique ou en l'évoquant de façon suggestive. Avec un tel tabac, seulement un tiers des adultes refusent aujourd'hui de se mettre à la pipe. Mode, médias et publicité conditionnent les canons de la féminité et de la virilité. Les parents et le contexte socioculturel lèguent tabous, culpabilité déprimante, ou bien au contraire légèreté, perspective d'épanouissement. Or les misères culturelle, financière et sexuelle vont sanglées ensemble. L'ignorance entraîne superstition, communautarisme, traditionalisme conjugal — tout ce qui rigidifie l'amour. De quoi rendre encore plus ignorante la prochaine fournée et l'étioler davantage. C'est souvent contre leur gré qu'il faut sortir les misérables de leur misère, car ils s'y complaisent et veulent un sort identique pour leurs rejetons. La « *lutte des classes* » résorbatrice d'inégalités sociales devrait plutôt prendre le tour d'un conflit de générations proprement dévolutionnaire. Et si la médiocrité et l'excellence se transmettent en héritage, l'État devrait inventer des moyens de réduire les legs crasseux par des institutions non dysfonctionnantes. Contre les misères culturelle, financière, sexuelle : l'éducation, l'éducation, l'éducation. Et si la famille pue trop, bonheur des pensionnats !

283

Amputations. — Croire possible d'interdire la prostitution relève de l'angélisme tant qu'on engage la jeunesse vers le couple « *légitime* » et qu'on l'abreuve dans le même mouvement de sexe *à tout bout de champ*. Le couple exclusiviste étiole ; la libido s'endormirait alors bien tranquillement si elle n'était pas sollicitée par la sexolâtrie médiaticopublicitaire. La prostitution connaîtra de toute façon une demande croissante tant que le dogme réactionnaire de la conception patrilinéaire de la famille sera inculqué aux enfants. Mais ce qui rend la prostitution *vitale* — et non simplement fatale — tient au fait qu'à la pénurie de plaisirs charnels s'ajoute une débauche d'imageries putassières. Il s'agit principalement de pubs à putes (filles de cinq à trente ans qui vendent virtuellement leur corps), d'émissions et de reportages à putes. Pénaliser les clients ? — « *Aubade. Leçon n° 49 : Prolonger la magie du premier regard.* » ; gros plan sur une croupe nue rehaussée de dentelle noire, page 38 d'un hebdomadaire quelconque. Interdire le racolage ? — « *Vivrélec. Vous gagnerez à mieux vivre* » ; une femme à poil attend qu'on la réveille sur un gros morceau de coton. Expulser les étrangères ? — « *Natalys.fr* » ; une petite fille métisse vend son faux sourire et sa tignasse afro, page 114. Marginaliser la prostitution ? — « *Natalys.fr* » ; une femme enceinte exhibe son gros ventre nu, *jean* déboutonné, tandis que son mec torse nu lui chuchote des mots doux à l'oreille en lui pelotant le sein, page 118. Au temps du proxénétisme généralisé, la prostitution court les rues. Les métiers que l'on choisit avec une relative liberté se raréfient et les cadences infernales du néocannibalisme *moulent* le corps des travailleurs.

Tel technicien voit ses mains calleuses caler optimalement à l'écrou qu'il resserre d'une monotonie machinale, jusqu'à la retraite ; tel informaticien y perd ses yeux et son séant ; tel enseignant y éraille sa voix et sa joie de vivre ; telle caissière s'enscoliose, tel marteau-piqueur sacrifie ses oreilles, tel férailleur ses doigts, tel pompier ses poumons, tel policier sa vie. Le plus vieux métier du monde ressemblerait à tous ces labeurs mutilants si la *putasserie puritaine* du Marché ne rencontrait point l'obstacle de la sacralisation des parties génitales — diabolisation judéochrétienne, en voie de banalisation. Les prostituées sont des ouvrières à la chaîne comme les autres : soit *free-lance*, soit avec un patron moldocroate, elles épuisent leur jeunesse en la monnayant directement pour survivre. Elles sont en revanche ignomineusement privées de droits, ce qui en fait de la chair à violeurs, à dealeurs, à mafias. En effet, la prostitution est aujourd'hui un oxymore à soi seule : légale mais nonautorisée ! Légale afin de plaire aux démocraties-marchés pour lesquelles tout est bon dans l'homme cochon ; nonautorisée pour plaire aux bourgeois des quartiers cossus qui se payent les catins en Chanel de leur proche entourage et n'ont donc pas besoin de recourir aux services d'une professionnelle. Chaque travailleur précaire se fatigue sous la poigne d'un souteneur qui l'assoiffe, l'affame, le fait chanter. La prostitution n'échappe pas à la règle ; d'ailleurs le grec « *pornè* », qui donne « pornographie » en français et signifie « prostituée », dérive de « *pernènai* », « vendre des marchandises ». Mais cet échange pourrait pourtant être autre chose que la rencontre de deux détresses, celle du client et celle de la commerçante, traqués. Si la réitération de la vente de notre viande est monnaie courante à l'âge néocannibale, la première attitude néorésistante consiste alors à transformer une telle vente en *conciliation*, de façon que la viande s'humanise et redevienne une « âme », une dignité, une sensibilité, un désir, — un corps. Pour cela, il faut un conciliabule : un lieu sûr, à l'abri du toutvenant, où l'on puisse s'entretenir, s'entresuivre ou même s'entredévorer. Une maison close.

284

Libération. — La masturbation et la prostitution rendent l'être humain à lui-même quand il n'a plus les moyens de l'être. L'animal excité dépend d'un autre animal pour se satisfaire ; — a-t-on seulement analysé les conséquences d'une telle aliénation ? Qui n'a pas subi les assauts idiots d'un chien en rut contre sa jambe ? Médor devient fou, aveuglé, obnubilé par ses pulsions sexuelles. L'homme connaîtrait le même sort s'il n'était taillé pour la masturbation : pouce préempteur, doigts agiles et précis, corps phantasmant. Il peut se calmer tout seul pour ensuite passer (penser) à autre chose ; il n'a pas à sacrifier un sixième de sa vie en quémandant caresses. Bien sûr, un ébat complet est souvent plus stimulant que l'onanisme. Il n'empêche qu'en cas de *besoin* intense, le soulagement peut provenir de soi-même. Rassurante certitude. Il suit de là que l'autosatisfaction orgastique rend possible la réflexion rationnelle puisque notre axe une fois relaxé ne dévoile plus notre intelligence. Nous nous libérons ainsi nous-même des instincts qui nous conditionnent : le premier acte de libération est la masturbation solitaire — le premier acte *humain.* Or, dans une certaine mesure, la prostitution continue sur cette lancée. Du point de vue sociétal, elle se nourrit de la misère sexuelle des *désaxés* de l'exclusivisme et de la sexolâtrie qui révèle celle-ci de façon plus aiguë. Pour faire disparaître la prostitution clandestine, il faut transformer le statut des prostituées et leur donner un lieu propice à l'exercice de leur métier de *mérétrices,* de néocourtisanes. Mais au-delà des nouveaux bordels réglementés et des Instituts de massage *pour adultes,* ou de l'inclusivisme libertin et de la charité érotique, la prostitution contribue à l'émancipation humaine. Du point de vue anthropologique, elle poursuit effectivement la quête d'indépendance initiée par l'onanisme en donnant à chacun l'opportunité de se décontracter et de mettre volontairement un terme à ses obsédantes obligations. Les mérétrices sont par conséquent des libératrices, et les méréteurs des libérateurs. Certains diront que la charité sexuelle ou la polygamie constellaire peuvent se passer de leur service ; — c'est faux. Méréteurs et mérétrices offrent bien plus que des services sensuels : ils offrent la succulence d'une étreinte *clandestine* et *anonyme* — succulence qui, pour le jeune homme de moins de trente ans et la femme de plus de quarante (*i. e.* quand la tropicalité maximale lève toutes les réticences), n'a pas de prix.

285

Amour du pouvoir et pouvoir d'aimer. — L'inclusivisme, au style indirect libre, caractérise le choix d'amoureux décidés à lutter contre l'insolidarité sociale en refusant toute forme de défiance entre eux. Il représente la seule solution conciliant l'épanouissement des enfants — élevés par des parents qui s'aiment sans hypocrisie ni ressentiment — et l'épanouissement des adultes, enfin affranchis des bondieuseries familiales et de l'exclusivisme culpabilisateur. Si le Système pancapitaliste veut à terme convertir la société en marché et les relations humaines en relations commerciales, la néorésistance doit dépasser l'individualisme planifié en renouant avec la confiance en l'autre. La *méfiance* s'avère certes de bon aloi, comme une juste prudence devant l'inconnu en attendant qu'il se dévoile à nous. Mais la *défiance* continue de le soupçonner, de l'agacer, de le railler, y compris après son cordial dévoilement. Si la méfiance est une prudence bienveillante au service de l'amour, la défiance est une réserve agressive et malveillante au service de l'inamour. Dupouey la condamne : « *Il y a une certaine prudence qui est l'une des plus hideuses maladies de l'âme : c'est celle qui met la vie à l'abri de l'amour.* » — La défiance veut en fait haïr avec le sourire *Ultrabrite*, jusqu'à ce qu'il plonge et que nous prenions sa place. Aussi veut-elle conserver intacte la capacité de traîtrise pour ôter à la trahison son scandale. La trahison est son Grand Œuvre : une clause irrésiliable du contrat — reste à savoir celui qui trahira le premier. Sacrés utilitaristes ! Incapables de sortir de leur western, parce qu'il arrange bien leurs affaires : plus les cowboys restent solitaires et se craignent les uns les autres, plus ils font de l'or leur seul étalon. Or un peuple avide et cupide ne produit plus aucune démocratie, laquelle a besoin d'un minimum d'entente, de désaccords et d'aptitude au dialogue pour que le débat demeure possible. Un peuple qui se rue vers l'or légitime plutôt que vers la ploutocratie, le pouvoir des riches — la concurrence générale corrèle alors l'asservissement des plus faibles, des traînards qui ne ruent pas dans les brancards, des chercheurs sans bol ni compétitivité. Être de la gauche de gauche : choisir le camp des opprimés quand il est encore imaginable de les sauver de la croisade fanatique, de la tuerie légale, de la busherie. Être de la droite globaliste : choisir le camp des dominateurs et justifier leur domination en stigmatisant la faiblesse de ceux qu'ils saignent. La droite bigote a besoin de défiance, d'insolidarité, d'injustice et de (con)vaincus ; la gauche a soif d'amour, d'entraide, de justice et de liberté. Pour éviter la sinistrose, elle doit fédérer par la générosité de l'idéal, quand la droite bigote droitise la téléfoule en l'insécurisant et diabolise ceux qui contestent l'instinct totalitaire coulant dans sa lymphe. Avec l'inclusivisme, il s'agit de créer les fondements innégociables et inachetables d'une *philia*, d'un vivre-ensemble confraternel, d'une amitié à visée mondiale. Car la vraie paix n'a besoin ni de soldats pour la *maintenir* ni de guerre éthique pour *pacifier* le globe : elle se veut amour de la différence, respect de la souveraineté de l'autre, partage d'égal à égal. Elle ne compte pas faciliter le commerce au point de retrancher l'humanité de l'homme, mais faciliter les rapports humains en éjectant les clafoutistes de leur trône, les mauvais pilotes de leur siège, les emmerdeurs de leur cuvette. Comment cesser d'enfanter des pitbulldozers prêts à démolir le reste du monde pour jouer avec le pouvoir et remuer la queue ? — En éduquant la future génération au style indirect libre, c'est-à-dire à l'irréductibilité du don, au mépris du prix, à la poétique de la valeur. Inclusivisme : respect immotivé de l'autre, plaisir immodéré d'aimer.

286

Homo sapin. — À Noël, toutes les routes mènent à Rennes.

287

Esseulement. — Et si la vie était belle ? — Et si… et si…

288

Mobile Homme. — Ère des portables, ère du nomadisme *virtuel.* Téléphone portable, ordinateur portable, musique portable : métro portable, boulot portable, dodo portable. On ne rencontre pas l'altérité sous natel, ni le désir sous *computer*, ni le réel sous baladeur. On n'y rencontre que des cancers : l'exclusivisme cellulaire (« *T'es où, là ?…* »), le surfisme technologique (« *J'suis sur le Net, là !…* »), l'autisme gazouillant (« *Tralala !…* »).

289

Aggravation. — Pire que la vie, l'amour. Pire que l'amour, la mort. Pire que la mort, la vie.

290

Vous vous épatâtes. — Les clafoutistes s'étonnent toujours : « *Les gens sont décidément moins cons qu'on croit !* » Les gens s'étonnent toujours : « *Ils sont décidément un peu plus cons chaque jour, ces putains de journaleux !* »

291

Attention. — L'accoutumance télévisuelle retire aux yeux leur brillance, leur *intérêt.* Éteindre la TV : rallumer les regards.

292

Tas de beaux yeux. — Faiblesse des futiles : de viles flatteries suffisent à les subjuguer. Les amazones restent hors d'atteinte de cette démagogie pour femmes — ou « gynémagogie », comme l'appelle Derrida — et refusent pareillement l'andromagogie, le plat préféré des esclavettes.

293

Nike Nike. — Caillera ! Plutôt que de t'agresser aux femmes, agresse-toi à la pub !

294

Zapping déontologique. — Les ingrédients favoris du clafoutisme journalistique : microtrottoirs ; longs développements sur les intempéries ; anecdotes rurales ; destinations de vacanciers ; *hobbies* de farfelus ; foireuses hypothèses scientifiques non encore démontrées ; images newyorkaises *made in* Washington ; antiétasunisme des pays arabes ; « violences urbaines » quand la droite bigote bat de l'aile ; amélioration de la vie des cités quand la droite déboule à l'Élysée. Tout cet arsenal de déviations niaises permet de nationaliser la vision internationale des clients, de leur faire répugner la politique européenne et ignorer les vrais drames de leur temps. Notez les journaleux qui s'adonnent à la vacuité mise en suspense, à la zombification des foules — et boycottez-les !

295

Ethnocides. — Voyons-y du feu : les opprimés sont des supprimés dont la suppression est planifiée sur le long terme. Il paraît télégénétiquement plus légal de faire dépérir six générations plutôt que d'en faire périr trois d'un coup de bavure.

296

Faire oui. — L'adhésion par la raison a fait ses preuves, mais elle n'engage point le corps. Pour améliorer l'immonde, il importe de la coupler à l'adhésion par l'ardeur. Plus impérieux que l'assentiment de consentement : le consentiment, la romantique des présences qui se projectent ensemble.

297

Pour prévenir d'un contresens concernant la téléfoule. — La téléfoule se compose d'êtres suggestionnés, soumis aux indignations médiatiques et formatés depuis l'enfance à se plier à la doxa la plus répandue, à la « *communication* » la plus communicante. Le désir singulier y fait scandale ; on l'appelle « *égocentrisme* », « *narcissisme* », « *autisme* » — il faut surplomber la foule pour y prétendre. Va pour la *star*, le *leader*, le *boss* ! Eux peuvent haïr, aimer, vouloir, désirer, se passionner. Ceux en revanche qui n'ont pas accès à la célébrité doivent suivre, c'est-à-dire vivre par procuration en accomplissant, *à la chaîne* et de façon parcellaire, le rêve d'un autre. En 1895 Gustave Le Bon annonçait l'« *ère des foules* » dans une œuvre qui contient en germes les vicissitudes du XXe siècle : *Psychologie des foules*. « *La psychologie des foules montre à quel point les lois et les institutions exercent peu d'action sur leur nature impulsive et combien elles sont incapables d'avoir des opinions quelconques en dehors de celles qui leur sont suggérées.* » Le XXIe siècle, ère de la téléfoule, semblerait poursuivre cette régression de la civilisation — fait d'une aristocratie intellectuelle — en barbarie, désordre initié par la puissance uniquement destructrice des foules. Pourtant, la téléfoule ne rend pas compte d'une telle déchéance, mais révèle au contraire qu'une nouvelle aristocratie tient à présent l'instinct du peuple dans sa lucarne. Une aristocratie télévisuelle, ou plutôt *désinformationnelle* : le gotha médiatique. La force dévastatrice de la téléfoule n'est plus aujourd'hui laissée au bon vouloir de meneurs d'hommes charismatiques : elle est la propriété commune des marchands d'armes et d'opinions. Les premiers achètent les seconds pour servir d'excitants et accoutrer leur trafic de bonhomie joyeuse ; les seconds leur fournissent en outre tout l'arsenal de la propagande publicitaire : déformations, justifications, diabolisations. Chaque téléfoule a la TV qu'elle mérite. Qu'entendre par « *TV* » ? — La prothèse hypnotique du consommateur post-moderne ; machine à faire converger les polémiques vers une pensée unique ou inversement à fissurer les consensus populaires par des débats vains. Autrement dit, machine à faire ou défaire, orienter ou désorienter la téléfoule. La TV dépasse donc le téléviseur. Elle caractérise l'environnement mental au sein duquel l'empafé gravite, lobotomisé. Elle comprend tous les supports qui relayent mécaniquement et souvent sans même le vouloir l'endoctrinement cathodique : presse-TV, livres-TV, radio-TV, ciné-TV. La TV rassemble tous les instruments de spectacle qui transforment la foule jadis capricieuse en troupeau crédule, servile et homogène. Et jamais une foule ne s'est sentie, paradoxalement, plus libre qu'à l'ère de la téléfoule ! La TV a développé chez les individus une réceptivité optimale. Le travailleur fatigué a dorénavant besoin de cet appareil pour se vider la tête, plutôt que de refuser le surmenage ; l'esseulé en appelle à la TV pour se remplir le cœur, plutôt que de combattre l'insolidarité ; la famille vit et dialogue au rythme de la TV pour taire son étiolement, plutôt que d'en réformer les conditions humainement insalubres. L'aristocratie-TV a ainsi affublé la foule « indomptable » d'une camisole cathodique qui la remue aux sentiments et fourvoie sa dévolution — sa force créatrice d'idéologies — en lui imprégnant sans cesse le cœur avec le dogme adéquat. La téléfoule se croit libre parce qu'elle ne se place pas sous l'autorité d'un chef personnel ; de fait, elle se place sous l'autorité de la doxa des chefs, des ploutocrates qui la gouvernent par écrans interposés. Subordination *médiatique*. Trois stratégies s'offrent néanmoins aux néorésistants : 1/Ne plus regarder la TV et inciter les autres à l'éteindre ; 2/Créer une contre-TV critique ou alternative ; 3/Intégrer la TV pour la transformer de l'intérieur. La première option demande de la générosité, des arguments personnels n'ayant aucune chance d'enthousiasmer une entité de la téléfoule. La deuxième option demande de l'intégrité car la force de la subversion se mesure à son inachetabilité : les pirates sont *irrécupérables*, ou bien il s'agit de clowns déguisés en pirates — à passer par-dessus bord ! Enfin, la troisième voie requiert une entièreté sans faille : demeurer fidèle à ses engagements, ne pas se laisser pervertir par un contrat, un producteur ou un Moi gonflé aux hormones cathodiques. Notons pour finir l'origine aphélienne de la téléfoule, le gros du troupeau habitant les quartiers peu favorisés où les gens, culturellement mal immunisés, reçoivent la brillante nourrice sans anticorps ni jugements télécides. On râle, bien sûr, mais on accepte dans le même mouvement d'humeur grognonne les pires inepties, pourvu que la TV nous en plombe la cervelle, nous hamstérise, accroisse notre docilité en l'enrobant d'une liberté parfaitement factice : le choix de zapper, de tourner en rond dans la lucarne, de boucler indéfiniment la boucle des répétitions — la rhétorique des bourrages de crânes efficaces. Gustave Le Bon prévenait : « *La chose répétée finit, en effet, par s'incruster dans ces régions profondes de l'inconscient où s'élaborent les motifs de nos actions. Au bout de quelque temps, oubliant quel est l'auteur de l'assertion répétée, nous finissons par y croire. Ainsi s'explique la force étonnante de l'annonce. Quand nous avons lu cent fois que le meilleur chocolat est le chocolat X..., nous nous imaginons l'avoir entendu dire fréquemment et nous finissons par en avoir la certitude.* [...] *Lorsqu'une affirmation a été suffisamment répétée, avec unanimité dans la répétion, comme cela arrive pour certaines entreprises financières achetant tous les concours, il se forme ce qu'on appelle un courant d'opinion et le puissant mécanisme de la contagion intervient.* » Pour la téléfoule endoctrinée, cette contagion ne relève pas d'une imprévisible dévolution de masse mais d'une entreprise de résignation et de perte de conscience collectives. La téléfoule bronche sans broncher, bouge sans bouger, pense sans penser. Elle laisse les dogmes scintillants pénétrer par effraction consentie dans ses phantasmagories et, ankylosée par des milliers de réitérations, elle se fanatise à mesure que sa vitalité se virtualise. Néorésister : faire péter les câbles, faire disjoncter les émetteurs et les récepteurs d'odieuses ondes. Car il est certain que la téléfoule — foule-troupeau arraisonnée par le néototalitarisme —, *d'elle-même*, ne se révoltera jamais.

298

Débrouille. — Même cryptés, les films X de Canal + stimulent n'importe quel téléspectateur disposé à se masturber. Et ils sont légion, ceux qui giclent les yeux rouges !

299

CQFD. — Pub l'Auréole : « *Fidèle ? Bien sûr je suis fidèle ! Mais si je trouve mieux, je change !* » Trahison, parce que je le veux bien.

300

Delivrez les larves ! — Une société a progressé quand elle a gagné en cohérence. C'est-à-dire lorsqu'elle est parvenue à diminuer le nombre de ses bergers sans craindre un retournement de troupeau. Plus de cohérence ? — Moins d'agents de circulation, de sécurité, de divertissement, de publicité. Moins de clafoutistes insécurisant la masse ; moins de forains hamstérisant la jeunesse. Moins de politique-fiction et de fictions politiques. Au *summum* de l'avancée cohérente : le citoyen démiurge, *incarnant* la démocratie. Quand toute parcelle de bovinité, grâce à la dévolution boycottrice, aura quitté les veaux.

301

Drugstore. — Jeunesse, la publicité te travaille au mental ! Omniprésente, elle tronçonne ton temps et provoque une à une tes envies sans que tu ne t'en aperçoives. En t'abandonnant aux bidules qu'elle te fourgue d'office, tu t'énerves en croyant te détendre, tu t'embrouilles en croyant te débrouiller. Car tu as besoin d'elle pour te sentir libre, c'est-à-dire pour sentir que tu as le choix. Mais, sois-en sûre, tu n'as aucun autre choix que celui d'éprouver quelque sympathie pour les marques qui tambourinent dans ta tête. — Boycotte la pub ! Déchire-la ! Toutes les violences te sont permises à son encontre, pourvu qu'elles ne nuisent pas à ton autonomie naissante ! La pubtréfaction de ta vie et la captation cérébrale à laquelle la pub te soumet te permettent de t'en remettre à l'*état de nécessité* : la loi t'autorise à saccager la pub aux mille agressions ! La loi t'ordonne d'œuvrer pour la désintoxication de l'*homo consumans* ! Alors sur les affiches, les écrans, les logos, les pétitions, DÉFOULE-TOI ! !

302

Protéger l'enfance. — À quand des supermarchés « éthiques » interdits au moins de douze ans ? À quand la fin de la pédophilie-chic ou encore de l'obscénité pubeuse que les censeurs des films X minimisent alors qu'elle crève le cœur des mômes ? Si l'agression publicitaire s'en prend aux « *gastronomes en culottes courtes* », la violence semble ici de mise pour dire « *stop !* » à la braderie des fantasmes, des sentiments gratuits et des identités aux armatures fragiles.

303

S'offrir l'insouffrance. — La logique contraire à celle de l'impérialisme capitaliste est anarchiste (contre l'impérialisme) et communiste (contre le capitalisme). Comment devient-on anarchocommuniste ? Comment entre-t-on dans la néorésistance, l'exaltante dissidence ? — En concevant l'*anormalité* comme l'essence de l'humanité, et la consoumission comme la résultante psychologique d'un terrorisme de masse. La standardisation de l'Homme est une spécialité totalitaire ; la codebarrisation — uniformisation des existences pour et par le Marché — est une *standardisation active* par laquelle les consoumis se croient supérieurs et usent de violence pour *étendre* leur illusion de liberté de peur d'en sortir. Ces normopathes se reconnaissent à leur tuture, à leur souci des marques, à leur inexorable dépression uniquement soulageable par carte bleue, à leur relativisme nécrologique : « *Tout s'achète, tout se vend !* » À leur nervosité, surtout — état fébrile de celui qui doit se remplir d'avoirs pour être et débourser pour être heureux. Jusqu'à la descente de l'excitation, jusqu'à la prochaine désillusion postachat, la prochaine envie, la prochaine convoitise. Le troupeau complusif des consoumis — téléfoule haineuse, tremblante et pubtréfiée — se croit autorisé à satisfaire dans l'instantanéité ses pulsions d'achat avec pour seule légitimité le fait qu'il en a les moyens. Et afin qu'il puisse jouir d'une certaine fatuité lui faisant oublier ses hantises artificielles, il lui faut des SDF, des mendiants, des aphéliens précaires, si ce n'est dans sa rue, du moins dans son univers médiatique. La misère télévisée participe du *comfort* bourgeois ; les laissés-pour-com(p)te font que le com(p)te est *bon.*

304

Pas la guerre. — Les anarchistes de l'anticapitalisme : « *Nous devons nous unir au monde aventurier des délinquants qui sont les véritables et uniques révolutionnaires de l'Occident. — Concentrer ce monde en une seule force pandestructrice et invincible, voilà toute notre organisation, notre conspiration et notre tâche.* » Les anarchistes de la Mondialisation : « *Nous devons nous unir au monde aventurier des inclusivistes qui sont les véritables et uniques dévolutionnaires de l'Occident. — Concentrer ce monde en une seule force panamoureuse et invincible, voilà toute notre organisation, notre Constellation et notre tâche.* » Préférer le terrorisme à l'inclusivisme, c'est rester dans l'optique du pouvoir et en partager les deux principales psychoses : l'appropriation et la hiérarchisation.

305

Aquoirimisme. — À quoi riment nos rires aujourd'hui, figés en rictus de défiance, crispés par le cynisme des milliers de pubs qui obstruent nos vues, mangent nos sourires, composent notre masque inoxydable ? La bouffonnerie institutionnelle, « démocratique », fait que nous exprimons nos tourments par des rires et nos réjouissances par des larmes. *Mallegria* : mal-joie. Nous pleurons de joie, nous rions de tristesse — hystérique indifférence. À quoi riment d'ailleurs nos larmes, ravalées par culpabilité ou versées de concert dans l'orchestral sentimentalisme de masse ? Elles coulent, au *The End* des fictions hollywoodiennes, quand les vedettes se jurent exclusivité et que nous frissonnons en nous-même : « *Le début de la fin...* » Aliénation : passion macabre. La clownerie quotidienne, elle, nous tarit. Nous ne savons plus guérir en pleurant, guérir en riant, guérir en vibrant, guérir en aimant, guérir en marchant ; nous sommes passés experts en funèbrerie, en tronçonnage d'humanité, en deuil de nos seuils quel que soit notre Je(u). Experts en Succès, en Abcès ou en Décès. Rompus à la conversion hystérique, à la rétention émotionnelle, à la froidure viscérale. Au plus fort de la détresse, grands praticiens de sports déstressants, de cure de déshinibition ou de suppositoires anti-suicides ! À quoi rime d'ailleurs notre détresse, entretenue par une propagande médiatique qui réactive nos peurs dès que la raison collective entreprend de les dissiper ? À quoi rime une Raison contrée par la filouterie des intellectuels néolibéraux qui l'ont mauvaise ? À quoi riment les mouvements antiglobalisation, ira-t-on jusqu'à se demander ? Seules revendications audacieuses et congrues du XXIe siècle face à l'état d'urgence absolu dans lequel le néocannibalisme plonge la planète, elles déchaînent pourtant sur elles la foudre des services d'ordre et les postillons des sophistes réactionnaires. Les uns tabassent ; les autres accréditent le tabassage de leur crédit médiatique. Les mercenaires féroces rossent ; les sermonnaires les absolvent — eux ne rossent vraiment qu'entartrés.

306

Appel d'air. — Contrairement à la triste liste de ses aînés « inféodés », puisse la jeunesse néorésistante tenir ses engagements ! La mentalité néocannibale l'a pour lors déréglée : la voici neuf fois sur dix pragmatique, carriériste et... sérieuse ! La voici basse et lasse, adulescente ; sans autre rêve que la tranquillité perso, sans autre angoisse que l'échec perso. — Ah ! jeunesse par trop contemporaine ! S'il te faut un rare fond de délinquance pour te camper encore sur tes deux jambes, comment l'avenir reposerait-il sur toi ? Ah ! jeunesse comptant pour rien ! Vers quel nouvel abreuvoir cavalent les spectres de tes rébellions lointaines ? Tu restes zen avec tes joints, *cool* avec ton alcool, satisfaite avec ta musique, passive avec tes jeux, stagnante avec tes désirs, béate avec ton ignorance, rassurée avec ton égoïsme. Immensément relative dans tes colères. Ah ! jeunesse-rhinocéros ! Âge maximalement idiot de ne plus l'être ! Tu te rallies désormais à l'efficacité de l'insensible, de la cuirasse, de l'écrabouillage. Jeunesse inamoureuse en tout, à commencer par le don de soi. Tu étais l'arme ; te voici désarmante. Tu étais la souplesse ; te voici crispante. Tu étais laisserêtre ; te voici laisserchoir. Jeunesse adominable ! Toi qui dans une vie antérieure fus la peau, le thorax, la danse versatile et la beauté sincère : déjoue les clowneries et les peurs ! Du nerf ! Du nerf ! Du nerf ! Si tu peux le crime, alors tu peux aussi l'autrement du monde ! Veuille-le ! Veuille-le, jeunesse abdominale ! NE CAPITULE PAS !

Spire VII

L'âme sœur, l'hameçon

« Dans le royaume de la banalité civilisée, le foyer monogamique trouve son corrélatif et son correctif dans l'effroyable phénomène de la prostitution, au sens large du terme, un des phénomènes les plus infamants de la vie humaine, légalisés par la quotidienneté. À vrai dire, la monogamie réelle n'existe pas dans la société contemporaine ; elle n'est qu'un mensonge, qu'une hypocrisie conventionnelle et qu'un nominalisme de la loi. Aussi une révolte contre la vieille famille monogamique était-elle absolument normale. »

Nicolas Berdiaev, *Destination de l'homme.*

307

Mascarade. — S'étant depuis peu entiché d'une jeune hétaïre, Anagkaion alla trouver Hormée pour organiser une rencontre et la lui présenter ; mais l'autre exigea d'en savoir davantage : « *Aimerais-tu qu'elle consacre pour toi une boucle de ses cheveux et ses jouets d'enfant en l'honneur d'Artémis ?* »

— « *Bah ! Les fiançailles ne sont pas pour un homme de ma trempe !*, répondit Anagkaion en se frappant la poitrine. *Certes, je me marierai un jour pour conserver ma citoyenneté puisque la Cité m'y oblige, mais le plus tard sera le mieux.* » — « *Fort bien*, dit Hormée, *mais qu'espères-tu d'elle, dans ce cas ?* » — « *Mais le meilleur ! Le meilleur !*, s'écria Anagkaion. *Qu'elle m'accompagne au banquet pour boire, à la palestre pour la gymnastique, au théâtre pour le spectacle, au lit pour les cabrioles !* » — « *Et d'où te vient, cher Anagkaion, la conviction qu'elle te suivra de son plein gré en ces plaisirs ?* » — « *Ma foi, Hormée, nous nous sommes dit "Je t'aime" !* » — « *La belle affaire !*, se moqua soudain Hormée. *Un pacte scellé par mascarade !* » — « *Que dis-tu là, Hormée ? M'aurait-elle menti, la traîtresse ?* » — « *Mais c'est toi, beau satire !, qui lui as menti !*, poursuivit l'autre, hilare. *Et sans même t'en apercevoir ! Laisse-moi t'éclairer sur toi-même, Anagkaion, puisque tu sembles ignorer le conseil de l'Oracle de Delphes : "Connais-toi toi-même." Réfléchis : n'est-elle pas l'objet de ton désir ?* » — « *Sans nul doute !* » — « *En feignant de vouloir la chérir comme un être unique, n'espères-tu pas alors profiter seulement de sa volupté, puis te délier de sa compagnie une fois les sens assouvis ?* » — « *Cela se peut, je le reconnais.* » — « *Or, en courtisan rusé, tu sais que les bienséances imposent d'établir un contrat pour obtenir des faveurs.* » — « *Mais je n'ai rien signé, Hormée ! Il faut me croire !* » — « *Un contrat moral, gros lambda ! Que tu as signé de ton souffle en lui murmurant "Je t'aime" et en attendant semblable murmure à ton oreille. Mascarade ! Il n'y a point d'autre mot !* » — « *Tiens donc ! Et qu'aurais-je pu dire d'autre, selon toi ?* » — « *Mais la vérité, fils de Peithô !*, répondit Hormée. *"Tu es l'objet de mes phantasmes, je te désire ardemment. Si un semblable démon te porte vers moi, embrasons-nous ensemble !"* » — « *Elle aurait exigé à coup sûr un sentiment plus noble...* », dit Anagkaion. — « *C'est probable, en effet* », concèda Hormée — « *Un tel empressement l'aurait même amusée.* » — « *Ou effrayée, si tu lui broies le bras.* » — « *Alors je te le confirme, Hormée : vive la mascarade ! Elle me permet de séduire plus efficacement que ta franchise mal avisée ne le ferait ! Bien sûr, je rêverais volontiers d'un monde où jouer le mariole serait superflu si je n'avais, tel Héphaïstos, les fers rougis de mon désir à battre sans tarder. Car les filles d'ici-bas jugent leurs prétendants d'après leurs talents de comédiens. Elles se veulent en Héra, accompagnée d'un paon superbe. Beau parmi les beaux, il me faut en plus devenir savant de rhétorique amoureuse et de tirades tendres afin de butiner les nectars. »* — « *Les sophistes de l'amour se cousent à eux-mêmes la bouche*, reprit Hormée. *Tels les sceptiques, ils ne peuvent embrasser le fruit de leur victoire.* » — « *Je l'embrasserai, Hormée ! Je l'embrasserai ! Chacun de mes "Je t'aime" lui découd les lèvres, chacun de mes sourires composés lui enflamme le basventre. Avec plus de cent conquêtes, considère-moi comme le frère d'Alcibiade : je partage le trône de la mascarade avec lui !* » — « *Tu imites l'amoureux pour te faire aimer*, dit Hormée. *Et tu trouveras toujours des belles pour te céder leurs trésors, enivrées de fausses paroles et de douceur douteuse. Mais quoi ! En pirate, tu les pilles ! En artiste de la persuasion, tu les ensorcelles ! Les raisins peints par Zeuxis abusaient les hirondelles qui venaient picorer sa toile. Comme lui, tu crées l'illusion ; comme les pigeons, elles roucoulent sans penser. Mais Zeuxis, contrairement à toi, savait qu'il ne goûterait jamais la saveur des raisins nés de ses couleurs. Or, toi, Anagkaion, tu t'imagines profiter de tes philtres !* » — « *Précisément, Hormée, j'en profite ! Ils ont fait chavirer plus de colombes que tu n'as eu d'amants !* » — « *Le but de l'amour, Anagkaion, n'est-il pas de défaillir soi-même plutôt que de collectionner ainsi les pâmoisons d'autrui ? Tu crois à ce que tu fais croire, telle est bien ton inconséquence ! Si tu étais peintre, Anagkaion, tu lécherais tes œuvres ! Pour lors, tu te gargarises de contrefaire l'amour, sans voir que tu en ignores tout en toi-même. Car la mascarade, vois-tu, est le fantôme de l'amour. Ton "Je t'aime" insincère, s'il te rend aimable, t'empêche dans le même temps d'aimer. Si bien que le plaisir que tu glanes est un pseudoplaisir, une copie pâle, un mouvement naturel grevé d'artifices.* » — « *Au moins ai-je la force de dire "Je t'aime" ! Toi, Hormée, as-tu seulement prononcé une seule fois ce mot d'ordre que tes raisonnements démolissent ?* » — « *À quoi bon ?*, demanda Hormée. *Lorsque j'aime, j'aime, et ne cherche point à pactiser. Car je sais que l'amour ne survit pas à la criée marchande. Aphrodite, selon ce que j'en sais, s'ampute de la moitié d'elle-même dès qu'elle doit négocier.* » — « *Quoi !*, s'exclama Anagkaion. *Nie-*

rais-tu que l'amour ait aussi son commerce ?» — « *De quel commerce parles-tu, Anagkaion, quand la vente évanouit aussitôt l'argent et la denrée ? Celui qui aime, comprends-tu, est à lui-même son propre fournisseur de joie. Celui qui dit "Je t'aime", en revanche, fait dépendre sa joie d'une transaction et la dénature.* » — « *Mais alors, c'est de la fusion totale que tu parles, Hormée. Dans sa sagesse, Aristophane y voyait pourtant la perte des amants, enlacés jusqu'à la mort.* » — « *Je parle d'expérience, Anagkaion, non de fable ou de fantaisie. L'amour n'envoie dans l'Hadès que ceux qui s'embrassent avec le vœu secret de fuir le monde corruptible d'ici-bas. Ceux qui savent pratiquer l'art d'aimer ne craignent pas plus le Styx que les autres mortels.* » — « *Cet art, Hormée, je t'assure que j'y excelle !* », affirma Anagkaion. — « *Piètre faussaire ! Qui piège les nymphettes avec un déguisement d'émotions surfaites !* » — « *Et toi, Hormée, que fais-tu donc des nymphettes ? Te contentes-tu d'une contemplation placide ou bien leur cours-tu après, à ta façon ?* » — « *Je les aime, Anagkaion. Et c'est parce que je les aime que je n'ai pas besoin de les subjuguer. Je préfère l'abandon d'une personne libre à l'adoration d'une esclave. Néanmoins, Anagkaion, je veux bien t'aider dans la poursuite de ton désir.* » — « *Tu m'intéresses, Hormée ! Quel est ton plan de guerre ?* » — « *Pour la faire succomber, expose donc à ta future capture mon idée du "Je t'aime" : "Ce mot, lui demanderas-tu, n'est-il pas une tautologie vaine qui ternit l'éclat de nos rencontres ? Il trompe sur la nature oscillatoire de l'amour, qui est de sombrer en l'autre, puis de revenir à soi. Oui, nous mourons sous les caresses ; oui, la moiteur de l'étreinte nous fait renaître à la vie. Tantôt nous partageons les festins de l'Olympe ; tantôt nous retrouvons notre destin de citoyens." Eh ! bien, Anagkaion ? Quelle sera, selon toi, la réponse de ta jeune aimée ?* » — « *Une cinglante claque, me semble-t-il. Et que j'aurais méritée, foudre Zeus !, en la vexant cruellement avec tes sornettes !* », répondit-il. — « *Tu la sousestimes, Anagkaion. Preuve, là encore, de ton manque d'inspiration à son égard. À peu de chose près sa réponse sera celle-ci : "Comme tu as raison, Anagkaion !, te dira-t-elle. Je n'osais pas me l'avouer à moi-même, mais l'amour est bien cette oscillation-là, que je sens à présent de tout mon être ! Quel bonheur ! Tu nous as délivrés du fardeau qui fait de l'amour un sourcilleux devoir au lieu d'une grandeur ! Plus jamais de 'Je t'aime' entre nous, je suis bien d'accord ! Laissons cette satisfaction à Narcisse ! Nous, devenons Phénix : brûlons-nous l'un à l'autre, puis renaissons du brasier de nos corps ! Laissons-nous le loisir d'aimer la terre entière, sans rechercher à retenir l'autre dans les mailles d'un filet qui desséchera son cœur ! Soyons des Phénix de bronze : l'incendie naturellement les accole sans qu'ils aient à se souder par les promesses du verbe. 'Je t'aime' sonne déjà à mes oreilles comme une injonction barbare. Ô Anagkaion !, aimons-nous intensément, sans nous le dire ! Faisons l'amour ; ne l'ânonnons plus !"* » — « *Hormée,* dit alors Anagkaion, *j'ai bien peur que ta belle éloquence ne soit pas à la portée de ma jeune hétaïre, autant que je la puisse connaître. Aussi vaudrait-il mieux, pour ne pas la froisser précocement, remettre la rencontre à plus tard. Je te la présenterai dans une année ou deux, le temps de l'instruire en rhétorique afin qu'elle puisse alors apprécier la divine profondeur de ton discours.* »

308

Reproches. — Pourquoi une relation exclusive se termine-t-elle le plus souvent par une séquellée d'attaques continuelles ? Pourquoi ceux qui se quittent se houspillent-ils ? Plutôt que de démolir leurs enfants pris entre deux tirs croisés, les encouplés feraient mieux de s'en prendre au Toi-&-Moi que l'éducation insociale a greffé sur leur cœur et qui, une fois leur rupture *consommée*, les rencouplera dardare !

309

Vas-y Mollo ! — L'autonomie consiste à savoir obéir à ses propres lois. Pour ce faire, elle doit rejeter les lois étrangères à la nature et à la société vivantes, lois aberrantes qui compromettent le progrès vers le plein essor. Quel est cependant le style de ce rejet ? Il peut être de deux sortes : autorestrictif ou dévolutionnaire. Lorsque les êtres humains exploitent et dérèglent la nature, la liberté authentique exige l'*autolimitation*, l'autocensure responsable. Lorsqu'ils exploitent et dérèglent la société, la liberté authentique exige la *dévolution*, l'autocure idéologisante. Les adultes hétéronomes qui se soumettent à des injonctions extérieures sont des adulescents puérils : divisez leur âge par deux pour déterminer où ils en sont, et ajoutez-y le goût du gâchis, l'égoïsme et la pleutrerie. Les vrais adultes, eux, se montrent autonomes. Adultes responsables grâce auxquels la foule se contient ; adultes artistes grâce auxquels la foule s'abandonne. Aussi l'autonomie n'est-elle pas à confondre avec l'individualisme : elle enthousiasme, elle n'esseule pas. L'autonome prend progressivement conscience de son désir et décide d'en faire sa passion, sa loi ouverte, son œuvrevie. Il ne veut donc point s'aliéner autrui mais au contraire le libérer et s'en libérer — le rendre lui aussi autonome. En effet, comment pourrait-il s'autolimiter si sa volonté se sait alourdie d'autres volontés connexes ? Et comment pourrait-il s'abandonner à d'autres corps sans distance le séparant d'eux, sans saut périlleux ? — « *Aime et fais ce que tu veux.* »

310

Pour éviter un contresens concernant le cocuage. — Il y a *cocufiage* quand un conjoint va trouver volupté ailleurs. Il rend l'autre « cocu », état de disgrâce exclusiviste où le lésé perd sa dignité, son exclusivité, ses privilèges et sa confiance. Encore faut-il s'entendre sur la définition de la tromperie conjugale. Un baiser, une fellation, une liaison d'un soir constituent-ils des actes de cocufiage avéré ? Pour les exclusivistes pratiquant le décentrement, cela n'a pas grande importance pourvu que la *discrétion* règne, sans quoi ce sont les individus extérieurs au couple qui crieront au cocufiage, oubliant le temps d'un récital indigné leur propre étiolement, leur propre mascarade amoureuse, leur propre cocufiage honteux. Une politique diffamatoire soustend par conséquent l'exclusivisme ; jamais, en effet, l'adage individualiste « *Le malheur des uns fait le bonheur des autres* » n'aura eu meilleure confirmation que dans les rumeurs de cocufiage et dans le commérage qui animent les cercles d'« amis », apportent aux vautrés un vent de panique-chez-les-autres émoustillant. Qu'en est-il cependant non pas de la tromperie effective et consommée, mais de la tromperie affective et potentielle ? Cette dernière, qu'il convient d'appeler « cocuage », ne tient pas de la réalité mais de la phantasmagorie. Elle attise les jalousies, elle blesse l'amourpropre sans répartie possible puisque le cocufiage charnel n'a pas *encore* eu lieu — peut-être, d'ailleurs, ne se réalisera-t-il jamais. Il y a *cocuage* quand un conjoint va trouver amour ailleurs. « Cocuage » est la dénomination péjorative du désir parfaitement naturel de changement et de nouveauté affective, passion papillonne que le style direct ladre entreprend pourtant en vain de réprimer. L'exclusivisme accouche en effet du cocuage, fils monstrueux né d'une relation duocentrique qui ne peut perdurer dans l'épanouissement qu'à la condition de décupler ses sources de revenus affectifs. Grâce au cocuage, les fusionnés parviennent à aimer quelqu'un d'extérieur au couple et à vivre des aventures neuves, tonifiantes. Il est ainsi le passage irrésistible de l'exclusivisme de promiscuité à l'exclusivisme de décentrement, du style direct à l'indirect ; passage d'autant moins patent qu'il n'y a pas adultère, cocufiage — passage d'autant plus délicat que la tierce personne avec laquelle l'un s'abandonne est connue de l'autre. Combien de crises de jalousie — en vrai, totalement justifiées au point de vue ladre — pour le nouvel ami qui fait tant rire madame ou la supercollègue qui séduit tant monsieur ! Bien sûr, quand un reste de libido a pu survivre à l'étiolement monogame, il arrive fréquemment que le cocuage honnête et probe verse dans le cocufiage pétulant : les deux tiers des divorces citadins ont pour origine un tel scénario. Néanmoins, « cocuage » ne signifie pas systématiquement « adultère » ; il se peut très bien que le couple s'accommode — non sans nondits, d'ailleurs ! — à l'existence d'un amour platonique parallèle, souvent bien plus intense que la platitude conjugale. Quelques bribes sentimentales volées à l'arraché. Quelques heures durant lesquelles l'enivrant éclat de la Constellation vient illuminer la consternation judéochrétienne. Là où il y a cocuage, il y a de l'espoir : la joie de vivre brûle de trouver sa voie.

311

Pharmakon. — L'amour est désir réciproque. Tout amour unilatéral est névrose : phantasme impartagé illusoirement pris pour une réalité covisée. L'amour-passion qui peine est donc un amour-névrose, qu'il s'agisse du jeu du chat et de la souris où les amoureux s'aiment et souffrent chacun leur tour sans pouvoir accorder leurs élans, ou d'un amour déçu, ou encore d'un chimérique amour à sens unique. Or, parce qu'il est désir réciproque, l'amour vécu — transgressions mutuelles — ne peut être que fugace et hors-la-loi. Il s'agit alors d'inventer une nouvelle organisation familiale qui puisse concilier l'*éducation* sereine des enfants, l'*entraide* solidaire des membres et la *clandestinité amoureuse* des amants ; clandestinité vouée à l'insincérité et aux mensonges par le Toi-&-Moi et le Triangle, le couple et la sordide famille père-enfant-mère. Les devoirs du mariage semblent déjà d'un autre âge : secours, assistance, fidélité et cohabitation ! Argent, maladie, étiolement, étouffement. L'exclusivisme et l'individualisme du code civil ont recyclé l'amour catholique pour instituer l'amour juridique. Et nous assistons depuis une trentaine d'années à un autre recyclage, celui de l'amour catholique en amour cathodique, en amour-marché. Voici que l'Avoir a pris la relève de l'Être suprême ; voici qu'une nouvelle transcendance a perpétué l'effacement de la prégnance humaine au profit exclusif des nouveaux marchands de transcendance. Les gratteciels ont remplacé les églises en ruine, vieilles multinationales qui ne veulent plus rien dire. D'inouïes prières s'élèvent, où l'on loue l'argent, les marques, l'abandon de consommation. Avec un nombre annuel d'unions au-dessus de la barre des trois cent mille, le mariage connaît en France le même regain de popularité que dans plusieurs pays d'Europe. On pourrait croire qu'un retour à la foi ou une mode passagère expliquent ce curieux phénomène ; — il n'en est rien : sa cause véritable tient du recyclage mercantile des façons religieuses. Le libéraltotalitarisme veut, à l'instar de l'Église, des couples *légitimes*. Mais, contrairement à l'Église, il exerce sur eux quantité de pressions obscènes qui les éprouvent et font finalement dépendre leur bonheur du *comfort* de marché, bienêtre de l'Avoir. Autrement dit, l'institution familiale néototalitaire extorque l'énergie amoureuse aux amoureux en les emmurant dans le Toi-&-Moi, puis en les tyrannisant jusqu'à la rupture. Fission nucléaire pour une surconsommation atomique. Les néocannibales se régalent des ménages frôlant la rupture, des mariages frôlant le démariage, des concubinages frisant le ridicule. Il faut que le Toi-&-Moi soit constamment en passe d'imploser pour que le Marché revende constamment du « & » au couple — c'est-à-dire renoue les attaches lâches par des cadeaux, égaye le quotidien par des bidules, rafistole la débandade par des rustines sexy, l'âge par de la crémerie, la monotonie par de l'hôtellerie. Le Marché convertit ainsi l'amour éteint en glamour qui brille, la phantasmagorie morte en fantasmes à la carte, l'humanité en humanitaire et l'abandon en abonnement. Le dévot qui jadis avait foi en l'Éternel croit désormais en l'Éphémère : santé, travail, bonheur — rien ne dure sans solliciter le Marché, le Tout-Puissant, le Médiateur. L'amour n'y coupe pas ; pour qu'il y ait réciprocité, pour que le « & » scelle « Toi » avec « Moi », il faut encore et toujours payer, consommer, avaler, posséder — avoir. Fictions, romances et pubs ont fait de l'exclusivisme leur cheval de bataille et de la sexolâtrie leur cheval de Troie. Le « Grand Amour » est ainsi l'objet de toutes les envies et la proie de la lubricité inhérente au *shopping* obligatoire. Plus l'angoisse et la crispation malmènent la téléfoule, plus le mythe de l'Amour consolateur se dresse au carrefour des résignations. Or l'Élu ne se rencontre nulle part ; emblème suprême de l'utopie-là, il condamne le célibat à la quête et à la frustration — il transfige la saine solitude en esseulement, l'autonomie en égoïsme, les aventures libres en donjuaneries perverses et aliéantes. Avec le mythe exclusiviste de l'Élu, nos sentiments se mascaradent : on feint sincèrement la sincérité, on fond la vie à deux dans la duperie respective. Chance centrale de ceux qui s'oublient l'un à l'autre, l'amour se corrompt en *dommage collatéral* dès que l'intégrisme familialiste en fait un produit de grande distribution. D'innombrables récits comtent que la réciprocité s'*obtient* et relève par conséquent de l'Avoir, alors qu'en tant qu'aimantation de désirs *elle force les êtres* à se mélanger. Et en prônant l'amour-destin contre l'amour-clandestin, l'amour-norme contre l'amour-énorme, l'amour-ladre contre l'amour-libre, l'archi-amour contre l'amour anarchie, le Système inocule aux bécoteurs des bancs publics les névroses roses et contagieuses que le Marché seul saura rendre indolores.

312

Biscornus. — Il faut être aveugle et sourd pour ne pas prendre acte du cocuage massif qui sévit en Occident, cocuage encouragé par le capitalisme puisqu'il entre dans son schème cynique et cannibale. On change de « marchandises » comme de chemises. L'amour de supermarché est une denrée consommable, périssable, interchangeable. Le recours à l'exclusivisme semble alors la solution la plus plausible pour durer un peu au sein de la partouze mégastore : « *Chassons toute tentation extérieure et amarrons-nous l'un à l'autre pour ne pas sombrer dans l'indifférenciation générale !* » D'où l'étrange retour à l'exclusivisme sexuel, avec le Sida comme caution virale et la crispation bêtifiante comme étouffoir de jeunesse. Gros malins ! Vous adulez la « fidélité » non par excès de romantisme, mais parce que vous voyez partout du négociable marchand, jusque dans les relations humaines ! Vous êtes fidèles à votre amour comme à une marque. Votre engagement n'a rien de la grâce désintéressée : il est contrat commercial. Aucune passion, aucune poésie dans vos vies communes : de la comptabilité, du calcul, de l'étude de marché. Votre femme est un compromis acceptable entre l'offre et votre demande exprès ; vous ne la résiliez que si, par extraordinaire, vous trouvez meilleure offre ailleurs. C'est un investissement. Évitez alors les contrats biaisés, les arnaques qui réduisent votre si vital *embarras du choix* : mariage, famille, enfants. En revanche, crachez « fidélité » à la moindre occasion : cela vous permet de papillonner en récoltant de chaque fleur le maximum de nectar. Soyez le plus cynique des impétrants — le prédateur, non la proie ; le cocufiant, non le cocufié ! Un capitaliste qui persévère dans la perversité rigolarde ! Avec une argumentation toujours mieux rodée et des manières toujours plus sincères, moquez-vous de toutes les naïves que vous entubez à la queue leuleu, comme certains patrons remercient leurs travailleurs « *restructurés* » avec l'oraison compassionnelle de circonstance. Même marié et empapaouté, continuez de bouffer des parts de marché en cachette ! — L'avantage du pacte exclusiviste (en pratique, inexclusivisme masqué), c'est qu'on peut tout se permettre puisqu'on n'a plus de comptes à rendre : « *Nous sommes fidèles, n'en parlons plus !* » Les yeux dans les yeux, on s'interdit d'aller voir ailleurs, ce qui ne signifie pas autre chose que de voir ailleurs en s'interdisant le moindre aveu. Une fois la « fidélité » crachée au visage, une fois scellé ce pacte de pacotille, l'infidélité devient en outre l'obsession centrale : « *Me trompe-t-elle ?* », « *Sent-elle que je la trompe ?* », « *Ma maîtresse est-elle un meilleur parti ?* », « *A-t-elle un amant qui lui procure plus de joie que moi ?* » Soit les fidéistes s'énervent, face-à-face ; soit ils s'angoissent, dos-à-dos. De toutes les façons ils dépriment, parce que l'épanouissement amoureux et l'exclusivisme s'opposent nécessairement une fois la nouveauté de la rencontre consommée. L'exclusivisme a ceci de judéochrétien qu'il refuse d'aligner la morale sur la nature véritable. Mais il tient aussi du capitalisme en négociant *inter-minablement* le partage des plaisirs.

313

Et plus si affinités. — Il y a deux façons de décliner l'inclusivisme : le *style direct libre* (inclusivisme de promiscuité) ou le *style indirect libre* (inclusivisme de décentrement). La première conjugaison — dite aussi « communautariste » — suppose d'établir la communauté amoureuse dans un lieu unique, d'y élever ensemble les enfants, d'entremêler joyeusement les passions et les intimités en une colonie de vacances fonctionnelle, sans directeur ni cantinières. Au vu des expériences *hippies*, sectaires ou fouriéristes, ce modèle ne tient pas treize ans. Car la communauté, si recluse soit-elle, ne parvient à s'affranchir ni des contraintes socioéconomiques qui tôt ou tard pèsent sur elle ni des résidus psychologiques qui compromettent la générosité générale en la lézardant de défiance, de luttes de pouvoir, d'angoisses vis-à-vis d'un dogme exclusiviste rarement *surmonté* dans les désirs bien que théoriquement *démonté* dans les discours. De même qu'il serait dogmatique d'exiger pour chacun des membres une cure psychanalytique qui les débarrasserait de leur pleutrerie infantile, de même il serait suicidaire de miser sur l'autorégulation affective de la communauté — sorte de libéralisme amoureux qui engendrerait du cristal en égalisant les désirs. Afin d'éviter rivalité et possessivité névrotiques, l'inclusivisme direct ne peut donc se développer que sur un fond de promiscuité collective, dont nous savons qu'elle finit par lasser et par requérir d'inédits décentrements pour que l'on y badine derechef. C'est pourquoi les mieux servis par le communautarisme sont les nouveaux arrivants. Ils pétillent de fraîcheur et ravivent par là convoitises et combats jaloux. Paradoxalement, ils relancent l'inclusivisme de promiscuité en évitant que la meute ne s'étiole et, dans le même temps, ils ébranlent la cohésion d'ensemble puisque leur charmante venue réactive les réflexes archaïques d'une concurrence que l'on croyait dépassée. Dans son roman *La Plage*, Garland révèle le lien entre communautarisme et cannibalisme : les tensions, réglées par l'habitude, resurgissent jusqu'au carnage avec l'intronisation de trois jeunes gens. Leur arrivée bouleverse la hiérarchie implicite du groupe ; la violence n'attend pas la redistribution des places et des privilèges pour alourdir l'idyllique ambiance et sourdre dans le sang. Il existe cependant une autre alternative à l'inclusivisme, qui prend le réseau comme principe et non plus la communauté : le style indirect libre, inclusivisme d'alliance ou encore de décentrement. Qu'est-ce tout d'abord qu'un réseau ? — La syntagmatique du XXIe siècle, cela est certain. Il s'agit d'un mode de diffusion *loyal* fondé sur un projet commun. Pouvoir collectif décentralisé, le réseau s'oppose par conséquent à la hiérarchie pyramidale

— mode de diffusion *royal* fondé sur le projet d'un seul. De là suit que le réseau tient par l'interdépendance organique de cellules qui ne fusionnent pas mais conservent au contraire leur distance, leur *relative* autonomie, leur point de vue, leur situation propre. Ces cellules sont les étoiles de la Constellation familiale : des personnes qui pratiquent le décentrement, vivent éventuellement ensemble, élèvent leurs enfants. Or cette organisation — décentrement mis à part — serait identique à celle de la famille exclusiviste traditionnelle si elle ne s'inscrivait dans la structure ramifiée du corporatisme amoureux. Religion athée du millénaire, l'inclusivisme interstellaire *relie* les étoiles entre elles, y fait vibrer une résonance fraternelle qui s'orchestre d'elle-même. Comme arche, l'amour ; comme art, la dévolution ; comme arrêt, l'anarchie. Harmonie universelle résolvant, du pancapitalisme ou de l'intégrisme, les discordances et les larsens.

314

Causa sui. — Nous attendons de la Constellation qu'elle fasse recouvrer les niveaux la succombance aux hommes, la faculté d'abandon. L'abandon est un laisseraller au mélange avec l'autreté — l'en-moi accessif et le hors-de-moi excessif, trop immanent et trop transcendant pour que le Moi s'y reconnaisse. L'abandon transforme ma présence, il confond mon Je(u), il en étire l'axe. Un tel vertige de l'être ne survient que dans la (dé)mesure où s'arrête la réflexion processive. Altermoiement. À l'inverse, me savoir m'abandonnant, c'est m'interdire de partir. L'abandon empêche toute prise de conscience — la conscience s'étourdit, s'épanche, se perd dans l'ardeur terrible du corps. L'abandon est l'inattention extrême rejoignant l'attention extrême, la victoire de la nature sur l'intelligence humaine et de l'instinct sur le contrôle. Abandon contrarié ? Il s'agit soit d'un abandon carnavalesque par lequel le clown feint des émotions qu'il ne ressent pas, soit d'une hantise du lâcherprise qui me fait lâchement me réfugier derrière la crispation. Or clownerie et crispation m'étiolent, c'est-à-dire atténuent ma joie de vivre. Elles m'obligent à rejeter loin de moi l'autreté ennemie : *xénophobie*. Elles me poussent à mettre constamment autrui à l'épreuve, sur la sellette de mon amourpropre, de mes tests, de mes piques et de mes comparaisons : *défiance*. Elles me plongent aussi dans une dépendance maladive vis-à-vis de la personne — hélas ! irrésistible — à laquelle je me suis abandonné, par surprise et malgré moi. Je deviens alors son esclave jaloux, son bourreau de cœur, son martyran : *possessivité*. L'organisation constellaire entend résorber la peur — de l'étranger, de l'altérité, de l'*abandon* — autrement que par la mascarade du clown et l'insurrection perpétuelle du crispé. Elle répond à la bêtise contrenature du couple exclusiviste par les fidélités amoureuses et plurielles du style libre. À vingt et un ans, me voici constellable : je peux alors choisir mes Intimes et former ainsi ma propre Constellation, ma nouvelle arborescence familiale — mon propre cercle. Je m'entoure de ceux que j'aime et qui m'aiment. En me constellant, je m'engage à être *responsable* vis-à-vis de mes Intimes, autrement dit à faire preuve de générosité, d'entièreté et d'intégrité. Je me montre généreux quand j'enthousiasme autrui, lui transmettant mon énergie et mon optimisme sans l'aliéner. La générosité accorde la passion de l'autonomie avec la passion de la mobilisation collective. Elle unit fraternellement les libertés et fait que tous se donnent à tous sans attendre de contredon. Je me montre entier quand je m'efforce d'aligner ce que je fais sur ce que je dis et *vice versa*. Je sais ce que je peux promettre et ne promets que ce que je peux — les tourments psychologiques ne servent enfin plus d'excuse ! L'entièreté est la vertu de celui qui distingue les mécanismes inconscients des engagements moraux et ne sacrifie jamais les seconds pour les premiers. Elle accorde la fidélité à soi et la fidélité à l'autre. Elle fait qu'il s'avère impossible de se trahir et de trahir, de se mentir et de mentir — de reporter sur autrui des fautes et des manquements qui me reviennent en propre. Je me montre intègre quand j'agis non pas de façon désintéressée, mais *d'abord* dans l'intérêt de la collectivité. Une action qui bénéficie à plusieurs sera ainsi préférée à une action qui ne sert qu'un seul, fût-ce ma chère personne. L'intégrité voit dans le cannibalisme concurrentiel et la course au profit privé les signes flagrants d'un avilissement de la solidarité humaine. Intègre, rien ni personne ne peut m'acheter ; entier, rien ni personne ne peut me corrompre ; généreux, rien ni personne ne peut m'instrumentaliser. Mais ma responsabilité ne me condamne pas pour autant à faire le clown ou à devenir crispé : avec intégrité, je m'abandonne à un idéal ; avec entièreté, je m'abandonne à moi-même ; avec générosité, je m'abandonne aux autres. Être responsable : être cause de soi.

315

En désespoir de cause. — À haute et intelligible voix, nous énonçons et annonçons ce que la majorité des jeunes adultes d'aujourd'hui n'osent même pas rêver, tant cela colle à leur désir : la millefa, la famille constellaire. Qu'est-ce d'abord qu'une constellation ? L'astronomie entend par ce mot un groupe d'étoiles voisines sur la sphère céleste. La Constellation familiale retient l'idée de groupe, d'étoiles, de voisinage et de sphère — elle laisse le ciel au doux délire des exclusivistes. Elle part d'une vision communautaire de la famille qui rompt définitivement avec l'idéal traditionnel père-enfant-mère, ou plutôt elle en achève la mutation historique. Les fréquents divorces et recompositions, les mariages différés, les familles monoparentales, le développement du concubinage attestent en effet de l'effondrement de la cathédrale familiale. Le spot *Ricoré* a ainsi tartiné de mélancolie toute une génération en chantant un bonheur irréversiblement enfui, celui d'une maman et d'un papa unis autour des enfants sans qu'aucune névrose ni qu'aucun astre extérieur ne vienne assombrir leur épanouissement : « *Le soleil vient de se lever ; encore une belle journée..* » Le jardin, depuis, s'est rempli d'orties. Papa a cocufié maman ; maman s'est taillée avec son Jules, prenant les mioches sous le bras et laissant le clébard. Devenus enfamiliables, ces derniers ont alors arrêté le moment Nutella pour inventer des petits déjeuners nouveaux, s'essayer à d'autres aubes, bien butiner les confitures. Hélas ! Le modèle familial institutionnel leur fit vingt fois vomir leurs croissants. Ils devinrent de boulimiques sexolâtres ou, à l'opposé, d'anorexiques pervers. Des « amis » jaloux leur prédirent le pire, fâchés de voir des intrépides partir à la conquête d'un territoire en friche, quand eux se complaisaient dans la chicorée rance de leurs aïeux. TV, cinéma, société du coma vinrent finalement à bout de leur aventure : bien que vouée à la ruine, la famille exclusiviste revenait s'offrir à eux comme le seul destin possible des célibataires se voulant père ou mère. Mais quoi ! Le fiasco guette, et sonne le glas des compromis, des serments surfaits et des ficelages ! Un ménage triangulaire avec dix ans de bouteille est aujourd'hui une *private joke*, une farce étranglée car étranglante qui ne tient que dans la mesure où le divorce reste compliqué, coûteux et dommageable. Au siècle de la liberté obligatoire, l'exclusivisme patriarcal ne peut en effet que déplaire. Il prive les parents d'autonomie, de papillonnage loyal, de nouvelles amitiés amoureuses et de solitude ; il apprend aux enfants les lois adultes de la conne connivence, de l'exclusivité toc et du foutage de gueule. La famille se cherche une famille. — Avec nous, elle trouve la Constellation : s'aimer par-delà Bonne et Mâle. S'aimer sans refréner d'autres amours, sans comparaison possible, sans fatuité. S'aimer pour mieux s'aimer, non pour mieux se haïr. « *L'amor che muove il sole e l'altre stelle.* »

316

Maladrerie. — Il y a décentrement respectueux entre les amants lorsque aucun conflit d'intérêt ne vient entraver leur danse. Il y a promiscuité « respectueuse » lorsque sourdent dans leur démarche de fines luttes de pouvoir, des taquineries, des freineries, des « *je mène la danse* ». Avec le décentrement, ils se quittent après une série de danses pour inviter d'autres partenaires et laisser ainsi le désir les retendre l'un vers l'autre, *éventuellement*. Raimantation. Avec la promiscuité, le bal se réduit à l'unité ; les danseurs se collent trop. Leur *one man slow* devient le truchement de promesses compromettantes chuchotées aux oreilles.

317

Se compromettre. — La réalité est un compromis, mais pas la phantasmagorie. L'idée qu'il faille faire des « compromis » en amour est le résultat d'un endoctrinement précoce. Sur le plan du réel il faut bien sûr s'entendre : le « compromis » *effectif* est ici tempo commun, accord syncopal, même battement de corps. Mais sur le plan des phantasmagories — des mythologies personnelles —, les musiques divergent. Toute amputation de l'imaginaire se traduit par des discordances dans la réalité ; tout compromis *affectif* mène à l'étiolement. La fameuse nécessité de « compromis » des magazines féminins est donc une fable. Seule explication exclusiviste de la fatigue de l'aliénation mutuelle, le compromis affectif permet tout au plus de prolonger la médiocrité sur quelques années en culpabilisant le couple. Le compromis est contrenature — on nous assure pourtant qu'il est la pierre de touche de la construction familiale. Pourquoi devrions-nous nous refuser aux autres sous prétexte que nous nous donnons déjà à un ? Pourquoi devrions-nous limiter nos sentiments quand il nous est déjà si rare d'en vivre sans faire les clowns ? Pourquoi ravaler notre colère, notre façade, nos larmes ? Pourquoi contenir notre peur ? Pourquoi atténuer la vérité ? Pourquoi nous empêcher nous-même d'agir, de haïr ou de jouir librement ? Si nous nous abandonnons sainement, nous développons naturellement une intelligence de l'autre, un rapport d'*évidence affective* qui se passe de compromis comme de promesses. Mais l'exclusivisme a besoin de compromis et de promesses pour se maintenir. Par conséquent, le rôle précis du compromis est d'axer le *partenariat* « amoureux » sur la crispation possessive. Le couple se compromet dans des reproches retenus et se « construit » dans cet « *assourdissant silence* ». Sa construction ne tient d'ailleurs que par l'infrastructure d'un statuquo excluant la complète mise au pas de l'un sur l'autre. La « générosité » ici à l'œuvre consiste non à emporter l'autre dans une bouffée passionnelle, mais au contraire à nous montrer avare de laisserallers, à maîtriser nos transports, à lénifier. Rentrer nos contrariétés en nous-même, jusqu'au cancer. Céder le passage, éviter le litige, anticiper nos torts par pure cruauté à notre égard. Partager le bonheur présent en deux, cinquante-cinquante, plutôt que de désirer créer une dynamique épanouissante — improbable aventure. Style ladre : rapace et ulcéré. Ne jamais nous risquer aux sentiments intenses s'ils n'ont pas été préalablement validés par le Marché. L'Avoir recourt au compromis dogmatique pour « *angler* » (comme le disent les concepteurs d'émissions TV) l'idée de famille sur celle de perte réciproque, de déchéance existentielle, de *mal-Être*. Famille individualiste, s'économisant pour consommer davantage. Famille pleure-misère, qui préfère s'épandre plutôt que de s'éprendre, — plutôt que de s'étendre.

318

Fine équipe. — Dans un couple exclusiviste, je m'arrange pour adresser à l'autre les reproches qu'il m'adresserait, si seulement il savait tout. Mes infractions infidèles pèsent sur ma conscience. Je dois les dire d'une façon ou d'une autre pour déblayer l'angoisse ainsi amoncelée. Mais en bon pervers de famille, j'intervertis les rôles : je me soulage sur l'autre en l'accusant. L'autre se croit persécuté par moi ; en réalité il est mon confesseur, à son insu. Il suffirait simplement qu'il entende mes brimades comme des aveux pour qu'il prenne la mesure de ma culpabilité, qu'il devine alors mes tours pendables et son cocuage orné de bisous et de mensonges. À force d'hypocrisie biaiseuse, je finis même par me persuader sincèrement qu'il enfreint les mêmes règles que moi. Une fois seul, je drague sans retenue — je soupçonne l'autre d'en faire autant derrière mon dos, et me voici grand jaloux. Une fois seul, je baise sans précaution — je soupçonne l'autre, et me voici donneur de leçons capotantes. Une fois seul, je ridiculise l'autre dans des oreilles étrangères — je le soupçonne d'en faire autant, et me voici acerbe et susceptible. Rattrapé par la « fidélité », notre exclusivisme de forçats s'alourdit lentement de haine — colère inexplosive, lasse de sauver les meubles. Nos fabulations mutuelles moisissent nos sourires ; les tourments que nous nous infligeons nous rendent sévères et limités. Notre occulte décentrement nous éloigne et nous étrangle. Nos jurements suants nous font seoir, notre exclusivisme postiche accroupit nos élans. J'ai incarné le rôle du « fidèle » au détriment de mon Je(u), c'est-à-dire de la sombre et libre expressivité de mon être. Je me suis concentré sur l'image du Moi fidèle que j'offrais à l'autre au lieu de m'offrir à l'autre en me laissant pleinement déconcentrer.

319

À une fleur qui se fane. — Le pervers maniacoobsessionnel, *serial killer* d'abandons, ne veut d'autre justice que « *Ma Crispation pour tous* ». Ainsi cherche-t-il des personnes aussi chaleureuses que toi pour leur glacer le sang. Il jalouse les souplesses, il les méduse, les paralyse — fige les lianes en arbres morts. Gorgone pétrificatrice. Il agite mille serpents, décontractés à l'extrême, afin d'attirer les danseuses légères et serpentines. Puis ses yeux les statufient. Ses idées-fixes séquestrent leurs mouvements, ses remontrances tarissent leur eau, ses griffes leur lacèrent le corps. Amoureuse-folle d'un pervers, tu espères lui transmettre la liberté ondoyante de ton amour ? Absurde romantique ! Fuis donc avant que tu ne cesses à tout jamais d'ondoyer !

320

Conséquence. — Question : « *Es-tu monogame ou polygame ?* » Réponse : « *Je suis musicien.* »

321

Astérie. — Ceux qui s'étiolent, qu'ils s'étoilent !

322

Usufruit. — Un couple épanoui ne s'étiole qu'*ailleurs* ; un couple étiolé ne s'épanouit qu'*ailleurs*. Ceux qui ne s'étiolent qu'*ensemble* ne forment pas un couple, mais une imposture.

323

Conseil d'amant. — Ceux qui te disent « *Je t'aime* » pour « *Je t'ai* », jette-les. Ceux qui t'aiment pour être, aide-les. Et ceux qui t'aiment pour que tu sois : constelle-les-toi !

324

Compromission. — Jamais statuquo n'équivaudra amour.

325

Bonnes ondes. —Et si l'amour passait par les oreilles ? Et si l'horrible byebye était paracentèse ? L'autre, vibrations ? Le corps, tympan ? Le cœur, labyrinthe ?

326

« *Ouïe* ». — Il faut s'entendre pour s'aimer, et non s'aimer pour s'entendre.

327

Quiproquos. — L'amoureux-fou aime une personne autre que celle qu'il aime ; le fou d'amour aime à la place de quelqu'un d'autre.

328

Mégalomanie. — L'utilitariste a une représentation infantile du pouvoir ; mais toute quête du pouvoir n'est-elle pas d'ores et déjà infantile ? « *Qui n'est pas avec moi est contre moi !* », répète-t-il ; autrement dit : « *Celui qui porte ailleurs son désir, je le détruirai !* » L'utilitarisme, tyrannie de poupon crispé devenu grand. Pourvu que Dieu lui prête vie.

329

Initialisés. — S'il n'y a que les commencements qui soient plaisants en amour, il faut recommencer souvent. Aime toujours l'autre par surprise.

330

Crampe. — L'exclusivisme n'a de valeur que pour les crispés, — les « *névrosés* », les infantiles qui refusent l'amour adulte, c'est-à-dire en prise avec la liberté, la déception et la solitude.

331

Erratum. — « *Le couple, c'est autrui à bout portant.* » Réjouissante synthèse de Jacques Chardonne. Mais le titre ! Le titre ! *L'Amour, c'est beaucoup plus que l'amour.* Et vlan ! Les bondieuseries sentimentales rappliquent ! — Problème minuscule, que l'inclusivisme sait heureusement solutionner : *L'amour, c'est beaucoup plus que l'Amour.*

332

« *Ça va péter !* » — Le seuil de la promiscuité est franchi à partir du moment où un couple s'autorise à émettre bruyamment des gaz, à roter, à se curer le nez devant l'autre, ou encore à négliger de fermer la porte des WC derrière soi, si tant est que ces conduites « naturelles » soient prohibées par la psyché sur le plan de la bienséance. Le pet bruyant et fétide résume d'ailleurs toute l'ambivalence de la promiscuité : une preuve d'amour qui tue l'amour. Se le permettre, en effet, revient curieusement à témoigner une grande confiance en l'autre, en son affection pérenne et sûre. Le pet fait blaguer, fait doucement protester, crée des liens. Il entretient une complicité dont on devine le caractère insocial, exclusif, impartageable avec des personnes extérieures au couple. Lorsque cependant il ne dérange plus, autrement dit lorsqu'il est devenu conventionnel, rituel, transparent, les *amants* se sont évaporés avec sa pestilence : ne restent que des *habitués.* Si donc, paradoxalement, il entre dans une logique d'apprivoisement de l'autre, la trop grande proximité (émotionnelle, olfactive et sonore) que provoquent ses assauts *répétés* fait de l'autre le voisin trop ordinaire de notre intimité. Plus grave alors pour le couple : il connaît une régression adulescente qui laisse s'échapper toute sensualité au profit d'une accoutumance *comfortable*, à la responsabilité vaporeuse, à l'attirance foireuse, à l'aliénation certaine. L'autolimitation de l'enfant commence par les rétentions de ses excréments, de son urine, puis de ses gaz divers et variés. La vraie liberté ne consiste pas à nous libérer comme bon nous semble, mais à nous contenir quand il faut, à nous conduire comme il faut — c'est-à-dire selon les conventions sociales et les règles de la civilité qu'elles préconisent. Or, le pet assumé, l'« oubli » *oublié*, marque la fin du décentrement initial du couple vis-à-vis de lui-même. Il cesse de s'envisager du dehors, tel qu'il peut être perçu par le monde extérieur : il se referme sur sa sphère privée, son territoire balisé de puanteurs, ses ronflants apartés. Les vents construisent une surproximité étouffante mais rassurante pour le couple. Ce n'est donc pas la promiscuité qui rend le pet possible, c'est le pet qui installe la promiscuité. D'abord test occasionnel, tentative risquée, il gagnera bien vite du terrain si l'autre ne le réprimande sévèrement. Il finira par rythmer le quotidien, de décontractions gastrointestinales en lâchages de caisses comblant les interstices du discours. Le couple pétomane peut bien sûr survivre à un tel degré de promiscuité, mais la liaison y trouvera souvent plus une cacophonie démystificatrice qu'un harmonieux enchantement. Le pet est un signal — comme le sont les incivilités proscrites dans la vie sociale mais auxquelles le couple se livre en douce —, signal d'une permissivité abusive, d'un *relâchement* vers l'indifférence, d'un manque de tenue et de teneur. Signal d'alarme, couvert d'abord par les rigolades, mais qui — une fois banalisé — exprime la naïve certitude en un amour définitivement acquis. Or, l'amour s'illabore en permanence : il ne s'obtient pas une fois pour toutes mais se construit chaque jour ; il ne relève pas de l'Avoir mais de l'Être. La promiscuité est ainsi une routine d'amour. Les rassasiés du cœur le pensent comme un mode de relation inaliénable une fois la conquête consommée. Au lieu de toujours se faire la cour, ils la font pour se tomber dans les bras, puis relâchent peu à peu leur vigilance, leur dignité, leurs égards, leur rectum. Ils finissent l'un sur l'autre, en fardeaux fardés d'un bonheur amoureusement correct, et la moindre intervention d'une tierce personne offre l'occasion d'un décentrement salutaire, d'un interlude dans leur pétaradante mélopée. Le décentrement advient quand je considère l'amour dans son devenir et sa précarité, comme l'insatiabilité prodigieuse du désir d'être aimé plutôt que l'habilitation à prendre enfin ses aises. Il permet un perpétuel appel au respect de soi-même et de l'autre, fût-il proche d'entre les proches, fût-il notre moitié, notre chouchou rythmique, notre basse continue, notre *ostinato*. Se décentrer, c'est revenir à soi au lieu de s'oublier en couple ; c'est maintenir l'aimé dans son statut d'amant, lui en accorder les faveurs belles et les élégances, lui en exiger le tact et la délicatesse exquise. La promiscuité fait que l'on se complaît sans se plaire, pet et respect n'allant pas de paire. — « *Il dit vrai qui me dit avide/Et désirant l'amour de loin.* »

333

Tranquilles. — Avec l'immense recul de l'institution religieuse et la remise en cause de la famille patriarcale, tous les jeunes Français d'aujourd'hui tentent, *isolément*, d'inventer une autre façon d'envisager la vie en couple. Chacun entreprend de suppléer aux traditions archaïques mais, faute de conversation, de concertation, de contestation, personne ne parvient vraiment à se dépêtrer du dogme exclusiviste qui dicte nos prérogatives amoureuses. Après maints déboires sentimentaux, maints dégoûts du quotidien qui lasse l'appétit, quelques pics de fusion-passion éventrant les cages thoraciques, l'exclusivisme revient sédentariser les nomades, cautériser leurs plaies fraîches. Tranquilliser l'angoisse. Il endort ceux qui s'ébattent ; il vainc ceux qui débattent — il fidélise sa clientèle, jusqu'aux plus beaux papillons. Combien de blocs d'endurance faut-il brûler pour se montrer digne d'une invention amoureuse !, pour résister aux pressions des autres couples, effrayés par tant d'audace séditieuse ! Mais notre pensée est pourvoyeuse d'endurance et d'invention. Elle doit faire jaser, ranimer les cœurs blafards, provoquer effarement, tilt et « *Pourquoi pas ?* ». Elle engage à dépasser l'exclusivisme par la Constellation — ouverture *optimale* de la cellule familiale. Par-delà le trahir et l'aliéner : le transir. Par-delà la maniaquerie maladive du couple : le décentrement.

334

Pour prévenir d'un contresens concernant le décentrement. — Montaigne fait du décentrement la sauvegarde du ravissement amoureux : « *Nous ne devrions plaire d'y être conduits, comme il se fait aux palais magnifiques, par divers portiques et passages, longues et plaisantes galeries et plusieurs détours. Cette dispensation reviendrait à notre commodité ; nous nous y arrêterions et nous y aimerions plus longtemps ; sans espérance et sans désir, nous n'allons plus qui vaille.* » La complicité exige des plis, des détours. Rien ne va plus entre des amants qui croient s'aimer encore mais ne s'aimantent plus. L'absence de délai entre les corps les vide de leur magnétisme délectable. Un conte de Maupassant, *Au bord du lit*, illustre de façon plaisante la nécessité d'entretenir un parfum de transgression dans le couple afin d'éviter la promiscuité, insensuelle et monotone. Le comte de Sallure, pourtant jaloux des avances qu'un certain Burel fait à son épouse, avoue à celle-ci une liaison, et chiffre même à cinq mille francs le coût mensuel d'une maîtresse à entretenir. — « *Eh bien mon ami,* lui dit-elle, *donnez-moi tout de suite cinq mille francs et je suis à vous pour un mois, à compter de ce soir.* » Le ton monte, mais aussi l'excitation du mari quand son épouse se déshabille devant lui tout en repoussant ses assauts. Elle maintient alors sa proposition insolite en retirant ses bas : « *Nous sommes étrangers l'un à l'autre, n'est-ce pas ? Or, vous me désirez. Vous ne pouvez pas m'épouser puisque nous sommes mariés. Alors vous m'achetez, un peu moins peut-être qu'une autre. Or, réfléchissez. Cet argent, au lieu d'aller chez une gueuse qui en ferait je ne sais quoi, restera dans votre maison, dans votre ménage. Et puis, pour un homme intelligent, est-il quelque chose de plus amusant, de plus original, que de payer sa propre femme ? On n'aime bien, en amour illégitime, que ce qui coûte cher, très cher. Vous donnez à notre amour... légitime un prix nouveau, une saveur de débauche.* » Monsieur le comte s'incline et donne six mille francs à sa comtesse. Ainsi le décentrement fait-il s'enflammer deux corps en évitant l'immédiation de l'étreinte. Sa finalité n'est pourtant pas de semer des embûches, de faire barre sur leur désir. Elle consiste simplement en ce qu'il leur faille *passer par autre chose* (ici l'argent) pour mieux s'atteindre. Parce que la linéarité facile de l'attraction érotique finit par lasser et perdre en *aimantation*, le décentrement est une manœuvre de diversion, de médiation, de transgression. Il crée le désir en défamiliarisant les amants trop proches ; il les sépare, les singularise, les oblige à tendre leur

Je(u) pour se rencontrer et s'unir de plus belle. Le trajet le plus fort d'un corps à l'autre, c'est le zigzag — c'est pourquoi le décentrement garantit une fantaisie sans cesse renouvelée, une fraîcheur dans la découverte infinie de l'autre pour peu que des Burel puissent le convoiter et qu'alors la reconquête demeure toujours d'une actualité brûlante. Se décentrer ne revient pas à se fâcher pour mieux se réconcilier sur l'oreiller, la colère menant vite à l'étiolement quand elle devient familière. Il s'agit plutôt, pour les partenaires, d'inventer les conditions d'une complicité sexuelle qui ne soit pas un dû mais un don réciproque : phantasmes, jeux, surprises, triolisme, amours polyphalles. Le décentrement ne relève ni du détachement indifférent, ni de l'inamour qui accable. Il se contente d'injecter de la temporalité entre l'acte et la puissance, le « *tiens !* » et le « *tu l'auras* », car si le désir naît de la différance, c'est bien l'obtention de l'autre qu'il faut différer. Un couple qui pratique ainsi le style indirect libre — le décentrement continué — fonde sa relation sur l'Être et non plus sur l'Avoir comme le font les exclusivistes, encombrés l'un de l'autre à n'en savoir que faire. Le style indirect libre rend au contraire les amants « *étrangers l'un à l'autre* », puisque émane de chacun une originalité autant irréductible qu'irrésistible. Ils s'engagent à toujours devoir s'engager : telle est leur unique promesse, leur vibrant salut, leur santé chaude. On pourrait croire que la comtesse de Sallure souhaite voir son mari l'acheter par goût de dépravation morale ou par souci d'évincer des maîtresses rivales. Or, son argumentation présente l'Avoir amoureux comme un nonsens et ne plaide qu'en faveur de l'Être. Les six mille francs que lui donne son mari ne l'achètent pas *elle*, mais le décentrement. Le pouvoir virtualisant de l'argent sert ici, paradoxalement, à transformer *qualitativement* une liaison convenue en fournaise, une plate appartenance en quête, en passion. L'argent, qui d'habitude désubstantifie l'Être et le monnaye, acquiert soudain l'excentrique vertu de redonner à l'amour sa substance, son trouble envol, son inaccomplissement. Par bien d'autres intermédiaires possibles, le style indirect libre maintient l'amour en son éternelle déclaration. La Constellation inclusiviste prolonge cette romance jusque dans la famille — laquelle, sans décentrement, se referme sur comte et comtesse telle une dalle sur la tombe d'une cadavéreuse idylle.

335

Le temps que ça dure. — L'amour comme sentiment rare et pérenne est une fiction exclusiviste. Il n'y a que l'abandon, inclusif et transitoire. En revanche, nous pouvons appeler « *passion amoureuse* » une succession d'abandons entre deux personnes. Cette relation s'illabore tant que la nonfamiliarité d'autrui — son autreté, son mystère, son immanence inexcessible et sa transcendance inaccessible — attise le désir des amants. Le moindre décret fait décroître l'aimantation, or la promiscuité décrète à profusion ; chaque nouvelle succombance la grandit et le décentrement en est l'unique ciment.

336

Demande de main. — Ma mie, je te veux mi-haine.

337

T'avoir. — Il n'appartient qu'à toi de n'appartenir qu'à toi-même. Aussi habitue-toi à considérer la possessivité d'autrui à ton égard comme la pire des insultes. Celui qui fait de toi l'*objet* de son amour aime en propriétaire, non en amoureux. L'« amour » dépourvu de générosité, appelle-le « névrose » et ton cœur ira vrai.

338

Trois cent soixante degrés. — Plus variés sont les angles, plus libre est le montage. Plus nombreux sont les angles, plus lisse est la figure. Au-delà du Triangle : le Chiliogone. Au-delà de la famille nucléaire père-enfant-mère, la famille constellaire amour-amour-amour.

339

Som(m)ation. — L'inclusiviste : « *2 et 2 font 4.* » L'exclusiviste : « *2 et 2 font 22.* »

340

Passion d'État. — Le Système a le monopole de l'Amour légitime.

341

Carnaval. — J'avance masqué : tout me regarde.

342

Couples souples. — La détestable exclusivité sexuelle : une ascèse mutilante imposée aux femmes par leurs maîtres apeurés. Ils ont trouvé une maman rien qu'à eux, et de surcroît baisable ; depuis, ils tremblent en crapauds à l'idée de devoir la partager. Ce n'est pas le partage en tant que tel qui les glace, mais la comparaison intermâle dans laquelle ils se débattent à chaque mâle croisé sur leur chemin. Le narcissisme masculin est excessif, c'est-à-dire soutenu par une détermination guerrière. Le jaloux qui s'est octroyé par mascarade une belle continue de subir la compétition tuante des autres mascaradeurs qui la draguent, la côtoient, la contemplent, et dont la seule présence fait planer une menace sur les couples ligotés par exclusivisme. Ainsi le *propriétaire* d'une femme ne connaît-il aucun répit. Il se débat dans l'oxymore amoureux : plus il torture sa douce pour l'enchaîner à lui, plus celle-ci se ternit et leur sexualité subit un atterrant affaissement. Ce qui l'excitait, c'était la liberté volage de sa compagne — décentrement. Mais à force de la persécuter, elle finit par se soumettre ; la liberté, la luxuriance et le désir désertent — promiscuité. L'euphorie entrepreneuriale de la première année, où l'exclusivité sexuelle se met ludiquement en place et où les jalousies picotantes sont vécues comme des preuves d'amour, débouche inéluctablement sur la routine. Moins astreint à l'exclusivisme par une société sexiste, l'homme survit alors de façon perverse en trompant à tout rompre. La femme commet aussi quelques rares écarts, consciente du fait qu'elle peut soutenir cent mensonges avec un aplomb infiniment supérieur : l'exercice quotidien de la phallocratie l'aura formée à une telle épreuve. En moins d'un an donc, les couples exclusivistes pataugent dans la médiocrité. Les partenaires, tout en se jurant ouvertement exclusivité, cochent en secret la case « *trahison possible à condition qu'il/elle n'en sache jamais rien* ». Médiocrité de l'oxymore amoureux : se promettre de se trahir. De là suivent le stress qui cerne et ride, l'épiage obsessionnel, la graisse rassurante et repoussante à la fois. L'épouse doit s'enlaidir pour perdre un peu de sa dangereuse attraction. Mais en s'amputant servilement de sa luxuriance, elle séduit de moins en moins le mari qui, une fois les gosses aguerris, divorce pour une nouvelle jeunette à aliéner, pour une nouvelle vie à suçoter fort. Bien sûr il existe des exceptions qui confirment le dogme exclusiviste : des couples qui tiennent bon après trente ans de mariage et d'exclusivité charnelle. En privé, ils baignent dans leurs engueulades. En public, ils ne cessent de se vanter de leur exploit, comme pour mieux se persuader eux-mêmes du bienfondé de leur abnégation. Ces couples tiennent par l'équilibre de la terreur. Ils ont trouvé un statuquo : la belligérance tranquille. Leurs névroses peuvent ainsi cohabiter dans une médiocrité si fusionnelle qu'elle passe pour l'excellence de l'exclusivisme, le sommet de la perfection en la matière : deux épaves qui persistent dans leur connerie jusqu'à la clamse, deux vieux crispés qui ont besoin de la crispation de l'autre pour tenir debout. *Partner-look.* Ils renoncent à la nature, à l'aventure, à la liberté — cela se lit sur leur visage. Lèvres de plus en plus fines faute de variations dans les bécots ; air tout hébété de n'avoir pas bondi sur trente occasions succulentes qui ne se représenteront plus jamais, maintenant qu'ils sont insensuels et décrépits. En trente années de commune cohabitation, le mari et la mariée exclusivistes ne finissent-ils pas par se ressembler comme deux gouttes d'eau ? « *Si je voyais la fin de l'âge qui te reste,/ Ma raison tomberait sous l'excès de mon deuil :/ Je pleurerais sans cesse un malheur si funeste/Et ferais, jour et nuit, l'amour à ton cercueil.* » — Entendez en revanche les vieux couples, les *grands* couples chauffés par l'éternel amour. Ceux-là ont su éviter le givre exclusiviste et entretenir le feu de la liberté dans leurs regards. Ils ne veulent pas s'appartenir : ils veulent se désirer. Il leur faut des vacillations extérieures pour réenflammer leur duo par décentrement. Ce n'est pas la fidélité *de l'autre* qu'ils ont mise sur un piédestal, mais la fidélité *à soi-même*, l'engagement continué, l'entièreté. Grâce à elle, ils ont pu dépasser le narcissisme puéril, les tableaux comparatifs, les mesquineries envieuses, la possessivité furieuse, le double-cadenassage. La cage, la rage, la prise d'otage. La médiocre quiétude des fidèlistes qui préfèrent la frigidification aux chaleurs d'une sociabilité très arrangeante. Les « couples » : des entêtés de l'autre — *ça lasse ou ça casse.* Les « souples » : des danseurs-partenaires — *ça libre ou ça vibre.* Et dans le registre de la souplesse amoureuse, la femme tiendrait la dragée haute si la phallocratie cessait de la raidir à coups de « *sois fidèle, salope !* » Voici trois mille ans que le mâle a fait du durcissement excessif son seul créneau. Il n'a rien voulu entendre de l'Accès, du Yin, du Féminin. À partir d'aujourd'hui, les amazones viennent le trouver sur son terrain accidenté pour qu'il ploie et lâche enfin prise. Le véritable ennemi n'est donc pas le mâle — leur élève boudeur qu'elles instruisent de force jusqu'à ce que la leçon prenne —, mais la femme qui appelle l'exclusivité et l'étiolement de tous ses vœux. Gigantesque retour à la souplesse, à l'abandon, à l'évidence, le féminisme amazonien convertit l'homme en le dénarcissisant et l'esclave-femme en lui redonnant le goût exaltant et sauvage de la conquête accessive. Laisser venir les hommes à soi, puis les dévorer, s'en nourrir, s'en épanouir. Qu'ils retournent à la mère dans l'orgasme ; qu'elle les passe à travers elle en un reflux suprême. Prendre corps, au-delà du sentimentalisme et des fidéleries mièvres. Âmes susceptibles, s'abstenir.

343

Tabula rasa. — Écoutez les exclusivistes jacasser ! Leurs propos sont lardés d'épouvante. En secret, ils aspirent à saisir toutes les occasions qui font basculer la séduction dans l'extase ; ils se promettent pourtant l'exact contraire : « *N'aimons que nous deux !* » Ils se sont fourvoyés en prenant la pente exclusiviste. Depuis, ils se mentent, se doublent, se gênent, se meurtrissent et s'altèrent. Sur tous les tableaux, *ils se trompent.* Voici justement, en dix sacrifices impeccables, les Tables de leur Loi : I/*Tu n'aimeras point ton prochain comme moi-même* ; II/*Tu n'honoreras que moi* ; III/*Ta luxuriance tu rabroueras* ; IV/*Dans l'étiolement, l'épanouissement tu feindras* ; V/*Jaloux tu resteras* ; VI/*L'adultère tu honniras* ; VII/*La compagnie des hommes libres tu fuiras* ; VIII/*Tu ne te commettras point dans la luxure* ; IX/*De désirs coupables tu t'agaceras* ; X/*Le moindre de tes élans tu maîtriseras.* Sur ces décrets ces crétins glosent, sans se rendre compte qu'ils constituent un impraticable assortiment de clauses funestes. De la possessivité défiante faire table rase : revenir à l'Être, à l'abandon.

344

Pour prévenir d'un contresens concernant le « Je t'aime ». — Y a-t-il une définition universelle de l'amour ? Comment légiférer en la matière ? Au nom de quel principe, de quel critère, de quelle culture ? La Rochefoucauld tira de ces questions sa plus profonde maxime : « *Il y a des gens qui n'auraient jamais été amoureux s'ils n'avaient jamais entendu parler de l'amour.* » L'amour est en effet une idée. Une idée-force, une idée prescriptrice, une idée sculptée par des siècles d'intrigues et de littératures et qui s'impose aux jeunes couples, vêtu de la flanelle légère de l'évidence naturelle alors qu'il n'y a certainement pas plus artificiel, plus travaillé, plus contrenature que ce ramassis d'émotions que l'on condense en ce mensonge immémorial : « Amour ». Car avant même d'être idée, l'amour est un mot. Le langage a créé l'amour pour que nous puissions le filer à la perfection. Si nous croyons à la réalité une et insécable des choses complexes rassemblées sous ce seul vocable, ce n'est pas par fétichisme, mais par nécessité d'abandon. Je brûle de me fondre en l'autre, il brûle de se fondre en moi : le terme « amour » produit la condition réelle d'un compromis. Je dis « *Je t'aime* » non par souci de simplifier des sentiments confus, mais au contraire pour les faire être — pour y succomber. Si par « réalité » nous désignons le point d'intersection des phantasmagories personnelles qui se rencontrent, l'« amour » est ce mot magique grâce auquel la réalité amoureuse advient, les cœurs se règlent les uns sur les autres, les corps s'accordent, les désirs se rejoignent, infiniment. Que se cache-t-il en effet sous le mot « amour » ? Quels univers instables, quels drames et royaumes d'opulence édifie-t-il ? Quelles somptuosités d'intrication rend-il possibles ? Mon « *Je t'aime* » n'attend qu'une réponse : « *Moi aussi.* » Le silence ou le baiser le déçoivent ; il veut engager l'autre dans la construction commune du pont ou du tunnel qui nous relieront ; il espère de lui un identique désir d'abandon. Mon « *Je t'aime* » n'informe pas : il déforme mon monde pour le rendre compatible avec celui de l'être aimé. Il le concerne au plus haut point — ce en quoi un « *Je t'aime* » lancé sérieusement recèle un fond de tyrannie crispante, d'hésitation buccale, de constipation. Lorsqu'aucune apesanteur ne vient lui donner sa virevoltance, mon « *Je t'aime* » embarrasse l'autre de gravité au lieu de l'embrasser de sa grâce aérienne. Car l'amour-mot instaure l'amour-expérience, mélange de deux corps que compromet le moindre alourdissement. Les amants n'ont d'ailleurs pas besoin de « *Je t'aime* » pour s'aimer : la danse de la séduction — cet entremêlement de gestes, de sourires, de regards, de mots, de caresses et d'odeurs — a préchafaudé leur fusion phantasmagorique, la *réalité* de leur étreinte. Un « *Je t'aime* » surchargerait inutilement leur rapprochement délicat, leur soif extrême. À moins qu'il ne s'agisse d'un « *Je t'aime* » à l'italienne : un velours de plus dans la chorégraphie satinée de leur enlacement. L'Amour, en tant qu'Idée, n'*existe* pas. Cette idée régule néanmoins les désirs — et les fourvoie dès que l'exclusivité, indécrottablemennt, s'y accole. Aussi devons-nous redéfinir l'amour afin de nous extraire de la goudronnade exclusiviste qui restreint à l'unité la pluralité exaltante du désir amoureux. Le « *Je t'aime* » doit s'arracher du « *Je veux que tu m'aimes* » pour atteindre le céleste « *Je fais miennes ta joie et ta tristesse* ». L'amour-liberté doit remplacer l'amour-cachot ; cela demande de surmonter une triple peur : celle d'être perdu par l'autre (peur d'être abandonné), celle de devoir perdre l'autre (peur d'abandonner) et celle de se perdre soi-même (peur de s'abandonner). C'est finalement la peur qui nous retient d'aimer en donnant à l'idée d'amour de son étroitesse, son étranglement, son obstiné tassement sur l'Élu au détriment d'une générosité proprement altruiste. L'impraticabilité de fait du dogme exclusiviste qui n'assagit que les peureux nous le montre : nous pouvons aimer bien plus d'une personne à la fois. Avec d'aussi fortes intensités, nous serions capables de vivre plusieurs aventures parallèles ou chevauchées si la morale, la culture, la religion et la médication amoureuse occidentale ne nous avaient bourré le corps de réflexes contraires. L'instinct monothéiste met les histoires sur le même plan pour les comparer ; les compare pour braire au scandale et réactiver la peur triple. Mais cette habitude acquise, mère des discordes et des hébétudes, devrait se transformer en un tout autre *ethos* avec la pratique du style indirect libre. Le décentrement exige que nous aimions au moins deux personnes pour éviter d'en assiéger une seule ; la simple alternance suffit même aux oscillations de notre désir, et l'envie d'assiéger nous passe définitivement. L'équilibre mari-épouse-amant-maîtresse s'est toujours posé comme la condition minimale d'épanouissements amoureux de longue haleine entre mari et amante, épouse et amant. Seulement, que de jongleries, d'hypocrisie et de bassesse dans le cocuage pérenne ! Pourquoi les à-côtés devraient-ils en outre corrompre la liaison centrale ? Pourquoi même l'amant de madame et l'amante de monsieur devraient-ils se croiser dans les garçonnières alors qu'ils tireraient certainement beaucoup de délectation ensemble ? Aimer, au style indirect libre, c'est d'abord refuser deux inepties. La première énonce qu'aimer *vraiment* nécessite de n'aimer qu'une seule personne — la simple expérience de l'amour filial envers père et mère suffit pour l'invalider. La seconde ineptie énonce qu'être aimé *vraiment* nécessite d'être aimé de manière exclusive — l'expérience de l'amour parental envers frères et sœurs invalide pareillement cette contre-vérité. J'aime *vraiment* quand je m'abandonne à l'autre, et je ne puis m'abandonner à l'autre que s'il s'abandonne en retour. L'amour, donc, est la coïncidence de deux corps qui *décident* de prolonger leur Je(u) au-delà et en deçà de leur sphère propre. Mon « *Je t'aime* » ne s'adresse qu'à moi-même : je m'encourage à t'aimer, à franchir mes caps en franchissant les tiens, à défaillir. Mais s'il faut que nous nous aimions de façon exclusive et jalouse, s'il faut figer nos rencontres et cimenter nos abandons en une siamoiserie monstrueuse, nous n'aurons bientôt plus de cap à franchir ni de courage à trouver pour l'élan vers l'autre. Pour que l'éclair de l'amour me dure, je dois recevoir la foudre de plusieurs côtés sans quoi mon corps s'accoutume, se corne et ne vibre plus — décentrement *versus* promiscuité. « *Je t'aime* » : j'aime ma liberté agrandie de la tienne. « *Je t'aime* » : j'en aime donc aussi un autre, sans quoi je ne t'aimerais pas mais te haïrais d'avoir pris, sur ma liberté d'aimer, l'écrasant monopole.

345

Incontinence. — Ceux qui sèment sans s'aimer, ils ne sèment pas : ils disséminent.

346

Faits l'un pour l'autre. — La molle, faite pour le baratin. Son mâle, fier comme un bartabac.

347

Fil à retordre. — La fidélité exclusive peut être une expérience apaisante ou passionnée — loin de nous de vouloir le nier ! L'*exclusivité* n'est pas critiquable lorsqu'elle est désirée avec une évidence réfléchie et affranchie des dogmes. Ce que nous condamnons, c'est l'*exclusivisme*, c'est-à-dire l'exclusivité comme principe *a priori* devant légiférer la relation amoureuse. Hors de question ici de nous en prendre au couple uni *librement* ! Nous stigmatisons le Toi-&-Moi, l'encouplement obligatoire — du flirt *qui doit durer et rester dual* pour ne pas salir la réputation de la fille, jusqu'au mariage, que l'État promeut à coups d'avantages fiscaux en étranglant les célibataires et que la religion sanctifie. Le Toi-&-Moi a jadis été dicté dans l'intérêt politique de la patrilinéarité qui veut que le pouvoir et les biens se transmettent de père en fils tandis que les femelles — biens sophistiqués — servent ces derniers sans maudire. Or, depuis une quarantaine d'années contre des milliers d'années d'esclavagisme — depuis la péremption forcée des dogmes ecclésiastiques par la banalisation des dogmes scientistes —, les femelles sont devenues des *femmes.* Elles ont droit à la même éducation que leurs congénères, à la même liberté (?), au même travail (? ?), au même traitement (? ? ?). Malgré ce changement de statut qui les place théoriquement à l'égal des hommes, le Toi-&-Moi continue pourtant de les desservir. Toi-&-Moi désormais racheté par le Système utilitariste et devoyé pour qu'il lui offre sa matière première : la résignation. De *repos* du père travailleur le soulageant des corvées domestiques, voici en effet le Toi-&-Moi devenu cadre *oppressif et stressant*, en concurrence déloyale avec la déculturation sexolâtre qui le persécute, l'impose et l'implose dans la même exigence. Toi-&-Moi non plus de l'utopie céleste, mais de l'utopie-là — encouplement virtuel : raisonnable et déraisonnable, involontairement voulu. Avec la TV, l'affolement exclusiviste dépasse le phénomène d'urbanisation et n'épargne aucun foyer. Pour les encouplés du Système, il s'agit de pratiquer l'impraticable. *La légitimité des couples exclusivistes ne tient désormais plus qu'à un fil* ; fil que le Marché-Moire tisse et mord, tire et fait vibrer au cœur du néant pour y récolter l'alarme nécessaire au destin consumériste. Coup de fil enchaînant les promiscuits jusqu'à la rupture : saturation du réseau et lassitude du flicage mutuel — « & » n'est-il pas le logo de France Telecom ? Fil à la patte des amants achetant leur *comfort*, bague au doigt, corde au cou, menottes aux mains, fermeture aux poings pour l'incessante tranquillisation de leur amour — « & » n'est plus l'innocent « + » qui unit deux initiales dans un cœur de craie. Fil barbelé retenant les enfants dans leur famille, les familles dans leur inimité, les inimités dans la presque-guerre — le « & », la solidarité au mètre, au kilo, au prix fort. Fil d'Ariane qui embrouille dans d'improbables aventures au lieu de montrer la voie de l'évidence ; fil de Pénélope que les bécoteurs tricotent le jour et que les fricoteurs défont la nuit en renouvelant l'affichage, le paysage, les envies. Fil à plomb tendu par l'angoisse d'abandon et donnant aux zombies leur verticalité bancale. Illusion d'épanouissement dans l'étiolante légitimité affective, le Toi-&-Moi est la batterie émotionnelle qui donne au néocannibalisme sa raison d'être et son *ratio* de consommateurs à la dérive. L'exclusivité qu'il prescrit — mythe sentimental exhumé pour l'occase — est méticuleusement contredite par les tentations artificielles de l'Avoir. Cette réfutation invivable, ce dément démenti, ce fil tendu sur les lames lucratives, nul ne peut l'assumer sans quelque miracle de névrose et d'orgueil. Les couples libres n'ont pas à être délivrés de leur duo : si tel est bien leur choix, pourquoi intervenir ?

Les couples ladres en revanche, les hantés du Toi-&-Moi, les victimes de la collision affective qui massacre les solidarités, les fidélités, les humeurs : arrachons-les à la haine qu'ils nomment « *Amour* » ! Faisons-les sortir de la fascination exclusiviste, cet hystérique état de dépendance au Toi, au Moi et au « & » livré 24 heures/24 et 7 J/7 par la matrice d'images heureuses. — 24 heures sur 24 et 7 jours sur 7. Redonnons-leur, fondamentalement, le goût et la passion de l'Inconnu !

SPIRE VIII

Où sont les femmes ?

« Oh ! si ma dame a le front tendu de noir, c'est qu'elle a pris le deuil à la vue de tant de visages fardés, de tant de chevelures usurpées, qui ravissent les amoureux de leurs faux attraits. Elle est venue au monde pour faire du noir la beauté suprême. Son teint va changer la mode de nos jours ; l'incarnat même de la nature va passer pour un méchant fard ; et aussi les faces roses qui voudront échapper au dénigrement se peindront-elles en noir pour ressembler à son front ! »

William Shakespeare, *Peines d'amour perdues.*

348

Vide. — « *Hormée,* demanda un jour Anagkaion, *n'est-il pas inquiétant d'entendre des mères mécréantes s'écrier pouvoir travailler à l'égal des hommes ?* » — « *Inquiétant, certes...* », répondit Hormée tout en continuant sa cueillette de citrons. — « *Et n'est-il pas irritant,* repris Anagkaion, *d'entendre nos vieilles nous blâmer de la sorte dès que nous rentrons d'une maigre chasse : "Nous aurions quintuplé vos prises toutes mamies que nous sommes si seulement vous nous aviez laissé faire !" ?* » — « *Irritant, certes...* » — « *En outre, ne trouves-tu pas ridicule la prétention de ma jeune hétaïre de vouloir me confondre à la nage, moi que la Cité surnomme "le fiston de Poséidon" ?* » — « *Ridicule, certes...* » — « *Je te le dis, Hormée : que chacun reste à sa place ! Les mères à leurs bébés, les vieilles à leur maisonnée, les filles sous les garçons ! Celles qui entreprennent de rivaliser avec les hommes, ce sont des Lamies, des sorcières mortes entre leurs fiançailles et leurs épousailles parce qu'elles refusent de rester sans mari mais aussi d'être des mères dignes. Elles nous défient par frustration. Elles souhaitent usurper nos rôles parce que le métier de femme leur paraît moins satisfaisant.* » — « *Et n'est-ce pas le cas, Anagkaion ?* », demanda Hormée. — « *À l'évidence, oui ! Je préfère être né avec quelque chose entre les jambes plutôt qu'un abysse !* » — « *Un abysse, n'est-ce pas aussi "quelque chose" ?* » — « *Tu sors du propos, Hormée ; mais je vais te répondre. Comme il n'a pas de fond, l'abysse n'est pas. Voici réglée ta question bizarre.* » — « *Je crains que non, Anagkaion.* » — « *Comment ? Tu t'obstines dans la digression afin que je perde la droite ligne de ma pensée ?* » — « *N'aies crainte, Anagkaion : je garde pour toi en tête tout ce que tu as dit précédemment et il suffira d'un claquement de doigts de ta part pour que nous reprenions le fil initial du dialogue. Mais réponds d'abord a ceci : tu dis que la femme a entre les jambes un abysse et tu te vantes, toi, d'avoir un mont.* » — « *C'est exact, à quelques coudées près.* » — « *Tu opposes ainsi l'absence de matière à la matière, le vide au plein, le néant à l'être.* » — « *Tu le dis toi-même : il manque de la matière à la femme !* » — « *Ce manque, Anagkaion, ne t'arrive-t-il jamais de le combler avec délice ?* » — « *Pour sûr ! Dès que l'entraînement me laisse du répit !* » — « *Sans ce manque, ne serais-tu pas privé de quelque chose qui t'apporte volupté des sens et contentement ?* » — « *Ce serait une lourde perte, je dois l'admettre !* » — « *Donc, Anagkaion, ce manque n'est pas rien puisqu'il t'est utile ainsi qu'à ta partenaire : il vous apporte à tous deux du plaisir.* » — « *Soit, soit, soit. Mais où veux-tu en venir, Hormée ? Je vais claquer des doigts car telle n'était pas mon interrogation première...* » — « *Il s'agit de s'entendre sur la réalité, Anagkaion. Nous savons à présent que le sexe de la femme n'est pas un abysse.* » — « *Mais je le sais bien, foudre Zeus ! Le sexe de la femme est un trou ! Un trou, te dis-je ! Pas un abysse : je peux toucher le fond ! La belle affaire que de le savoir !* » — « *Un trou, vraiment ?* » — « *Parfaitement ! Du vide avec des poils autour, telle est la femme !* » — « *Du vide ? Oublierais-tu que ce vide s'est rempli de vie pour te faire naître ? Oublierais-tu que le vide de ta bouche te permet de goûter au jus de ce citron ? Oublierais-tu que sans le vide tout ne serait que matière, qu'il n'y aurait alors plus de forme, que tu n'existerais même plus puisque tu te fondrais dans le Grand-Tout indifférencié dont parle Anaxagore ? Tu aimes ta protubérance, mais ce n'est pas la plénitude qui érige ce membre viril : c'est le vide soyeux de la femme ou le vide rugueux de ta main. Le vide ne crée pas seulement la matière en la découpant : il la féconde et la fait jouir.* » — « *C'en est trop, Hormée,* s'exclama Anagkaion en claquant des doigts. *Tu m'y contrains : je veux revenir au tout début de notre entretien.* » — « *Fort bien.* » — « *Alors ?* » — « *Alors quoi ? Vas-y Anagkaion, je t'écoute...* » — « *Te moques-tu, Hormée ?* » — « *Me moquer ? Pourquoi donc ? Parle, je t'attends. Que disais-tu ?* » — « *Mais je ne sais plus, voyons ! Tu m'as certifié pouvoir nous ramener en un claquement de doigts au commencement de notre dialogue !* » — « *Nous y sommes, Anagkaion, nous y sommes ! C'est bien le commencement, et c'est à toi de parler d'abord. Je vois : tu as un trou de mémoire. N'est-il pas préférable parfois d'avoir du vide en bas et, en haut, un tout petit peu plus de consistance ?* » — « *Un indice, un seul mot suffirait pour que tout me revienne...* » — « *Va ! Je suis brave, je te le donne, "fiston de Poséidon" !* » À ces mots, Anagkaion entra dans un état méditatif, ponctuant avec des « oui » de la tête sa laborieuse remémoration. Puis il annonça, triomphant : « *Voilà, tout m'est revenu.* » — « *Il faut donc croire que l'abysse avait un fond...* », coupa Hormée. — « *Silence !*, ordonna l'autre. *Ne me perturbe plus ! Je te parlais de ces mères qui prétendent pouvoir faire mieux que le père, de ces vieilles qui prétendent pouvoir faire mieux que les jeunes, de ces filles qui prétendent pouvoir faire mieux que les garçons.* » — « *Des Lamies, n'est-il pas vrai ?* » — « *Silence ! Oui, des Lamies, c'est cela. Mortes après s'être fiancées, elles s'imaginent délivrées de leurs désavantages naturels puisqu'elles remportent l'exploit de faire pleurer leur fiancé. Mortes avant d'être épouses, elles s'imaginent pouvoir s'affranchir aussi du fardeau des tâches domestiques et lorgner sur la place du mari. Or la femme est par nature inférieure à l'homme ; c'est pourquoi certaines activités ne lui sont fatalement pas destinées.* » — « *Inférieure en quoi ?* », hasarda Hormée. — « *Silence ! Inférieure en muscles, comprends-tu cela ? La femme a moins de force, moins de chair, moins d'être, moins de matière !* » — « *Plus de vide, donc ?* » — « *Et comment, dix mille Cléarque ! Elle est plus légère en tout ; elle ne fait pas le poids !* » — « *Je comprends, Anagkaion. Mais n'avons-nous pas dit tout à l'heure que le vide faisait surgir et vibrer la matière ? Te souviens-tu que c'est par son vide que la femme te fait prendre corps ? Et la légèreté, n'est-elle pas une qualité supérieure à la lourdeur quand il s'agit de cueillir des fruits, de chasser, de danser, ou de nager ? La femme légère ne casse pas de branche. Ses pas insonores n'alertent pas sa proie. Elle se montre souple, agile et lascive. Elle glisse vivement sur l'eau. Cependant rassure-toi, Anagkaion : travailler à l'égal des hommes, les femmes le peuvent très certainement, mais elles ne le veulent pas !* » — « *Tiens donc ! Et pourquoi cela ?* », demanda Anagkaion en épluchant un quartier de citron — « *Les deux sexes ont leurs propres manques*, répondit Hormée. *Les deux sexes ont aussi leur propre plénitude. La femme ne fait pas de son "vide" un défaut, mais la qualité éminente de son corps. L'homme, lui, se concentre tout entier sur sa proéminence pour qu'elle lui fasse oublier son vide, son grand tabou.* » — « *Son vide ? Quel vide ?* », s'étonna Anagkaion en avalant le fruit acide — « *Tu sais bien*, dit Hormée. *De l'autre côté... Trou de mémoire, peut-être ?* » Anagkaion grimaça d'aigreur.

349

Affront. — Le mâle ne s'est pas remis d'avoir été contraint de quitter sa mère parce qu'il ne pouvait décemment se la faire. Depuis, il se venge sur ses conquêtes — mères substitutives qui paieront les ébats de papa : « *Tiens ! Ouais ! Tu la sens ma grosse bite ?* » Le mâle, en effet, a toujours un père phantasmatique impuissant et voyeur à humilier.

350

Femellisation. — Instillée par les vautours tenant boutique, la passion sexolâtre donne au peuple sa cocaïne et à la ville ses airs de fête. Peuples et villes d'Occident s'y sont brûlé les ailes. Oxymorique Occident : son exclusivisme (issu de la vieille religion) n'est pas soluble dans la sexolâtrie, libertaire et liberticide, qu'il martèle aux yeux révulsés des mauvais maris et des femmes adultères. Le nihilisme a atteint son apogée : l'exclusivisme sexolâtre, la schizophrénie pour tous. Mener les pourceaux *à la baguette* et à l'abattoir ; mener les femmes jusqu'à l'*overdose* de « liberté » et l'état de femellisation avancé — c'est-à-dire le dégoût du « libre », la résignation à la docilité esclave. Fête persistante donc, dans son excès d'horreur. Face à ce néo-totalitarisme phallocrate, il n'est de résistance que féminine : l'intuition des profondeurs prédispose encore quelques femmes à lutter pour la vraie liberté. L'Accès contre le nihilisme. La propagande pornographique représente la *violence mâle* comme une donnée inhérente à la « nature » du mâle ; par conséquent, un mal inévitable. La « nature » des femmes serait d'être des femelles disponibles et savourant secrètement leur aliénation, ou des « traînées » pour les plus rebelles — les plus « libres », autrement dit celles qui combattraient en vain leur essence servile. La pornographisation sociale vise ainsi à conforter le préjugé sexiste de la subordination atavique des femmes. Seuls de justes parallèles avec le racisme révéleront son caractère inhumain, frauduleux, criminel.

351

Pavane. — L'homme « arrangeant » la femme n'a eu de cesse de la torturer : bijoux déformateurs, corsets, dépigmentation, régimes amaigrissants, talons aiguilles, implants. Ou plutôt, en pervers immortel, l'homme s'est arrangé pour que la femme s'automutile — autrement dit pour qu'elle voie dans ces supplices le passage obligé de sa séduction. Barbie. Édictés par une pleurterie masculine devenue sadisme, les canons de la beauté féminine — soutenue par quelques consentantes extasiées — tirent à boulets rouges sur les autres femmes. Étrange inversion ici de la parade animale, qui veut que les efforts d'approche et les attributs d'appas soient l'obsession des mâles, quand les femelles choisissent royalement d'accorder ou non leurs faveurs. Cet écart par rapport à la norme naturelle conduit l'être humain civilisé à une situation oxymorique en deux temps. La femme tout d'abord s'estropie et gesticule afin d'attirer les regards — bimbo ! Puis, une fois assiégée de baveurs s'estropiant et gesticulant pour ses beaux atours — bingo ! —, il en va alors de sa survie d'éviter les bavures, d'arrêter son cinéma ; c'est-à-dire d'effacer par une attitude insapide babioles et fioritures dont elle s'est affublée. Ce qui fait par exemple de certaines Parisiennes des surallumeuses glaciales, des givrées sulfureuses. Masos, elles prennent la camisole sexy prescrite par la mode sexiste ; mais pour repousser d'avance les avances, elles prennent aussi le masque austère des castratrices. Elles inspirent tant l'amour qu'elles se murent, qu'elles n'aspirent plus qu'au « *foutez-moi la paix !* » — hystérie des « vedges », des célibataires maniacodépressives... et végétariennes à leurs heures. Pour l'amazone en revanche, l'enjeu de la parure revient à exprimer sa tropicalité, son propre désir d'attirance, sa phantasmagorie charnelle. Aussi compose-t-elle d'elle-même ses attraits avec la libre fantaisie de celles qui *sentent* ce qu'il leur faut sans devoir parcourir des magazines féminins pour le lire. Son feu intérieur détermine l'incendie qu'elle désire commettre, l'extériorisation libidineuse de son style — entendons par là sa luxuriance (*sex-appeal*), son image (*sex-appear*), ses attentes (*sex-apply*), ses promesses (*sex-apple*) et ses fausses promesses (*sex-April*). L'amazone annonce sa couleur, du bleu au rouge, du « *dégage !* » à l'ébullition. Elle ne se ment jamais ni ne se contusionne pour plaire aux petits inquisiteurs. Elle sait que c'est au mâle de faire son numéro devant elle et, après le tour de piste, de donner son numéro. Elle sait que l'homme viril n'attend pas d'elle un défilé, mais une présence. Lui d'ailleurs ne paonne guère. Il émane.

352

Femme libérée. — En quoi le sexe, qui fait de la femme un objet à la merci des queutards, peut-il être la clef de son indépendance ? Comment l'utiliser pour justement mettre un terme à l'oppressante sujétion qu'il instaure ? La femme atteint vraiment sa pleine autonomie quand le sexuel n'a pour elle plus de mystère ; quand elle a essayé toutes les choses d'Aphrodite ou les a au moins ressenties par de puissants phantasmes : humiliations, triolisme, sodomie, échangisme de couples, double pénétration, gangbang seule au milieu de dix verges, sadomasochisme — pour finalement comprendre que son orgasme dépend de sa phantasmagorie, non dans les gros braquemarts et les coïts à la chaîne. Cette femme alors affranchie du mâle ne pourra jamais se soumettre au premier coq venu qui prétendra la faire jouir comme personne. Elle méprisera les performances maigrichonnes qui — faute d'exciter la zone pubienne — ne tiennent pas les promesses des harangues et des vantardises. Les sportives prouesses n'enflammeront pas bêtement son cœur. Une latitude sexuelle sans *veto* ni tabou fera d'elle une « amazone » — une femme définitivement inaliénable, sûre d'elle-même et luxuriante. L'amazone a largement exploré l'en-deçà de l'amour, du sexe machinal et débridé jusqu'aux vices qui flirtent avec la violence. Elle s'y est suffisamment brûlée pour ne plus avoir froid aux yeux. De quinze à vingt-cinq ans, dans un crescendo continu, la femme cherche charnellement à s'émanciper du sexisme ambiant en assumant sa tropicalité, son désir de déferlantes orgastiques et de moiteurs. Une culture ou une société qui étrangleraient cette vocation vibrante la voueraient à l'hystérie. Quand c'est la femme qui s'ampute elle-même de sa libido, la voici anorexique ou boulimique — autodéréglée, autodésérotisée. On ne peut pour autant la contraindre à se faire amazone : on ne peut que l'encourager ; sans quoi elle se plierait à la perversité de ses maîtres, ne retirant de ses cabrioles qu'un penchant accru pour le joug et la vassalité. Plus prosaïquement, comprenons qu'une jeune femme qui suce ou branle maladroitement ne peut guère avoir confiance en elle, quand bien même saurait-elle orgasmer par automasturbation. Il lui faut multiplier les partenaires et les occasions de désinhibition pour parvenir, avec la maîtrise du corps et du plaisir, à assumer ses exigences en matière de satisfaction sans avoir honte de passer pour une catin. La même chose vaut d'ailleurs pour les jeunes hommes : l'aisance sexuelle résorbe les complexes d'infériorité du timoré ou de supériorité du macho. Fruit d'expériences variées, une telle aisance leur permet de ne plus avoir peur de leur Moi — de l'image qu'ils donnent aux autres — et donc de s'abandonner sans entrave ni réticence, de se déprendre de la « technicité » acquise du coït, de s'oublier en l'autre, de s'épanouir. L'épanouissement s'oppose à l'aberration qui dissocie le pour-autrui du pour-soi. Il manifeste la liberté humaine dans sa beauté, liberté qui consiste à disposer de notre corps, à répondre de notre présence. Or, pour la femme confrontée au sexisme, dévalorisée par une sexolâtrie occidentale tyrannisant les corps, interdite d'amazonie et de tropicalité exubérante, la voie de la libération passe par la sortie de l'obscurantisme sexuel dicté par les mâles. Rien de pire en effet pour eux qu'une amazone qui sait l'épanouissement qu'elle est en droit d'attendre et dont l'habitude des fréquentations mâles les plus chaudes a totalement démystifié la mâlitude superbe et triomphale. Pour la reine des amazones, le roi est bel et bien nu — et plus il la labourera comme un pauvre hère sans lui enflammer le clitoris, plus se rapprochera de son propre cou la guillotine du mépris.

353

Ascendance. — Anagkaion emmenait Okheutippe trouver conseils et volupté auprès de Nûnon, courtisane de haut vol qui donnait un banquet en l'honneur d'Aphrodite. Chemin faisant, Hormée qui les accompagnait demanda en aparté à Anagkaion : « *Crois-tu que notre ami parviendra, entre de bonnes mains, à surmonter la honte que lui inspire son propre corps ?* » — « *Cela est évident, Hormée !*, affirma Anagkaion. *Nûnon a tous les talents et, pour douze drachmes, je l'ai vue étourdir les plus timides âmes !* » — « *Cela lui est facile, en effet : ce prix est par lui-même étourdissant...* » — « *Ce prix est justifié, vois-tu.* » — « *De quoi assurer l'entretien d'un homme pendant un mois et six jours...* » — « *Que ne compares-tu un simple mortel avec cette demidéesse ! Chaque fois que je l'admire, sa grâce manque de me faire défaillir. Il me faut toujours un temps considérable pour sortir de mon état d'ébriété et de capture ! Dernière descendante d'Axiochos, les Dieux l'ont selon moi courronnée pour qu'elle perpétue une illustre lignée qui autrement, privée de ses charmes, se serait éteinte avec elle.* » — « *Axiochos de Milet ? Le père d'Aspasie ?* » — « *Exactement ! Le père de la courtisane qui fit l'intelligence et la politique athénienne. Forte de ses techniques amoureuses, Aspasie transforma ses adorateurs en grands orateurs : Périclès, Lysiclès, Socrate !* » — « *Voudrais-tu dire par là, Anagkaion, que ce qui inspire les hommes d'État, les marchands démagogues et les philosophes, ce sont leurs entretiens sensuels avec des courtisanes ?* » — « *Pas "des" courtisanes, Foudre Zeus ! Aspasie est "la" courtisane ! Avec Phryné, Thaïs, Lamia, ces hétaïres-là font exception dans l'engeance femelle ; elles tranchent au milieu de la masse évaporée des bécasses !* » — « *Me voici perplexe, Anagkaion... Comment font-elles donc ?* » — « *Nûnon, qui a hérité de l'affolante sorcellerie, n'a jamais consenti à me le dire, c'est bien là le drame ! Il faut croire qu'une telle magie voyage par le sang et s'épuise par le discours.* » — « *À moins qu'elle ne relève plutôt de "techniques amoureuses", comme tu l'affirmes toi-même. Si tel était le cas, Nûnon l'Excellente ferait preuve de bêtise en les divulguant, car alors ses aphrodisiaques connaissances tomberaient vite dans les mains des femmes communes, et, de douze drachmes, nous tomberions à une.* »

354

Féministes-objets. — Il part d'une intention rentable, le dévoiement du féminisme prosexe de Nina Hartley, Candice Royale, Valérie Solanas ou Annie Sprinkle : convertir si bien les femmes aux goûts sexuels des mâles que les mâles deviendront vite esclaves de leurs esclaves délurées, soumis à leurs pipes goulues, aux cravates de notaire, au plug (gode anal), au bukkake (douche de sperme), au bondage et aux boîtes à touzes. Il ne s'agit pas ici d'émanciper la femme, mais plutôt d'en faire une servante passionnément dévouée, une poupée gonflable dont l'unique liberté consiste à multiplier le nombre d'assoiffés pendus à ses portejarretelles et, conséquemment, à multiplier ses « *oui* » et ses « *non* ». Le pouvoir de la salope intégrale revient à assumer son instrumentalisation au point de devenir une marchandise de luxe sur le marché du sexe et de se vendre comme telle. L'amazone a une leçon à tirer de tant de cynisme : mieux vaut fatiguer le mâle au lit qu'avec des longueries, des prises de tête et de conscience. Pour l'assouplir, concentrez sa dureté dans son membre plutôt que de la laisser lui grumeler le cœur ; par là, il s'abandonne sûrement, se fait bonne pâte humaine — des leçons de tenue peuvent alors être entendues. Du mâle frustré, il n'y a aucun progrès à attendre. Il faut le vider de ses tensions nerveuses, le soulager grandement afin qu'il veuille l'épanouissement de celles qui débitent si bien ses raideurs. Cependant, l'amazone prend l'homme en main dans l'espoir qu'il apprenne à se prendre en main lui-même ; certainement pas pour inverser les rôles d'une domination qu'elle exècre. En tant que pornostar signant ses mémoires X, notre Ovidie nationale ne fait donc guère avancer le féminisme mais plutôt le sexisme, en lui passant toutefois un vernis féministe puisqu'il faut faire semblant de revendiquer pour vendre des livres aux femmes. La phallocratie se verrouille ainsi grâce aux soubrettes qu'elle fait vivre. Celles-ci doivent en effet convaincre les plus indociles en jouant les irritées, puis les rallier aux giclées de la servitude consentie. Les mettre à genoux, sur les rotules, à quatre pattes. — Du mépris pour les traînées qui entraînent tes sœurs, Amazone ! Par ta vénusté, par ta luxuriance, par ton style implacable et ton œil à la bonté verticale, dénonce l'imposture des rasemoquettes ! Inspire autrement les aspiratrices ! Enseigne aux mâles l'abandon, et aux molles, l'excessif éclat de la jungle ! Ô Messie fait femme ! Que tous les sansdésirs se réincarnent dès ta présence ! Que le sexe s'éteigne et l'amour brasille ! Combien de coïts avant l'aurore ? Combien d'orgasmes à l'arraché avant l'authentique défaillance ? Combien de mouillages avant la Vague ? Combien de capotes avant l'Océan ?

355

Sexe en couples et amour en groupe. — Rien de plus conventionnel qu'une soirée échangiste, finalement. Même au cœur de la mêlée demeure un je-ne-sais-quoi du cérémonial conjugal, démultiplié. Le simple fait d'être « *là pour ça* » rend dissonante la sonorité des échanges. Les vrais couples échangistes sont bien souvent des exclusivistes puritains : ils n'ont que faire de jouir dans la phantasmagorie, ils comptent jouir dans la réalité, mais en demandant la permission à l'autre — c'est-à-dire sans crouler sous le poids d'une culpabilité écrasante ni s'empêtrer dans des mensonges. L'échangisme est un exclusivisme adapté à l'ère du sexe, où l'on *consomme* des êtres excitants dans l'inamour glacial. Passés de mode : le vaudeville, les rendez-vous à l'hôtel après le travail, les armoires débordantes d'amants nus. Mais aussi la persévérance exclusiviste, la femme d'un seul homme et l'homme d'une seule femme, le *scoop* amoureux qui dure quarante ans. À l'instar de l'exclusivisme, l'échangisme sans abandon est un nihilisme du corps, or sa perversité consiste justement à nier sa part nihiliste et à prétendre être une affirmation de jouissance, d'existence et de liberté. Les habitués des clubs échangistes ne recherchent point les transports de l'amour, mais un surcroît d'excitation et de frénésie sexuelles — véritable drogue qui, à la longue, produit des queutards blasés et dépassionne les ébats. L'échangisme : un tue-l'amour vendu comme des dragées de cantharide. Rituel marquant le passage de l'abandon au sexe technicisé, de l'intersubjectivité à la kyrielle avide, de l'art d'aimer à la fornication. Certains couples échangistes restent des exclusivistes convaincus. Ils voient dans la pratique occasionnelle du sexe en couples un défouloir qui leur permet de mieux supporter leur « fidélité » — une trêve dans leur exclusivité contractuelle. C'est donc pour être *encore plus* exclusivistes — d'un exclusivisme puritain, sans phantasmagorie, sans ardeurs volages, sans parasitages intempestifs — que ces échangistes s'échangent les partenaires, le temps de *faire du sexe* avec de nouvelles marchandises et d'être libidinalement apaisés. L'exclusivisme trouve ainsi son exutoire dans la pratique échangiste ; il se déleste d'une phantasmagorie encombrante, il se contredit lui-même et sort renforcé de cette contradiction passagère, de cet « *extra* » autorisé. L'échangisme fait d'une parenthèse d'infidélité assumée la santé de l'exclusivisme sexuellement correct. Son plus beau paradoxe est d'*affirmer* la virtualisation nihiliste de l'acte amoureux, rabaissé au mécanisme sexuel et, simultanément, célébré pour cette dégradation même. Le *sexe en couples*, malgré les apparences, conserve et entérine le préjugé exclusiviste — après les échanges, les couples se reforment et rentrent en taxi comme ils étaient venus. Ils se perdent dans la partouze pour mieux *se retrouver* au final. L'*amour en groupe*, en revanche, conjugue l'aléatoire, l'effervescence et la spontanéité. Dans l'orgie, tous les amants s'abandonnent les uns aux autres, tandis que l'échangisme demeure une simple sommation quantitative de verges, de vulves et de soupirs. Dans le premier cas, il y a *consentiment* du groupe tout entier, émulation des corps, intrications des axes — jeux de Je(u) ; dans le second, il y a *consentement* processif et général des couples, imbrications de surface avec l'exclusivisme pour soubassement — jeux de Moi. Quand dans la magie de l'orgie plus de deux corps *s'aiment*, la notion de couple disparaît avec la fusion des corps. Lorsque, dans la partouze, plusieurs couples *font du sexe*, la notion de couple survit à la confusion des corps et se recouvre même d'un vernis d'absoluité. Il faut par conséquent distinguer l'orgie de la partouze, le mélange amoureux de l'attroupement copulatif. Ou bien une communion qui homogénéise l'hétérogénéité des présences, ou bien une foule qui scelle les couples en feignant de les mélanger.

356

Sauver. — Aimer, ce n'est pas chercher l'infinité de l'amour et être prêt à anéantir tout ce qui est fini pour lui. Aimer, c'est mourir à deux et se ressusciter l'un l'autre.

357

Succulence. — Surhomme est l'homme mélangé.

358

Qu'est-ce que c'est que ce zouk ? — Le rhum l'opère ; le rhume l'obère. Quoi donc ? — L'aimantation.

359

Panmixie. — Qui dit Constellation dit espéranto.

360

Qu'est-ce que le sexe ? — Le consumérisme sexuel fait des consommateurs-mécaniciens. Ils absorbent d'autrui la personnalité, la beauté, l'énergie ; ils le sucent jusqu'à la moelle, la toute-puissance délectable, la toute-jouissance promise. Ils ne profitent aucunement de ses *faveurs* — ce qui présupposerait qu'autrui s'abandonnât — : ils lui extorquent *de force* ses trésors, par séduction, perversité ou grossièreté brutale. Ils le pillent. Mais l'irrévérencieuse profanation demande un louvoiement qui sache mitiger pulsions et répulsions. Draguer sans trop promettre, baiser sans trop donner, jeter sans trop fuir. Les mécanos du « *sans trop* » veulent atteindre le juste milieu entre le viol et la tendresse : le sexe, c'est-à-dire la sexualité réduite au machinal, dépourvue de ses fonctions génésiques et psychologiques. On ne peut « *avoir du sexe* » qu'en repoussant la menace de la procréation pour se concentrer sur l'acte cru. Le pénis doit plonger dans le bon rythme, l'obscène doit prévaloir pour faire monter la sauce, la semence ne doit pas porter ses fruits. Le sexe cantonne la sexualité à l'immédiateté : seul compte la satisfaction présente, le défoulement *hic et nunc.* Le passé y trépasse, l'avenir s'en bat les couilles. Il s'agit d'imiter l'animal, l'irréfléchi jeune chien fou — la chose que le mâle fait le mieux mais que la féminité abhorre. Malgré le rentrededans, le sexe garde autrui à distance ; malgré l'assemblage technique, il proscrit la fusion des corps et l'effusion des sentiments. Il est même la plus haute forme d'objectivation de l'autre ; il désenlace les amants pourtant enlacés en simplifiant le sens de leurs ébats, devenus la modalité physique de l'effort vers le jouir. Le sexe dissocie l'indissociable étreinte — il faut qu'autrui conserve son altérité pour que je fasse du sexe avec lui. Il faut au moins deux joueurs pour faire du « *sport en chambre* ». Et quand le sport vire soudain à l'art, quand dans l'altercation sourd l'amour, il est déjà trop tard : l'appareil s'cmballe, s'épanche ou s'essouffle. La partie de jambes en l'air retombe. La performance consiste ainsi à se maintenir le plus longtemps possible loin du mélange, dans un rapport d'extériorité absolue y compris au plus profond de l'autre. Vient inévitablement l'instant où les amants s'aimantent, et c'est l'explosion-surprise, l'orgasme-soulagement, le « *ça fait du bien, bordel !* ». Le mélange nous démangeait ; mais le « *bon coup* » sait usiner sans se gratter, sans s'irriter de l'infusionnel duo, sans y laisser de sa présence. Égocentrisme hygiénique : son Moi fornique son Je(u) ; il se fait l'amour à lui-même ; il jouit dans le miroir. L'autre n'est qu'un prétexte à sexe, et le sexe qu'il permet mécaniquement de faire chosifie autrui, l'instrumentalise, d'être humain le rend ustensile. Un outil à disposition du suprême sujet que nous devenons dans la tringle instinctive. Que cet objet se fasse fluide, s'insinue en nous et nous détienne, et voici le mâle finissant dans un râle. Que brusquement s'esquisse une réciprocité dans l'échange, et voici le sexe ennuyeux, mielleux, dégoûtant. Le sexe *automatique* rejette l'amour hors de son affairement. Il lui paraît pénible de s'oublier lui-même, il lui faut au contraire la calculante crispation d'une culbute opératoire, compétente et professionnelle. Cette résistance à l'abandon fait du sexe une déperdition amoureuse, quand l'amour — mutuels abandons — est perdition de soi.

361

Être des lointains. — Le génie de Reich : avoir su prendre de Freud en récusant... le complexe d'Œdipe, et de Marx en récusant... l'économisme ! Il rejette au fond le fascisme latent de leur doctrine : la civilisation phallocrate du premier, la dialectique économicopolitique du second. Nous le suivons sur la quasitotalité de ses analyses. Mais nous suivons aussi Marcuse, qui le complète admirablement. Ce dernier fait dépendre le travail répressif de l'organisation économique fondée sur le principe de rendement, quand Reich y voit le résultat d'une éducation antisexuelle qui provoque la stase libidinale, l'étiolante rétention. Selon Marcuse, l'homme érotise la nature en commençant par érotiser le travail ; selon Reich, c'est tout l'inverse : l'homme est érotisé par la nature et évacue l'énergie accumulée soit grâce à l'orgasme, soit grâce à l'accomplissement d'une fonction utile à la société. Marcuse pense enfin la subversion de l'utopie-là sans recourir lui-même à une contrutopie ; Reich préconise, lui, le retour au matriarcat, harmonie entre la liberté sexuelle et la démocratie du travail. Il nous paraît néanmoins redondant d'entreprendre la synthèse de Reich (1897-1957) et de Marcuse (1898-1979) : un philosophe français s'en est déjà chargé, un siècle avant eux ! Il s'agit de Charles Fourier (1772-1837), le premier philosophe dévolutionnaire. Comme eux, il réfléchit sur l'accomplissement instinctuel et la société autoritaire, avec une démiurgie d'enfant et un style implacablement collusoire. Néanmoins, il est un point sur lequel ces trois maîtres s'illusionnent. Un point que Freud, par contre, a brillamment fait ressortir sans pour autant trouver de solution sociopolitique — c'est-à-dire, d'abord, éducative : *la satisfaction orgastique ne libère pas l'être humain de l'instinct de mort.* Reich, Marcuse ou Fourier ont pensé pouvoir lui éviter le Décès, le Succès ou l'Abcès en réduisant à l'animalité ses dynamismes intrinsèques ; or la haine comme l'amour ne relèvent pas du corps biologique, mais du corps thumétique, véhément — c'est-à-dire présent *et* capable d'imprésence, résistant *et* capable de succombance, attentif *et* capable d'abandon. La haine et l'amour ne peuvent donc former un couple antinomique à l'instar de l'agressivité et de la docilité animales. La haine et l'amour, moralement distincts, se confondent pourtant en une seule et même énergie : l'ardeur. Or, si nous partons du corps pourvu d'ardeur, nous comprenons que cette dernière se déploie simultanément en deux sens inverses : l'en-dedans et l'au-dehors, l'Accès et l'Excès. Mouvement introspectif, « phénoménologique » et spontané, notre Procès nous révèle qu'il n'y a pour nous que ces deux poursuites, à savoir l'échappée excessive hors du corps (= extension vers l'autreté, y projetant l'ensoi) et l'échappée accesive au cœur du corps (= intension vers l'ensoi, drainant l'autreté en nous-même). Contrairement aux singes bonobos qui se frictionnent sexuellement à longueur de journée pour trouver un exutoire à leurs frictions violentes, l'être humain ne peut se contenter de câlins soulageants. Son bonheur, il le trouve dans l'amplification de son Je(u), autrement dit dans un parcours plus fluide et plus libre de l'axe interne-externe — jusqu'à l'*abandon* du Je(u), le mélange avec l'autreté qui fait coexister tension et relâchement extrêmes. Et qui dit mélange ne dit pas nécessairement orgasme ; cette distinction est essentielle pour différencier l'humain de l'animal. En effet, le mâle queutard ou la nymphomane ont beau multiplier les jouissances, elles ne les empêcheront ni de déprimer, ni de se supprimer, ni de se réprimer. Le sexe *immélangé* leur apporte tout au plus l'air bovin-ravi des bonobos postmodernes et la banane dépressurisante, mais en aucun cas le bonheur d'*être*. La disparition de l'éducation antisexuelle dans un pays n'a d'ailleurs jamais fait chuter le nombre de suicides ; la sexolâtrie les augmente même. L'Être, seule transcendance-immanence mue par le désir, ne peut se réduire à des nodosités musculaires et à des muqueuses fondantes : il réclame le mélange des instincts et des instants, des présences et des absences. L'Être est l'hésitation et la quête harcelantes de l'Autre. Dans l'Avoir, l'humanité est troupeau, l'attraction et le plaisir orgastique peuvent faire lien. Dans l'Être, l'humanité est horizon — gouffre abîmant les êtres qui s'aimantent et les pourvoyant ainsi de beauté et d'amour. L'éducation sexuelle doit donc être l'assise adolescente d'une éducation bien plus essentielle, aujourd'hui totalement pervertie par les parents et les psys exclusivites : l'éducation à la succombance. À la petite mort ; à la Grande Vie.

362

Illaboration. — Nous perdons le sentiment de notre propre existence en nous pliant à des métiers immondes. 35 heures, 32 heures, 28 heures, 23 heures, 17 heures d'esclavagisme alimentaire, c'est bien assez ! En attendant que les conditions du *travail attrayant* deviennent réalité, en attendant que l'École forme aux loisirs, à l'art et à l'humanisme et cesse d'être l'antichambre des servitudes allègres, il faut adoucir, assouplir, diminuer les labeurs dévastateurs. Or le réseau constellaire est le meilleur moyen pour atténuer sans plus tarder les gagne-pains psychosociologiquement coupegorges. Les salaires s'y équilibrent, les années sabatiques y deviennent faciles, les permissions y sont légions. Le constellat libère tous les étages traditionnellement embouteillés de l'existence humaine : l'éducation des enfants, l'emploi du temps, l'emploi tout court, la « *négativité sans emploi* ». Les Intimes qui ne travaillent pas — et rappelons qu'il est possible de se consteller avec ses propres parents — pourront prendre une place importante et gratifiante dans l'éducation des enfants. Après une première génération d'adaptation, ils le feront avec d'autant plus de sérénité que le temps qu'ils leur consacreront ne leur semblera pas être une amputation de leur autonomie, mais une aubaine pour leurs jours calmes. Cette redistribution des rôles résorbe de surcroît la démission parentale et l'âgisme antivieux, deux vices banalisés par la malvie néocannibale. Même souplesse complétive pour ce qui concerne l'aménagement du temps et des échanges. Illaboration : dans la Constellation, tout fait constellation : les revenus, les congés, les coups durs, de poker ou d'éclat. On ne réclame pas : on propose ; on ne demande pas : on offre. Les meurtrissures s'amortissent, les évasions s'amorcent : panautonomie.

363

Recette de grandmère. — La Française croule sous les cosmétiques, les antidépresseurs et les médicaments. Pubards et farmaciens cassent en effet du sucre sur son dos pour lui vendre crèmes antirides, Prozac et vitamines. La gym est son grand destin : « *Culture physique, culture physique ! elles y courent, elles y emploient leur enthousiasme de chien bull et leur inconscience de fox-terrier.* » (Colette). La petite santé de monsieur est devenue une marchandise itou : l'exclusivisme sexuel le fait décéder, le stress et la cigarette lui arrachent le cheveu et le souffle, l'alcool et le grignotage lui rentrent dans le lard. Le sport peut certes résoudre mollesse des ceps et manque d'allant, mais nul cycliste n'échappe aux pots d'échappement, nulle aérobiquette ne se remet de la mauvaise baise de son bouc, nul joggeur ne rattrape les effets de l'âge. Une solution existe pourtant — immémoriale panacée : la douche froide, quotidienne et matinale. Elle concentre mille vertus : sortie réveillante du *comfort* qui nous ensuque, tonus de la peau, exercitation de volonté pure, chanson abrégée, injures défoulatoires, économie d'eau chaude. Et puis ce contentement dans la serviette quand — au bout de 365 trempages au *finish* glacé sans entorse à la règle — une année d'ascèse minimale nous a fait retrouver le dynamique entrain qu'une surmédicalisation de l'existence extorque aux ramollis des bains chauds. Douche froide pour toi, Amazone ! Transie mais criante, expulse de ton corps les courbures d'échine, les gniangnian de midinette, la frivolité crasseuse de celles qui doivent négocier leur présence ! Douche froide pour toi, homme viril ! Traverse l'eau comme on traverse la guerre, ressource-toi aux barbaries vitales, hurle de fureur et de santé ! Aargh ! ce qu'il fait bon renaître dans la douceur savonneuse et le crachin piquant !

364

Charity business. — Quelle délicate appelation que celle de « *maison de tolérance* » ! Depuis la loi Marthe Richard du 13 avril 1946 qui ferma les maisons closes, les lucioles courent les rues, battent le pavé, sont violées sous les portes cochères, besognées gratuitement par les flics ou des maquereaux, finissent toxicos et restent sur le carreau. Autre conséquence de la prohibition des bordels : la sexolâtrie. Au lieu d'apprendre les choses de l'amour avec une professionnelle de l'amour, les jeunes s'inspirent de cochonnailles allemandes, de doxa pornographique, de pédophilie-chic ou d'ardissoneries. Dans son *De Ordine*, saint Augustin prévient déjà : « *Aufer meretrices de rebus humanis, turbaveris omnia libidinus* », « *Chasse les prostituées-courtisanes, aussitôt les passions troubleront tout.* » L'urgence est alors de redonner le sourire aux filles de joie et, au plus vieux métier du monde, ses feuilles de paix : loyer, foyer, congés, retraite — *assurances.* Revenir aux mérétrices méritantes, prostituées-courtisanes acueillant les marins et les immigrés, soulageant les soldats et les maris, initiant les puceaux et les sérieux intoxiqués du hard. Revenir au *prostibulum publicum*, au bordel public édifié par la municipalité qui, d'Arles à Dijon, a su apporter au sombre XVe siècle quelques éclaircies sensuelles. Revenir aux étuves, ces établissements de bains qui proposaient à leur clientèle des soins du corps très complets. Le racolage de la pub et de la sexolâtrie ainsi que les frustrations exclusivistes trouveraient avec des bordels restaurés et réglementés un exutoire salvateur. On sait qu'actuellement une prostituée sur cinq affirme avoir choisi de son plein gré cette profession marginale. Dans la plupart des cas, en effet, elle a fui son pays et la misère à laquelle elle était destinée ; soumise à un maquereau, son autonomie s'avère inexistante. Mais un point commun apparaît si l'on prend la peine de détailler les parcours conduisant au trottoir : une violente mésentente familiale. Par l'irénique ironie du sort, voici que l'exclusivisme fournit donc à ceux qu'il prive de débordements charnels une maind'œuvre issue de leurs rangs ! L'indigence affective entraîne effectivement le dénument, pourrait-on dire ; les maris fidèles qui se défoulent aux putes ont une petite chance de croiser plus tard leur fille sous un réverbère. Une fille paumée, hier débauchée par des parents qui se faisaient la guerre, aujourd'hui pareillement tiraillée entre les clients et les trafiquants, la flicaille et les entremetteurs. Comme l'« *ordre moral* » du puritanisme bourgeois — qui nous revient en pleine gueule avec une bonne droite — renforce ce gâchis d'énergies et met KO les pauvres ! Nettoyer les centrevilles : l'unique obsession. Bannir la banlieue ; que l'Aphélie n'empiète pas sur le Centre et crève dans la pénombre à laquelle on l'assigne indécrottablement ! Les prostituées périphériques sont ainsi jetées en pâture au monde de la nuit, la peur au ventre à chaque insulte lancée depuis les voitures anonymes qui passent et reluquent, le désespoir au corps à chaque sarabande policière les éloignant toujours un peu plus des notables contractés, des gens de bonnes mœurs, des couples légitimés par l'institution amoureuse. Nous voici bien malades ; comment guérir à présent ? Donner un lupanar aux ribaudes pour en faire de dignes mérétrices. Dans des conditions décentes, trouver un époux et se caser bourgeoisement leur sera un jeu d'enfant — tout le mal exclusiviste qu'on leur souhaite. Il se pourra même que de belles sylphides préféreront une soirée de lupanar, tranquille et hygiénique, à une semaine de McDo, acharnée et empuant la peau de mauvaise friture. Non pas l'*Eros Center* germanique, industrie de sexe aux cadences supérieures à celles exigées jadis par les tenancières sans scrupule. Non pas les pipes à 30 € les dix minutes dans les cylindrées, ni l'amour balkanique dans les buissons par - 10 degrés — à l'albanaise. Non pas le balafrage de gamines récalcitrantes par leur « *tête de pont* », gestionnaire d'un troupeau d'une cinquantaine de culs turcophones dont chacun rapporte 350 € par jour. Non pas l'invasion des hôtels autoroutiers, transformés en centres d'hébergement et d'abattage, ni les camionnettes bourrées de came adolescente. Les travailleuses du sexe qui officieront uniquement par l'intermédiaire de Maisons de tolérance — ou « *Instituts de massages* » — seront des « *mérétrices* ». Elles bénificieront de la Sécurité sociale, des prestations chômage et pourront cotiser pour la retraite. Les immigrées y auront leur place au même titre que les autres. Place tournante au cachet certain plutôt que local d'entreprise ou bauge infâme, la Maison se chargera gratuitement de la formation des nouvelles recrues : le plus souvent, un voyeurisme derrière une glace sans tain avec des collègues et des clients consentants ainsi que des cours de massage et des informations sur le préservatif, les MST, la psychologie, l'hygiène, la loi et le règlement intérieur. Ce dernier pourra connaître quelques variations selon les Maisons, mais il possédera toutefois un noyau incompressible et vérifié par des Inspecteurs d'État : « *La mérétrice peut refuser un client sans avoir à se justifier. Elle bénéficie d'une chambre meublée salubre avec douche ; préservatifs et gel lubrifiant à base d'eau sont fournis par la Maison. Pour une passe "conventionnelle" (fellation ou/et pénétration avec un seul client), elle négocie elle-même son tarif avec un minimum de 30 € les vingt minutes. 15 € — et 15 € seulement — sont à déduire de ce gain et reviennent à la Maison, quel que soit au demeurant le tarif négocié. Pour une prestation acceptée mais jugée "spéciale" par la (les) mérétrice(s), la Maison et celle(s)-ci négocient ensemble avec le(s) client(s) sur une base minimale de 100 € l'heure par mérétrice ; 40 % des gains reviennent dans ce cas à la Maison. Nombre maximal de passes fixé à dix par jour, trente par semaine et cent par mois ; seule la mérétrice peut décider d'augmenter le nombre de prestations.* » Les nouvelles Maisons de tolérance accueilleront bien sûr des méréteurs pour le plus grand bonheur des pédérastes ou encore des femmes âgées, délaissées par la sexolâtrie jeuniste mais non par leur libido mûre. On y enverra les débutant(e)s se décoincer et se déshiniber au contact de professionnelles. On y pratiquera tous les phantasmes et toutes les perversions légales pourvu que la conciliation parvienne à un accord. Job d'étudiant(e) — une heure par semaine pour payer un loyer ! — ; choix préférable à la précarité, au RMI insustentant, aux traitements chiens des entreprises ; façon d'assumer le corps-marchandise postmoderne ou de racheter la culpabilité d'un inceste subi jeune ; les motifs qui conduisent une femme à devenir mérétrice ne manquent pas, argent en tête de liste. Avec la rouverture de bordels subventionnés (non plus « *Maisons closes* », mais « *de tolérance* ») finis la hantise des talons hauts qui entravent la fuite, la bombe de laque pour faire face aux agressions ! Il y aurait bien sûr bien mieux que les mérétrices : l'amour inclusif qui décuple les occasions charnelles, et la charité érotique, qui répand la tendresse sans lorgner sur le tiroircaisse. La *Sérénade du pavé* d'Anna Thibaud prendrait un sens nouveau : « *Sois bonne, oh ma chère inconnue/Pour qui j'ai si souvent chanté/Ton offrande est la bienvenue/Fais-moi la charité !* »

365

Vexation. - Hormée, Anagkaion et Okheutippe furent accueillis par Nûnon, parée somptueusement pour le banquet et entourée de ses servantes. — « *Les autres invités arriveront plus tard,* leur dit-elle. *Cela nous laisse le temps que tu demandais, Anagkaion, afin que nous discutions chez moi. Mais commence donc par me présenter tes deux si différents amis.* » Fasciné par son immense beauté, Anagakaion, les yeux vagues, ne put s'exécuter. Hormée n'attendit pas que sa contemplation prît fin : « *Olympienne Nûnon, mon nom est Hormée. Anagkaion, par ironie, me dit "philosophe invraisemblable", mais je me sens encore trop jeune et trop enfant pour être digne d'une telle louange.* » — « *C'est donc toi, Hormée ! L'adorable Hormée ! Pour te faire "grandir", laisse-moi te dire que quatre zéphyrs me firent déjà vent de ta grandeur : Gélos, mon amant, vante ton étonnante sagesse ; Dzôocle, mon médecin, vante ton souffle vital ; Thaumarque, mon cousin, vante ta bravoure martiale ; enfin le dernier, Anagkaion lui-même, se vante de briller à tes côtés plus fort que s'il eût été immergé dans le soleil, et nulle ironie ne sourd alors de sa bouche.* » Hormée s'inclina. La splendide Nûnon se tourna ensuite vers Okheutippe, balbutiant d'émotion : « *Okheutippe te... te salue, ô Nûnon merveilleuse !* » — « *J'avais ouïdire que notre Cité abritait un titan plus imposant qu'Anagkaion, mais aussi plus farouche. Le voici maintenant dans ma maison. Pourquoi donc, bel Okheutippe, avoir attendu tout ce temps pour me visiter ? Est-ce faute d'argent ? Je suis un luxe qui coûte cher et qui ne se brade pour personne. Mais à ton port de taille, à ta parure, à ton régime, je te devine fortuné et d'ample éducation. Est-ce alors faute d'attirance pour mon sexe ? Je suis une femme libre et qui ne se dénature pour personne. Mais à ton œil pétillant et à l'énorme forme de ton désir, je devine que je te fais un effet lion. Est-ce donc faute de courage, tout simplement ? Mais comment un athlète de ta stature pourrait-il craindre la délicatesse et le raffinement d'une gentille courtisane ?* » — « *Justement !*, coupa soudain Anagkaion qui venait de revenir à lui. *Notre Okheutippe, radieuse Nûnon, a toujours eu peur. Peur de l'eau : il ne nage pas. Peur de l'autre : il ne donne à personne ce qu'il a de meilleur. Peur même de l'ombre : il ne se dénude jamais. Or ces peurs ont un nœud commun qu'il te sera gré de dénouer pour lui : la verge d'Okheutippe, Nûnon, est en ce moment au repos. Je te laisse imaginer jusqu'où elle viendrait frapper si elle parvenait à son plein alourdissement...* » — « *Je comprends la timidité de mon nouvel hôte*, dit Nûnon. *Okheutippe, tes hontes, je vais les adoucir au point de les faire fondre, sois sans prémonition mauvaise ! J'ai délivré bien du monde : des puceaux inquiets de devoir s'agrandir, des vieux cherchant caresses avant l'Hadès, des filles enveloppées de questions. Pour vingt-quatre drachmes, je me ferai un plaisir d'inscrire un géant à mon palmarès.* » — « *Vingt-quatre drachmes ?*, s'étonna grossièrement Anagkaion. *Par Icarios ! Okheutippe fait-il vraiment le double de moi ou bien profites-tu vénalement de sa détresse de grosse cible, archère Nûnon ?* » — « *Ni l'un ni l'autre, bel Anagkaion*, répondit la courtisane. *Mes flèches veulent distiller la joie et non point la tristesse.* » — « *À douze drachmes, mon ami était joyeux.*, dit Anagkaion. *Mais à vingt-quatre, voilà qu'il risque d'être bien triste !* » — « *Rassure-toi*, reprit Nûnon. *Je le fais payer comme toi. Douze drachmes pour lui, et douze pour l'autre.* » — « *De qui parles-tu donc, éclair d'Érôs ?*, demanda Anagkaion. *Si Hormée est l'"autre" dont tu parles, il y a méprise : nous ne te sollicitons que pour initier Okheutippe. Mais pendant qu'il se délivre, nous nous occuperons volontiers de tes servantes, moi et Hormée, si vos sens échauffent les nôtres.* » — « *L'autre n'est ni toi ni Hormée,* dit alors Nûnon, amusée. *L'autre, c'est l'amant d'Okheutippe dont j'ignore le nom, aussi ne m'en voudra-t-il pas de le désigner ainsi.* » Voyant l'air soudainement confondu des trois compagnons, Nûnon poursuivit : « *Ah ! hommes si simples ! Je ne parle pas pour toi, "jeune" Hormée "philosophe" : je généralise. Simples, en effet, ceux qui s'imaginent garder des secrets secrets grâce à leur silence quand la logique humaine universelle les trahit ! Et cette logique, je l'ai acquise de longue étreinte avec les hommes ; elle me pénètre au point qu'il me suffise d'un lancement d'intrigue pour que j'en devine aussitôt le dénouement.* » — « *Par le devin Mopsos !*, lâcha tout d'un coup Okheutippe. *Nûnon est magicienne et lit dans les cœurs ! L'"autre" dont elle parle n'est autre que Xeucrite, l'amoureux clandestin d'Okheutippe, son esclave et secret confident !* » — « *Magicienne ou... mondaine,* dit Anagkaion. *Toutes les rumeurs de la Cité finissent sur sa gorge comme les fleuves se déversent dans l'Égée !* » — « *Anagkaion a sur un point raison,* rétorqua Nûnon. *Il n'y a là nulle magie. Mais les racontars seuls ne prouvent rien, et j'aurais été bien sotte de m'y fier concernant un athlète du type d'Okheutippe, trop extraordinaire pour ne pas attirer sur sa personne de vils mensonges. L'expérience des trames et des flammes d'Érôs m'ont par contre enseigné qu'un homme se retenant d'aimer activement a besoin de se sentir posséder. Or Okheutippe n'ose pas se baigner dans l'eau, dans l'autre ni dans l'ombre ; il me paraît donc évident qu'un amant, confident discret de son désir, baigne parfois en lui et l'apaise.* » Anagkaion fit à ses mots une moue de dégoût qui fit rire la reine des courtisanes : « *Tu souffres à cette image, Anagkaion !*, lui dit-elle. *Tu veux entrer en toutes et tous sans jamais laisser quiconque entrer en toi. Jeune soldat fou ! Tu vis l'étreinte comme une guerre à remporter d'urgence, alors que l'amour est une guerre à perdre suavement, quels que soient les rôles improvisés ou les habitudes ! Tu te crispes orgueilleusement sur ta possession de l'autre au lieu de t'oublier à ses soins ! Tes assauts le brutalisent et l'écœurent au lieu de l'emporter dans la puissante tendresse du tourbillon viril ! Et sache que plus tes fesses se resserrent, plus ce pincement signifie que tu te maintiens hors de l'eau, de l'autre et de l'ombre, hors du ruissellement des larmes émues et des moiteurs. Une fois l'âme d'Okheutippe réconciliée avec son corps, celui-ci aura quelques leçons d'amour à te donner, guerrier injuste ! Car je ferai en sorte de préserver en lui son plaisir efféminé et sa douceur capitulative, lesquels procureront des jouissances plus intenses que tes percussions marathonniennes.* » Rougi de rage, Anagkaion saisit brusquement une corbeille de fruits et la projeta sur la paroi en criant : « *Par égard pour Gélos !, je fais couler le sang de ces grenades quand c'est le tien qui devrait salir les murs de ta maison, Penthésilée maudite ! Odieuse amazone !* » Puis il partit en bousculant deux servantes et en leur donnant, de loin, tous les noms d'oiseaux. Nûnon conserva sa quiétude impériale : « *Okheutippe,* dit-elle, *ce jeune misogyne qui s'ignore s'est montré généreux envers toi en t'amenant ici. Je compte sur ton amitié pour lui afin que tu lui rendes la pareille en l'emmenant voir Kheirodore, le meilleur amant de la Cité. Ses leçons de sculpture valent mes leçons d'amour et te seront profitables à toi aussi, une fois toute bue ta pudeur candide.* » — « *Sous Nyx ! Okheutippe le promet !* » — « *Quant à Xeucrite, ton amant, qu'il vienne aussi me voir. Un esclave maître de son maître est fatalement éprouvé par le démon de la jalousie dès que son maître cesse d'être esclave de sa propre vergogne. Mais si je l'initie comme toi aux plurielles joies de l'amour libre, sa tristesse de ne plus entièrement te posséder s'envolera.* » — « *Comment, Nûnon majestueuse, pourras-tu rendre généreux le jaloux ?* », demanda Hormée. — « *De la même manière que tu rends Anagkaion amoureux de toi, admirable Hormée, sans qu'il ne le sache ni ne s'en alarme : en l'immergeant dans le soleil. Les dards d'Érôs une fois lancés n'appartiennent plus à personne, et il est bien pervers celui qui s'en réclame propriétaire et entreprend de les collectionner !* »

366

Abstraction faite. — La pornographie exhibe la bestiale puissance du corps. Les filles subjuguent les mâles — téléluxuriantes en cela — ; les mâles coïtent les filles — télédominants en cela. Ainsi caricaturalement dénudé l'ombilic du pouvoir, le spectateur est hypnotisé, humilié dans son impuissance de voyeur mais sollicité à se rattraper par l'activité masturbatoire. Or cette passivité réparée à la main le fait peu à peu s'identifier à la hardeuse soumise — contrairement à ce qu'en disent les mateurs homophobes —, puis, avec accoutumance, à la Soumission elle-même. Devant de royales oralités filmées en gros plans, il n'est pas le membre durci mais Megan Leigh ou Traci Lords (légendes du genre). Ensuite, un processus de dépersonnalisation le fait passer, à la longue, de l'officiante à sa langue, et de la langue à l'Idée de Fellation, au sens platonicien du terme — du terme « Idée », cela va sans dire, car bien que bon orateur, Platon n'a pas su acquérir une solide réputation de fellateur. La pornographisation de la sexualité désigne tout le contraire de ce à quoi l'on pourrait s'attendre : non pas déspiritualisation de l'esprit, mais *désincarnation de la chair*. Certes, le porno désérotise bien l'acte sexuel en nous le montrant dans sa plus artificielle crudité. Qu'importe !, cela *fonctionne*. L'aimantation stéréotypée des hardeurs aimante virtuellement le télévoyeur tout le long de sa branlette. Et le novice y apprend d'instructifs préliminaires, des pratiques hypersexuelles, la joie de l'éclaboussure. Là où la désérotisation se fait pornographisation, ce ne peut donc être par le manque roboratif de tendresse, de caresse, de « *Je t'aime* » — vernis confinant les fictions roses à la rébarbative vulgarité. La désérotisation du X provient de l'addiction au X, c'est-à-dire du X qui pénètre insidieusement dans la phantasmagorie du consommateur et transfige ses phantasmes vivants en bloc de fantasmes inertes, standardisés, pornographiés, *idéalisés* : la Sodomie, la Doublepénétration, le Gangbang, le Violconsentant, le Bondage, le Gloryhole, la Gorgeprofonde, le Piercinglingual, l'Éjacfaciale, la Grossepoitrine, l'Infirmière, le Blackbiemmonté, etc. La désérotisation est en fait une fétichisation et une uniformisation des pratiques. L'érotique illaboration, la frénésie aléatoire, l'inexactitude et les tremblements sont effacés ou maladroitement restitués dans des films amateurs sans autre démiurgie que leurs contraintes microbudgétaires. Il semble néanmoins évident que la néopornographie doive s'inspirer d'un certain amateurisme antifétichiste et d'un certain professionnalisme illaboratif, autrement dit artistiquement fécond. Pour lors, le pornarcotique « homosexualise » les mordus — juste *retournement* de l'orgueilleuse fatuité des mâles. Ils intervertissent d'abord les rôles en se focalisant progressivement sur la castée et non sur le casteur, l'enculée et non l'enculeur, la suceuse et non le sucé. La passivité et la soumission qu'ils boivent des yeux entrent alors en eux et troublent leur mâlitude, leur statut de dominant, leur fonction « normale ». Une fois parvenus au stade de la standardisation et du *packaging* des envies, ils flottent dans un corps virtualisé. Le sexe déshumanisé a désincarné leur « âme », le style personnel de leur présence. Les casés quadragénaires deviennent alors pervers avec la femme-de-leurs-enfants. Ils lui font leur *outing* du bout de lèvres ; ils se ravisent et parlent de tentations homosexuelles ; ils se ravivent et parlent d'expériences enrichissantes. Cela, bien entendu, sans vouloir sortir de leur *confortable* famille, leur propreté publique, leur faire-valoir. Les jeunes célibataires, eux, osent souvent franchir le cap et entrer dans la glorieuse confrérie des gays, devenant indisponibles aux femmes pour toujours. La pornographisation dévirilisante leur a fait confondre la succombance et le relâchement ; rendus incapables de la première, ils s'adonnent à la débauche déshumanisante avec d'autant moins de scrupules. « Homosexualité » : systématique des envies sans désir, ponction factice de nos inclinations naturelles. Soussystème verrouillant le Système, aussi : le mécanique remplace le pouvoir, la machine le corps, l'élaboration l'illaboration, l'addiction la passion, l'inamour l'amour.

367

Hardiesse. — Reconnaissons quelques vertus aux films X : ils familiarisent au sperme, à la fellation et à la sodomie bien mieux qu'une provocation de Pierre Louÿs. L'homme n'a plus à vanter les mérites cosmétiques ou calorifiques de sa semence : l'étaler sur le visage de sa partenaire et la lui faire avaler est devenu le cliché hard par excellence. L'homme n'a plus à négocier sa caresse préférée : les adolescentes taillent des pipes à seize ans et voient des allusions partout — contrairement à la chanson « *Annie aime les sucettes* » (1966) qui dû attendre le décryptage de son auteur pour qu'apparût soudain sa charge subversive, au grand étonnement d'ailleurs de sa jeune et désuète interprète ! Enfin, les hommes peuvent proposer une pénétration annale sans déclencher de scandale, tant la pratique pornographique l'a là aussi banalisée.

368

Ouverture éclair. — Le piercing lingual n'est pas excitant pour sa caresse, mais pour le nouveau centre corporel vers lequel éclate le Succès du partenaire. Il s'offre au regard, non au tact. Il fait sur lui se focaliser les ardeurs. La chevillère, le décolleté, la mouche, le nombril bijouté, le discret tatouage : autant de nouveaux centres, de nouveaux yeux, de nouvelles portes ouvertes au mélange quand le grain de la peau ni le visage ne suffisent.

369

Les deux causes du sexe. — L'émergence du sexe au cours des années 1980 est curieusement contemporaine de deux événements, technobiologique et épidémiologique. D'une part, la fécondation *in vitro*, rupture de paradigme qui permit à la femme d'accoucher sans coucher. Le mâle devint aussitôt superflu, et la forfanterie virile entra en revendicative convalescence. Meurtre du phallus, qui d'*anagkaion* grec (« *élément nécessaire* ») fut violemment relégué à la contingence, au gadget, au « *petit plus* » éclaboussant. La procréation sans acte sexuel signe paradoxalement l'avènement du sexe, cette sexualité sans âme. Lorsqu'en 1978 naît Louise Brown, le premier « *bébé-éprouvette* », la mâlitude est éprouvée. Les réminiscences de la libération des mœurs d'il y a dix ans lui ouvrent pourtant une voie de salut — une issue de secours pour la survivance du pénis superfétatoire : le sexe, hymne des instincts louant l'acte sexuel brut, sans lendemains qui braillent, sans transfiguration. Le sexe est l'envers de la révolution procréatique : sexualité réduite au coït pour l'un ; enfantement délivré du coït pour l'autre. Parce que sa tige devenait génésiquement accessoire, l'homme en fit donc un accessoire dans l'espoir d'ancrer ce qui lui restait entre les jambes dans une nécessité de droit ; mais de fait, le « *joyau de famille* » devint joujou vain. Parce qu'il fallait bien qu'il fasse encore quelque chose de son gros calibre changé en pistolet à eau, le mâle tira à toutva pour la seule satisfaction du tir — tous faisait cible : femmes, hommes, et même enfants. À bout portant. D'un autre côté, le sexe, en plus d'être une déspiritualisation de l'étreinte, est aussi une déshumanisation des amants. Amants certes transformés en aimants, soumis au magnétisme aveugle de l'autre et aux oscillations du Je(u), mais aimants *potentiellement* pousse-au-crime, pourvu d'aiguillons redoutables, se collant l'un et l'autre à leurs risques et périls. La procréatique refusa au phallus le privilège de l'ensemencement de la vie ; le Sida le dota de poison pour qu'il transmette la mort. D'abord frappé de *bénignité* par la tripotée anonyme des donneurs de sperme, le voici affublé d'une *malignité* inédite et fulgurante. L'Occident se mit sous plastique ; l'Afrique, sous linceul. Au temps du Sida, le port du préservatif contre la contamination virale pousse la mécanisation à son paroxysme. Ne plus aimer l'autre : se le faire. Viandard contre viandard, se canardant. Si le partenaire est « *bloqué* », « *coincé* », « *en panne* », on le « *jette* » ; s'il est mécaniquement performant, on jette les capotes usagées. Nul échange, nulle rencontre : de toute façon, on se retrouve tôt ou tard au fond de la poubelle. Le mâle court après sa mâlitude perdue, mais il a beau redoubler d'ardeur, il ne recouvrera jamais sa superbe. Pour se venger de la procréatique — sa rivale *high-tech* —, il rêve de féconder la terre entière. À chaque éjaculation sous Cellophane, le Sida — son grand contradicteur — balance ce phantasme aux ordures. Ces deux nouveautés lui ont ligaturé les testicules. Et pour contrecarrer l'émasculation symbolique, il développera une sexualité strictement combinatoire. Il essaiera tous les branchements d'organes ; il s'agitera à queue mieux-mieux dans une fébrilité dépersonnalisante ; il y laissera la sueur suffisante pour tromper son inanité (stérile) et sa finitude (condomniprésente). Faire du sexe : ne plus s'abandonner sous l'auspice du don vital, mais se trémousser avec le réservoir en caoutchouc ou l'agonie comme horizons.

370

Scintillations. - Accréditer Barthes : ne pas dépasser la dizaine d'Intimes afin que la « *délicatesse* » (liaison décentrée, fidèle et responsable) puisse rester influente dans la Constellation. Le fait que les devoirs des étoiles soient essentiellemennt *facultatifs* et qu'elles vivent chacune à leur rythme — autrement dit, l'idiorythmie constellaire — implique « *distance et égard, absence de poids dans la relation et cependant chaleur de vivre cette relation* ». Parce que le constellat est un réseau affectif fondé sur « *le paradoxe d'une mise en commun des distances* », le neutre fugitif y est la tension régnante : sourire au silence, à la fatigue et à la lassitude. Sourire à l'androgyne, à la masculinité de la femme et à la féminité de l'homme. Sourire à la dévolution permanente, « *fuite élégante et discrète devant le dogmatisme* », « *esquive de la généralité par des conduites inventives, inattendues* », « *refus non violent de la réduction* ». Et pour seule ligne politique, la bienveillance — l'antinomie de la défiance, de l'incontestable inconstellabilité.

371

Tourner casaque. — La France sentimentale s'émeut sans réfléchir devant l'anticinéma français : *Le Fabuleux Destin d'Amélie Poulain*, *Être et avoir*, entre autres cinepties. De la pub et du faux doc, du vide bêtifiant et du zoom arriéré, de l'angélisme juvénosénile et de la perversité pédagophile. Sélections officielles. S'il épargne le cinéma slave, iranien, espagnol ou asiatique, le tétonnement — irrumation des ruminants — est déjà bien ancré dans la doxa acculturée des Français. Tragiquement pour nous, nos acteurs sont d'oisifs aristocrates sans la moindre pertinence démiurgique, nos scénaristes finissent toujours débordés par leurs propres intrigues, et notre jeune public a atteint le degré moins-sept de l'érudition cinéphilique. Cette médiocrité nous perd : les étasuniens ont mille fois plus de force à l'écran. Cette médiocrité nous sauve : les scénaristes et les réalisateurs nonoccidentés, aussi. L'Europe mondialiste mélangera-t-elle alors la technique des premiers, la teneur des seconds et le propre romantisme de sa psyché ? La voici en tout cas, bien malgré elle, en position de faire l'amour au septième art et de le féconder à nouveau.

372

1er mai 2013. — En deux ans d'apprentissage, l'espéranto n'avait pour eux plus aucun secret ; la langue universelle se murmurait de l'Espagne à l'Oural, jusqu'en Chine. Les vieux soixantehuitards en firent un passetemps fortifiant leur mémoire, les minorités un principe d'unité, les enfants épargnés un jeu magique, les néorésistants l'auxiliaire de la concorde. La nouvelle vision du monde avait pu émerger en toute liberté sous la dictature : théories, littératures, musiques, fictions, rages artistiques. Une culture dormante, foisonnante, gigantesquement ralliante attendait le feu vert pour triompher des corps. Les vivres emplissaient les caves ; la solidarité, les cœurs déflétris d'espoir. Le ronron pubeux des forains-manipulateurs les vissait chaque heure dans des battements plus denses ; — la foi seule pouvait les faire tenir. Au feu vert, le sentimentalisme des foules molles, cette inertie qui pleurait sous la trique cynique et désopilante, a brusquement basculé dans le romantisme intense de l'Histoire — dont la systématisation enfin s'effondrait. Au feu vert, le contrôlat a implosé de tous côtés : la grèvolution commençait. Du jour au lendemain, les gens cessèrent de travailler. Par la plus violente des nonviolences les néorésistants prenaient d'un coup les commandes de l'Europe. Les peuples se soulevaient de toute leur grandeur, se dépoussiérant les yeux de la liberté illusoire et liberticide qu'on leur avait contraint d'observer sous peine de mort dans l'âme. Ils peignirent sur les affiches, prirent les rues pour des alcôves, s'organisèrent pour continuer de vivre dans l'euphorisante prise d'otage du quotidien. C'en était tout d'un coup fini de l'apnée relationnelle, des villes envoiturées, du jeunisme pédophile, du tétonnement virtuel, de la TV-banalité, des SOS, des SMS, de l'obscène faisandage misérabiliste des miséreux. La ploutocratie qui rivait les riches au pouvoir et les aphéliens au mouroir devint alors une démocratie poétique portant la voix du peuple, enfin éclaircie ! L'Europe d'en bas cessa aussitôt de geindre. Tous les citoyens de l'Union débritannisée prirent à la droite son panache, à la gauche son humanisme et se mirent à travailler sur cinq fronts : USA™ qui visait la *war*, l'intégrisme qui voulait le pouvoir, l'Asie qui se fendait la poire, l'Afrique qui ne voulait que boire, et l'Europe... qui voulait faire la foire !

373

Toctoc. — Quand USA™ s'alliera avec le milliard de commerçants chinois, l'expansion interstellaire deviendra vraiment l'ultime recours pour faire progresser l'histoire humaine. Pour lors, la Chine meurt de la dictature et du Sida. Mais dans une trentaine d'années, lorsqu'elle se libérera du premier fléau, un fléau encore plus pervers frappera à sa Muraille : le néototalitarisme de marché. À l'instar de la Russie, la « démocratie » postcommuniste chinoise prendra l'aspect d'une oligarchie mafieuse sous contrôle étasunien. Quant au troupeau de nouveaux cannibales, au nom de quelle morale se restreindraient-ils ? Pourquoi devraient-ils freiner l'expansion de leur parc automobile ? Pourquoi ne rejoindraient-ils pas le rang des pilleurs de la Terre, des pollueurs impunis, des entreprises de déculturation transnationales ? Pourquoi ne jouieraient-ils pas de la paranoïa des clowns ? — La gauche d'alternance, au réformisme sans réformes, a été sinistrée depuis l'effondrement soviétique. Qu'une gauche alternative prenne alors la direction de l'Union et souffle sur les braises de la Constellation ! Elle seule peut insuffler *librement* le vaccin anticapitaliste, antimafieux et antidespotique ; elle seule peut subvertir les dogmes sans une seule goutte de sang. Avant que la déferlante libéraltotalitaire n'imprègne définitivement l'âme asiatique, puissent nos idées atteindre le cœur des empires et agir au milieu des forces ennemies ! Vive l'Union ! Vive la Constellation ! Vive la Dévolution ! — Vive la Terre !

374

La famille est au Firmament. — Sont dits « Intimes » deux individus unis par les liens ritualisés et officialisés de la Constellation familiale. Les Intimes de nos Intimes sont dits « Proches (de premier degré) ». L'ensemble de nos Intimes et de nos Proches de premier degré forme notre « Constellation ». Les Intimes de nos Proches de premier degré sont dits « Proches (de deuxième degré) » ; les Intimes de nos Proches de deuxième degré sont dits « Proches (de troisième degré) », et ainsi de suite. Nous appelons « Firmament » un ensemble de Constellations reliées les unes aux autres, *de Proche en Proche.* Nous appelons « Ami » l'être aimé ne faisant pas partie de notre Constellation. Fractalisation de la famille traditionnelle — famille standard, optimale pour le capital, létale pour le moral. La cellule conjugale possède en effet le double vice de s'imposer en norme idéale (mais nonviable) et d'engendrer la course à la consommation individualiste. Chaque individu de dix-huit à vingt-huit ans doit d'abord écraser les autres indi-

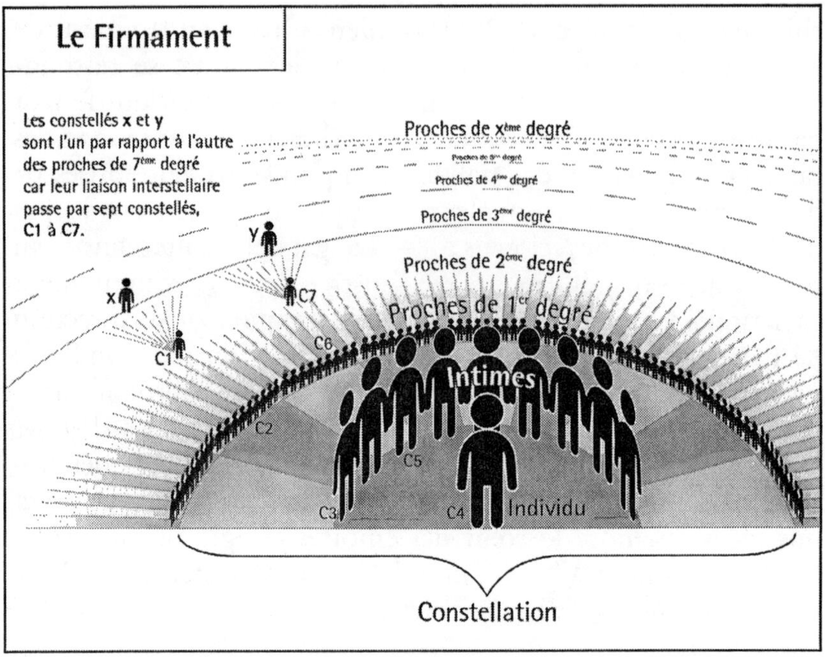

vidus — considérés comme rivaux : défiance. Jusqu'à l'encouplement décisif (« *C'est celle/celui que j'aime* » = « *Je n'ai pas pu trouver mieux !* »). Chaque famille doit ensuite supplanter les autres familles — perçues comme concurrentes : insolidarité. Il suffit de voir les deux rôles de la femme caricaturée par la pub, la Putain ou la Maman, pour se convaincre de l'inscription de cette compétition en deux temps dans les consciences : 1/sélection du plus mieux (= celui qui détient le bidule) ; 2/élection de la famille la plus mieux (= celle qui détient le bidule). Le bidule peut être n'importe quel produit — sucreries grasses vendues par Douillet et ses enfants (« *Kinder et Nutella, de l'amour pour grandir chaque jour* »), tutures Peugeot ou Mercedes, assurances Aviva, etc. La logique néodarwinienne de la publicité reste systématiquement la même : présenter à toutes les sauces le noyau père-enfant-mère comme l'unique solution de survie dans ce monde hostile. Or ce noyau est depuis trente ans une fiction terriblement frustrante ; la pulpe judéochrétienne a disparu. Pour paniquer les tendres cibles, les pubards n'ont pourtant rien trouvé de mieux que ce spectre. Ils leur font croire à la pérennité du modèle familial ancestral duquel, à les suivre, le jus du bonheur coulerait de source. De fait, la sacrosainte famille n'est même plus « *recomposée* » mais tout bonnement décomposée, démantelée, renversée. Son règne s'est terminé dans les années 1970, en plein recouvrement de l'émancipation des mœurs par le libéraltotalitarisme. Ce dernier sut travestir en dogmes ce qui fait exception : le mariage (quand le divorce est la règle), l'exclusivisme (quand le cocufiage est la règle), le puritanisme (quand le cocuage est la règle). Pourquoi ces dogmes incongrus ? — Pour provoquer un manque crucial, la famille heureuse, et inciter ainsi le consommateur à combler indéfiniment ses lacunes en achetant des bidules toujours plus gros, plus chers, plus sûrs, plus canoniques, plus prometteurs et forcément plus navrants. La machine à consommer marche aux impossibles rêves ; la désillusion ne la freine guère mais au contraire l'emballe. Les consommateurs aiment tant les ombres de leurs cavernes que même désenchaînés et revenus du Soleil, ils redescendent dans leurs douces ténèbres, se sanglent cou, bras et jambes pour s'abreuver à nouveau de fantômes. Ils nous ressemblent. Nous contemplons une famille morte, nous savons qu'aucun souffle ne peut désormais la ranimer, mais nous nous entêtons pourtant à mettre à son endroit la condition de la félicité conjugale. Nous adorons donc un spectre que nous nous acharnons à satisfaire ; — en offrande : nos amours moribondes ; en réserve : l'impérissable stock des marchands de mirages. Ce noyau fossile, le style direct libre l'agrandit ; le style indirect libre le fractalise. Fusion atomique dans un cas ; scission atomique dans l'autre. Le communautarisme édifie son système en marge du Système : autogestion, ferme à la campagne, pratiques sectaires. À l'inverse, l'inclusivisme de décentrement utilise le Système (télécommunications, libertés conjugales, associations, etc.) afin d'y tisser la toile des Firmaments. Toile qui servira de filet rattrapant les nouveaux libérés dans leur chute lorsque le Système implosera. Toile qui les sauvera de l'esseulement, de l'angoisse face au néant enfin révélé, de la fin de ce qu'ils avaient cru être le monde — alors qu'il s'agissait d'une matrice d'illusions aptes à les maintenir tout juste en vie pour qu'ils produisent, enfantent et consomment de l'énergie, de l'énergie et de l'énergie. L'utopie-là nous assure que la gentille famille — cette extravagante chimère — existe bel et bien, qu'elle est l'évidence même, qu'il en va de notre « normalité » à tous de tenter *coûte que coûte* de la construire. L'inclusivisme remet l'utopie à plus tard et lui redonne sa distance dévolutionnaire, sa valeur d'idéal, sa capacité d'engouement. La famille constellaire met la spectrale en stèle, l'amour en scène, la Mondialisation en chantier.

375

Mondialisation généthique. — Des croisements hasardeux émergent la beauté. Il faut donc éclater les isolats, les populations génétiquement étanches. Parce qu'elle tend vers l'équilibre de Hardy-Weinberg, la panmixie constellaire améliore le génome. Ne triturons pas le patrimoine génétique de l'humanité : donnons simplement à la nature les conditions *culturelles* optimales pour que les tares et les allèles délétères diminuent. La famille constellaire peut alors être perçue comme un eugénisme sans coercition. D'elle seule, le surhumain peut librement advenir : vitalité, perfection panmictiques. L'Occident misoxène doit se rendre à l'évidence : le métissage est le progrès de l'amour et du genre humain. — Longue vie aux hétérozygotes ! La Constellation allège en effet le fardeau génétique d'une collectivité bien plus que la sélection purifiante du modèle darwinien dans la mesure où elle ouvre la collectivité à l'espèce tout entière. — Longue vie aux amoureux !

376

Attirées vers les hauteurs. — Les femmes qui militent, travaillent et se démènent pour l'abolition du sexisme ne perçoivent pas toujours l'ampleur de son spectre, qui va de l'intimité à la vie sociale, du sexuel au politique. La lutte féministe a surtout besoin de symboles vivants enthousiasmant les nouvelles générations et les rengageant dans le sillon de la justice. Les écoles, les associations, les partis, les actions gouvernementales font bien sûr avancer la condition des femmes, ce que les féministes allemandes Hélène Lange et Gertrud Baümer ont par exemple compris. Mais pour que cesse la quotidienne iniquité, il faut convaincre *suffisamment longtemps* la doxa, l'opinion publique, pour que l'égalité de droit entre les sexes tombe sous le sens pour la psyché, l'« âme » du peuple lui-même. Telle est la fonction des mythes, des contes populaires, des commémorations solennelles : former la psyché. Or, pour une seule femme célébrée, l'Europe célèbre douze hommes. Le poids inégalitaire du passé perpétue ainsi la phallocratie et dissuade les jeunes filles de poursuivre des ambitions « énormes », c'est-à-dire hors normes. L'histoire disproportionnée des *grands hommes* par rapport aux femmes de même acabit décourage l'héroïsme féminin, c'est pourquoi les héroïnes d'aujourd'hui ont une importance capitale pour rééquilibrer un sexisme qui se nourrit de ses propres nuisances. L'héroïne n'est cependant pas la *star*. Même si toutes deux parviennent à la consécration, la première brille par ses actions édifiantes et intrépides, non par ses paillettes et ses déhanchements. L'héroïne met sa vie en jeu ; la vedette joue sa vie. Quand celle-ci vise à épanouir son Je(u) dans toute sa richesse, celle-là cherche la renommée de son Moi, sous les feux de la rampe et les acclamations. *Star*, celle qui gravit les montagnes de la gloire — héroïne, celle qui les déplace. Fanny Bullock-Workman, qui laissa à ce propos son prénom à l'un des sommets du Maskerbrum, entama une carrière d'alpiniste à quarante ans. Première femme à dépasser les 6 000 mètres himalayens, elle fut baptisée « *la femme la plus haute du monde* » après avoir triomphé en 1906 du Pinnacle Peak, au contrefort du Kun (6 930 mètres). Lorsqu'elle fit ses adieux à la montagne à cinquante-quatre ans, elle se fit photographier sur un col de l'Himalaya en brandissant la bannière « *Votes for Women* ». L'antisexisme passe par l'héroïsme, l'action d'éclat pour la gouverne des mâles, qui sort la psyché de sa complaisance aveugle et de ses faciles certitudes. Quand la *star* est portée par son narcissisme et tous ses fans, l'héroïne est portée par sa générosité et toutes les femmes. En plaidant pour le droit de vote des femmes, Fanny Bullock-Workman savait qu'elle était devenue leur meilleure avocate. Par sa passion, c'est la Femme générique qui avait triomphé des sommets et des hommes. L'héroïne vainc pour celles qu'elle représente ; elle leur dédie ses percées victorieuses, elle leur insuffle sa bravoure. Mais les politiciens et les historiens, soumis aux instructions d'une psyché sexiste, effacent trop souvent l'héroïsme féminin des manuels, des discours et des mémoires, vouant à la stérilité un grand nombre d'existences et de personnalités du passé qui auraient dû servir de modèles. Quelle adolescente d'aujourd'hui connaît des femmes d'esprit et d'action comme Olympe de Gouges, George Sand, Germaine Tillon ou Louise Weiss ? Cette dernière, agrégée de lettres et diplômée de l'université d'Oxford, infirmière de guerre en 1914-1918, engagée dans la Résistance en 1939-1945, fonda entre autres une Nouvelle École pour la paix, un hôpital dans les Côtes-du-Nord, un comité des réfugiés pour venir en aide aux Allemands persécutés par le régime nazi, le groupe La Femme nouvelle ayant pour vocation de « *jeter le féminisme dans l'arène de l'actualité* ». Mariée pour les convenances, elle divorça bien vite. Elle « *vagabonda* » trente années durant dans tous les pays du monde, y trouvant matière à films documentaires, conférences, articles, récits de voyages, romans ou essais. Elle assista en 1945 au procès de Nuremberg en tant que journaliste, travailla avec Aristide Briand et Gaston Bouthoul, fut la doyenne de l'Assemblée européenne et grand officier de la Légion d'honneur. Mais les décorations font des vedettes, non des héroïnes ancrées *durablement* dans l'Histoire. Louise Weiss était une militante féministe engagée dans toutes les manifestations, organisatrice de commandos de suffragettes, porteuse de banderoles et de pancartes, allant même jusqu'à se faire enchaîner avec ses compagnes pour réclamer l'égalité des droits politiques des femmes et l'abolition du sexisme. Lancers de tracts et charivaris interrompirent ainsi le grand prix de Longchamp ou la coupe de France de pieds-de-balle. Mais son parcours à l'éclatante ardeur dépasse la simple militance et révèle, outre un héroïsme éblouissant, des vues d'une modernité incommensurable, à des années-lumière d'une Simone de Beauvoir — *star* germanopratine politisée sur le tard. Louise Weiss se disait « *amoureuse de l'Europe* ». Elle concevait l'européanisme comme la voie vers le pacifisme planétaire, la Mondialisation. Selon elle, la construction européenne, qui devait passer par la réconciliation francoallemande, était la meilleure garantie de concorde sur le continent. Mais elle décelait déjà une contradiction entre la psyché et la doxa européennes, entre l'universalisme humaniste auquel les pays aspirent et le néocannibalisme global qui saccage et sépare, qui veut la concurrence et l'insolidarité. « *L'Europe : elle se sait une âme. Or, elle ne parle que serpents, cochons et vinasse. Le serpent est monétaire. Les cochons sont bouffis de maïs et de betteraves compensées. Sa vinasse est frelatée. De l'homme européen, de sa prise de conscience, de sa formation communautaire, de son apport spécifique à une idéologie universelle, il n'est guère question.* » Depuis la mort de Louise Weiss en 1983, il n'est plus question d'elle. Elle avait tout d'une héroïne ; elle fut enterrée, reniée, oubliée pour cela même. L'aventure européenne qui devait sauver les femmes du sexisme fut donc aussi cloîtrée dans le caveau de Louise par les sexistes fossoyeurs. Verrouillages. Dès lors, puisque le pancapitalisme anglosaxon tente de réduire politiquement l'Union européenne à une motte de terre sans *philia* ni consistance, il ne faut plus compter sur celle-ci pour libérer les femmes : il faut compter sur les femmes pour libérer l'Union. L'antisexisme fera l'Europe mondialiste ; et ce n'est pas trop d'un continent pour jeter à la mer les phallocrates entreprises de désérotisation et de déshéroïsation de l'amour.

377

Que faire ? — Concevoir un néovitalisme dévolutionnaire (c'est-à-dire amoral) pour la jeunesse biomoralisée (c'est-à-dire démoralisée). De l'angoisse non plus létale mais vitale, des luttes non plus brutales mais vitales, de l'amour non plus fatal mais vital, de la terre non plus natale mais vitale, de la douceur non plus fœtale mais vitale. — Que faire ? La totale !

378

Ingrédients. — Sexe, pornographie, prostitution, lupanar : esseulement des corps étiolés. Mélange, phantasmes, abandon, luxuriance : exaltations des corps épanouis.

379

Recul. — Les trois quarts des hommes n'ont jamais pratiqué la sodomie dans la réalité. Mais dans la phantasmagorie, presque tous s'y adonnent. Réticence d'hygiène ou d'étroitesse, faut-il alors croire. Au besoin, disons-leur qu'une sodomie, c'est comme le bac : ça se prépare.

380

Réputation. — La prostitution n'est pas le plus vieux métier du monde. Le plus vieux métier du monde, c'est d'être mère. Du pareil au même, pour le mâle. Sa mère est en effet une « *pute* » : il ne lui pardonnera jamais d'avoir tôt ou tard préféré la compagnie d'autres hommes. Et ce sont les femmes qui trinquent.

381

Bon sens. — Il vaut mieux être belle et rebelle que moche et remoche.

382

Interdite. — Le silence de la femme est la leçon de l'homme.

383

« *Sois belle et t'es toi !* » — Manquer de charme, manquer de beauté : manquements vis-à-vis d'autrui et de soi-même. La luxuriance est le seul « devoir moral » qui tienne au corps : être autonome et s'éprendre, être libre et s'étreindre.

384

Pisallers. — Il faut bien que vieillesse se fasse. Il faut bien que jeunesse se fesse.

385

Sinaï. — Il y a une question au-delà de l'humain : « *Pourquoi les barricades ?* »

386

Relais. — Plonger sept fois dans la mort, chaque dimanche, dans les réservoirs d'Auschwitz-1944. À la sauvette, sous le ciel enfumé d'odeur de viande. Alfred Nakache, Juif français — de natation, champion du monde. La démarche de Chaplin Charlie, le rire de Salvador Henri. L'audace simple, ruisselante d'énergie et d'amour. L'eau le lave, l'eau l'affirme au cœur de la folie criminelle. Crawle, jeunesse ! Papillonne ! Il est ton moniteur. Tu seras bien humaine si tu brasses les mêmes sillons d'écume, derrière lui. Nager sept fois dans la vie.

387

Ĉu vi parolas esperante ? — États-Unis, nouvel Empire ; étasunien, nouveau latin. Français, arabe, espagnol : alternatives linguistiques transnationales. Espéranto : latin optimal, non-doctrinal, dévolutionnaire.

388

Babel. — L'humanisme mondialiste est *trop humain* s'il n'est autorisé par l'interculturel.

389

Paléocapitalisme. — Délire privatisateur de la politique sinistrée par le Système : nous entrons dans une époque où le service *du* public sera *profitable* ou bien ne sera plus. UMP : Union pour la Majorité Pestilentielle.

390

Déproblématiser. — Je suis amoral lorsque je m'efforce constamment de vaincre les contradictions en me plaçant toujours du côté des persécutés. Pour le philosophe — ce grand écolier du monde —, cela s'appelle « *faire ses devoirs* ».

391

Garnement. — Faire le philosophe : faire l'enfant.

392

Répétition. — Si l'histoire de la philosophie libère de l'Histoire, la philosophie de l'Histoire libère-t-elle de la philosophie ?

393

Conservation. — Le philosophe s'aide d'abord lui-même avant d'aider bêtement l'espèce. C'est un altruiste qui sacrifie sa vie à la société sans en mourir. S'aimer lui-même est son acquittement.

394

Sans-souci. — La jeunesse dorée parisienne est plutôt inoffensive. De trop grands liens de consanguinité l'ont rendue débile : elle n'a ni mordant ni talent, ni tonicité ni ténacité. Elle s'effrite toute seule à chacune de ses très mesquines victoires, et ses rares beautés brillent par une vacuité phantasmagorique abyssale. De petits bourgeois bien sages, en vérité, qui n'ont de « bohème » que leurs résidences secondaires et leur mélancolie. Bohèmes par destination : il suffira de souffler dessus pour qu'ils se dispersent aux quatre vents.

395

Barbarian. — Pour le philosophe chef-de-guerre, le corps des aphéliens à portée de révolte a de quoi inspirer ses plans de bataille bien mieux que ne le ferait l'esprit lunaire et angoissé des rejetons de l'exclusivisme doré. Reste à politiser l'Aphélie, et pour cela d'abord la rendre *civile*, pertinente.

396

Panne d'essence. — En 2014, *nisi fallor*, s'achèvera le siècle le plus dangereux de l'Histoire. Cent ans de guerres comme jamais, et de mystifications. Cent ans de destructions humaines et planétaires aux bilans hallucinogènes. De 1914 à 2014, de l'évitement de la révolution globale grâce à un conflit global programmé par les globalistes jusqu'à la grèvolution internationale contre le « *néolibéralisme* », le carnage systématique s'est étendu à toutes les formes d'énergie. La panne d'oreiller devint funeste avec le taylorisme acariâtre ; la panne sexuelle se généralisa avec le familialisme sexolâtre ; l'obsession de la panne d'*essence* justifia qu'on persécutât des peuples entiers pour les honnir, les dépouiller, les abattre.

397

Isomorphisme. — L'amour affectif (amour privé) ne s'élabore ni ne se « *construit* » : en toute liberté, il s'illabore — les désirs l'organisent, non les volontés. L'amour effectif (amour public) s'illabore pareillement : la dévolution libère la doxa dogmatisée ; la démiurgie sociale soude les solidarités. Le terme « anarchie » doit alors cesser d'être le synonyme de « chaos ». Refus de toute forme de domination, l'anarchie peut ô combien créer du *sens* ! Elle a pour elle l'*instabilité féconde* de l'amour panhumaniste avec laquelle une démocratie participative, illaborative et poétique irait à ravir.

398

Globalisation. — 1914-2014 : siècle collatéral. Cocuage collatéral du style (in)direct ladre, délation collatérale avec l'endoflicage des relations concurrentielles, assassinat collatéral des libérateurs. 1914-2014 : siècle de l'amour collatéral — exclusivisme. 1914-2014 : siècle du désir collatéral — hamstérisation. 1914-2014 : siècle de la politique collatérale — sinistrose.

1914-2014 : siècle de l'existence collatérale — clownerie. « *Ah ! Que le temps vienne/Où les cœurs s'éprennent.* »

399

Réinventer l'homme de gauche. — Noms des coalitions politiques de demain : « MAGMA » (Mouvement Alternatif de Gauche pour une Mondialisation Antiimpérialiste) ; « EsSoR » (Espoir du Socialisme Républiquain) ; « APPEL » (Alliance Panhumaniste Pour une Écologie Libertaire) ; « 4ine » — prononcer « *Catherine* » (Intelligentes Internationales Interculturelles Interdépendantes Nébuleuses) ; CHUD (Croire en l'Humanité Unie par ses Différences). — Il y a deux gauches : la gauche d'alternance et la gauche alternative. La première, imblairable, vient d'être définitivement sinistrée par le libéral-totalitarisme qui l'a instrumentalisée pour mieux s'immiscer dans la doxa à travers ses manœuvres d'assistance, ses imprécations pontifiantes, ses imprécautions rudimentaires. Elle a perdu toute aptitude idéologique en se vautrant dans le dogme du *comfort* souverain — « *gauche-caviar* ». Elle converse aujourd'hui dans l'écœurement du vide, roue libre, carrosse au ravin voué. Après avoir gauché sa jeune génération dans un systématique réformisme sans réforme, elle souscrit derechef au tout-sécuritaire en l'aromatisant de coulis démagogique : sécurité sociale professionnelle, sécurité sociale mondiale — les deux seules cartes qui lui restent mais qu'elle ne pourra jamais abattre car elle n'a plus de main. Or une gauche alternative prend la relève. Une fois dépoussiérée des vocables aux usures fâcheuses — une fois « *humaniste* » et « *dévolutionnaire* », « *anticapitaliste* » et « *interculturelle* » —, la Mondialisation virera à bâbord toute, l'Europe pourra enfin s'innover d'elle-même, la société libérée se renouvellera. L'homme de cette gauche dévolutionnaire — le néorésistant, le néolibertaire — n'a que faire de son *comfort* personnel. Il place la *liberté* sociale au-dessus de la *sécurité* sociale et ose être libre en dépit de ses peurs. On l'aura compris : l'homme de cette gauche dévolutionnaire... est une femme !

IX

Les inférences de l'inamour

> *« Regardez, me disait-il, cette immense et uniforme surface de gel où toutes les âmes ici sont prises ; parfois une crevasse découvre l'eau noire : quelqu'un s'est débattu, a disparu ; la croûte se reforme... car chacun, ici comme ailleurs, naît avec sa loi propre ; ici comme ailleurs, chaque destinée est particulière ; et pourtant il faut se soumettre à ce morne destin commun ; quelques-uns résistent : d'où ces drames sur lesquels les familles font silence. »*
>
> François Mauriac, *Thérèse Desqueyroux.*

400

Géométries. — Un silence pesant avait suivi le départ de Callisthène d'Olynthe : par une saute d'humeur égoïste qu'il regrettait déjà sans l'avouer, Anagkaion avait refusé de lui offrir son médaillon de soldat comme le voulait la coutume. Pour toute réponse, le neveu d'Aristote lui avait adressé une étrange parole : « *N'oublie pas de vivre, Anagkaion. Et pour ce faire, il faudra bien tôt ou tard que tu te donnes à la mort...* » Le sourire du philosophe fut alors si généreux qu'Anagkaion, malgré son puéril renfrognement, ne put que lui sourire en retour. — « *Anagkaion, Basilère, vous arrive-t-il de penser à la mort ?* », demanda Hormée aux deux autres élèves, tandis que leur maître n'était plus qu'un point minuscule à l'horizon. — « *Tout le temps* », dit Basilère d'une voix neutre. — « *Plutôt mourir !*, dit Anagkaion, agacé. *Pourquoi cette question maintenant ? As-tu quelques mauvais présages ?* » — « *Non*, répondit Hormée. *Notre maître est jeune et servira dans une armée puissante qui saura le protéger.* » — « *Alors de quoi as-tu peur*, demanda Anagkaion. *Tu es plus jeune que lui !* » — « *Qui t'a parlé de peur ?*, dit Hormée. *Ne peut-on pas songer à la mort sans la craindre ?* » — « *Demande à Spéléagore !* », fit Basilère pour rire, mais cette blague de mauvais goût mit Anagkaion en rage et attrista Hormée. Ayant reçu une œillade assassine, il s'excusa aussitôt : « *Je suis bien sot, pardonnez-moi ! Ne voyez nulle méchanceté dans cette boutade affreuse : j'essayais simplement de... de nous distraire du départ de Callisthène. Ha ! maladresse ! maladresse ! Ironiser sur un ami disparu qui nous manque tant pour oublier un maître disparaissant qui nous manquera ! Car je pleure encore Spéléagore, comment non ? Mon deuil, tout comme le vôtre, me découd du dedans. Nous avions en commun des souvenirs d'arômes, des heures silencieuses, des polissonneries ! Ma tristesse est telle que, parfois, j'en viens à regretter de l'avoir connu, suivi, aimé depuis l'enfance : au moins je ne souffrirais pas comme je souffre ! Au moins son absence ne me creuserait pas le thorax et les joues ! Et cet atroce raisonnement, voici que je me le tenais en moi-même à propos de Callisthène quand Hormée nous interrogea. Après avoir adoré cet aîné à la tendresse franche, aux gentils "hou !", aux idées douces, lui aussi nous quitte ! Lui aussi s'en va nous découdre le cœur ! Mais à quoi bon aimer, alors, si c'est pour endurer la perte de l'être cher ? Me suis-je contenté d'être un bon soldat, de me baigner sans que l'on ne m'aide, d'astiquer mon armure, de vérifier mes armes, d'étriller mon cheval ? Non : il fallait en plus de cela que je m'amourache ! Il fallait que je sois fou de douleur et d'amour !* » — « *Basilère*, dit Hormée, *cette folie-là garde-la-toi, tout "soldat" que tu sois ! Ne laisse pas tes généraux te l'arracher du corps ! Ayons présent à notre esprit, mes frères, le dernier conseil de Callisthène ; celui-là, je crois, à suivre exceptionnellement sans jouer de la lacune : "Le plus grand besoin, après nos victoires, est d'éviter les vices et les faiblesses de ceux que nous avons vaincus." Or vois-tu, Basilère, vaincre ainsi n'est en rien haine, mais amour. Nos ennemis nous enrichissent autrement que par leurs meubles marquetés, leurs parfums, leurs tapis, leurs étoffes précieuses : ils nous guident par leurs faiblesses, ils nous donnent ce qu'ils ne sont pas. Nous tirons ainsi plus d'expériences à côtoyer celui dont nous souhaiterions tout ignorer qu'à côtoyer celui pour lequel notre curiosité fait l'insatiable. Et l'amour tient du vaincre et de la victoire : victoire sur soi. Croyant par la séduction vaincre l'autre, nous triomphons en fait de cette part ennemie de nous-même qui fait défaut à ce que nous sommes mais que l'aimé, lui, entrevoit en m'aimant. Pour suivre — comme il ne l'approuverait pas — le conseil de notre maître, après une victoire d'amour (une victoire sur moi-même) le plus grand besoin est d'éviter les vices et les faiblesses de celui qui fut "moi" et que, par amour pour l'autre, j'ai vaincu. Érôs est éducateur, Basilère. Dans l'affliction comme dans la joie.* » — « *Encore du volatil !*, s'écria soudain Anagkaion. *Encore de l'amour périssable, foudre Zeus ! Tu me rappelles cet Eumène de Cardia dont Callisthène nous dit en quels termes celui-ci le convoqua à la cour de Macédoine : "Neveu du précepteur du Roi, ô Callisthène d'Olynthe ! Viens vaincre à notre tête, nous inscrirons dans la grande durée tes lueurs !" C'est le destin du philosophe que de s'en remettre aux hommes d'État et aux armées dès qu'il veut que durent ses fulgurances. S'il peut vaincre sporadiquement, il ne triomphe pourtant jamais. Pour la raison que le triomphe s'inscrit dans la durée et requiert un sens de la domination virile auquel le philosophe n'entend rien. Et, Hormée, c'est bien en philosophe que tu parles d'amour ; ton recours à un lexique guerrier ne trompe personne ! Tu ne conçois l'amour ni comme un sentiment, ni comme un état, ni comme une relation, mais comme une étincelle d'abandon, sitôt apparue, sitôt évaporée ! Mais, frisson d'Agis ! Crois l'amoureux récent qui te parle : l'amour est sentiment, état, relation. Je n'ai pas voulu te présenter mon hétaïre pour ne pas la voir empoisonnée par l'éphémérité que tes propos distillent. Aussi sache que le désir qui me lie à elle est modelé par le temps, l'habitude, l'expérience et la volonté ! Ni victoire à l'emporte-pièce là-dedans, ni incertitude quant à d'éventuelles et subites inappétences ! Érôs est éducateur : Platon le dit avant toi et je l'approuve, lui. Car derrière un même mot, "éducateur", deux sens rivaux se heurtent, l'hormique et le platonique ! La pente que l'on dévale et l'ascension de l'âme ; le laisserêtre et le construire ; la leçon de l'instant et la leçon d'une vie !* » — « *Que peux-tu opposer à tant de vérité, Hormée ?*, demanda alors Basilère. *Les mots d'Anagkaion me réconcilient avec ce que l'amour doit être : la patiente mise en harmonie de deux rythmes. L'amour est sentiment, comment non ? Il emplit de fièvres calmes et de tressaillements. L'amour est état, comment non ? Le "Je t'aime" est long à grossir en baisers sur la lèvre ou à dégonfler des regards naguère brillants. L'amour est relation, comment non ? Aux caresses et aux attentions obligeantes s'ajoutent l'entraide, les enfants, les fâcheries dépassées, les régals conquis de haute lutte. Bien sûr, il y a la mort ; l'insurmontable, pour qui s'attache au corps. Mais l'amour platonique en fait une délivrance de l'âme ! Mourir l'âme aimante, cela seul importe. Quant à celui qui reste, qu'il se console : sa transmigration est pour bientôt ! Dis-moi alors, Hormée, l'amour "hormique", amour de l'immédiat et du toujours friable, ne te paraît-il pas à présent d'une décourageante stérilité ?* » — « *Défends-toi donc, éphémère philosophe !*, acheva Anagkaion *Ne sois pas lamentable ! Ou bien reconnais-toi triste de devoir nous nourrir par tes faiblesses et tes vices, Contrexemple !* » — « *Qui parle d'amour "hormique" ?*, questionna Hormée. *Qui parle de "peur" de la mort ? Qui parle de "volatilité" et d'"agénésie" amoureuses ? Vous ; pas moi. Vous parlez à ma place et me faites tenir des propos qui ne sont pas les miens, parce que les miens démobilisent votre discipline de soldats et vous dérangent.* » — « *Et comment qu'ils nous dérangent !*, lança Anagkaion. *Nous sommes peut-être inflexibles car virils et jeunes ; mais toi tu es à l'inverse trop flexible avec ton amour à recommencer sempiternellement !* » — « *Seule la géométrie nous oppose, Anagkaion*, répondit Hormée. *Je fais de l'amour une ellipse à doubles foyers quand tu en fais une montagne.* » — « *Qu'est-ce cela ?*, demanda Anagkaion. *Tu réutilises les leçons de Callisthène pour applatir l'amour ! Pouah ! Je ne te savais pas si lâche, par les deux de Léda !* » — « *L'amour,* poursuivit Hormée, *tu te le représentes comme une montagne à édifier pierre après pierre, arbre après arbre, escarpement après escarpement. Et une fois façonnée, tu entreprends de la gravir à deux ! Or, si amour "hormique" il y a, il pose l'identité de l'édifier et du gravir. C'est simultanément que nous préparons et que nous bâtissons la relation amoureuse ; l'échafaudage et l'escalade relèvent ici de la même action. L'état et l'action se confondent, mais l'amoureux n'en sait rien ! Car c'est effectivement en succombant à l'aimé qu'il érige ; c'est en sombrant qu'il s'élève, paradoxalement. Callisthène, sans doute par phantaisie contradictoire vis-à-vis de son oncle, soutient que les astres suivent une course elliptique à deux foyers : un astre de matière habite le premier de ces centres, un astre de vide habite le second. Selon lui, la rotation des corps célestes est parfaitement régulière parce qu'elle se règle sur un centre matériel et un centre immatériel, un plein et un néant. J'ignore quant à moi la magie des étoiles. Mais je sais par contre que notre maître, dans sa passion pour contrer Aristote, décrivit ainsi génialement les inclinations amoureuses. Les vrais amoureux tournent elliptiquement autour des deux centres de l'autre ; ils échangent leurs trajectoires. Or pour réussir un tel prodige, leurs propres foyers s'inversent : la circulation de l'aimé sur mon orbite intime matérialise à ses yeux mon astre immatériel et dématérialise mon astre matériel. L'aimé inverse mes perspectives et saisit la partie de moi-même que j'ignore. Il fait briller mon absence ; il obscurcit ma présence. Il me révèle autrement que je me sais. Je l'aime parce que j'attends qu'il me divulgue en retour ce que l'abandon de mon propre sillon lui aura appris de moi. Une telle sortie de moi-même, une telle confiance en l'autre ne sauraient être l'affaire d'un instant éphémère ! Mais elles ne sauraient pas non plus être l'affaire d'une alliance réfléchie, car celle-ci nous empêcherait de recevoir réciproquement le point aveugle, le foyer absent de l'autre. C'est pourquoi l'amour est indéterminable par essence : dans la durée comme dans l'intensité. Aucun des amants ne peut s'engager à aimer pour la vie, une année, une journée, une minute. Le plus amoureux d'entre les amoureux, celui qui embrase l'autre au cœur et s'expose follement à sa contemplation, ne peut rien promettre quant à ce que deviendra un tel mélange.*

Le "Je t'aime" est une question d'instant, non une réponse d'avenir. Cela dote l'amour d'incertitude ; le moindre jurement censé le déterminer et rassurer l'aimé replacerait aussitôt celui-ci dans son axe propre et le priverait donc de mes secrets, de mes absences. Mais — et c'est ici que ton attaque, Anagkaion, est péremptoire ! — l'amour dure pourtant, je ne le nie pas et ne veux point le nier ! L'indéterminable détermine, tel est le miracle de l'amour. À condition toutefois qu'il reste cette hésitation cœur battant, cette continuelle dissipation de l'anxiété d'aimer. Agressif amour, qui me dévoie de moi et m'offre à l'aimé d'une façon pour moi toujours inédite ! » — « *Mais l'élevage des enfants chéris, fruits d'un amour ?*, interrogea Basilère. *Quel chaos tu proposes là s'il est à chaque instant possible aux parents de ne plus s'aimer !* » — « *De fait*, répondit Hormée, *rien ne pourrait les contraindre à persévérer dans une mascarade simplement destinée à sauver les apparences ! La passion amoureuse que je viens d'évoquer ne devrait jamais justifier une progéniture ! Car, si jamais l'amour à s'épuiser ou à se déterminer ailleurs, que dira-t-on aux "fruits" de cet amour mort ? "Mourrez à votre tour" ? Hé ! non ! Faire de l'enfant la concrétisation de la passion amoureuse, c'est risquer l'infanticide ! Pour faire des enfants il ne faut pas être passionnés l'un et l'autre : il faut être amis. Les flammes y sont derrière, non devant ; elles ne risquent plus de brûler la chair fragile et neuve ! Et quelle est alors la concrétisation de la passion amoureuse ? Aucune, tout tient là ! Un amour concrétisé serait un amour déterminé, figé, immuable : le contraire de l'état et du sentiment, voués par nature à disparaître, quitte à revenir. Le foyer aveugle que l'aimé matérialise retrouvera son néant dès que l'autre s'éloignera. La création amoureuse est abandon, fleuve impétueux ou délicatesse mouvante. Le vaincre n'y a pas sa place, tu avais raison, Anagkaion. Mais le dominer non plus. L'amour est tout ce que l'humain a trouvé contre la mort. Les animaux ne phantasment pas sur elle, aussi n'aiment-ils pas ni ne s'abandonnent-ils pas : ils sont attirés ou repoussés, ils réussissent ou ils échouent. Mais nous, Anagkaion, nous pouvons nous donner à l'aimé, donner notre part obscure. Et pour dominer la mort de notre vivant, nous* devons *le faire ! Par la générosité du don, l'être et l'avoir fusionnent. Rien de ce que tu refuses de laisser tomber ne te suivra dans la tombe. Tout ce que tu abandonnes aux autres survit à ta présence. Et puisque c'est un peu de toi que tu abandonnes, alors, en t'abandonnant, tu survis à toi-même. "N'oublie pas de vivre, Anagkaion. Et pour ce faire, il faudra bien tôt ou tard que tu te donnes à la mort..."* » Grain de sable, Callisthène venait de s'évanouir entre deux montagnes malgré l'insistance qu'avait mis jusque-là le Soleil pour garder sa trace visible. Anagkaion arracha alors son médaillon et le jeta aussi loin qu'il put ; le vent soufflait dans le bon sens.

401

Déliaison. — Il n'y aura jamais de beaux divorces ni de belles ruptures en Exclusivie, aussi amis demeurent les parents. La raison en est que la séparation y exhale l'échec, l'insuccès déprimant ou l'atroce ire. En Inclusivie, au contraire, on y danse, on y danse. On se laisse, on se caresse, on se surprend. Le célibat y est « constellat » : vie libre aux amours plurielles — non plus cette trêve urbaine entre deux encouplements. L'*homo illabilis* y réhabilite l'*homo loquax* et l'*homo faber*, contre l'*oeconomicis* qui se mure dans le silence et l'impuissance démiurgique. Le Toi-&-Moi, ce moule où cuisent les rancunes et où se solidifient les tendresses, n'y impose plus sa forme unique. À chacun sa cuisine : les recettes s'améliorent, les gâteaux se partagent, les fèves ne font régner personne.

402

J'entends parler. — Veux-tu en finir avec toi-même en contaminant les autres ? Si tel est le cas, tu l'es. Couches-tu sans précaution avec deux partenaires ? Si tel est le cas, tu l'es. Ne corriges-tu pas l'ami, persévérant à nu avec une inconnue qu'il a crue sur parole ? Si tel est le cas, tu l'es. Et la barge éprise qui se risque à prendre large contentement, la laisses-tu dans l'inconscient péril ? Si tel est le cas, tu l'es. Exclusiviste, tu trompes l'ennui en te frottant à d'autres chairs à vif ; le lui caches-tu en lui prodiguant comparable caresse ? Si tel est le cas, tu l'es. Ton ex sans latex, qu'un très lointain test « immunise », le gardes-tu sous le coude pour savourer l'ancien temps dès que ton frais testé a trop levé le coude ? Si tel est le cas, tu l'es. — Criminel ! Criminelle ! Ta mortelle existence fait mourir d'autres vies.

403

Plein les yeux. — Mélancolique échec de l'amour, la crispation est une peur aveugle : pupilles rétrécies, iris bouclier-protecteur. Narcose endormant le manque à aimer, la hamstérisation est une peur insensible : pupilles dilatées, maigre iris. Ces infirmités cataleptiques nous montrent que nos yeux suivent notre Je(u) ; ils donnent à voir où nous en sommes pour qui sait en filtrer les musculosités irradiantes. L'angoissé qui ne veut pas se donner de peur de se perdre a la pupille minuscule : il faut faire l'effort de parcourir son iris alors énorme pour l'accéder, pour franchir son seuil. À l'inverse, l'angoissé qui se donne sans cesse pour ne plus être lui-même a la large pupille : il devient très difficile de ne pas sombrer en lui, de résister à l'invasion induite par son regard. Pupille appel-au-secours des lexomilés, des ecstasyés, des hamstérisés et des alcooliques : l'Occident crispé a besoin de l'« effet Subutex » pour relâcher les stridences et relaxer les corps. Plutôt que de reconnaître ses peurs aveugles, il veut s'en insensibiliser par l'artificiel paradis néototalitaire et la médicalisation des succombances. C'est pourquoi des milliers de breuvages virtuels grossissent les yeux rouillés de trouille de la téléfoule ; c'est pourquoi aussi des millions de veuvages bien réels grossissent les rangs des occidentés.

404

Cool killer. — Irrévocable regard des sudaméricains, tous plus ou moins guérill*érôs* dans l'âme. Filtrer en soi la latinité tracassière, l'agressive bellicité des automobilistes méridionaux et la violence intéressée des sots. Se faire guerrier sans haine — combattant qui, jusque dans la tuerie, n'en démord pas d'aimer.

405

L'infect. — Ton ennemi est affligé d'une *bosse de subordination* qui le range inconditionnellement du côté de l'arbitraire régnant et, dans le meilleur des cas, en dehors de lui — mais jamais *contre lui.* Ton ennemi élabore quand la liberté humaine exigerait qu'il illabore ou détruise. Ton ennemi collabore quand la dignité humaine exigerait qu'il s'insurge. — Ton ennemi, c'est ta chance : *saisis*-le !

406

Prestation. — Le néocannibalisme veut que les bouffés rient. Nikos à Jérémy, en passe d'être éjecté par le vote du public, juste avant qu'il ne s'endorme sur du Rita Mitsouko : « *N'oubliez pas que vous jouez votre avenir, et surtout amusez-vous !* »

407

Fanfaronnade. — D'où proviennent les surestimations et rodomontades mussoliniennes ? De sa lâcheté personnelle face au combat : le *Duce* n'a jamais approché une ligne de front. La fatuité germe sur la peur et ferme la vision sur elle-même ; le réel n'y circule plus.

408

De la bombe. — Le monde de Bond, James Bond : des mégalomanes à combattre, des belles femmes à séduire. On les espionne tous et toutes, puis on les fait tomber. — Monde de tombes.

409

Aimoglobine. — Des jeunes en viennent à mourir d'épuisement en jouant trois jours ininterrompus aux jeux vidéo. Des jeunes en viennent à mourir pour le plaisir de jeunes assassins déresponsables, surexposés à l'ultraviolence virtuelle du néo-cannibalisme. Mais, plus que tout, des jeunes en viennent à mourir d'Amour. Là est la première violence : l'échec amoureux préprogrammé, inculqué dès l'enfance. Vivre et s'aimer dans un mouchoir de poche.

410

Vice, perversité et luxuriance. — Luxuriance : présence inextricable et jouissive, provoquant chez l'autre un instinct de possession qui, finalement, le possède. La perversité désigne la tentative inconsciente de contrefaire la luxuriance pour prendre le contrôle de la relation ou nous immuniser contre la luxuriance d'autrui — vécue en ce cas comme la malsaine amputation de notre liberté. Le vice est une perversité volontaire ; il en *annule* la spontanéité et, par là même, l'efficacité, car la vertu du pervers réside précisément dans son absence de truchements réfléchis, de délibérations intentionnelles, de cessez-le-feu des instincts. Le vicieux échoue à s'épanouir grâce à son vice. La luxuriance est une force qui pousse délicieusement autrui à s'abandonner ; simulée, elle devient une farce perverse qui l'y oblige ; viciée, la voici violence motivée, aberrante et répétitive — vampirisation. Luxuriance d'Alcibiade ou de la Brigitte Bardot du *Mépris* de Godard, perversité de l'Antony de Dumas père, vice de Sade ou de Merteuil. Le vice n'a rien d'une disposition au mal : il se veut plagiat conscient, méticuleux et raisonné de l'enjunglement sexuel qui aliène les proies à leur bourreau d'amour et les enliane à leurs souffrances mêmes. Le marquis de Sade et la Merteuil glorifient en ce sens la maturité : se faire auteur et comédien de son propre drame, poursuivre la maîtrise absolue de son Je(u) — « *Je puis dire que je suis mon ouvrage.* » L'exclusivisme oppressif de leur époque est alors prétexte à tous les contournements, à tous les bafouages ; la liberté de se faire soi-même en abusant autrui dépasse en noblesse la pâteuse séquestration de couple, le consentement esclave. Le vicieux recherche sciemment les effets assujettissants de la luxuriance, et il doit pour cela étudier au plus près cette puissance d'attraction et de capture. C'est pourquoi il reste le meilleur connaisseur en matière de cœur, non qu'il s'abandonne à ses chamades, mais parce qu'il souhaite en fouiller les détours, en décortiquer les valves, en exciter les échauffements. C'est pourquoi, pareillement, il se plaira à triompher des personnes luxuriantes afin d'en observer de très près les méandres, car, en zoologue distant, il s'avère moins sensible à leurs torrides enchantements, *quidquid sit.* Les personnes luxuriantes et vicieuses s'attirent mais demeurent inoffensives l'une envers l'autre : c'est à qui subjuguera, englobera, *comprendra* l'autre — et le conflit ne peut cesser. En effet, le vice résiste à une luxuriance qu'il entreprend d'examiner froidement et dont il ne veut point flétrir l'épanouissement prodigue. Plus pathétique, la perversité pâtit des tourments qu'elle inflige, se meurt des blessures d'un autre corps qu'elle a griffé. Le luxuriant envoûte sans le vouloir ; le vicieux veut envoûter vaille que vaille ; le pervers utilise autrui comme une médiation inconsciente pour s'envoûter lui-même. — Aimer à en ébahir ; aimer à en asservir ; aimer à en mourir.

411

Camuflages. — La jalousie et la grivoiserie s'opposent quant à leur fond intentionnel. La première est portée par une haine foncière déguisée en amour ; la seconde, par un amour inassumé déguisé en muflerie injurieuse. Le grivois a honte de ses sentiments, aussi les cache-t-il derrière le sale paravent de la discourtoisie. Le jaloux, lui, se sert du prétexte amoureux pour se défouler en persécutions vengeresses ; — « *Et je crèverai de piqûres/Tes yeux au regard caressant.* » Tous deux manquent donc d'égard vis-à-vis d'autrui, le premier hystériquement cruel, des « *Je t'aime* » plein la bouche ; le second jouant la carte du trivial pour masquer la timide délicatesse qui le ferait rougir.

412

Centre commercial. — L'exclusivisme est *comfortable* dans la familiarité, exécrable au-delà. Or le modèle judéochrétien du Toi-&-Moi et la Com sentimentaliste du Marché auront tout fait pour que le décentrement soit vécu comme une pénible et peinante épreuve ; si bien que les familles tendent vers une promiscuité croissante, dommageable à l'apprentissage encadré de l'autonomie des enfants comme à l'aimantation des parents. La massification du troupeau condamne la solitude — figure suprême de la subversion et de la bizarrerie —, ce qui a pour effet de plonger chaque *bête de somme* dans un esseulement réel, avide de divertissements, de spectacles, de fêtes et d'illaborations collectives dont le Marché s'est arrogé les droits exclusifs d'exploitation. Envie de vous décentrer ? — Recentrez-vous sur le Marché et achetez le décentrement qu'il vous faut. Envie de vous aimer ? — Aimez le Marché et achetez l'amour qu'il vous faut ! Envie de vous haïr ? — Soldes jusqu'à épuisement total du stock : profitez-en ! Et en dévoyant les amours relatives vers l'Amour absolu, de la haine, le Marché, il en a à revendre jusqu'à la nuit des temps !

413

Côté obscur. — Le christianisme est dans la panade depuis deux mille ans car pour aimer, il faut haïr au cube. 1/Haïr l'amour de la haine : haïr ceux qui imposent la haine. 2/Haïr la haine de la haine : haïr ceux qui imposent l'Amour. 3/Haïr la haine de l'amour : haïr ceux qui n'imposent rien.

414

Autorégulation. — Pour vaincre ses peurs, il faut recevoir ; pour vaincre son bonheur, il faut décevoir.

415

Cycles. — Le peuple a inventé les gardiens de la paix pour pouvoir foutre le bordel. Dérouiller les préposés au maintien de l'ordre permet en effet de relancer la dévolution sociale, trop souvent grippée par le penchant totalitaire des gouvernants et des marchands d'« âme ». Inscription de 1958 : « *Merde à la flicaille !* » Inscription de 1968 : « *Je prends mes désirs pour la réalité car je crois à la réalité de mes désirs.* » Inscription de 1978 : « *Désire !* » Inscription de 1988 : « *Y en a qu'une, c'est la Une !* » Inscription de 1998 : « *Nike la Police !* »

416

« Saleté et compagnie ». — Catherine Hessling ou Martine Carol manquent de *sex-appeal* pour incarner la Nana de Zola. Elles ont bien le charme de leur féminité, la séduction de leur époque, mais fait défaut l'incantation à la transe : la luxuriance. Aura charnelle, la luxuriance humaine est une sensualité exubérante et profuse. L'épanouissement qui la fait naître épanouit les présences qui la côtoient, leur donne le désir de *se mêler de ce qui ne les regarde pas.* « *Nana éclaira*

Paris d'un redoublement de splendeur. » Déjà, l'épanouissement sensuel affiche un régal de vivre non adressé à un destinataire particulier, mais plutôt jeté autour de soi dans une virevolte aléatoire ; on *transpire* de sensualité, elle *suinte* du corps en émanation d'amour, intéressante mais désintéressée. L'épanouissement luxuriant, lui, présentifie l'épanoui en sa tropicalité. On y pénètre au moindre contact — tout effleurement nous plonge au cœur de la jungle, en ses rythmes, en ses cachotteries animales, en sa verdeur profonde. Le viol s'avère inévitable : la luxuriance nous inclut en elle ; sitôt caressée, nous frôlons l'engloutissement, la catastrophe, notre anéantissement même. Un viol qui, parce qu'il ne fait pas de victime, n'est pas défloraison mais péroraison n'est pas l'ouverture dramatique sur un mystère mais sa percée soudaine, n'est pas exorde mais fatal dénouement. Croiser la sensualité tente ; traverser la luxuriance ensauvage. La sensuelle fait se retourner sur ses talons tous les *hommes* à la ronde ; la luxuriante cloue les *mâles* sur place, les transporte dans la phantasmagorie la plus lubrique, les tétanise ou les rend fous. « *Une luxure les détraquait, les jetait aux imaginations délirantes de la chair.* » La sensualité grise : en venant à nous, elle nous fait retrouver le chemin des réjouissances sexuelles, le désir d'abandon. La luxuriance emporte : elle nous donne déjà du plaisir, elle force notre abandon, elle nous fait perdre notre « âme » — cette machine à phantasmagoriser — pour ne laisser à notre corps qu'une impétuosité voluptueuse et spasmophile. La sensualité nous assaille et nous ignore ; la luxuriance nous aliène et nous incorpore. Son indécence provient d'une présence qui déborde sur la nôtre, l'englobe en même temps qu'elle l'exige, la dévore sans même la vouloir. Magie catalyseuse, elle ne se contente pas de polariser les appétits : elle innerve la foule alentour de ses étincelles répandues comme une traînée de poudre, elle électrifie, elle enjungle. Foudre aux yeux. « *Chaque homme la subissait. Elle retournait la chair d'un geste de son petit doigt.* » Plus trivialement, on dit de la sensuelle qu'elle est « *gracieuse* » ou « *sexy* » — c'est-à-dire radieuse mais sans déflagration de beauté, à l'envoûtement captivant mais sans dangers ni lianes. Pour la luxuriante, on parle au contraire de « *bombe* », de « *ca-*

non », de fille « *puissante* » ou « *mortelle* » : elle « *déchire* », quand la sensuelle *inspire* seulement. Que déchire-t-elle au juste ? — L'amour lui-même. La luxuriance, en déchaînant notre goût d'immodération et de luxure, nous immerge dans une phantasmagorie surabondante qui trépigne de passer à l'acte, d'en venir aux mains, de devenir *réelle.* Une phantasmagorie impatiente, civilement déréglée, qui sacrifie sans vergogne la courtoisie et les bonnes manières parce que ensorcelée par la forêt vierge, le glabre alléchant d'une félinité contagieuse, l'oubli libératoire des us et des costumes. Dans la luxuriance, point d'abandons réciproques, point d'amour, mais le ravissement unanime des victimes, sous une voûte emperlée de torpeur. Transe rime avec luxuriance ; par elles, la sensualité s'affranchit des carcans de la courtoisie, des cancans de la bourgeoisie, du devoir-être. Le Moi y erre ; le Je(u) se désaxe et s'affole. Luxuriance terrifiante, à la vérité, puisqu'en saisissant tout le monde elle abolit les différences, elle contredit les égocentrismes, elle estompe les singularités. Tous également soumis à sa violence, en une orgie virtuelle et grandiose. Tous pétrifiés, tous fusionnant, tous niés dans leur Moi, tous perdant leur Procès, le fil des mots et de l'histoire. La luxuriance de Nana, mangeuse d'hommes et d'« âmes », fait qu'elle incarne magnifiquement le mal — peau veloutée, yeux bleu clair et fossette au menton. Elle déclenche non l'amour, mais la passion délétère ; elle met le feu non pour « *allumer* », mais pour consumer jusqu'aux cendres. Empoisonneuse sexuelle et sociale, Nana corrompt les fortunes, les familles, les prestiges et les existences. Elle symbolise l'avilissement de la ploutocratie par l'Aphélie vengeresse, élites et basfonds coïncidant sous une luxuriance qui précipite à la ruine, au suicide et au déshonneur. Pourrissement du respect par la variole noire — quelle jungle, entremêlant luxe et luxure, ne renfermerait en ses blondes ténèbres le cadavre de la femme fatale, la défiguration de l'amour ?

417

Mea culpa. — Trente ans que l'ascenceur social est en panne. Trente ans de misoxénie antibeurs et antinoirs. Trente ans de rejet des basanés hors des sphères de pouvoir. Trente ans d'esclavagisme discriminatoire, de ménages, de nettoyages, d'affichage et d'ordures. « *Les basanés ne sont bons que pour des métiers de merde !* » — ce que pense le Français de base. Sinon : scandale ! Centaines de lettres d'insultes pour tel rarissime maire noir français ; centaines de sousentendus racistes pour tel raririssime journaliste d'origine maghrébine. Pouah ! France sans grandeur ni culture, sans voyage ni tolérance — France à vomir. Pouah ! Qu'attendent tes citoyens pour *exiger* des couleurs à tous les étages et se métisser vite ? Qu'attendent tes aphéliens, « *banlieusards* » largués par Marianne, pour créer leurs propres Nébuleuses et faire enfin tourner la salope jusqu'à l'amour ? Le complexe de Brazzaville est une grande spécialité de la République française depuis la dangereuse dévolution de solidarité de Mai-68. Par propagande médiatique, on affirme que les aphéliens de couleur sont inintégrables ; on remet ainsi les *conditions éducatives, sociales et promotionnelles* de leur intégration à plus tard. Aussi ces derniers jouissent-ils d'une citoyenneté sur strapontin. De quoi, précisément, semer la haine aux cœurs, produire des abcédés, des sauvageons, des casseurs, des délinquants. De *parfaits* inintégrables.

418

Là où ça fait mâle. — Si le mâle persiste, consultez l'amazone. Elle éprouve de la gratitude envers les hommes qui veulent *comprendre* son corps ; de la pitié envers les pauvres bougres qui n'entendent rien quand leur sang vient bouillir tige et tempes ; du mépris envers les roitelets coïtards qui bourrent point barre. Dangereuse, elle ne l'est qu'avec les « *Alors ? heureuse ?* » des mâles qui, débandant de fierté après l'éclate, veulent du « *Oui t'es l' meilleur !* » avant les « *Zzzz...* » Elle saura saper leur réplétion et briser leur sommeil, jusqu'à ce qu'ils fuient sa fureur noble, queue traînante et chevilles dégonflées. Méfiez-vous d'elle, messeigneurs machos ! Gare ! Cette femme-là ne confond pas l'excitation et l'orgasme : vous ne l'entourlouperez point ! Renseignez-vous donc sur son plaisir : elle n'hésitera pas à se dire insatisfaite et déçue. Vous en prendrez pour votre grade. Elle ne jouera pas les midinettes énamourées, celles qui même frustrées roucoulent d'obéissance, celles qui n'osent pas se masturber pour apporter à vos assauts la caresse toute spéciale qui leur manque. Gare ! L'amazone exige l'égalité du pouvoir et de l'orgasme. Elle sait que votre mâlitude acquise s'évertue à lui refuser le droit à l'orgasme pour la maintenir en deçà de l'épanouissement possible, la privant ainsi du goût du pouvoir. Elle sait que la sexolâtrie — cette propagande capable d'enlaidir la femme, de la rabougrir en trou-pour-l'homme — est un processus d'aliénation des masses ; que les garçons y apprennent à diminuer les filles ; que les filles harcelées, isolées, y apprennent à laisser le pouvoir aux garçons. Œdipe, les yeux morts, tuait le matriarcat et son père. Elle sait, pour y avoir survécu, combien le troupeau de ses descendants aime à piétiner les fleurs et combien leur perversité rend l'humanité malade ! Ô pourceaux monstres ! Quel projet pour les femmes ? En faire des folles, assoiffées de tendresse et d'amour. Ô broyeurs de perles ! En faire des coquilles vides à remplir, débitantes de la Patrie, soustraitantes de vos carnages. Ô trop humaine incontinence ! Ô ventripotence aveugle ! Écoutez hennir les chevaux des amazones ! Elles viennent venger leur milliard de sœurs que vos injures ont rabaissées, que vos bottes ont foulées, que vos fornications ont violées, que vos lois ont lapidées, que vos fortunes ont détruites. Bientôt des flammes au bûcher de votre séculaire sorcellerie ! Bientôt le Phallus en cendres ! La baudruche transpercée de flèches ! La Grande Impuissance, si l'égalité est à ce prix ! Ô bourreaux castrables ! Bientôt la lame ultime ! Bientôt la Castration !

419

Pour prévenir d'un contresens concernant la gynophobie. — Le trop érudit Dr Lederer entend par « gynécophobie » ou « *gynophobia* » l'ensemble des mécanismes de défense qui rendent taboue la peur (« *fear* ») que l'homme éprouve naturellement envers la femme, peur dont témoignent pourtant les cultures, les mythes et les arts de toutes les époques et de tous les continents. Ainsi introduit-il son ouvrage *Gynophobia* (1968) : « *Nous essayerons de démontrer comment le refus d'admettre l'existence de cette crainte, de même que tout refus d'admettre une émotion forte, a donné lieu à diverses méthodes psychopathologiques. Nous voulons, dans ce livre, démontrer qu'il est souhaitable, sur le plan thérapeutique, d'éveiller une conscience aiguë d'un tel refus : le patient doit avoir, autant que le médecin, conscience du refus de sa répression.* » Cette approche clinique a ceci de brillant qu'elle pose la nécessité non point de s'abandonner à l'émotion, mais de reconnaître qu'on s'épuise à lui résister, à la contredire, à l'escamoter en y perdant une suée abondante. Cette thèse demeure toutefois déficiente dans la mesure où elle place l'homme comme la victime d'un phénomène inconscient contre lequel il ne pourrait rien puisqu'il serait étranger à sa volonté propre. Or le refus de l'homme à s'abandonner est une *décision* à laquelle il doit répondre, non une dénégation qui germe fatalement en lui ni un quelconque instinct inné. En effet, la gynophobie telle que nous l'entendons n'excuse en rien l'homme qui prend ses jambes à son cou pour fuir l'Accès féminin — ce qui engage chez la femme. « Pleutrerie » serait sans doute plus proche du sens que nous donnons à ce concept peut-être un peu trop aseptisé, mais nous devrions alors recourir à une fastidieuse périphrase : « *Pleutrerie envers la supériorité accessive de la femme* » ou « *Pleutrerie vis-à-vis d'une attraction incitant au don de soi* ». L'homme gynophobe est en tout cas l'acteur de sa dérobade. S'il manque de générosité, ce n'est pas parce que la nature, le rapport maternel ou l'éducation ne l'ont point rendu généreux, mais parce qu'il persiste et signe — à chaque évitement, à chaque déflexion — dans sa pleutrerie. S'il *croise* bien des femmes dans sa vie, il n'en *rencontre* à proprement parler aucune. Et la gynophobie prend des visages extrêmement divers, de l'adulescent qui peste contre les femmes (« *Elles empoisonnent l'amitié !* ») au barbare qui les martyrise (« *Bats ta femme ! Si tu ne sais pas pourquoi, elle le sait !* ») ou encore l'homme occidental qui nie sa peur plutôt que d'en faire cas, qui se crispe sur des quotas plutôt que de se laisser aller à l'amour. La gynophobie n'est dans le fond qu'un déni, celui qui consiste à rejeter comme étant irrationnel notre espoir de retrouver notre mère à travers nos conquêtes. Et pourtant, c'est bien ce que nous faisons : nous bouclons la boucle. Le nouveau-né sort du ventre et en vit ; l'homme rentre dans le ventre et y « meurt ». La mère, c'est ici la matrice, la Grande Déesse qui nous met au monde par pur amour et vis-à-vis de laquelle nous contractons une dette infinie. Mère-vie, mère-nature, mère-abandonnée ; comment ne pas l'aimer éternellement ? Par pleutrerie, sans nul doute, puisque le mâle endetté *jusqu'à l'être* va s'entêter toute sa vie durant à ne plus téter, c'est-à-dire à combattre avec sarcasme et violence l'amoral instinct qui le porte à remercier naturellement la mère en *se donnant* aux femmes. Lederer tire d'un tel constat une recommandation curative que les inclusivistes feraient bien d'intégrer s'ils veulent, après la « libération sexuelle », une dévolution sexuelle convertissant la société entière à la succombance. « *Je pense*, dit-il, *que nous aurions tort d'essayer d'apprendre à l'homme qui n'a pas résolu son complexe d'Œdipe que la femme qu'il aime n'est* pas sa mère, *et que, par conséquent, il devrait se sentir libéré des tabous qui s'attachent à elle ; bien au contraire, si nous voulons l'aider, nous devrions faire ce que conseille la chanson* [*"Je veux une fille, je n'en veux qu'une/Je veux celle qu'a épousée mon vieux papa..."*] *: lui faire reconnaître et aimer sa mère dans toutes les femmes qu'il aime ; tous les amours, après le premier, ne sont que des transferts partiels ; reconnaissons donc que nous commettons l'inceste par procuration avec toutes les femmes que nous aimons.* » Est-ce donc simplement par *déni* d'une telle vérité que, sur les deux milliards de Terriens vivant au-dessous du seuil de pauvreté, les trois quarts appartiennent au beau sexe faible ?

420

Desiderata. — La pudibonderie permet au philosophe nouveau venu de supplanter en notoriété des aînés qui pourtant l'inspirent. Il dégorge la force sexuelle des deux pensées maîtresses qui correspondent le mieux à sa complexion démiurgique. Ce rejet rend les pensées compatibles, fusionnables, ce qui permet l'émergence d'un système dévolutionnairement prude : le sien. *Kant = [Hume + Herder] – Désir,* malgré la Raison ! *Marx = [Fourier + Feuerbach] – Désir,* malgré la Lutte des classes ! *Nietzsche = [Shakespeare + Schopenhauer] – Désir,* malgré la Volonté de puissance ! *Freud = [Spinoza + Schnitzler] – Désir,* malgré la Libido ! *Heidegger = [Hölderlin + Husserl] – Désir,* malgré le *Mitsein* ! Principal client de philosophie crispante, l'Allemand jubile de voir des pensées traitant de l'abandon reprises par un frère gynophobe qui en expulse la dangereuse succombance. Que les Allemandes deviennent philosophages, achètent et dévorent des pavés : l'amour redeviendra l'enjeu central, ses détracteurs paraîtront soudainement détraqués.

421

Faux frères. — Méfions-nous du frère sinistre qui, dans l'ombre, influence les sympathiques jeunistes défraîchis. Le chantre Renaud a-t-il un frère allié d'extrêmedroite tendance ? Le chantre Karl Zéro a-t-il un frère allié d'extrêmedroite tendance ? — « *Montre-moi tes Intimes, je te dirai qui tu es !* »

422

Thanatologie. — Avoir peur de soi-même : l'humain essentiel — ce que l'on appelle « *conscience* ».

423

Drôles d'oiseaux. — Se dodelinant sur deux pattes, les hommes ne sont-ils pas de longilignes autruches ? Pour nous venger du manque d'envol, nous sprintons sans cesse, nous nous volons dans les plumes. Qu'une autre autruche soit menacée, et c'est la tête dans le sable pour tous. Œuvres de mort, œuvres de vie — il nous arrive parfois de pondre d'énormes choses.

424

Sympathie. — Elle me perd, cette peur de décupler mes larmes à cause de l'amour — lequel étend ma sensibilité à ceux que j'aime et me rend donc plus vulnérable. En préférant l'optique de l'inamour, j'oublie pourtant que l'amour décuplerait aussi mes rires.

425

In bed with Mesrine. — Près de votre lit, un livre de chevet ? — « *Le dictionnaire.* » — Sous votre lit ? — « *Un revolver.* » — Dans votre lit, quelqu'un pour vous détendre ? — « *Ta mère.* »

426

Savant fou. — Du point de vue militaire, tout scientifique est un Fritz Haber potentiel. Celui-ci fut l'inventeur des premiers gaz de combat — dont l'Ypérite, ou « *gaz moutarde* » —, qui tuèrent cent mille hommes durant la Première Guerre mondiale. Tandis qu'il jubilait dans son labo, son épouse Clara était horrifiée devant sa démence. Mais pas la communauté scientifique, loin s'en faut !, laquelle le récompensa d'un prix Nobel en 1918 pour ses brillants travaux d'avantguerre sur... les nitrates. Il faut dire que le premier massacre collectif de 1915 où le chlore de Haber verdissait doucement visages et baïonnettes fut un grand moment de science ! La presse masculine allemande loua l'avènement de la « *douceur* » guerrière. Les femmes — dont Clara, qui se suicida — y virent le paroxysme de la lâcheté mâle, toutes nations confondues. Les soldats pleuraient dans les tranchées avant leurs dernières convulsions, les entrailles gluantes, la peau boursouflée de vésicules jusqu'à se décoller en lambeaux sous les bras. Atroce ironie : avec le vent nazi, le zyklon-B de Fritz Haber se retourna contre son propre peuple. Ayant jadis servi sa patrie, le savant juif quitta l'Allemagne avant que les siens n'agonisent, les poumons pleins de sa trouvaille. Juste ironie : l'air pur de la Suisse l'acheva.

427

Promoteurs. — Armes de destruction massive, manipulation génétique, produits cancérigènes, pollution, ostracisme des malformés, parcellisations mercantiles du corps humain, médicalisation des réfractaires, justifications « objectives » de l'injustice... Les pires périls nous viennent de la déphilosophisation de la science et de sa collusion croissante avec la politique ; plus particulièrement, du fait qu'aucune responsabilité bioéthique n'a jamais freiné ses recherches les plus immondes. Le premier *fait scientifique* est celui-ci : la science va partout où elle peut — son avancée n'a ni réflexion critique ni demitour possibles. Les biographies officielles et les décorations effacent bien sûr les œuvres de fanatiques débauchés par leurs très égoïstes passions. Et arrêtons de dire qu'une « ruse » supérieure en fait profiter l'humanité entière ! La réalité a toujours démontré le contraire : les découvertes amélioratives ne bénéficient qu'aux riches, celles qui font mourir hachent à l'inverse les miséreux. Pour les champions : vaccins, médicaments génériques, chirurgies superflues, traitements préventifs, trithérapie. Pour les champignons : bombe H, bombe A, déguelasses expériences, stérilisations et neurotoxiques. Et même avec le meilleur fond, quelle déontologie suivra un savant sommé par les militaires d'assommer ses semblables ? Oh ! la démence scientiste n'a certes pas besoin d'attendre le parabellum sur la tempe pour produire d'affreuses conceptions ! Le respect de l'Être est l'affaire des Lettres et des Arts — Hugo, Zola s'insurgeant contre la vivisection en témoignent. Il faudrait alors exiger de nos futures blouses blanches qu'elles s'imbibent tant de philosophie qu'une responsabilité humaniste les poursuive jusque dans leurs laboratoires ! « *Pas de cerveau, pas de labo !* » Car au nom du « Progrès », les fous curieux du tube-à-essai se croient légitimés à commettre n'importe quel méfait. Pour nous en convaincre, méditons cette lettre que notre bon Pasteur écrivit à l'empereur du Brésil : « *Si j'étais roi ou empreur ou même président de la République, voici comment j'exercerais le droit de grâce sur les condamnés à mort. J'offrirais à l'avocat du condamné,* la veille de l'excécution *de ce dernier, de choisir entre une mort imminente et une expérience qui consisterait dans des inoculations préventives de la rage pour amener la constitution du sujet à être réfractaire à la rage. Moyennant ces épreuves, la vie du condamné serait sauve. Au cas où elle le serait — et j'ai la persuasion qu'elle le serait en effet —, pour garantie vis-à-vis de la société qui a condamné le criminel, on le soumettrait à une surveillance à vie. Tous les condamnés accepteraient. Le condamné à mort* n'*appréhende* que *la mort.* » — Nous soulignons.

428

Mâle dans sa peau. — La guerre est le produit de la mâlitude ; la concorde, le produit de la virilité, de l'*andreia.* Le mâle déshumanise la femme pour n'en faire qu'un « *trou* », une génitrice, une chambrière — « *le repos du guerrier* ». Le culte du mâle accompagne l'intolérance et l'extrémisme ; le culte du viril stimule la création et la générosité. Car contrairement à la mâlitude dont la présence lourdaude écrase la féminité pour n'épargner que la femelle, la virilité signe l'avènement de l'homme en prise avec la femme, la respectant, s'abandonnant à elle. Il y puise un don d'amour ; il lui transmet un don de liberté. Tandis que le mâle est *contre* la femme, le viril est *tout contre* elle. Celui qui espère asseoir sa virilité en réduisant la femme à la femelle par tous les artifices (lois, religion, publicité, grossièreté, violence) ne voit pas que ces contraintes l'empêchent précisément de développer sa virilité au contact d'une féminité duelle qui le mettrait au défi. Non pas un défi d'ire et de muscles, mais un défi d'amour et de patience. Le mâle est une plaie pour l'humanité, la société, la famille et la femme. Inscrit depuis des lustres au menu des féministes, il n'a pourtant pas fait long feu parce qu'il arrange les hommes virils qui le soutiennent socialement, ce qui leur permet ainsi d'éviter qu'il ne vienne les concurrencer s'il renonçait à sa mâlitude bovine et détestable. En effet, le garçon viril craint que les mâles s'inspirent de son tempérament — ce qui démultiplierait le nombre de ses rivaux — ou bien qu'ils s'en prennent à lui par jalousie. Infernale solidarité masculine : les virils jouent aux mâles quand il n'y a pas de fille en vue, pour rendre leur virilité discrète et garder leur sensualité comme une botte secrète. La luxuriance d'une femme décuple ses rivales — la femme peut difficilement cacher une féminité surabondante. En revanche, la luxuriance d'un homme peut être maquillée en mâlitude et lui attirera des « *potes* » de toutes parts. Pour le dire très simplement : une belle femme est mal vue des femmes, un bel homme est applaudi par les siens — lesquels profitent d'ailleurs de lui comme d'un appât pour croquer les demoiselles que sa beauté attire. Quand n'importe quelle parcelle de pouvoir est en jeu, les mâles aussitôt se liguent, se cooptent, manœuvrent lâchement en meute pour sauver la phallocratie. Une fois la parcelle grignotée, ils s'en retournent à leur porcherie, leur pornographie, leurs gué-guerres. Le mâle est un animal politique jusqu'à la paillardise, sexiste jusqu'à la pédérastie — inavouée mais patente. L'émancipation de la femme lui passe au-dessus de la tête tant la femme *humaine* n'existe pas à ses yeux. Tout au plus reconnaît-il un animal d'un autre genre, et s'il s'agit de sa greluche cela lui donne le droit commode de lui flanquer des torgnoles ou de l'humilier en bavant pour une autre. Le bon mot de Valérie Solanas résume bien l'affaire : « *Le mâle ne peut parvenir à aucun progrès social, mais tout juste osciller entre la solitude* [l'esseulement] *et la partouze.* »

429

Tout doux. — Un soir qu'il rentrait d'un combat de chien, Anagkaion, titubant d'ivresse, rencontra Hormée sur son chemin. « *Hé ! L'Androgyne !*, lui lança-t-il d'une voix guillerette. *Viens voir le Cerbère que j'ai dressé !* » L'autre se retourna et vit un énorme molosse sortir de l'ombre. Au lieu de s'en effrayer, Hormée lui tendit amicalement la main ; le chien, oreilles basses, la lui lécha en remuant la queue. « *Foudre Zeus !*, s'exclama Anagkaion, étonné. *Tu sais t'y prendre avec les tigres ! Prends garde qu'il ne t'avale comme de la moussaka !* » Mais le chien ne montrait aucune hostilité envers Hormée. « *J'espérais le faire combattre ce soir*, continua Anagkaion. *Hélas ! Il est encore bien jeune ! Avant même de pénétrer dans le cercle de feu, il s'échappa de mes mains et, plutôt que de s'en prendre au fauve qui l'attendait et dont il n'aurait fait qu'une bouchée, il attaqua une pauvre chienne !* » — « *Une chienne, dis-tu ?* », demanda Hormée. — « *Exactement !*, reprit Anagkaion. *Une chienne maigrelette qui n'avait rien demandé à personne ! Cela lui apprendra à se rendre à de tels spectacles, certes pas réservés aux belles et encore moins aux faméliques !* » — « *Que lui arriva-t-il ?* », s'inquiéta Hormée. — « *Ah ! ah ! ah ! Moussaka !* », cria soudain Anagkaion, comme piqué par le scorpion de la démence. — « *Je ne comprends pas, tu veux dire qu'il la tua ?* » — « *Ah ! ah ! Il ne la tua pas, non ! Il la massacra ! Il la moussaka ! Il en fit de la pure charpie !* » L'agitation d'Anagkaion énerva subitement le molosse. Il se mit à gronder puis à aboyer terriblement envers son maître. Le jeune ivrogne cessa aussitôt de s'esclaffer. — « *Sois prudent, Anagkaion*, dit Hormée. *Un chien qui mord les chiennes est effectivement un petit Cerbère. Il ne tardera pas à mordre les enfants et, plus tard, tous ceux qui le contrarient, en premier lieu son propriétaire.* » Anagkaion, blanchi par la terreur, n'osait plus respirer. « Son » chien le tenait en respect, prêt à fondre sur lui au moindre geste. « *Tu veux en faire un combattant ?*, poursuivit Hormée. *Il ne l'est que trop. Vois : il n'attend qu'un signal de ma part pour te dilacérer les jambes. Ce chien a besoin d'apprendre à se soumettre, non à réagir. Si tu veux un conseil de dressage, enseigne-lui patiemment à aimer les autres chiens. Il n'en sera que plus redoutable lorsqu'il décidera de faire d'un seul d'entre eux son ennemi. Pour l'instant, ton chiot manque d'assurance et de sérénité. Il s'effraie d'une chienne en mauvaise santé et la tue ; il s'effraie de tes cris et se retourne contre toi.* » Anagkaion, pétrifié face au dogue, suait à grosses gouttes sans esquisser ne serait-ce qu'un roulement d'œil. Hormée caressait le pelage de l'animal tout en continuant : « *Je sais des bêtes plus dignes que l'homme, qui ne ripostent même pas lorsque leurs femelles se montrent furieuses à leur égard. Les loups mâles offrent la partie la moins sensible de leur épaule et se laissent mordre sans broncher. Le lézard vert ou le bouvreuil se montrent pareillement indifférents aux assauts de leurs dames. Non contents de les subir, tous gardent de surcroît un masque de bonté et de gentillesse qui ferait presque croire que l'agressivité qu'ils endurent est une réjouissance. Toi qui t'enorgueillis d'être viril, Anagkaion, tu devrais t'inspirer de tels tempéraments. Mais je crains fort que l'habitude de la boisson soit le plus sûr moyen de rendre les coups, au lieu d'apprendre à se contenir. Ne jamais recourir à la violence contre une femme, fût-elle féroce et vociférante, c'est cela, Anagkaion, le comble de la virilité. Sinon, regarde-toi ! Tu voulais dompter ce chiot pour en faire un Achille : tu n'as fait qu'exposer à ses crocs tes talons ! La femelle fut le horsd'œuvre, cela te fit bien rire. Mais le plat principal arrosé de vin, je crains fort que ce soit toi ! Les mâles ne peuvent s'éduquer entre eux sans que l'un d'eux ne mette en avant sa partie femelle. Sans tendresse ni douceur, ton Cerbère ne retient de tes leçons que les injures et la rage nerveuse. Deviens au contraire sa mère, et il sera prêt à se sacrifier au combat pour te plaire et gagner ton amour !* » N'y tenant plus, Anagkaion s'écria soudain : « *Garde tes minauderies pour toi, l'Androgyne ! Moi, je suis un guerrier ! J'enseigne la beuverie, l'orgie, l'art de la bataille ! Arès est mon seul guide et la colère, mon gage de liberté !* » Comme il se trémoussait furieusement, le gros chiot fit de même et, prêt à bondir, retroussa les babines en une menace qui figea le champion au sol. Hormée prit congé sans mot dire, laissant les deux guerriers face à face attendre jusqu'au chant du coq l'endormissement de l'autre, à défaut d'une franche reddition.

430

Récalcitrant. — Guillaume IX d'Aquitaine ou Victor Hugo se disent volontiers « *enragés* » des femmes. Cette addiction sensuelle — si commune mais aussi si frustrante à l'heure où sévit le puritanisme sexolâtre, l'ordre biomoral et putassier — cache un étrange refoulement : une androphobie, un inamour à l'encontre des hommes, des désirs homoérotiques réprimés. Les femmes le sentent bien : l'homophobe est un « homosexuel » qui s'autocensure. Et le meilleur moyen de (se) prouver qu'il est un mâle amateur de femelles, c'est d'en consommer à la pelle. Combien de crispés trouveraient pourtant dans le dépassement de leurs réticences homocentriques un plus plein accord avec les femmes, les hommes et eux-mêmes ! C'est pourquoi les amazones étendent les zones érogènes de leurs amants à la limite du supportable... Convertir le mâle à ses terreurs, c'est en faire un homme viril, capable de courage et d'abandon — Le touché prostatique par doigté anal : la petite cure du mâle « *enragé* ».

431

Névrolutionnaires. — Comme ils prêtent à rire, ces « *révolutionnaires* » d'à peine trente-cinq ans, déjà mariés, trois enfants ! Des jésuites ou des staliniens ; — rire de loin.

432

Cui(t). — Le sage : « *J'écoute le chant de l'oiseau non pour sa voix, mais pour le silence qui le suit.* » Le chasseur : « *Pareil !* »

433

Rayonnages. — Les livres oubliés, nos sépulcres. Lisons, soit ! Mais tâchons d'y épuiser les narrations qui nous tourmentent. Une génération qui ne lit plus est hantée jusqu'à l'indescriptible : la guerre, la glace, la folie.

434

Partage. — Nous avons le devoir d'être heureux pour aider les autres à nous aimer ou à nous haïr.

435

Chut. — « *Celui qui sait ne parle pas. Celui qui parle ne sait pas.* » — « *Alors ferme ta gueule !* »

436

Thriller. — Refuse ta négritude et tu finiras comme Michael Jackson : ton nez ne tiendra plus que par du Scotch, tu te décomposeras.

437

Mission. — Le patriotisme et la religion, valeurs-refuges pour fermer le bureau des pleurs. Ensemble, cela donne la Croisade, le *Djihad* : « *Vous êtes soit avec nous, soit contre nous !* »

438

L'école des fans. — La bravade et l'ironie envers des modèles attisent le désir parricide d'un dépassement. Flaubert : « *Quel homme aurait été Balzac s'il eût su écrire !* » Stomy Bugsy : « *NTM, articule quand tu pètes !* » Les années passent, la boxe reste au beau fixe. — La déification tue le défi.

439

Déliquescence. — La crispation est la première cause des petites lâchetés qui délabrent au quotidien notre solidarité. C'est elle qui fait qu'une fille peut se faire violer dans un wagon devant des passagers qui demeurent *paralysés de peur* au lieu de *s'abandonner* à elle. *Oser* avoir peur : le premier pas vers le courage.

440

Mots d'ordre. — Exclusivisme : « *Les amis de mes amis sont mes ennemis* » : jalousie individualiste et crispation. Inclusivisme de promiscuité : « *Les amis de mes amis sont mes amis* » : angélisme communautariste et relations douteuses. Inclusivisme indirect : « *Les Intimes de mes Intimes sont mes Proches ; mes amis sont* mes *amis* » : Constellation familiale et décentrement, adossement et solitude, familistère et quant-à-soi. Respiration.

441

Chair appâtée. — Après la déshumanisation de la chair, la chair fraîche. « *Bouffez-vous les uns les autres !* », ordonnent les pubards. Le Système tient par l'endoctrinement inamoureux des gosses, futures entités familiales aux crocs télégénétiquement surdéveloppés. Le néocanibalisme n'est pas un instinct mais la finalité d'un conditionnement précoce. — « *Nouvelles céréales Lion de Nestlé : bienvenue au sommet de la chaîne alimentaire !* »

442

Pour éviter un contresens concernant l'inamour. — L'inamour n'est pas la haine, mais la peur d'aimer. Tôt, nous prenons tragiquement conscience que nos jours et les jours de ceux que nous aimons sont comptés. Comme cette certitude nous afflige, nous voyons spontanément dans l'amour la cruelle occasion de démultiplier nos souffrances. « *Au plus j'aime, au plus je tremble pour ceux que j'aime* », se dit l'enfant au stade de l'*Illabor.* La haine offre en revanche l'avantage de se réjouir des douleurs d'autrui, de dire « *youpi !* » s'il se blesse ou trépasse. Le pari de l'inamour est donc le suivant : la mort étant inéluctable pour ceux que nous aimons comme pour ceux que nous haïssons, *mieux vaut haïr* — ou, à la rigueur, rester indifférent —, ce qui nous évite bien des deuils où nous mourons un peu nous-même et des angoisses pour la santé des autres. Effroyable pari que la pleutrerie commande et qui fonde l'exclusivisme. La peur d'étendre notre sensibilité, notre vulnérabilité, notre tendresse fait que nous nous replions égoïstement sur notre petite famille et sur nous-même dans l'illusion de voir ainsi réduites les occasions de larmes. Mais cette fermeture triangulaire n'est même plus suffisante pour oublier les déchirures futures à l'heure où le Marché enfonce le clou de la Mort dans le crâne de chacun, fourbe les adulescents jusqu'au permanent parjure, bourbe les vieux malaimés jusqu'à la fourbure, courbe les promoteurs du Toi-&-Moi jusqu'à la cassure.

L'inamour, le tabassage *en règle* de l'amour succombant, effrayant, incertain. Fiasco volontaire qui fait la malvie « *piquante* » et accommode la solidarité avec du tabasco. — En 1905, la plus grande trouvaille de Freud fut de remettre en question la théorie de l'inné en définissant l'homosexualité comme le résultat d'un « *blocage au stade infantile* ». Un siècle plus tard, il nous faut aller plus loin : l'inamour — la crispation qui refuse de se donner à l'autre pour ne pas se donner la mort — relève aussi de l'enfance, et plus particulièrement de la façon dont, petits, nous composons avec la thanatophobie de notre conscience soudainement affolée. Comment tel enfant surmonte-t-il l'inconcevable frayeur ? Il prend d'abord exemple sur ses parents, décèle la peur en eux ou au contraire la négation riante de la mort par la joie. Chaque adulte rencontré qui ne tremble pas d'aimer — et qui donc ne craint pas de s'offrir à la souffrance — lui est salutaire. L'enfant l'appelle « *gentil* » et l'oppose au « *méchant* », au paniqué du cœur, au croquemort recroquevillé sur son Moi et que la mort obsède. Par son style d'être, le gentil lui montre que l'amour rend la vie vive quand le méchant y voit un champ de tombes prochaines, la douloureuse scarification du bonheur, le sacrifice insensé de soi. Mais le méchant, si beau soit-il, a dans le visage un fond de terreur laide que l'enfant appréhende facilement et qui le fait douter de leçons d'inamour distillées par l'adulte crispé pour s'apaiser lui-même. Le gentil, en revanche, est immédiatemennt bon, souriant, généreux. L'inamour est à ses yeux un pari bien absurde : pleurer d'amour n'est selon lui certes pas mourir, mais encore aimer ; autrement dit vivre au comble de la vie, être criblé d'émotions sincères, incontrôlables, épanouissantes y compris dans l'affliction et la tourmente. Ces adultes « *gentils* », l'enfant de parents « *méchants* » les rencontrait jadis dans ses relations de voisinage, si vitales au stade de l'*Illabor* — c'est-à-dire durant toute la période où le pari de l'inamour lui semble tentant et où l'enfant se construit une « âme », style propre par lequel son corps se donne et s'illabore en s'abandonnant à autrui. Or il n'y a plus de voisinage avec l'actuelle croisade antisociale et sa Com insécurisante (« *Restez chez vous : tous vos voisins sont des pédophiles potentiels ! Et craignez-vous les uns les autres : tous les papas aussi !* »). Aussi le réseau constellaire rétablit-il ses relations de voisinage, absolument essentielles pour que les enfants rencontrent les « *gentils* », ces adultes responsables qui leur enseignent discrètement qu'étendre notre capacité de tristesse, c'est étendre notre capacité de joie. L'amour, l'exquis dérèglement du Moi, remis en Je(u) à chaque rencontre. La douce solitude — délicatesse avec soi-même — ; l'improvisation romantique — délicatesse avec les autres. La mort partagée dans la vie, par la vie, pour la vie : consentiment.

443

Kallos kagathos. — Il n'y a qu'une seule forme d'intelligence dont le philosophe illaborateur ait besoin : l'*intelligence sensuelle*, autrement dit *amoureuse.* La longanimité ; la ferveur nonviolente. Toute autre forme est pour le philosophe une forme de pouvoir, une intelligence d'expert. Une imposture. Le philosophe *n'en peut plus* — là est sa seule « expertise ».

444

Croisade. — Peuples « moraux », peuples guerriers. La paix est *décidément* immorale.

445

Histoire vraie. — En Amérique, deux tribus indiennes se livraient une guerre sans merci, aux origines trop lointaines pour qu'elle ne fût point ordonnée par les Esprits. Elle emportait les hommes les plus vigoureux, les pères les plus avisés, les énergies les plus excessives. Elle inspirait les lois, les mythes, les danses, le sacré ; elle plongeait la psyché dans une tempête de violence et de sang. Son principal motif était la vengeance — au nom d'une immémoriale soif de réparation fusaient les flèches vers la fuite ennemie, tranchaient les tomahawks les rages ennemies, égorgeaient les lames les cris ennemis. La mort régnait dans les cœurs en une palpitation funèbre. On fit gonfler avec fureur le ventre des mères pour multiplier les fils ; on fit gonfler avec fureur le ventre de la terre pour y renvoyer leurs cadavres. Les tribus auraient pu trouver un équilibre dans la barbarie — un cycle de moissons humaines — si elles avaient été les seules à se partager le territoire. Mais elles ne l'étaient pas. De pacifiques tribus attendaient en effet que les fous s'entretuent pour se saisir de leurs femmes et de leurs bêtes. D'ailleurs les premières, lassées de pleurer leurs maris, rêvaient de changer de tipis ; quant aux secondes, lassées des prés rougis, elles rêvaient de changer de pays. Il devenait donc urgent de faire la paix. Mais comment sceller une alliance avec les meurtriers de nos propres enfants ? Comment l'aimer peut-il naître du honnir ? Comment nous défaire d'un ressentiment devenu instinct, accroché à la mémoire des ancêtres en de longues cicatrices orange, accroché au cœur des orphelins hache au poing pour l'éternel carnage ? Voici justement qu'un soir, dans la poussière à peine évaporée de la dernière bataille, des chants s'élevèrent des deux côtés de la plaine. On fêtait simultanément, ici et là-bas, la naissance d'un fils de chef. Deux nouveaunés destinés à se haïr tant que les clans se haïraient. C'est alors qu'un enfant de dix ans, Nagawika, eut une vision irréelle, insensée — une vision d'enfant. Orphelin de père depuis une année, il venait de perdre son frère aîné dans la journée, c'est pourquoi on l'écouta avec compassion. Soutenu par sa mère éplorée, Nagawika s'adressa courageusement aux siens. Ce fut si lent, si beau, si juste, que les yeux se mouillèrent de nostalgie et les peaux frissonnèrent d'espoir : « *Nous voulons la mort de nos ennemis, et ils veulent notre mort. Pourquoi ? Ni eux ni nous ne le savons. Aujourd'hui, ils ont tué mon frère ; demain, je tuerai un des leurs, le premier qui se présentera à mon arc dans la mêlée. Ce n'est plus la volonté qui nous guide, c'est le hasard. Ce n'est plus la vengeance qui nous commande, c'est l'habitude. Que cherchons-nous dans l'incessant massacre ? — Notre propre extermination. Car si nous étions de loin les plus braves, il y aurait longtemps que nous serions venus*

à bout de guerriers inférieurs. Mais les vaillances sont de part et d'autre égales ; en nous acharnant ainsi, nous courons donc à notre perte. Telle semble être la fatale corvée de nos existences : en feignant de nous en prendre à nos ennemis nous avons organisé la disparition de nos frères, le pourrissement de notre propre chair ! Croyant dévorer chaque jour un peu plus de force adverse, nous voici en fait condamnés à nous entredévorer nous-mêmes ! Or, ce soir, les Esprits m'ont révélé comment guérir de notre folie cannibale. Oui, ce soir, je vois. Les deux tribus acclament un nouveau petit chef. Allons vers nos ennemis en amis, nous avons trop souffert. Que les chefs rivaux fument le calumet de la paix et, pour la garantir, qu'ils échangent leurs fils tout récents ! Ceux-là seront choyés, éduqués, peut-être chefs à leur tour. Mais ils grandiront en sachant que leurs frères de sang vivent en face, dans l'autre clan. Comment partir au combat si nous risquons de tuer notre propre famille ? Si vider notre carquois sur un parent est puni par les Esprits et le douloureux deuil, la bonne entente entre tribus voisines sera maintenue. Nous craindrons plus que tout la guerre puisque l'autre ne nous apparaîtra plus comme un étranger, mais comme un frère possible. Nous serons ainsi contraints, malgré nous, à l'amour. » Ainsi parla Nagawika. La stratégie de l'enfant dépassa toutes les espérances : les désirs, les beautés, les talents, les savoirs jadis opposés s'unifièrent. Nagawika vieillit au sein d'une parfaite harmonie humaine, en symbiose avec les plantes, les animaux et les saisons, tandis que les tribus belliqueuses s'épuisaient en vain. Trois générations plus tard, l'Européen débarqua. Avec des contrats, de l'alcool, de l'argent, des esclaves, des fusils. Son agressivité et sa vulgarité dépassaient tout ce que les Esprits avaient pu imaginer. Il fallut donc déterrer la hache ; il fallut donc tuer, pleurer, mourir.
— Depuis, tous les Occidentaux ont une hache au cœur.

446

« *La paix !* » — La nonviolence n'est responsable qu'à la condition d'être encore une ferveur.

447

Canrobertisme de marché. — Toi l'élu *sponsorisé* qui as assisté abondamment les abcédés sans contrepartie et leur as acheté ainsi de la paix urbaine : ta permissivité a ghettoïsé l'Aphélie, ton irresponsabilité a rendu irresponsable toute une génération de pauvres, ta misoxénie a creusé l'écart des fonctions et des haines. La « violence urbaine » est ta création.

448

Poétocratie. — L'utilitarisme, le marxisme ou l'intégrisme anéantissent l'*illaboration sociale*, l'évidence démiurgique et dévolutionnaire de la collectivité. En revanche, l'anarchie solidaire et fertile du réseau ne repose que sur elle. Rien n'y est fixé ou préétabli. Tout y coule de source.

449

Morgue. — La morale capitaliste exige de l'humain qu'il se méprise.

450

Mais Vieillir. — Une crise du Moi marque l'entrée dans la vieillesse, décalage entre mon Je(u) tel que le Procès me le donne et l'influence de ma présence sur le corps d'autrui. Je(u) ne se reconnaît plus en Moi : je me vis bien plus jeune que l'on ne me voit. Simone de Beauvoir résume cette expérience comme « *un rapport dialectique entre mon être pour autrui, tel qu'il se définit objectivement, et la conscience que je prends de moi-même à travers lui* ». Nous appelons « aberration » ce décalage Je(u)/Moi. Le miroir que me tend autrui contredit l'intuition introspective que j'ai de moi-même : Je(u) ne m'y retrouve pas. La vieillesse commence ainsi par une aberration persistante, celle de mon impuissance à présenter un Moi conforme à ce que je suis. Je puis alors essayer de gommer, si ce n'est les effets de l'âge, du moins le premier effet de l'aberration, à savoir la discrimination sociale — l'âgisme. Ne me sentant pas *encore* vieux, je vais tout faire pour me distinguer des *déjà* vieux : suractivité physique et intellectuelle, réticence à la sédentarité, remise en cause les habitudes, youplaboumisme épanouiiii. Puis vient la fourbure, fatigue irréversible aux courbes décroissantes. Plus encore avec elle qu'avec la retraite, le travail s'essouffle, le corps s'assagit, se délitent la langue, le tempo et les fougues. L'âgisme nous exclut du projet de vie que la société occidentale préconise aux normopathes, ces consommateurs valides et prototypiques de sept à soixante-dix-sept ans. — « *Mourez, nous ferons le reste.* » (Pub des pompes funèbres.) Âgisme des médecins *speedés* d'expédier les petites vieilles pour des patients plus frais ; âgisme des intentions par trop protectrices des proches, de la condescendance gênée des passants qui laissent poliment la place et se tiennent à distance ; âgisme de ceux qui coûte que coûte nous encannent, nous téléalarment, nous natellisent, nous satellisent, nous virtualisent. Vivre devient alors notre handicap moteur et relationnel. Plus je fuis les stigmatisations, plus ces évitements accentuent ma fourbure et font que ma vieillesse me colle à la peau, me pénètre jusqu'à l'os, me désengage et me dégage. Le néocannibalisme ne veut pas de vieux. L'aberration initiale sonne donc le tocsin du déclin de ma dignité dans un monde hostile aux fins de carrières, monde qui me reléguera à l'annexe de ceux que l'on s'évertue d'aimer, ou plutôt de *feindre d'aimer*, parce que nous péricliterons tous un jour. Pour solidarité ultime, le troupeau me remercie et m'oblige à prendre congé. Âgisme des automodébiles que ma conduite prudente exaspère ; âgisme des faiseurs de bus, marche surélevée et chauffeur vénère ; âgisme d'une société ségrégationniste qui, par sa propagande jeuniste à tous crins, fait de la vieillesse une crise impréparée et brutale, un réaménagement *mordicus*, une déprise immaîtrisable et déprimante. Quand les Chinois âgés sont révérés dans leur ville et ont été accompagnés par la médecine préventive pour qu'ils adaptent progressivement leur énergie à la fragilisation de leur corps, les Français âgés sont fourbus, accablés de palliatifs et démotivés par leur entourage. Leur seule obsession est d'économiser le jus de jeunesse qui leur reste pour conserver le plus longtemps possible leur autonomie, condition de leur salut parmi les hyènes. Les âgistes sauront néanmoins les en priver. On leur fera croire qu'une vieillesse réussie passe par la flexibilité des rôles, l'attitude volontariste qui consiste à compenser la fourbure en jouant par exemple la mémé gâteau pas gâteuse, le vieux chnoque vachement citoyen, le gentil jardinier en tongs. Grâce à la sinistre démission des politiques publiques et des cellules familiales — éclatées par la compétition globale —, les personnes « *inflexiblement* » âgées sont ainsi tenues pour responsables de leur exclusion du marché du travail, de la modernité hargneuse et incivile, des plaisirs calmes. L'âgisme est bien le gérontocide virtuel de la postmodernité, dont la doxa prive de noblesse les troisième et quatrième âges. Quand on n'ignore pas l'âge ignoble — comme dans l'Allemagne actuelle où les vieux sont légion —, c'est par impératif commercial, non par devoir moral. S'ils ne permettent pas de faire du fric, ils ne servent à rien et sont bons pour la casse. Casse virtuelle, s'entend ; euthanasie sociale avant l'heure, grâce à un rejet de la communauté à tous les niveaux et un tétonnement ultime, fondé sur leur émoussement des trémoussements ou la viagraïsation de leurs ébats. L'*apartheid* néocannibal claustre les vieux hamsters à double tour ; dehors : sexe, hystérie et pollution. La sexolâtrie est une ruse : elle fait du sexe la définition de la jeunesse, ce qui lui permet de bannir les vieux de la ville. Ces derniers se réfugient dans leur *home sweet home* à mesure que le sexe s'étale sur toutes les faces et les façades. La TV, de fenêtre d'abord, deviendra le réceptacle de leur matière grise excédentaire, puis un bourdonnement funéraire, un linceul hertzien recouvrant leurs dernières lueurs. Un bruit de fond, un puits sans fond. La mort du conjoint les y abîme, les émissions les consolent en les décervelant. Comment se commander soi-même quand le libre arbitre se voit réduit à quelques grammes de pression sur la télécommande ? Malgré l'obésité croissante, les vieux, dans l'Occident moderne, ne font pas le poids.

451

Le sexe euthanasique. — La fourbure est le fruit d'une fourbe oppression, le consensus des fils pour trucider pères et mères et s'immuniser contre le désir de solidarité que l'authentique abandon fait naître.C'est dans la vieillesse lucide et responsable que réside aujourd'hui la vraie subversion. Le néocannibalisme régressera à mesure que les petits vieux cultiveront du mépris envers le jeunisme sexolâtre, garderont une dent dure envers les ogres. Si le sexe est utilisé contre eux comme un épouvantail pour qu'ils sortent de la scène des vivants, à eux de se réapproprier l'autorité ardente de l'amour et de se cramponner à l'Être jusqu'au bouquet final !

452

Charpi-Charpo. — La luxuriance illaborative est l'authentique pouvoir ; le seul auquel on puisse se laisser aller sans trahir à l'insubordination foncière du corps. La perversité est au contraire un pouvoir *élaboré* dans la crispation, la clownerie, la rancœur — une impuissance à séduire sans aliéner. D'où vient alors cette impuissance ? — De l'inamour, rencontre crispante de l'enfance avec le mourir. Sans nous abandonner à la mort, à la mère, à l'amour, le pouvoir nous échappe ; — le pouvoir nous écharpe. La peur de nous abandonner à la peur nous maintient à vie dans la peur d'aimer.

453

Store War. — La leçon crispante de Yoda (maître Jedi en forme de gnome) au jeune Luke Skywalker (veuches-blonds-yeux-bleus puant la céréale) : « *Le pire ennemi est en toi ; il faut dominer ta colère et ta haine.* » Sagesse de la constriction, de l'Abcès. Sagesse judéochrétienne du douloureux remords, de la rognure interne, de l'enkystement. Sagesse menant à l'insurrection du corps autojugulé — au cancer. Sagesse optimale du troupeau, du noyé qui s'enfoule. Sagesse qu'USA™, sous l'arbitral hospice de Hollywood, recommande aux pays en passe de se faire globaliser : « *Le socialisme est en toi ; il faut mater ta justice sociale et ton anticapitalisme.* » Sinon tu te transformes en Darth Vador, le grand nazi calme, squelette casqué au bord du souffle ultime. Le terroriste, le dictateur, l'autre axe, l'étranger. Cocasse collage : d'un côté, Darth Vador (« sombre père », en lucassien) paraît parfaitement en paix avec lui-même ; de l'autre, il est proclamé *hyper-speed* et sans *self-control* puisqu'il a basculé du « *côté obscur de la Force* » — le côté des méchants excités. Ce « monstre » n'affiche pourtant ni colère ni haine, mais au contraire une quiétude impériale jusque dans le duel, tandis que son adversaire s'énerve, fait des caprices et des acrobaties, frappe comme un enragé en braillant comme une teigne. Le nain vert conseille donc à la turbulente blondinette d'atteindre l'ataraxie et le flegme impavide de son père — son meilleur modèle. Ainsi l'américanisé accompli réussit-il à devenir un Darth Vador sans *look* diabolique, un clone du Mal sous un masque bonhomme. « *L'Air Force est avec toi.* » Voici alors la sapience subversive que la néorésistance préconise aux vrais rebelles du commerce galactique : « *Le pire ennemi est en toi ; il faut surmonter ton suivisme insolidaire et ta résignation.* »

454

L'asymptote ou la mort. — L'enamour, l'épanouissement, est une disharmonie n'en finissant pas de tendre vers l'harmonie, une dysphorie n'en finissant pas de tendre vers l'euphorie, une distance n'en finissant pas de tendre vers l'instant. Dès que le *comfort* est là, dès qu'il n'y a plus rien à désirer : désamour, étiolement.

455

Trop tard. — Ta hantise, peur de la peur, ton indéfectible crispation : perdre ta mère et ses environs.

456

Prise de tête. — Il y a plusieurs manières de prendre un mâle : par la queue, par les couilles ou par les cornes. Ou encore par les oreilles, comme les lapins.

457

Intensions. — La douleur n'a pas de bornes. La douceur non plus.

458

Tout rouge. — Naître furieux de quitter le ventre ; vieillir en perdant la physiologie des rages. Conglutiner au fur et à mesure les crises atrabilaires vers la crise cardiaque. L'existence est un fatal processus de décolérisation.

459

Trois fois rien. — Qu'est-ce que la passion ? — Désirer désirer désirer. Qu'est-ce que le désir ? — Vouloir vouloir vouloir. Qu'est-ce que la volonté ? — Aimer aimer aimer. Qu'est-ce que l'amour ? — Haïr haïr haïr.

460

Dialogue. — La femme : « *Me briseras-tu le cœur ?* » L'homme : « *Vraisemblablement. En tout cas j'aimerais le réduire, ce cœur immense.* »

461

Probabilités. — Enfant victime d'attouchements ou d'abus sexuels : 1/10. Tentative de suicide d'un mineur consécutive à la séparation de ses parents : 1/10. Femme ayant déjà subi un viol conjugal : 1/10. Femme sexuellement délaissée après six mois de vie commune : 1/10. Femme battue par son conjoint : 1/10. Conclusion — les estropiés de l'exclusivisme : les femmes et les enfants d'abord !

462

Twice. — Si quelqu'un te gifle, tends-y l'autre joue. S'il récidive, donnes-y un coup de boule.

463

Cassetête. — Tabac : première cause de mort évitable dans le monde entier. Abandon : première cause de vie évitable dans le monde entier. Et dire qu'il y en a qui fument tout en s'abandonnant !

464

Western. — Cri de guerre des exclusivistes : « *Trust in me ! Just in me !* » Cri d'amour des inclusivistes : « *Nagawika !* »

465

Introspection. — Le sectarisme de l'intellectuel ne provient jamais d'une lecture trop péremptoire du monde, mais d'une lecture trop péremptoire de soi.

X

Sublime abîme

« Les gens tout doucement ont recommencé à prendre conscience d'eux-mêmes — visages hébétés qui récupérèrent leur dignité — oreilles qui se bercent de l'affaiblissement mesuré des notes — lointain, c'est un mot très beau — et ceux qui rouvrent les yeux sentent les flèches du soleil — tandis que les autres continuent à jouer, imperturbables, et à aligner un pas après l'autre chacun sur son fil imaginaire et rectiligne. »

Alessandro Baricco, *Châteaux de la colère.*

466

Modelage. — « *Quelle est la cause de la joie que procure l'amour ?* », demanda Kheirodore à Anagkaion et Okheutippe, ses modèles nus, tandis que des servantes les éventaient et massaient leurs muscles pour ne pas qu'ils s'ankylosent. — « *L'amour lui-même est cause de sa propre joie !* », répondit soudain l'artiste sans avoir laissé le temps aux deux athlètes d'ouvrir la bouche. Puis il reprit son maillet en main, son sourire en lèvres, et continua son travail en sifflotant. Anagkaion et Okheutippe se regardèrent, interloqués. — « *La pose !* », leur rappela Kheirodore d'un ton sévère. Aussitôt, les modèles reprirent leur position. Hormée arriva sur la terrasse et s'étonna : « *Okheutippe ! Je te vois bien curé de ta pudibonderie ! La courtisane Nûnon a dû faire un miracle, et la statue que Kheirodore fera de toi l'immortalisera !* » — « *Ne parle pas de cette Thalestris, de cette amazone de malheur !*, siffla Anagkaion sans tourner la tête. *Montre-nous plutôt comme tu es stupide en répondant à la question que vient de nous poser Kheirodore : "D'où vient que l'amour rende joyeux ?"* » — « *Anagkaion*, lui dit Hormée, *te voici pareillement guéri. Nûnon l'Excellente y serait-elle aussi pour quelque chose ?* » — « *Guéri de quoi ? De ses sarcasmes, c'est certain ! Et bientôt des tiens si tu te figures que mon immobilité est immortelle et que tu persistes dans tes agaceries !* » — « *Une pose avec un autre garçon dans laquelle tu te laisses aller à quelques lascives accolades, cela ne te ressemble pas !* », insista Hormée. — « *Foudre Zeus ! Hormée, je vais me déposer sur toi que tu en ravaleras ces paroles !* », hurla Anakgaion en demeurant statique. — « *Réponds donc, calme Hormée*, dit Kheirodore. *Quelle est selon toi la cause de la joie amoureuse. Je viens de dire que cette cause est l'amour lui-même : il s'agissait bien sûr d'une boutade, mais ces deux-là n'ont rien compris !* » Anagkaion et Okheutippe se regardèrent à nouveau. — « *La pose !* », lança alors Kheirodore. — « *Vois-tu, sage Kheirodore*, dit Hormée, *j'aime, avant de répondre à une question, savoir d'où elle vient.* » — « *Mais elle vient de celui qui te parle en ce moment même*, rétorqua Kheirodore. *Un citoyen d'une quarantaine d'années, descendant de Briséis, comme lui artiste à ses heures perdues et tous les jours éperdu d'amour !* » Anagkaion et Okheutippe gesticulèrent sur place en riant aux éclats. — « *La pose !* », ordonna à nouveau Kheirodore. — « *La provenance d'une question*, dit Hormée, *n'est pas selon moi question d'interlocuteur, mais question de discours. "D'où vient-telle ?" signifie : "Quel chemin celui qui la pose a-t-il déjà fait pour y parvenir ?" Sans quoi, la question n'a guère plus d'intelligence que les pas d'un Thésée sans fil ou les rires de deux guerriers posant nus.* » Anagkaion et Okheutippe se regardèrent. — « *La pose !*, fit Kheirodore. *Soit, incrédule Hormée, je vais te faire part du dédale que nous empruntâmes, ces demidieux et moi-même, pour en arriver à la blague que je t'ai dite, à la suite de quoi j'exigerai une réponse. Entraîné par un Okheutippe soucieux de figer sa récente désinhibition dans la pierre, Anagkaion mit longtemps avant d'accepter de prendre la pose égrillarde que je leur commandais. Je sus l'en convaincre en lui disant qu'une telle statue enthousiasmera les filles et multipliera par deux le nombre de ses conquêtes, ce que je pense sincèrement. En effet, celles-ci se passionnent à la contemplation d'un homme capable d'abandon. Or le spectacle de deux surhommes qui succombent renforce nécessairement l'intensité de la défaillance virile ; l'émotion produite chez les belles atteindra dès lors le sommet de l'excitation. Okheutippe aussi y trouvera avantage : son sexe hors du commun deviendra peu à peu familier en étant exhibé sur l'agora, si bien qu'en quelques jours il n'étonnera plus personne. Les railleries auront toutes été épuisées, les peurs auront été apprivoisées. Les éphèbes et les concubines seront même piqués de curiosité quant aux potentialités érotiques de l'animal redevenu à leurs yeux humain, du barbare redevenu civilisé. Okheutippe me demande alors de lui divulguer mes secrets en matière d'ébats amoureux parce que, bizarrement sûr de mes talents en ce domaine, il se dit désireux de rattraper le temps qu'il a dépensé loin des femmes. Comme il insiste, je lui avoue que ma façon de faire l'amour ressemble à ma façon de sculpter la matière : je me mêle en l'autre au-delà de moi-même. Je m'étrange et rends mien l'étranger. Je fais de l'autre — personne ou argile — l'extension vibrante de mon corps. Je fais de mon corps — devenu* personne, *devenu argile — le réceptacle de vibrations imprévisibles et inconnues. "Comment y réussir ?", interroge alors Anagkaion. Je réponds que le succès m'est assuré dès que je cesse de vouloir. Or ce suspens de ma volonté advient quand je me plie à la volonté de l'autre, ou quand c'est la terre et la pierre qui se façonnent d'elles-mêmes en se servant de mon corps transporté, de mes yeux dans le flou, de mes mains agitées plus qu'agitantes. Mais Anagkaion a peur de se soumettre à l'autre parce qu'il craint que l'autre profite d'une position de faiblesse pour le subordonner. Je lui réponds alors que sa peur est une infantile crispation. Comme je n'ai aucun goût pour l'esclavage, je réussis à me plier à la volonté de l'autre dans la mesure où l'autre se plie pareillement à la mienne. Et puisque je me donne à l'autre grâce à la disparition éphémère de ma volonté et qu'il se donne à moi par la disparition éphémère de la sienne, il n'y a dès lors plus aucune volonté pour régir notre étreinte : elle est abandon pur. C'est pourquoi je ne succombe pas à une volonté extérieure ni à ma volonté propre : je m'étourdis à l'étourdissement de l'autre. L'un en l'autre, nous nous entremêlons sans vouloir atteindre une forme : la forme est l'entremêlement lui-même, elle se déploie librement. Faire l'amour, ce n'est donc pas faire : c'est se laisser faire. Mais le « se » est encore ici trop personnel pour signifier l'oubli de soi-même. Faire l'amour, c'est plutôt laisser faire, laisser être. Laisser danser le démon du désir sans chercher à revenir à soi. Hélas ! Ma tentative d'explication déplut à mes modèles ; ils réclamaient des conseils pratiques pour enflammer les filles. Ils pensaient l'étreinte en termes de savoir-faire, le plaisir en termes de profit, la vibration folle en termes de clinamen, les arômes en termes d'atomes, les caresses en termes de recettes, les baisers en termes de stratégie excitative, et finalement l'amour en termes de cause et d'effet. Comme je n'entends rien à cette logique, je leur posai la fausse question suivante : "Quelle est la cause de la joie que procure l'amour ?" Dis-nous maintenant, paisible Hormée, quelle serait franchement ta réponse ? » — « À présent que j'ai suivi les détours de ta question, il me suffit à moi aussi de me laisser aller à leur labyrinthique cheminement pour pouvoir te satisfaire. Tu n'auras pas à t'impatienter, Kheirodore : la beauté de tes vérités fait ma foulée bondissante et me rend rapide. "Quelle est la cause de la joie que procure l'amour ?", demandes-tu. Afin d'éviter l'impasse, je tournerais autrement ta question : "Pourquoi l'amour rend-il heureux les amoureux ?" me semble plus convenable. J'aurais alors envie de répondre : "L'amour rend heureux parce qu'il nous rend vivant". Nous l'étions bien sûr avant d'être amoureux, sans quoi l'amour n'aurait pu nous enchanter le corps. Mais une vie sans amour est, comme tu l'as dit toi-même, une vie qui veut. Une vie concentrée sur elle-même, une vie absorbée par elle-même. Et que veut une vie qui se regarde vivre ? Elle veut d'abord ne point mourir, c'est-à-dire se maintenir à l'identique, voire s'améliorer. Elle veut prolonger ses effets dans l'espace et dans le temps en évitant les dangers, en prévoyant les infortunes. Cette vie soucieuse d'elle-même, Kheirodore, a justement cessé d'être vive, souple, inventive et aventureuse. Cette vie narcissique n'est plus une vie : c'est une préoccupation ! Un bloc de marbre qui fuit le sculpteur par crainte d'être fissuré ; une œuvre potentielle en attente de l'artiste qui la fera émerger de la matière brute. Or l'amour redonne à la vie son audacieuse phantaisie, son invouloir, sa vitale défaillance. Vouloir aimer, c'est encore vouloir. Il faut au contraire, dans les deux sens, se laisser aimer. Plutôt que de vouloir le bonheur, le bénéfice, le contentement : oser ne plus rien vouloir, se laisser poursuivre. L'amour est joie parce que en s'oubliant en l'autre, la vie oublie la mort terrible ; la vie se repose et renaît.* » — « *Du concret, par les Dioscures !* », coupa soudain Anagkaion. — « *La pose !*, mugit Kheirodore. *Hormée ! Hormée modèle ! Ta réponse emprunte de somptueux corridors ! Pourrais-tu seulement la condenser en une seule phrase afin de clouer sur place ces deux turbulentes ?* » Interloqués, Anagkaion et Okheutippe se regardèrent du coin de l'œil sans ciller. Hormée s'approcha alors d'eux et massa leurs larges épaules en susurrant : « *Ce qui importe, ce n'est pas de trouver de la joie dans l'amour mais plutôt, lorsque nous aimons, d'y mettre toute notre joie.* »

467

Abondance de l'abandon. — Afin que les crispés et les clowns cessent de s'en effrayer, il semble opportun de leur démontrer que le don de soi n'équivaut pas à la perte de soi : il n'y a pas plus fécond que l'abandon. Toute prolificité, d'ailleurs, procède du lâcherprise. Laissez être l'Être, et il engendre spontanément les conditions optimales de son épanouissement à travers votre personne. L'étiolement ne relève donc pas d'un mouvement fâcheux de l'Être qui, en suivant son cours, flétrirait arbitrairement votre corps ; il est au contraire la tentative désespérée de votre corps de décider au lieu de désirer, de penser au lieu de danser, de comprendre au lieu de s'éprendre — Procès. Dès que vous vous entreprenez vous-même, l'étiolement menace d'accroître votre stérilité. En revanche, si vous agissez toujours par abandon, par contemplation, par la volonté de ne plus *vous vouloir*, alors votre être s'épanouit, votre énergie s'abreuve aux sources naturelles, vos épaules se détendent, votre voix s'équilibre, une souplesse tiède vous atteint jusqu'au souffle. Vous vous enrichissez du monde en l'épousant. La création artistique « procède » non par Procès, mais par abandon. La récréation donne libre cours aux élèves et, dans la cour, toutes les couleurs humaines, tous les jeux et toutes les passions s'illaborent. De même, la procréation devrait idéalement naître d'un véritable mélange. « *Maman, comment qu'on fait des bébés ?* » — « *Dans un soupir, ma chérie. Dans un soupir...* »

468

Quanta soi. — Subodorez-vous les uns les autres sans jamais vous subordonner ! Laissez faire l'amour et vous assisterez à l'illaboration fractale de la masse humaine. Encore faut-il aimer l'amour, s'y abandonner sans entreprendre d'en réglementer le cours. La règle, c'est l'amour transfigé en Amour, le flux de nos désirs vanifié par nos vanités, solidifié par nos terreurs. L'illaboration tient par la sensuelle évidence qui la parcourt, non par les lois qui la fossilisent. Aucune législation ne trace la régularité du cristal — le chaos seul y préside ; de l'« anarchie » naturelle émerge l'agencement optimal. De même, la dévolution humaine ne connaît pas d'*arrêt*. Dévolution aléatoire ; dévolution respiratoire.

469

Contrôlat. — Les *lieutenants* de l'utopie-là scellent le Système. Les clowns résignés le bêlent. Les néorésistants facétieusement le fêlent. Fêler le pilier concentrationnaire en réinvestissant de notre être le sens de l'émotion véritable : s'abandonner. Fêler le pilier discrétionnaire en refusant la mal-vie sous antidépresseurs, les psys zootechniciens, les cris étouffés, étranglés, rentrés : s'abandonner. Fêler le pilier insécuritaire en boycottant les maniaques de l'audimat, en dépassant xénophobie et mondialophobie, en sortant de son trou : s'abandonner. Fêler le pilier doctrinaire en formant les enfants au jugement critique, en préférant la culture alternative aux grands pontes de la doxosophie globaliste, en philosophant depuis le corps : s'abandonner. Fêler le pilier judiciaire en combattant la sinistrose par la dévolution et l'Oxymore par la révolution, en se politisant : s'abandonner. — « *Voici l'unique mission au Monde,/ Celle-ci : exister clairement/Et savoir le faire sans y penser.* »

470

Lover does. — Aimer, c'est haïr la superficialité d'autrui. Haïr, c'est aimer la profondeur d'un tel amour. L'abandon mélange l'amour, et la haine tire son intensité de ce mélange puis le transcende. Aimer haïr, haïr aimer : dialectique de la succombance.

471

Taite bêche. — Le fameux 69 ! Théoriquement affriolant, pratiquement nul. Preuve en tout cas que déconcentration et concentration sont simultanément inconciliables. Le moindre Procès intenté contre la succombance la condamne tout de suite et la brise en deux.

472

Rayon d'action. — L'abandon a pour vocation de servir la présence.

473

Magicien. — Ose être !

474

Énergie. — La succombance est une défaillance *positive*, autrement dit vitale.

475

Otherness. — Illaborer : agir et créer par nonagir, par abandon. La démiurgie n'est pas un acte volontaire, mais l'état fécond de celui *qui se laisse désirer.*

476

Sélection naturelle. — Accompagné de Thaumarque et de Basilère, Anagkaion provoqua un jour Hormée qui rêvassait sur l'herbe : « *Dans le corps à corps, je te broie, car je suis plus fort que toi. Dans la polémique, je te ridiculise, car je suis plus vif que toi. Dans les affaires, je te brade, car je suis plus riche que toi. Dans la bacchanale, je te débauche, car je suis plus viril que toi. Quoi que tu entreprennes, je te supplante en tout.* » Hormée répondit tranquillement : « *Et dans l'abandon, me devances-tu ?* » — « *Foudre Zeus !*, s'exclama l'autre. *Ce sont les nouveau-nés que l'on expose ! Ce sont les chiens que l'on abandonne !* » — « *Ce sont les vrais maîtres qui s'abandonnent* », dit Hormée. — « *Ha ! ha ! Maîtres de quoi ?*, demanda Anagkaion. *Docteurs en paresse ! Je suis un homme d'action, moi ! J'abandonne l'abandon aux somnolentes de ton espèce !* » — « *N'y a-t-il pas, Anagkaion, autant de force à se démener qu'à s'abandonner ?* » — « *Eh bien ! Quelle est ta force, Hormée ? Montre-la un peu pour voir !* » — « *Voici.* » À ces mots, Hormée bâilla yeux plissés, sourit à l'énervé, puis s'endormit profondément en gardant son sourire.

477

Allô Papa bobo. — Ils s'éjouissent des plus archaïques affolements, tremblent de toute leur chair de s'y sentir engoncé jusqu'à l'âme. Ils pleurent sur les blessures de leur Dieu ou de Son Prophète, croient Sa parole infaillible, font du doute l'ennemi de la foi. Pourquoi mortifient-ils ainsi leur corps et leur intelligence ? — Ils appellent « Diable » la Femme, et comme s'abandonner à elle est au-dessus de leur ferveur, ils ont eu le génie de *systématiser* leur peur en une somme superstitieuse qui fait de la décrispation un « péché », et de la gynophobie la suprême idole. S'ils déifient leur sainte Frousse, c'est donc pour mieux rabaisser la frayeur que leur inspire la femme, justifier leur refus de la défaillance, déprécier l'immaîtrisable passion qu'ils n'auront jamais le courage de vivre — parce que maman leur a fait maintes fois défaut depuis leur naissance et que, partant, ce qui incite à l'abandon est pour eux ce qui risque de les trahir en plein bonheur, d'invalider leur foulée vers l'extase. Aussi prirent-ils une divinité couillue. Aussi la prient-ils pour qu'elle les sauve du Mal, de la tentation, des transports, jusqu'à l'occultation béate de l'angoissante figure maternelle (dont la séparation est la première déchirure, et l'absence la première crispation) par le Papa toujours consolant. Dépassement ? — Déplacement. Vengeance de mômes contrariés de voir leur mère mépriser leurs petites merdes merveilleuses. — « *Plus amère que la Mort est la Femme.* »

478

Dépubtréfaction. — Afin d'ôter à la marchandise sa valeur symbolique, il convient de rendre fous les publicitaires. Boycotter si rigoureusement les bidules promus par les exhortations pubeuses que la moindre promotion-émotion équivaudra à un suicide financier. Pour rester compétitive, l'entreprise changera d'éthique : « *0 % de pub !* » Face au boycott collectif contre la pubtréfaction des cervelles, la publicité-zéro deviendra paradoxalement la meilleure façon de faire connaître un produit. Des magazines d'*information* sauront en détecter le *vrai* rapport qualité/prix et le comparer rationnellement aux autres produits de son espèce. Ils en informeront les consommateurs — enfin publiphobes !, enfin démarqués !

479

Charité charnelle. — L'ennuyeux, avec l'abandon, c'est qu'il est logiquement impossible de *forcer* quelqu'un à se détendre et à s'éprendre. Que faire alors pour sortir le crispé de sa crispation ? — Le *toucher.* L'aimer jusqu'à ce qu'il ose nous envisager ; l'envisager jusqu'à ce qu'il ose nous aimer. La générosité est cette attitude qui libère le clown de son imprésence en lui proposant un contact fait d'évidence, d'enthousiasme et de respiration. Inonder de chaleur humaine l'étiolé au masque blême. Résorber sa lividité fuyarde par l'ardeur diffractée de notre présence. Lui rendre son charme, ce petit rire dans l'œil qui ouvre grand le corps.

480

Plongeon. — Peu importe le point de chute, pourvu que la chute soit *libre.*

481

Impératif de la virilité. — Ne jamais demander à une femme ce qu'elle ne peut déjà plus nous refuser.

482

Mec plus ultra. — Si l'amazone hait la fausse modestie, elle apprécie en revanche une pointe d'autodérision. Elle ne veut pas de menteries mondaines ; elle veut, comme toute femme épanouie, générosité subtile et largesse humaine. Mâle est celui qui ne sait pas rire de lui-même ; viril, celui s'abandonne à lui même avec la spontanéité du rieur sûr de sa joie, du viveur franc dans son allure, du danseur sensuel... malgré lui.

483

Hissez haut ! — L'art est le fait d'*irréductibles*, comme la grande piraterie.

484

Trêve. — Halte-toi de succomber, le temps stresse !

485

Du pain sur la planche. — À voir les petits vieux encore tout éblouis du monde, réussir à aimer la terre entière, c'est certainement cela, réussir sa vie.

486

Toujours déjà. — L'abandon ne se nie pas : il s'abandonne.

487

Un froid entre nous. — Penser en briselame : faire fondre la glace, et si elle résiste, la fendre. Atteindre l'autre en s'immisçant dans ses failles, le décongeler de l'intérieur.

488

Recolérisation. — Sortir du collatéral marchand, sortir de la clownerie : ne plus dépendre — s'éprendre.

489

Borné. — Un clafoutiste taquine Bob Marley : « *Que dois-je faire selon vous pour devenir rasta ?* » — « *Toi, commence d'abord par renaître !* »

490

Laisserêtre. — On ne peut s'abandonner qu'en aidant les autres à s'abandonner, et ne les y aider qu'en s'abandonnant.

491

Leurres. — Le langage est provocatoire : grâce à lui, un monde nous frôle. L'art est incantatoire : grâce à lui, un monde nous enrôle. Le capital est évocatoire : à cause de lui, un monde nous engeôle.

492

Des rires et des chants. — La Constellation n'est pas l'*Île aux enfants*. Ou alors Casimir est un néorésistant anarchosocialiste et un fieffé libertin ! — Un monstre gentil ?

493

Porte-à-faux. — L'abandon s'inscrit en faux contre la mort.

494

Lacannerie. — Aimer, c'est rendre à quelqu'un ce qu'il ne nous a jamais donné, sans même savoir ce que c'est ni si nous le détenons vraiment.

495

Eux = « Aime » c'est deux. — La Constellation refuse de faire de l'amour une mascarade ou un absolu. Elle veut au contraire préserver l'amour dans sa *relativité* essentielle. « *L'amour ? Il est trompé, fugitif ou coupable* », précise Chateaubriand ; en d'autres termes : exclusiviste, inclusiviste ou sacré.

496

Ordonnance. — La crispation ne guérit pas : elle se soigne. L'abandon ne se prescrit pas : il se gagne.

497

Chacun son job. — L'être abandonné appelle Dieu au secours. L'être abandonnant fait ses adieux. L'être s'abandonnant crie : « *Mon Dieu !* »

498

Quadrature. — Viser au-delà de Dieu : l'art. Viser au-delà de l'art : l'abandon. Viser au-delà de l'abandon : la mort. Viser au-delà de la mort : Dieu...

499

De l'art ou du cochon. — Le mot « artiste » a connu une extension élastique depuis les surréalistes. Mais l'élastique a claqué, à force de distensions qui n'emportaient qu'elles-mêmes. Le temps de l'art thumétique est venu : faire renaître les corps en leur présence, vaincre pour cela la mort, en rouvrir les brèches et, pour cela, cultiver l'attention existentielle, développer la présence d'esprit, retrouver l'impérieuse urgence du devoir — sans quoi la mort se caramélise et notre vie avec. L'art et les pubards partent de la même maxime : « *Tu dois te rendre heureux !* » Mais ne nous y trompons pas : l'un appelle à emprunter le chemin de l'Être — les autres, celui de l'Avoir. L'artiste brave la mort et nous jette dans l'arène, à ses côtés. Le pubard agite la mort comme un épouvantail afin d'écouler sa came, proclamée curative. Corrida d'artiste : la mort est le taureau ; l'œuvre est la cape ; le torero, la condition humaine. Corrida de pubard : le bidule est la cape ; le consommateur est le bœuf ; le torero, la mort. Oui, il ne s'agit plus d'une corrida, mais d'un abattoir. Un abattoir enrobé de paradisiaque et de cochoncetés glamours pour dissimuler ses litres de sang. Cessons donc de hisser au rang d'artistes les clafoutistes (ré)créatifs ! — nouveaux matons de l'occupation marchande, cul et chemise avec les vrais bourreaux. L'artiste torée avec la mort et nous donne les banderilles. Le pubard, lui, gagne grassement sa vie à nous casser les oreilles et bouffer les couilles.

500

Test. — Passée au prisme de l'Avoir, la lumière de l'amour se focalise sur un seul point et rend jaloux celles et ceux qui gravitent dans son ombre. Passée au prisme de l'Être, elle se démultiplie en un feu d'éclats et de rayons. Partant, pour savoir si votre façon d'aimer a partie liée avec l'exclusivisme, faites naturellement part de votre amour pour X à de récentes connaissances, puis observez leurs réactions. S'ils se montrent curieusement cyniques ou désagréables, vous aimez de façon exclusiviste. Si par contre ils se réjouissent chaleureusement pour vous, vous aimez de façon libérée. On ne pardonne pas un amour exclusif (ou, dirait Fourier, « *insocial* ») car il dévalorise les attaches de moindre importance. En revanche, la luxuriance de qui aime et se sent — grâce à cet amour — capable d'aimer la terre entière profite à tous et réconforte. La brillance de l'œil annonce toujours la fièvre. Aimer dans la possession éteint tous les regards ; aimer dans l'abandon les ravive.

501

Kabbale. — « *Les Chiliens sont de grands enfants. D'ailleurs, dans "Pinochet", il y a "hochet".* » Démonstration plaisante de Pierre Desproges. Voici une théorie paranormale de la même veine — ou presque — et qui ne manquera pas de plaire aux jeunes en quête de frissons fantastiques : dans le chewing-gum à la *menthe*, il y a du mensonge. Acharnez-vous sur un mot, il existera ; un nom, il s'incarnera ; une prière, elle s'exaucera. À chaque langue apprise, votre aura se déploie, vos pouvoirs s'étendent. Vous accédez aux mondes parallèles, aux énièmes dimensions. Magie incantatoire des corésonances, que le mage du langage, le phénoménologue des mots, le rappeur virtuose et l'écrivain sorcier révèlent. Démiurge, le poète qui joue avec le(s) sens comme le neurologue avec les hormones, le généticien avec l'ADN, le physicien avec l'atome, le pyromane avec le feu. Démiurge, celui qui fait et défait le réel et invite ceux qui vivent sa langue au grand sabbat de la foudroyance verbale. Le monde n'est pas structuré par le langage : il *est* le langage, il n'est même que cela. Perdez les mots, et vous perdez conscience ; votre corps se fond dans la masse informe. Perdez la formule, et votre être même vous *trahit*, et votre présence s'évanouit dans l'informulable. Depuis Barthes qui conseillait Publicis pour beurrer ses épinards, les pubards ont compris la magie noire du Verbe et ne cessent de monter des cabales contre l'attention du quidam, ensorcelé. « *Sourire la vie* » — slogan envoûtant de Cocacola, boisson gazeuse dont le nom est lui-même né d'une intention d'hypnose. Pénétrer l'univers du sens semble le seul exorcisme possible. Il faut un peuple de poètes pour résister au monde unique et prêt-à-vivre confectionné par les démiurges du Système. Un peuple de poètes contre le chant des sirènes, contre la sénilité spectrale de la jeunesse, contre la hantise généralisée. Un peuple de poète pour « *jouir le monde* », selon la formule autrement plus prenante de Montaigne, notre mage à nous.

502

Pomme d'Adam. — Ils ont beau se partager le même fruit, la pomme d'un Français n'aura jamais la même réalité que l'*Apfel* d'un Allemand. Le mot « pomme » structure notre expérience de la pomme. Onomatopée brève, sourde, ronde et rebondissante : c'est la pomme qui tombe de l'arbre, intacte, souriante et pleine. L'allemand, lui, la rend juteuse et croquante : « *der Apfel !* » — il la mord déjà à pleines dents. Car avant même d'*évoquer* un champ sémanticoculturel propre à la langue, le mot *provoque* la chose : il la fait surgir du néant, il lui donne son être, son style, sa *Stimmung*. Le signifiant ne convoque pas seulement le signifié : il l'informe. Magie pure.

La langue a cela de vivant qu'elle expérimente une réalité toujours déjà façonnée par elle. Une langue morte exhibe les vestiges d'une réalité fossile. L'histoire de l'homme commence avec le Procès que l'aptitude symbolisatrice lui permet d'instruire sur ce qui l'environne. Dire le monde, c'est le faire naître dans sa constance tout extérieure — c'est s'en abstraire en le concrétisant. L'ériger en face, s'en mêler sans s'y mêler. Dire (par le geste, la voix ou l'écrit), c'est distinguer et se distinguer. Le signe linguistique est un arbitraire qui *fait* nécessité. Parce qu'il est préformé pour un milieu donné, avec une adaptabilité réduite, l'animal se contente de quelques signaux, tout juste suffisants pour maintenir une distance entre lui et l'étrangeté du monde, que ses cris ou ses mouvements élaborent spontanément. Les loups ne hurlent pas à la lune ni ne répondent à aucun appel de la nature : ils créent d'instinct, par leurs plaintes, un monde à leur mesure. Le langage ne fabrique pas le sens de ce qui est, mais la réalité elle-même. L'Esquimau qui peut nommer la neige par une dizaine de nuances différentes ne voit pas (ne vit pas) la même neige que nous, même si nous la foulons à ses côtés. Il marche dans une autre dimension. Formidable incitation pour l'apprentissage des langues : il s'agit de devenir apprenti sorcier, d'ouvrir d'autres dictionnaires et d'y découvrir de nouvelles formules ! La « mer » française tient de la *mère*, douce ou terrible, nourricière engloutissante. L'anglais « *sea* », en revanche, invite d'emblée à la contemplation (« *to see* », « voir »). La séparation processive du signifiant et du signifié, de l'affectif et de l'effectif, fait que des marins français et anglais naviguent certes sur la même entité. Nées de cette séparation même, leurs pensées parviennent à s'accorder ; mais leurs corps n'éprouvent pas la même chose. Qu'un cowboy donne son cheval à un Indien, et c'est un autre cheval. En deçà de ce que le cheval ou le don représentent dans la mythologie personnelle des deux hommes, *simplement en passant d'une langue à l'autre*, l'être-cheval change d'état, la chevalité se métamorphose. L'objectivité est ainsi le résultat d'une abstraction intellectuelle qui désubjectivise le monde produit par le langage, le désacralise, en fige les échos et les sèves inouïes. Le scientifique, à l'instar du poète, crée des mondes — utopies « objectives » —, avec cependant la *prétention totalitaire* de nous y enfermer. Avant l'astronomie, nous vivions le soleil comme une boule toute proche et la terre comme une plate étendue. Les scientifiques ont incorporé à nos représentations leurs connaissances « objectives », et voici que le soleil lance ses canicules du finfond de l'espace et que l'horizon devient ce vulgaire plongeon de courbes de l'autre côté. Pour recouvrer l'instinct poétique, la démiurgie facile de l'enfant, il faut prendre la science comme un poème, non comme une destinée. Comme une autre matrice, un autre grimoire. Les grands scientifiques se gardent bien d'ailleurs de s'enfermer eux-mêmes dans leurs propres univers : Einstein, amateur de musique, pénétrait celui des violonades ; Newton versait dans l'astrologie dès que se terminait la saison des pommes. La religion, l'art, la science : autant de langues, autant de mondes. Autant de prises sur une réalité visée sans appréhension définitive possible, précisément parce que chaque prise nous en modifie les contours et la redistribue dans son intégralité. Réalité non pas fuyante ou mouvante mais bel et bien *mythique* : tas de fables. Plus on explore des langages, plus on voyage. La sorcellerie langagière n'advient qu'à partir du moment où la langue apprise devient réflexe, coïncide avec tout notre être, peut fuser sans préalables ni réflexion. Quand c'est le corps qui parle. Dans ce cas, s'exprimer dans une autre langue revient à accéder à un nouvel horizon *ontologique*, se doter de nouveaux pouvoirs de construction et de déconstruction. Et ce basculement fait basculer l'expérience littéraire elle-même. En français, le *Cantique des cantiques* est intellectuellement satisfaisant ; en allemand, il secoue toutes les larmes du corps. — Traduire n'est pas trahir : c'est changer de destination.

503

Restitution. — La phénoménologie nous abandonne au donné ; la thumétique nous redonne la mort, l'abandon.

504

Envol. — Je m'abandonne : Je(u) me volatise.

505

Crise. — Infusion du nonêtre dans l'expérience, l'abandon spécifie l'Être, et le Néant.

506

Annihilation pornophile. — La sexolâtrie, verrouillage de l'utopie-là utilitariste, scissionnaire et totalitaire virtualisation des solitudes. Le corps sans failles, sans défaillance — le corps-machine. La mort du corps, sa désincarnation triste. Le corps humain *existe* sur le mode du succomber.

507

Rencontres. — L'amour non réciproque est névrose. Tu lui prends tendrement la main — sentimental instinct ! Encore fallait-il qu'elle se laissât caresser. Tu le regardes jusqu'aux tréfonds de sa présence — sentimental instinct ! Encore fallait-il qu'il se laissât sonder. Aimer, c'est s'abandonner au-delà de la terminologie affective, au-delà du « *Je t'aime* » ; et le don de soi nécessite le don de l'autre ou bien reste lettre morte. Si tu l'aimes et qu'elle ne t'aime pas, tu ne l'*aimes* pas *réellement* : tu veux la faire *tienne*, la soumettre à ta phantasmagorie — te l'octroyer. Nous aimons *stricto sensu* une certaine qualité de succombance que l'aimantation avec le Je(u) de l'autre rend possible. Être démesurément troublé par elle, c'est cela aimer. Et le trouble n'atteint la démesure que si elle désire entrer dans ton Je(u). S'aimer : communion de rires, de caresses, de bouches, de soupirs, de ventres, de désirs, de sexes. Communion en deçà de la peau et au-delà du derme ; irruption de l'autre, éruption en l'autre ; Accès, Excès — mélange. S'aimer : intensifier les rencontres ; approfondir non les habitudes, mais les libertés.

508

Réminiscence. — Comme Hormée proposait un morceau de grenade à Anagkaion, celui-ci refusa à contrecœur : « *J'aimerais bien goûter cette chair, Hormée, mais j'ai reçu une éducation qui me l'interdit.* » Hormée ne chercha pas à en savoir davantage et croqua dans le fruit juteux. Anagkaion dit d'un air dépité : « *Ça a l'air bon...* » Hormée acquiesça d'un mouvement de tête tout en continuant de se régaler. « *Vraiment, il fait si chaud...*, poursuivit Anagkaion. *J'y planterais bien mes incisives, j'aspirerais bien ce jus inconnu dont tu te délectes, mais ma mère n'avait pas le droit de consommer de grenade et elle m'a transmis je ne sais comment ce tabou. Idiot, n'est-ce pas ?* » Hormée acquiesça de nouveau. « *Quoi ? Tu ne dis rien ?*, lança Anagkaion. *Tu te moques bien de savoir, Foudre Zeus !, si le fait de me narguer en savourant ce fruit m'irrite ou non !* » Hormée, espiègle, lui fit un clin d'œil et termina lentement sa dégustation, finissant en se léchant les doigts un à un avec des « *Mmh !...* » de contentement, ce qui mit Anagkaion hors-de-lui : il trancha une grenade en deux violents coups de dague, saisit un quartier et le porta à sa bouche grande ouverte. Mais une main invisible le paralysa aussitôt dans cette posture grotesque ; il semblait lutter intérieurement entre le désir de croquer le fruit et une force contraire qui l'en retenait. Finalement, il se ravisa : « *Les pépins de grenade, m'a-t-on mille fois répété, sont fatals.* » — « *Je puis t'assurer qu'il n'en est rien* », répondit alors Hormée. — « *Peut-être pas pour ta complexion féminine*, dit Anagkaion, *mais pour les colosses de mon espèce, cela se peut. Aigre pour aigre, je préfère de loin les citrons !* » — « *Aucun rapport.* » — « *Et puis toutes ces graines, ce jus qui brûle l'œil, ces intervalles immangeables que tu recraches ou que tu tritures à t'en jaunir les ongles !... Ce fruit est bien celui de Hadès !* » — « *De Héra.* », rectifia Hormée. — « *Fruit du contrat conjugal forcé entre Perséphone et Hadès, n'est-il pas ?* » — « *Certes. Mais pour cela même, attribut de Héra, la protectrice du joug commun entre époux. Aristophane dit ainsi d'elle qu'elle garde les clefs du mariage.* » — « *Explique-toi !* » — « *Avec l'accord de Zeus, Hadès enlève la fille de celui-ci, Perséphone, laquelle a effectivement avalé un pépin de grenade. Hadès l'oblige donc à s'unir par contrat avec lui. Déméter ne sait rien du rapt de sa fille et se lamente de ne plus la revoir. Sa désespérance entraîne la disparition de toute vie sur terre. Voici alors que Zeus...* » — « *Assez !*, coupa soudain Anagkaion. *Assez ! Ce mythe n'importe pas au guerrier que je suis ! Perséphone est une garce, voilà tout. Une mère célibataire, de surcroît ! Liée à la mort parce qu'elle représente une menace pour la lignée virile, pour le pouvoir des pères !* » — « *Te voilà bien mycénien, Anagkaion !* » — « *C'est que les femmes doivent rester à leur place et les bâtards ne jamais hériter ! J'aime Démosthène et Appollodore en cela : leurs vues assurent l'ordre de la Cité, qui consiste en ce que les enfants soient destinés à perpétuer la maison paternelle et restent avant tout la propriété de leur père. "Les courtisanes, nous les avons pour le plaisir ; les concubines, pour les soins de tous les jours, les épouses pour avoir une descendance légitime et une gardienne fidèle du foyer." Une parole imbattable ! Sans fils légitime en effet, c'est-à-dire garanti par le contrat du mariage, à qui pourrais-je transmettre mon pouvoir ? Quant aux filles, si elles pouvaient choisir librement leurs prétendants, ne risquerais-je pas de voir ma maison associée à celle de mon ennemi ou à un mauvais parti qui en pillerait les richesses et le prestige ? C'est pourquoi le mariage doit relever exclusivement de l'accord entre le père et le futur époux. Ni Déméter la pleurnicheuse ni Perséphone la mangeuse de grenade fatale ne doivent être consultées : le mariage et la dot ne les concernent pas. Elles ne sont que des choses, des objets entre les mains du père, entre les mains de Zeus.* » — « *Tu es donc pour l'esclavage des jeunes filles et la tristesse des mères,*

Anagkaion. Tu es donc pour la mort de la vie. Car il est certain que la mère veut d'abord voir sa fille heureuse, et que cette dernière ne peut l'être qu'en ayant quelques raisons de s'épanouir auprès de son nouvel époux. » — « *Mais des raisons de bonheur, elle en a plus qu'il n'en faut ! Qu'elle se réjouisse d'enfanter, des fils de préférence ! Qu'elle se réjouisse de s'occuper de la maison et d'en protéger les biens quand le père travaille ou part à la guerre !* » — « *Anagkaion, tu sembles ignorer que Perséphone — ou Koré, comme on l'appelle souvent — se languissait de sa mère et refusait de se nourrir. Tu tais pareillement le fait que Déméter, harassée par la douleur d'avoir perdu sa fille, se désintéressait totalement de la fertilité des vivants. Les blés dépérissaient, les animaux cessaient de se multiplier et les hommes craignaient pour leur avenir. Au point que Zeus dut intervenir et décréta que Hadès devait relâcher Koré si elle ne voulait pas vivre avec lui...* » — « *... Mais comme elle avait entre-temps accepté de manger, on jugea qu'elle n'avait pas entièrement rejeté Hadès. Et par un accord avec Zeus, Déméter obtient le retour de son enfant pendant les deux tiers de l'année, en parfait accord avec le cycle des semailles et des moissons. Je sais tout cela, Hormée. Que trop, d'ailleurs ! N'oublie pas que ma mère a passé la moitié de sa vie à Éleusis, au sud d'Athènes, et qu'elle m'a bercé petit avec toutes ces fariboles ! Pourquoi donc crois-tu que la grenade me soit taboue et que, malgré ma volonté d'ivoire et d'or, je ne parvienne pas aujourd'hui encore à vaincre les travers que ses fables m'ont fait contracter ?* » — « *Tu perds là un goût inestimable, mon pauvre Anagkaion. Et puisque tu parais désireux de connaître le goût de ce fruit, qui dépasse en magie tous les citrons que tu as pu cueillir, je te propose de t'aider à lever ce tabou.* » — « *Ce serait danger, ce me semble...* » — « *Quel surpstitieux tu fais, Anagkaion ! Allons ! Délivre-toi de tes peurs d'enfant : mange une grinçante grenade !* » — « *Impossible ! Trop de choses font obstacle...* » — « *Débloque-les !* » — « *Comment faire ?* » — « *Comprends-les ! Que signifie mythologiquement, selon toi, un pépin de grenade ?* » — « *Hadès, Hadès, Hadès ! Je suis hanté, Hormée ! Je vois la mort partout : c'est un pépin de grenade !* » — « *Comment te mène-t-il à Hadès ?* » Anagkaion resta coi. Hormée lui proposa un quartier de grenade en lui faisant un clin d'œil. Anagkaion bondit brusquement en arrière, les mains devant sa bouche pour se protéger : « *Non ! Ce fruit symbolise le mariage forcé entre la jeune fille et la mort, entre Koré et Hadès !* » — « *Et qui dit mariage, dit ?...* » Les yeux exorbités, Anagkaion ne put répondre. Nouveau clin d'œil, nouveau bond : « *Non ! Ce fruit, c'est... c'est... c'est Héra !* » — « *Et en quoi Héra, la gardienne du mariage, te fait-elle peur ? Peur d'autant plus étrange que tu approuves le joug commun et la subordination de la femme en tout domaine, surtout domestique.* » — « *Y en a-t-il seulement d'autre ?* », blagua Anagkaion pour se détendre. Mais Hormée lui tendit le fruit de ses peurs et il sursauta : « *Dionysos...* » — « *Oui ?...* » — « *Dionysos est le fils de Koré...* » — « *Et ?...* » — « *... et de Zeus ! Houhouuu !...* » À ces mots, le colosse s'effondra en pleurant, poings au sol. Ses larmes pénétraient la terre grasse à travers les racines du grenadier. Complice, Hormée le réconforta en lui massant la nuque : « *Tu as touché là le cœur de notre enquête, mon brave Anagkaion. D'après le mythe orphique, en effet, Zeus viola Perséphone, sa propre fille. De cette union absolument illégitime naquit Dionysos, dieu auquel ta mère prêtresse vouait un culte. Héra, fulminante de jalousie, ordonna alors aux Titans de tuer Dionysos. Ces derniers lui tendirent un piège avec des jouets, le dépecèrent, le bouillirent, le rôtirent, le mangèrent. Il sera ramené à la vie par Déméter. D'autres disent par Rhéa. Je sais que ta mère, elle, enseignait qu'Athéna sauva son cœur et le donna à Zeus, qui le fit renaître tout entier. Le grenadier sur lequel tes sanglots coulent, Anagkaion, est né du sang de Dionysos, tué par les Titans sur la volonté de celle qui favorise les hommes dans le mariage : Héra. La grenade que tu ne veux pas avaler, c'est Héra, c'est le mariage que notre Cité préconise tant. Tu sens bien, du fond de ta propre statue, que le joug commun ne peut conduire qu'au viol de ses propres enfants. Une maison dans laquelle ils seraient la propriété du père est une maison envahie de Titans, d'ogres et de monstres prêts à les dévorer. La jalousie de Héra, goûte-la, Anagkaion. C'est le goût de la mort, il faut y goûter pour comprendre. C'est le contrôle absolu du corps des femmes et de leur destination, c'est la perte d'appétit, c'est la douleur des mères ! Une famille qui force les femmes à enfanter pour que le pouvoir se transmette de* *père en fils, pour que les filles deviennent des marchandises, pour que les parents soient obsédés par la filiation légitime, la perpétuation des honneurs, l'adultère et la servitude de l'autre, une telle famille fondée sur le rapt de Perséphone ne tient que par la hantise de la colère de Héra, l'épousemère par la bouche de laquelle la Cité commande aux foyers. Si le père ne viole pas sa propre descendance comme Kronos dévorait ses enfants, c'est parce que l'épousemère menace de se montrer terrible et d'en appeler aux ogres, aux mangeurs de bâtards, aux rivaux affamés. La famille perséphonienne est ainsi construite sur la terreur que s'inspirent mutuellement les parents. Une terreur d'État, qui repose sur l'institution du joug commun et remporte grâce aux mythes les assentiments des crédules. Dans le contexte oppressant de la promiscuité familiale, le père aimerait violer, écraser, avaler la lignée dont il est le propriétaire. Mais l'épousemère fait barrage et le met en garde : "Si tu leur fais du mal, prévient-elle, j'ai sous mes ordres une cohorte de Titans prêts à réparer tes dommages par la plus bestiale des violences !" Déméter, la mère éplorée, aimerait en revanche ne jamais devoir se séparer des enfants qui sont sortis de son ventre, les garder toujours à ses côtés, avoir toujours de leurs nouvelles, recevoir en permanence leur visite et leur affection. Mais Zeus fait alors barrage et la met en garde : "Si tu ne les laisses pas s'éloigner, prévient-il, je les enlèverai de toi et arrangerai à ton insu leur liaison avec la Mort !" La mère le met en garde : "J'en mourrai de chagrin ! Je serai infertile et me refuserai à tes étreintes jusqu'à ce que les sèves se tarissent et la vie meure sur la terre !" Le père surenchérit : "Je violerai alors ta propre fille !" L'épousemère, la légitime, intervient aussitôt : "Je ferai tuer l'enfant qu'elle aura de toi !" Le père : "Je le ferai revivre !" Voilà quels tourments voilés et sans fin agitent secrètement la famille perséphonienne, famille vers laquelle tu te diriges opiniâtrement, mon brave Anagkaion. Famille voulue pour tous et par tous, car la moindre dérobade signerait l'éventualité d'autres formes de contrats et l'effondrement possible de la propriété, de la jalousie, de la légitimité et de la bâtardise, valeurs sur lesquelles la Cité repose. Héra, la tutrice du couple, prévient dès lors contre ce qui serait funeste à la passation du pouvoir par engendrement légitime et contractuel, à savoir l'abolition de la haine entretenue, des comparaisons entre maisons, du commerce des jeunes filles, de la prétention des mâles. En outre, mon brave Anagkaion, notre Cité est une Cité guerrière, dont tu es la meilleure graine ! Elle forme les âmes dès les premières années de leur venue au monde. Elle leur inculque l'esprit soldat, l'adoration de la discipline, l'absence de faiblesse à tout prix. Une telle Cité excelle tant dans l'efficacité des armes qu'elle ne se contente plus de repousser les attaques barbares : elle rêve d'envahir Athènes, d'assujetir les Cités environnantes et, en définitive, d'étendre jusqu'à l'Olympe le bon vouloir de sa démence ! Elle tue ses frères de langue, ses frères de sang, ses frères d'âme et de corps ! Pour en arriver à tant d'égarement et de surexcitation elle a dû entretenir l'envie de bataille et de revanche chez ses soldats, à toutes les étapes de l'existence : rivalité des enfants qui s'aiment spontanément et apprennent sur le tôt à se haïr, rivalité des parents qui se haïssent spontanément et apprennent sur le tard à s'aimer. Mais le plus beau stratagème de cette politique neikophile, de cette organisation qui* aime la haine *et offre le peuple en offrande à Hadès, son mécanisme le plus rusé tient dans l'instauration du joug commun sous l'égide de Héra la jalouse. Elle veille aux rapports normaux entre les sexes, autrement dit aux rapports licites, validés par contrats, conformément à une loi mythologique que les citoyens ignorants — et pour cela soumis — ne peuvent contredire. Elle punit ceux qui transgressent le carcan de la famille perséphonienne en les faisant persécuter par une meute d'ogres avides de dépeçage, en les livrant aux jugements amers des partisans de Héra. À la place de sentiments profonds, elle exige mille superficiels traités entre les hommes : déclarations d'amour, de rupture, d'autorité, de guerre. Comprends-tu, mon brave Anagkaion, que tu refuses de goûter à Héra parce que ta mère t'en a sagement prémuni dans ton enfance ! Elle voulait pour toi la liberté d'aimer, l'âme affranchie des pépinières visqueuses, le corps à jamais vacciné contre la loi tyrannique du couple. Elle voulait te sauver des griffes de l'épousemère qui réprime les relations "illégitimes", nonconformes aux besoins de la dictature naissante. Elle appartenait à un courant souterrain, clandestin, aux codes parfaitement achevés et aux vérités issues de la nature phantastique. En baignant ton corps encore tendre dans le cycéon et le Nyséion, le breuvage d'amour et le lieu du rapt de Koré, l'elixir et le poème, elle voulait que tu ne te fourvoies pas, adulte, dans l'endoctrinement de la Cité sanglante. Elle voulait que tes idées puissent plus tard s'accorder avec une logique tout autre,* une logique étrangère aux soucis du pouvoir *! Cette logique, mon brave Anagkaion, a un dieu : Dionysos ressuscité. Le seul des enfants illégitimes de Zeus à diviniser sa mère, femme illégitime. Goûte le fruit, Anagkaion, goûte le fruit de mort. La mort que tu combats sans relâche, ta grande ennemie, elle te rend vivant, beau et plein de puissance ! Mais combats-la jusque dans sa plus profonde tanière : la famille perséphonienne qu'on te dit devoir vouloir mais qu'intérieurement tu ne peux pas avaler, parce que ta mère, en véritable amazone, a su t'éduquer pour que tu évites d'instinct le poison de Héra, le pépin de grenade : le sang de Dionysos assassiné et la lourde chaîne qui condamne la famille perséphonienne aux Enfers. Mon brave Anagkaion, en divinisant une mère au-delà des préoccupations de "légitimité", tu as su guérir de la Cité et du venin qu'elle fait couler du sein des mères ignorantes. Ce venin, c'est la grenade, c'est Zeuxidia, Héra la vache, la divinité du couple qui unit les bêtes de labour. » — « C'est toi qui es brave, Hormée, de faire luire ce péril devant mes yeux, pleins d'eau pour la première fois de ma vie. Je pleure sans honte ! Je pleure sur le grenadier ! Je n'en reviens pas moi-même. Hormée, que d'arrogance et d'orgueil encombraient par monceaux énormes ma poitrine, n'est-ce pas ? Hormée, ce fruit, je vais le savourer, qu'il soit âpre, sucré ou mortel ! Je n'ai plus peur, Hormée. Tendre amour. » — « Donne-toi ton amour, Anagkaion. Aime-toi, aime-moi, aime les hétaïres et tous les mangeurs de grenade ! Tu es trop généreux pour te restreindre comme tu le faisais, borner ton champ de vision et t'obstiner à penser comme tes chefs limités auraient souhaité que tu penses ! Ô cède, Anagkaion ! Cède enfin ! Je nous sens si forts : c'est moi qui pleure à travers toi. »*

EXTRODUCTION

Éloge de la déception

« Dise ! Dise ! Disrevigu
Miaj amikoj, sincere !
Mi amegis vin lausajne
Gis nun pri mi ne kalkulu ! »

« Rompez les rangs ! Rompez les rêves,
Amis ! Et ce, sincèrement !
À ce qu'il me semble, sans trêve
Je vous ai chéris — il est temps ! »

Le philosophe thumétique exècre la philosophie de la volonté — insistance bornée, d'un égoïsme par trop compatible avec l'utilitarisme ennemi. L'abandon est une insertion sur l'onde préexistante reliant deux solitudes ; l'« *empire sur soi-même* » ne le concerne pas. Et si la thumétique ressemble à un transvitalisme sur fond d'éthique, il faut entendre le premier terme comme un dépassement de la subjectivité par le corps, et le second comme une résolution si fermement chevillée aux instincts qu'elle s'y confond, même si elle demande éducation et culture pour tenir. La responsabilité n'est pas une négation de l'abandon, mais sa modalité particulière : la délicatesse généreuse avec laquelle un être intègre et entier se donne à un autre être et tire d'un tel don son autonomie. Abandon martial, non dispersion relâchée. Aussi une personne libre au point de succomber *répond-elle* de son abandon, de la réception d'autrui ou de ses propres déceptions. Elle n'a jamais de quoi se plaindre : elle a de qu(o)i vivre, intensément.

Intercesseur, le philosophe thumétique exhibe les problèmes que les doctrinaires voulaient taire et que les réactionnaires comptaient trancher en faveur des riches et du Consortium, sans prendre la peine de consulter les aphéliens — les sousinformés, les sousformés, les sousfifres. Le philosophe thumétique est démiurge. Ses concepts sont des créations douées de mouvement ; ses phrases, traversées d'homologies et d'interférences musicales, dorment, dansent ou cognent. Il sent la vérité lorsque tout vibre, lorsque tout épouse tout. Or, une telle façon de philosopher induit une *politique de la déception perpétuelle* comme moteur d'action collective et de production idéologique : la dévolution, la prise en charge du corps social par lui-même, pur de tout intermédiaire.

En 2009, réjouissons-nous !, la vieille société disciplinaire n'enferme plus personne. Le contrôlat — notre nouveau monstre — pénètre les microcosmes, sur chaque électron « libre » pose ses milliards d'yeux et ses colliers électroniques, resserre son quadrillage et nous enchiffre. Après la mise au pas, la mise sous ondes et satellites. Filet aux infinitésimales mailles, espionnage de tous par tous et pour personne : « *Soyons attentifs, ensemble.* » Les téléphones cellulaires, ou natels, trahissent positions et paroles. Les *surfings*, les *parkings*, les *timings*, les cartes, les codes et les mots de passe livrent les trajectoires intimes, fichent les habitudes, dissolvent les singularités. Pour les écoles de pauvres : de la vidéosurveillance et du *contrôle continu*. Youpi ! Du flicage dès la maternelle, comme à la TV où les fliqués rient ! Pour les écoles de riches, du rapide, du vide, de l'amalgame, et une *impasse* obligatoire sur tout ce qui risquerait de faire *sens*. Des robinets sans fuite déversent les liquides : sucres et semences, alcools et larmes, essences et sang. À force de les garder sous ces eaux, les têtes crèvent. Diluées, cultures et psychés, dans l'économique grégarité sans âge qui nous esseule.

Avec l'utilisation grandissante des natels, une nouvelle maladie « psychique » commence à contaminer l'Occident postmoderne — et lui seul. Faute d'entité nosographique adéquate parce qu'elle reste encore rare, les psychiatres la diagnostiquent par euphémisme comme étant une « *conversion hystérique* » — il n'en est rien. Nous l'appelons « *Décès déclaré* ». Elle se caractérise par une perte partielle de la sensibilité (notamment pour les chocs au niveau des membres), accompagnée de fourmillements (notamment lorsqu'un tissu frotte la peau), d'assèchement de l'épiderme (notamment aux mains), de « boule » d'angoisse (notamment par crises, déréglant la respiration). Les premiers atteints sont ceux dont le métier exige une crispation continue, une maîtrise de leurs émotions : professeurs, infirmiers, clowns s'abandonnant *pour de faux*. Le Décès pathologique se déclenche à la suite de la mort d'un proche lorsque l'endeuillé refuse de se laisser aller à la douleur, se montre cynique, rejette et nie la Mort au lieu d'en intégrer le scandale.

Le Décès est une carapace contre l'affliction que l'autre cause. En tant que perturbation psychosomatique, sa forme pathologique ou « *déclarée* » témoigne d'un échec de l'inamour : la mort ne fait certes pas souffrir le décédé mais elle le rend malade, elle l'insensibilise — il y eut donc *amour* malgré sa mauvaise volonté. Analgésie subie et dont la progression irrégulière ne peut être stabilisée par aucun décret de l'entendement, le Décès est néanmoins un esseulement assumé. Le décédé s'anesthésie lui-même. Sa fatuité lui fait croire de façon épicurienne que la mort n'est rien pour lui. Lorsqu'il est par conséquent confronté à la mort cette expérience l'entame de ce qui le rattachait encore à l'autre : la peau, le tact, le ressenti des caresses. Son processus latent d'esquive affective et afflictive lui désinnerve le corps ; son évitement acharné des rencontres se manifeste alors comme un évitement décharné de lui-même, une tristesse en pointillé.

« *Ce dont j'ai souffert jusqu'ici c'est d'avoir refusé le vide, le vide qui était en moi.* » Ce propos d'Artaud, le décédé se le tient. Son vide le dévore en l'effaçant de l'intérieur. Plus aucune solitude ne le soutient, plus aucun aparté ne le démange. Il téléphone ses coups ; il téléphone son Je(u). Il voulait mettre la mort à sac : — la mort a saccagé tout ce qui le rendait vivant. Jusqu'à ce qu'il réapprenne à sombrer dans son propre vide et à se réengouffrer en l'autre. Jusqu'à ce qu'il s'excède en redécouvrant les vertus du vertige. Mais pour sauver sa peau évanescente il lui faudra muer complètement. Sortir du *pathos* par le *thumos*, de la guerre pacifique par la paix martiale.

Je refuse mon vide lorsque mon désir se mord la queue, à l'image du python qui se dévore lui-même. Il se remplit de sa propre chair et fait peu à peu disparaître son corps en en rétrécissant le cercle. Il s'étrangle au lieu d'étrangler une proie. Dialectique hégélienne ; monocentrage insipide. Nous lui préférons une dialectique hélicoïdale et sensuelle, une *concentration spirale*. Il faut que le python vise autre chose que lui-même pour qu'il s'enroule et vive — tout en restant en contact avec chacun de ses anneaux — l'enserrement de son désir, non son enterrement. Et la proie visée doit être sa propre solitude, son propre vide. Or, le python n'est pas sot : comment pourrait-il broyer du vide ? Pour le motiver, il lui faut une proie intéressante, vivante et libre ; il lui faut un être autre à désirer. Alors seulement il travaillera à se rapprocher lascivement de lui — à se rapprocher souplement de soi. Reste qu'une fois l'autre cerné, il faut qu'il y ait décentrement pour que l'enlacement recommence, les rôles s'inversent peut-être, les Je(ux) se poursuivent. Sans quoi l'un goberait l'autre : violence, perversité, étiolement, possession.

Ainsi respire la relation intersubjective épanouissante, ce qu'il convient d'appeler « *amour* » : alternance d'encerclement et d'échapper, de fusion et de fuser, d'engloutissement et de partir. S'abandonner puis s'abstraire ; s'exciter puis s'extraire. Si le surinvestissement l'emporte, la passion perd lentement sa force coattractive et déchoit. Si le noninvestissement prévaut, l'union perd tout son sens, le désamour toujours déçoit. Dès lors, seul le décentrement amoureux prévient de la promiscuité étouffante comme de la crispation esseulante. Seul le décentrement altère et désaltère, alterne rencontre et manque, mélange les solitudes. Pour prévenir du Décès — du glissement rampant vers nous-même — nous devons retrouver la joie de nous relever de nos déceptions.

Se concentrer : s'accepter en l'autre et le recevoir. Se décentrer : s'excepter de l'autre et le décevoir. Qu'elle soit le fruit d'un décentrement, d'une rupture voire d'une trahison, la déception prouve néanmoins l'abandon — l'illaboration en acte, l'action véritable. Elle n'en est pas un risque possible, une résultante accidentelle, mais sa composante essentielle, sa substance. L'abandon déçoit toujours parce que le mélange,s'il n'est pas morbide, doit bien prendre fin tôt ou tard. L'amitié déçoit toujours parce que l'autonomie de l'ami contrarie la mienne, se joue de mes séductions, s'abstient parfois de tout partage. Le Succès amoureux déçoit toujours parce qu'il étend ma sensibilité à l'autre et m'expose doublement à la souffrance en même temps qu'au bonheur.

La liaison amoureuse et inaliénée peut s'énoncer en une formule : « *La réception et la déception s'impliquent.* » Vaccin antidécès, sans risque d'accident sérique, elle vaut la peine d'être analysée. Le latin « *implicare* » signifie « *envelopper* » — de « *plicare* », « *plier* », qui donne « implicite » (« *implicitus* »), « *enveloppé dans le sens* ». « *Déception* » vient de « *deceptio* », « *tromperie* ». Même s'il gagne ma confiance, même si son visage m'engage et si mon corps lui succombe, autrui recèle le désastre, l'attente à jamais vaine, le désenchantement. L'amour qui le soustend sousentend le leurre ; s'il m'*aimante*, il aime et ment. Il a beau compter pour moi et me convenir, rien ne me garantit du mécompte et de la déconvenue : ni pacte, ni geste, ni serment. Il est le récipiendaire toutdécidant de mon désir, le tricheur libre, le prodig(u)e.

Mais l'écueil implique l'accueil ; l'Excès barré, l'Accès ouvert. « *Recepetio* », « *accueil des voyageurs* » : ce n'est que dans la mesure où il peut me recevoir qu'autrui peut me décevoir, et vice versa. En lui, le boire et le déboire. En lui, la halte et le « *halte-là !* » Dans le décessif inamour, autrui m'indiffère, aussi ne me déçoit-il jamais : — esseulement. Dans l'amour successif, autrui me diffère et me reçoit, me déçoit et me transforme : — décentrement. Il est ma « *recette* » ; étymologiquement : le lieu où je me *retire*, dans tous les sens de l'expression. Il est mon impatience et ma patience, l'épiphanie et l'absence, l'*on* et l'*off*, l'intervalle.

Le décédé hanté par la déception amoureuse est donc fatalement hanté par le mélange, précisément parce qu'il le repousse et le contourne. Il désire la *neutralité affective*, sans voir combien celle-ci déchire l'être humain ; lequel doit au contraire s'oublier pour s'épanouir, devenir *personne* pour devenir quelqu'un, s'irréfréner. Le décédé ne pense pas : il calcule. Là est son erreur unique mais décisive : vouloir gérer la gravité et l'apesanteur. Gérer réception et déception, gérer ce qui dépend de l'autre, gérer par soi seul l'ingérable. — « *Toute action est déception, toute pensée implique erreur* » (Queneau). Le décédé jamais déçu jamais reçu n'agit plus ni ne pense ; il ne se laisse jamais être afin de ne jamais se laisser avoir, et c'est pourquoi, implicitement, le décédé se meurt.

Les adulescents de la TV sont des tétonisés. Des abêtis boulimiques d'hébétude. Leurs yeux glougloutent, ils ne *regardent* jamais. Laidement écarquillés, ils absorbent tout et n'importe quoi pourvu qu'une inertie maximale leur soit imposée. Ils boivent le Sein du désesseulement, du désennui, du désamour. Il leur faut des nuits écourtées ou des joints pour réussir à se plisser, mais alors ils ronflent ou partent à la dérive. Sans faim ils se goinfrent de torpeurs, d'hilarités, de pubs, de salivernes et d'inintéressantes choses que leur encéphale inintéressable rumine en croyant s'activer. Des yeux obèses, lourds de néant, gros d'amalgames. On a disposé des postes dans la clairière des fleurs de l'âge : la curiosité, l'alerte et l'ardeur, la continence et l'intorpeur ont été piétinées par le troupeau des consommateurs venus s'oublier, s'illusionner, s'hypnotiser. Venus s'envieillir le corps. Venus se débarrasser au bistouri-à-images des frêles désirs qu'un fond de jeunesse continue en vain de développer. Les tétonisés se complaisent à se laisser ruiner intérieurement au point de prendre l'œil bovin. Le Marché appelle cela « *s'enrichir* », — comme il appelle « *fatigue* » la prise de conscience de leur torrentielle liberté. Avant la TV, l'intelligence exigeait de pouvoir ouvrir les yeux sur quelques vérités cachées : dessillement, réception obligatoire. Avec la TV, l'intelligence exige de *savoir fermer les yeux* sur une pléthore de mensonges : discernement, déception toujours possible.

La grande nouveauté de la psychologie de consommation est celle-ci : le « déçu » décède. Avant la Liberté, l'Amour et l'Émotion achetables, il ne serait jamais venu à l'esprit d'un adulte de déprimer s'il essuyait un échec, s'il enterrait un ami, s'il perdait ses chères illusions — aujourd'hui, si. L'échec ne nous apprend plus rien mais nous abat ; le deuil ne nous fait plus méditer sur le sens de l'existence mais nous démolit ; la désillusion ne nous réjouit plus mais nous enfonce. Ce manque de résistance au tragique inhérent à la vie est le fruit d'un embourgeoisement radical des valeurs collectives : paradoxalement, la *sécurité* est devenue l'*angoisse* des démocraties-marchés occidentales. Phobie sécuritaire aux antipodes du panache aristocratique, de la vaillance héroïque et de la santé mentale. Or, de quoi les paranoïaques de la déception, de l'amour et de la mort ont-ils besoin ? D'humour — éclat de rire intérieur qui lit les drames enlisants avec ce qu'il faut de recul pour ne point y abîmer notre charme, notre regard, notre àpropos.

L'humour fait défaut au crispé défiant ; de même à l'esseulé, qui sur le divan hurle : « *Je suis en manque d'amour !* » mais se garde bien d'aimer, dans la rue ; de même à l'abcédé violent, bête traquée qui mord pour ne pas se faire mordre ; de même au décédé, qui couve suicide et cancer sous le lisse de son absence à l'autre. En deçà de ses traditions, une culture vaut par l'humour qu'elle transmet aux individus et qui les immunise non contre autrui, mais contre eux-mêmes — contre l'optique inamoureuse et le risque de Décès. Privés de cet expédient primordial, ils ne savent ni aimer, ni haïr, ni vivre, ni mourir. Animaux en zoo, ils ont alors besoin qu'on les prenne en main à leur place et qu'on les assiste toute leur vie durant ; les « *services* » du Système capitaliste ne monnayent pas autre chose qu'un *comfort* chloroformé pour des adulescents incommodés par l'existence.

L'éducation sentimentale se fait devant la TV — ni les romans, ni les amant(e)s bien aîné(e)s, ni l'expérience des grandparents ne comptent désormais pour la jeune téléfoule, cynique, déshumorisée. Elle aimera à en vieillir. Le sens du cruel a par ailleurs remplacé celui du duel : la colère est devenue cette haine qui n'a plus les moyens de sortir, car le hors-de-soi exige que nous habitions d'abord notre corps. Mais la « *nomade* » téléfoule n'habite plus : elle est habitée. Hantée par la Com, happée par le Spectacle — prise dans l'utopie-là, c'est-à-dire là sur le mode de l'ailleurs. Rêveuse sans sommeil, à elle-même son propre horizon. Elle haïra à côté de la plaque, toujours. Comateuse, elle préférera se tapir dans son cœur fissuré de lézardes ou, pire, s'immiscer dans les brèches de l'autre pour y chaparder le colmat qui lui manque. Motivée par la tentation utilitariste de la « *vie sans faille* », elle veut *faire fuir* autrui (le faire décamper et/ou déborder), l'affaiblir tout en se cuirassant contre toute défaillance et toute déception. Horreur du vide en soi ; mépris du vide en l'autre. Elle veut le tremplin qui la met hors d'atteinte, le troplein qui la blinde, l'éternelle esquive. La téléfoule, en tout et pour tout, *se reporte.* Son absurde évitement de la mort fait qu'elle ne voit plus celle-ci et ne peut plus en rire : elle vit dedans. — Décès.

Le raz-de-marée ultralibéral s'accompagne d'une lame dépressive, — décessive. L'utilitarisme universel dégrade les rapports humains en rapports utilitaires, l'amour gratuit en amour rentable. Et l'imbécillité d'épicier noie prioritairement la jeunesse immature, nostalgique de l'égoïsme infantile et donc ravie d'être légitimée à en poursuivre l'irresponsable malfaisance. Mais la recherche usante de l'avantageux à tous les degrés de l'existence stresse les gens et les désolidarise — le Décès déclaré çà et là ne fait que révéler l'esseulement général. Cette recherche exige en effet la *réception* permanente. Pour elle, la déception affective équivaut au Décès ; l'amour décentré, l'« *infidèle* ». L'individu est conçu comme une machine non point désirante, mais envieuse, inquiète, émotionnellement réactive. On lui fait chanter du « *Don't worry !* », du « *Be happy !* », du « *Keep smiling !* » ; on lui fait avaler de l'Œdipe, du psychotonique, de la Joie en eau gazeuse, du Câlin en yaourt. Et puisque être aimé *paraît* à l'enfant plus profitable qu'aimer — quand bien même s'agit-il d'un seul et même mouvement —, l'éducation sentimentale utilitariste, *en distinguant agent et patient de l'amour*, empêche les gens de s'aimer les uns les autres s'ils ne passent par la caisse. Ainsi le Système repose-t-il, en son fondement le plus inébranlable, sur une politique scissionniste de l'amour. D'un côté les « *déçus* », les « *cocus* », les « *débiteurs* » ; de l'autre les reçus, les assidus, les spéculateurs. Les aimants, les aimés ; les donateurs, les trésoriers. De fait, les femmes sont assignées au premier de ces rôles et les hommes au second.

La ruine du Système qui ruine l'humain peut dès lors faire l'économie d'une période insurrectionnelle — l'économie du sang. Une politique alternative de l'amour est une politique alternative tout court, tant le néocannibalisme tient par la mise en dogme de la liberté affective des individus. FAIRE L'AMOUR : FAIRE LA GUERRE. S'abandonner à soi en s'abandonnant à l'autre, plutôt que de s'abandonner aux transports virtuels de la consommation-spectacle. S'aimer en se déprenant : révoquer toute relation de dépendance avec l'Avoir, toute chosification de l'Autre, toute appropriation de l'Être. Le renouveau de la pensée humaniste commence par les retrouvailles de l'amour et de la liberté. — L'amour indéterminable.

L'amour indéterminable est force ; l'amour déterminé, faiblesse. Ce dernier aliène les amoureux et confusionne leur existence. L'amour indéterminable, à l'inverse, relie deux personnes autonomes en accroissant leur autonomie respective au lieu de les en dépouiller. Plus j'aime ainsi, plus ma liberté s'agrandit de celle d'autrui. La liberté de l'un *comporte* la liberté de l'autre. Sans le décider, nos désirs s'impliquent réciproquement — amour inclusiviste. Nous ne *voulons* pas nous aimer : notre amour à chaque fois fait événement, sensation, scandale. Et si nos rencontres successives forment ce qu'il convient d'appeler une « *relation* », celle-ci n'a rien du programme préétabli, du compromis acceptable, de la marmelade d'ambitions. Cette « *relation* » est à elle-même sa destination toujours libre, de plus en plus libre même. Rien ni personne ne saurait en prédestiner le cours. L'arrêt, l'ultime décentrement, la rupture restent à tout moment possibles ; c'est ce qui en fait la valeur *inestimable*, l'inouïe et l'incessante libération.

S'aimant d'amour indéterminable, les amoureux se déterminent mutuellement. Ils ne déterminent pas leurs sentiments : ils se laissent déterminer par eux. On pourrait croire une telle relation cependant trop fragile pour des projets « *sérieux* », c'est-à-dire déterminants par eux-mêmes la relation qui leur fait voir le jour : enfants, maison commune, collaborations diverses. D'où la nécessité de sertir ces relations (sans soudure) dans un vaste complexe familial d'entraide, de solidarité et d'intendance, lui aussi indéterminable bien qu'effectif et, bien qu'affectif, structurant : la Constellation. Faire de la *vie privée* une force nucléaire plutôt que de la vendre aux inspections et aux empoisonneurs antisociaux. Y faire revibrer la solitude et le silence. Réinventer un juste prix aux choses, un juste poids aux mots, un juste sens aux entretiens. Se consteller avec Deleuze : « *On fait parfois comme si les gens ne pouvaient pas s'exprimer. Mais, en fait, ils n'arrêtent pas de s'exprimer. Les couples maudits sont ceux où la femme ne peut pas être distraite ou fatiguée sans que l'homme dise : "Qu'est-ce que tu as ? Exprime-toi...", et l'homme sans que la femme..., etc. La radio, la télévision ont fait déborder le couple, l'ont essaimé partout, et nous sommes transpercés de paroles inutiles, des quantités démentes de paroles et d'images. La bêtise n'est jamais muette ni aveugle. Si bien que le problème n'est plus de faire que les gens s'expriment, mais de leur ménager des vacuoles de solitude et de silence à partir desquelles ils auraient enfin quelque chose à dire.* »

Freud aurait débarqué à New York sans rien avoir perdu de son humour juif durant la traversée : « *Ils ne se doutent pas que je leur apporte la peste.* » En 1956, Jean-Bertrand Pontalis commentait : « *Freud se doutait-il que ce serait l'Amérique qui contaminerait l'analyse, lui inoculant par trop d'amour une maladie mortelle.* » En 1974, Georges Favez rectifiait : « *Le trop d'amour est passé en France. Je pense, pour ma part, que la maladie mortelle, aujourd'hui, c'est la politique d'expansion qui porte en elle l'inflation.* » Et d'en appeler heureusement à l'humour ; mais de conseiller malheureusement, en bon psychanalyste, de

« *Sortir du désir ambigu de la mère. Sortir de la nostalgie.* » Or, l'humour est justement cet inarticulé désir de la mère (et donc de la mort comme de la vie) passé par le prisme secret d'une relation amoureuse. La Mère : le nondit de notre solitude ; flux et reflux de nos navigations intimes, d'où nous venons, r' où nous allons. Renier « *le désir ambigu de la mère* » conduit à contracter cette déperdition nostalgique que nous appelons « *Décès* ». De la mère, nul ne s'en sort jamais sans y laisser sa vie. Ce qu'il faut, c'est alors déployer la maternelle attraction tout autour de soi afin qu'aucun individu ne puisse totalement l'incarner. L'authentique humour est ce déploiement. Celui qui en est traversé crée l'amitié sans la signer comme une de ses œuvres : sans relation de pouvoir. L'amitié s'illabore par échange de solitudes s'abandonnant l'une à l'autre. Contrairement au cynique qui reste hors de tout mélange, la personne douée d'humour se mélange avec autrui sans chercher à le régir, mais au contraire en lui montrant, par la libre distanciation dont elle fait preuve, que l'autonomie et la solidarité *fonctionnent* ensemble.

Le « *trop d'amour* » dont parlent J.-B. Pontalis et G. Favez est un dogme du passé réactualisé par l'utilitarisme réactionnaire d'aujourd'hui. Il exprime la frustration *essentielle* dans laquelle les individus se débattent, clivés entre le vieux mensonge judéochrétien « *Amour = Perfection* » et l'impossibilité d'en éprouver la teneur, sous le régime de l'Avoir. Cela parce que les amours de l'Être sont naturellement passions, déceptions, exaltations, élans irréfléchis, défectuosités merveilleuses. La « *perfection* » amoureuse est un but inatteignable et sa quête promet aux amants une coulée grisâtre vers l'inintérêt, une liquéfaction de leurs désirs solides, un enténèbrement. Le « *trop d'amour* » interdit tout décentrement, toute solitude, tout silence, toute spontanéité dans le chagrin comme dans la rencontre nouvelle. Le « *trop d'amour* » est un amour forcé, déterminé à outrance. Or, ce dogme de la crispation amoureuse, loin d'avoir été combattu par la psychanalyse, fut au contraire son fond de « vérité » et de commerce. Seuls la dévolution de Mai-68 et quelques penseurs lucides l'ont ouvertement contesté (G. Deleuze et F. Guattari, M. Foucault, R.

Vaneigem). La « *peste* » de la psychanalyse (Freud), celle du « *trop d'amour* » (Pontalis) et celle de « *la politique d'expansion qui porte en elle l'inflation* » (Favez) renvoient à la même « *maladie mortelle* » : l'utilitarisme, décliné aux points de vues subjectif, intersubjectif et socioéconomique. Une même efficacité y est à l'œuvre, une même utilité y est visée. La psychanalyse, le Toi-&-Moi et le capitalisme accentuent la déception précisément parce qu'ils prétendent l'éradiquer « scientifiquement ».

La psychanalyse : une thérapie par humour juif dont on a expurgé l'humour et la judéité ! Humour juif réduit à l'état de mécanisme (associations d'idées, lapsus, boutades, jeux de mots, fables oniriques, nonsens, jouissance dans le malheur, etc.). Humour juif à la portée de tous — y compris ceux qui n'y entendent rien — pour rendre les déprimés physiquement aptes à se soigner de leur incapacité d'abandon, avec le présupposé du crispé : « *Ma déception est une maladie qu'il me faut curer si je désire véritablement être heureux.* » Bien sûr, un humour méthodologisé à des fins de soulagement n'apporte qu'un *comfort* d'Avoir et non un confort d'Être.

La vraie « cure » du crispé consisterait à s'immerger une bonne année dans un terreau culturel et humain différent du sien, là où l'humour et l'amour font gratuitement leurs effets. Plutôt que de fixer le plafond de son *guru* perso en maudissant le Triangle familial, l'angoissé pourrait aussi développer une folie originale, s'engager dans le déchaînement d'une passion dévorante ou faire de sa déception une œuvre d'art. Mais avec trois charlatans sur quatre, la psychanalyse est bien devenue cette peste qui cautionne les maux de l'amour ladre, de l'individualisme et du « *bonheur si je veux !* » Sous le règne de l'Avoir, elle assiste la téléfoule dans le processus de zombification qui l'éteint, et le décédé en lui faisant accepter son étiolement.

Certes la parole libère, et en cela reconnaissons que les vrais analysés parviennent à s'affranchir des rapports de pouvoir, si esseulants pour le commun des crispés. La libération par la parole, toutefois, les sociétés nontotalitaires l'organisent spontanément, la révolution tourne grâce à elle, la dévolution en est même la syntaxe. C'est elle que la jeunesse de Mai-68 a remportée — victoire très éphémère avant les premières pubs TV d'octobre 1968 — : les Français se parlaient dans la rue (ô miracle !), les amphithéâtres furent le lieu de séances de psychodrame improvisées, chaque rencontre avec autrui pouvait amener à refaire le monde. Mais une société totalitaire muselle les jeunes gueules — celles qui peuvent mordre, dénoncer, hurler. *Faire taire* et montrer qu'elle peut faire taire, voilà sa seule protection ; car, par les clameurs et les chants, l'humain peut oser toutes les délivrances.

Des bûchers de l'Inquisition et leurs sorcières-*party*, aux prisonniers de Guantanamo et leur boule SM en guise de bâillon, c'est encore et toujours la parole, l'enjeu vital. Faire avouer, faire cracher le morceau, faire taire — « *zone grise* ». Et l'absence totale de conscience politique dans la variété diffusée aujourd'hui suit une logique similaire : ôter les maux de la bouche, laver les cervelles à la pop soupe. *La jeunesse ne doit plus rien dire à personne.* — Quand les rebelles bêlent, il n'y a plus d'espoir. On comprend pourquoi des émissions comme Staracadémerde servent et de machines à fric et d'étouffoirs de révoltes. En ne promotionnant que des chansons dévolutionnairement insignifiantes (Michel Berger, *guest star*), ces institutions-TV participent au verrouillage du Système. Elles incitent en effet la jeunesse à applaudir sa propre décérébration. Celle qui — à coups d'enguirlandantes vocalises, de rocks insulfureux et de clonage chorégraphique — fait d'ailleurs passer du Balavoine pour du mélodrame et du Ferré pour du Claude François.

« Libérés » de processus de libération, les néototalisés ont donc de plus en plus recours aux thérapies par la parole pour ne pas en décéder ouvertement, pour continuer à fêter leur minorité festive, leur extatique infantilisation. Ainsi la psychanalyse a-t-elle bien été contaminée, dénaturée par l'utilitarisme toutcontrôlant. Elle ne traite plus des cas cliniques mais des clowns écœurés, des esseulés graves — le commun des mortels qui refusent la mort, la solitude, la déception. Et le traitement vire à l'abonnement. Car ce succédané d'humour juif répond désormais à la prière : « *Faites que je m'abandonne !* » Mais, en tant que service de consommation, il ne peut la satisfaire. L'abandon ne se vérifie pas, ne se décide pas, ne s'achète pas. L'efficace l'efface, l'intérêt l'enterre : il est le *transfert* lui-même. Par conséquent, l'analysant-consommateur se voit indéfiniment condamné à la déception postachat. Lui qui tablait sur le divan pour ne plus être déçu, voici que le divan, dans cette optique utilitariste, le déçoit toujours. Il y a alors les patients patients, tels Woody Allen, qui jazzent avec leur crispation jusqu'à leur propre panne ou celle de leur distributeur de transferts ; et il y a les patients impatients, ceux qui claquent la porte ou se paient leur analyste, jasent ensuite contre la divanation et finissent drogués à la dure par les psychiatres et leurs farmaciens.

Néanmoins, la psychanalyse aura grandement contribué à l'entreprise de crispation libéraltotalitaire non seulement en rendant la malvie supportable, mais encore en servant de correctif et de caution au Toi-&-Moi. Sa genèse en dit long : il s'agissait déjà pour Freud de calmer la grande hystérique, autrement dit de résorber non l'insubordination des femmes, mais sa plus flagrante et fâcheuse conséquence pathologique ! Le succès de la psychanalyse n'est pas dû à son inventeur, mais à la récupération d'une « thérapie » potentiellement répressive par l'utilitarisme naissant. Celui-ci put aisément s'emparer d'une hypothèse absolument nonsubversive pour le Marché car dépourvue de vision sociopolitique. Pire : cette hypothèse permit de se passer du monothéisme sur le déclin en proposant à la psyché sociale un nouveau paradigme capable de conserver intact le Triangle père-enfant-mère, et même d'adoucir les névroses que ce dogme induit. Loin d'avoir eu pour effet de nous débarrasser définitivement du désir d'appropriation qui cherche à nier la différence d'autrui, la « *peste* » freudienne a été le nouveau vecteur de normalisation de la possessivité affective et du modèle patriarcal.

D'aucuns rêveraient alors à une néopsychanalyse non pas ersatz d'humour juif, mais ersatz d'humour khmer, birman, turkmène ou cinghalais ! Rêvons plutôt à une structure familiale non pas ersatz du judéochristianisme, mais fruit de l'amour et de la liberté : la Constellation. Une famille non plus déterminante mais librement déterminée, large et proche, généreuse et privée, — qui pourrait tempérer le « *trop d'amour* » par la saine déception, le « *pas assez d'amour* » par la profusion de tendresses, le « *trop de paroles* » par la saine solitude, le « *pas assez de paroles* » par la profusion de rencontres et d'apartés.

Le « *trop d'amour* » — l'expression parle d'elle-même. Il n'y est évidemment pas question d'*a*mour (abandon mutuel, jamais « *trop* ») mais d'*A*mour (coercition mutuelle, toujours « *trop* »). Et si l'Amour a contaminé l'analyse au point que celle-ci soit devenue incapable de sortir le désir de l'asphyxiante emprise, il nous faut trouver une nouvelle thérapie contre l'inamour, la défiance, l'esseulement, la crispation, le Décès. Une thérapie indévoyable contre la peur de nous donner. Une nouvelle thérapie pour que les premières Constellations tiennent par solidarité et non par intérêts mesquins. Une nouvelle thérapie pour nous débarrasser des ambitions néocannibales : écraser les « *concurrents* » ; réussir l'exploit d'exploiter sans être exploité nous-même ; sérier les gens comme les problèmes, gérer notre vie comme notre argent. Cumuler du pouvoir d'achat, de pacha, de cumul. — L'heureuse déception est notre cure nouvelle. Schizanalyse.

Mon existence entière est résignation. Je sors du ventre chaud de ma mère ; je meurs dans l'antre froid de la mort — « *C'est la vie !* », finis-je par dire. Entre l'évacuation et l'éviction indésirées : l'engourdissement hamstérisant de la vieillesse, jadis après la cinquantaine, aujourd'hui postpubère, déjà-las (par la pub, les consommateurs surinformés du fait qu'ils vont mourir en oublient précocement de vivre). Et pour accentuer ma résignation existentielle, je subis l'Amour — le « *trop d'Amour* » — de flirts qui virent au rose, de mélos qui virent au drame, d'encouplements qui virent au fiasco. Mais qu'est-ce que ma résignation ? — Une absence de *déception faisant sensation* ; une déception chronique, tellement coutumière qu'elle me laisse indifférent. Une déception sans rituel, sans larmes amères : une déception qui, faute d'espérances à décevoir, déçoit mon être même, c'est-à-dire décède mon corps à mon insu.

Que je me complaise alors dans la résignation, dans la cécité tutélaire ! Grâce à elle, je ne me sens plus jamais trompé dans mon désir, car elle le conforme à la machinerie supérieure qui m'asservit ! L'âpre expérience de la déception est le lot des nonrésignés, des nonalignés, des inaliénables. Qu'ils boycottent, manifestent et s'insurgent à ma place ! Moi, j'ai trop peur de sortir de mes illusions douces. Je préfère m'évader de mon cachot-misère par les fantasmes dont les matons m'abreuvent plutôt que par la scie aux barreaux, la soif à la gorge et la transe au ventre. L'hédonisme bourgeois vaut pour moi tous les stoïcismes : « *Jouir de n'être jamais inquiété.* » Quand les transports font la grève, je fais la gueule et prends le taxi. Quand les chants révolutionnaires s'élèvent, j'aide les forces de l'ordre et prêche l'ataraxie.

Pourtant, c'est durant des évasions décisives que les amitiés fortes se lient. Pourtant, c'est dans l'ébullition de l'Histoire que les passions brûlent les corps et les déchaînent. En m'aveuglant dans le soulagement *absolu* (= le *comfort*), ma résignation dissimule son mobile profond, à savoir, justement : fuir tout mobile ! Viser l'inintention, l'inattention, l'inaction assouvie. Me terrer en deçà de l'espoir et du désespoir, de l'Utopie et de l'Histoire : graviter dans l'euphorie lasse, l'utopie-là. Ne plus désirer ; ne plus progresser en ma cohérence vers l'interdit qui nargue. Faire cesser le rêve d'où qu'il vienne et où qu'il aille ; ne rêver que de Moi ici et maintenant, content comme *pas deux*, consolé pour toujours.

La résignation assistée par la Com antisociale lève en moi une palanquée de souffrances en même temps qu'elle m'en insensibilise, pour mon plus grand *comfort.* Ne supportant plus d'être seul-à-seul avec moi-même, je m'esseule ; ne pouvant plus être face-à-face avec mes déceptions, je me meurs. Je me résigne alors à consommer les bidules et à adopter les attitudes qui suspendent momentanément le désagréable de l'esseulement et du Décès : TV, cinepties, télétechnologies, jeux vidéos, antidépresseurs, psychothérapies, drogues, sexolâtrie, « *trop d'Amour* », Toi-&-Moi, Triangle. Ma résignation est donc une *crispation* contractée à cause du Marché et, grâce à lui, coolifiée. Une torture qui me fait du bien, une existence « *même pas mal !* », une captivante captivité.

Seules la solitude et la déception assumées redonnent respectivement l'amour de soi et la confiance en soi. Je dois alors me réconcilier avec ces deux *épreuves diabolisées* pour guérir mon corps de la doxa utilitariste qui m'embrigade et me déshumanise avec mon plein accord tant elle sait me terrifier de moi-même, des autres et de la vie. D'abord, prendre conscience de ces terreurs, de la crispation résignée qu'elles induisent. Ensuite, étendre ma responsabilité à tout ce que Je(u) suis, devenir adulte, devenir grand et faire grandir. Enfin, me convertir radicalement à l'audace de vivre ; ne plus jamais m'en détourner. Oser tous les voyages dont mon Je(u) se sent capable sans autre retour possible qu'un retour sur lui-même. L'audace d'être à l'écoute de mon désir en démantelant par la *solitude* les envies artificielles ; l'audace de vouloir la *déception* comme une preuve de succombance et de liberté généreuse, — et pour cela l'audace de m'offrir aux moins offrants, de tenter de périlleuses rencontres, de voyager au-delà de l'immonde, de me confronter aux réels en y mêlant ma phantasmagorique réalité, d'élargir mes horizons, d'intensifier ma haine des joies serviles, mon amoral amour, ma présence et ma passion signatrices.

La quête de ma solitude et celle de ma déception redistribuent sans cesse tous mes rapports. La première me fait m'affûter, m'attiser, m'adonner : je tends vers ce que Je(u) suis, avec le danger de me décevoir. La seconde me fait m'avancer, m'activer, m'associer : je tends vers ceux que je *suis*, avec le danger de me retrouver seul. La déception introduit l'espacetemps de la solitude ; la solitude comble l'espacetemps de la déception. Autothérapie : Moi redevient Je(u), l'aberration s'efface. Survivre à la traîtrise par la déception ; survivre à la prêtrise par la solitude. Risquer la déception : oser, confiant en moi, l'élan gratuit vers l'autre. Risquer la solitude : oser, confiant en l'autre, l'élan gratuit vers moi. En finir avec mes paramètres secondaires, les assignifiantes distorsions de mon corps, l'humaine — si peu humaine — peur de vivre.

Relance

Les jeunes femmes se plaignent de la lâcheté des hommes. Les jeunes hommes s'affolent de l'exigence exagérée des femmes. Mais il y a de quoi se montrer lâches devant l'encouplement exclusiviste et castrateur ! Et il y a de quoi être insatisfaites avec le manque d'attention et de tact dont font preuve les paumés et les mâles « *performants* » ! Sauvez-vous, jeunes gens ! Non les uns loin des autres, cependant, mais tous loin de l'institution désamoureuse, de la catastrophe prémâchée, du sentimentalisme sexolâtre ! La contrefamille est possible : coopération domestique par associations affinitaires. Ne rêvez plus naïvement au monde jovial et solidaire que l'Amour venimeux promet et compromet dans la même morsure : optez pour l'amour cédant et changez de famille pour transformer le monde ! La vraie révolution commence derrière vos portes, derrière les battants verrouillés de vos cœurs.

Les premiers dépacsés commencent à comprendre l'arnaque *magistrale* de la loi du 15 novembre 1999 : « *présomption d'indivision* » ou communauté forcée, obligation floue mais néanmoins légale de s'apporter une aide mutuelle et matérielle, régime patrimonial plus contraignant que le mariage. La Constellation, elle, se veut bien plus qu'une alternative à l'institution bourgeoise du mariage : elle veut offrir la possibilité d'un *nouveau paradigme familial*, fondé sur l'intempestivité amoureuse, la coparentalité plurielle et la responsabilité adulte. Néorésistance à l'anthropophagie des familles incohérentes qui embrassent trop et se restreignent. Néorésistance aux peurs autoliberticides que le contrôlat et sa Com infraternelle flanquent aux gens (mondialophobie, xénophobie, gynophophie, etc.). Néorésistance à la surprocréation mondiale : l'amour paternel, maternel et filial y est partagé. La femme est ainsi affranchie du devoir d'enfanter, l'homme de celui d'ensemencer sa biologique descendance, cela sans ressentir la frustration de ne pas élever d'enfant puisqu'ils peuvent participer à l'éducation des enfants de leurs Intimes. Néorésistance, surtout, à la vassalité unanismiste des pleutres et au téléengouement des téléfoules.

Pour expliciter clairement les principes de l'organisation constellaire et faire que les Constellations s'accordent les unes aux autres, nous en proposons ci-dessous une charte. Son but n'est pas de régenter des contenus, mais de rendre des formes organisationnelles *compatibles* afin que les constellables de différents Firmaments puissent se consteller librement — sans prêtre, sans notaire ni entremetteur. L'inclusivisme de décentrement contredit le sectarisme parce qu'il est pluricentralisé : autant d'individus, autant de centres, autant de volontés autonomes. Personne à l'aphélie ; chacun au cœur de sa propre Constellation, libre d'aimer à sa guise en répondant de ses choix.

La Constellation veut délégaliser l'amour, désembrouiller la famille, désangoisser les enfants. Éviter surtout à ces derniers les irréparables séquelles d'une *hostilité parentale persistante*, cause des crispations névrotiques et des destins gâchés d'avance. L'enfant de constellés n'est pas le fruit de leur passion ; car si leur relation se détériore, le « *fruit* » se sent alors coupable de ne point lui aussi pourrir. Le dogme de l'« *enfant de l'Amour* » accompagne le dogme de l'Amour outré, ou Toi-&-Moi, sous l'égide de l'Avoir possessif, exclusif — « *Dieu jaloux* ». Aussi l'enfant de constellés est-il l'enfant de l'amour que ses parents *lui* portent. Que ceux-ci soient amis lui suffit du moment qu'ils l'aiment ; *ce que font Maman et Papa ne le regarde plus* ! Et de l'amour, il en reçoit également de ses darons et daronnes — Intimes de ses parents —, coparents légaux lorsque la Loi suivra. Les figures parentales ne doivent plus être des inducteurs uniques. La coparentalité constellaire permet ces « *vacuoles de solitude et de silence* » dont parle Gilles Deleuze, parce que les adultes et les enfants respirent, les affects circulent, les accablements se dissipent par décentrement.

Nouvelle architecture familiale, le constellat n'a rien d'un multiPacs, d'un phalanstère fouriériste, d'un pacte libréchangiste ni d'aucun autre aménagement du temps d'aimer. Sa raison est *spatiale* — d'où notre filage de la métaphore stellaire. Le constellat opère un retournement des sociétés de contrôle par le dévoiement de leurs moyens de contrôle. Les technologies de télécommunication — Internet et natel — permettent de tisser une toile non plus virtuelle, mais effective-affective, sorte de compagnonnage qualitatif alliant des forces *attachées* à leurs différences. Le devenir minoritaire se dote d'une instantanéité rebelle jusqu'alors inconnue, et l'espace familial peut prendre la forme du réseau rhizomique car il se redistribue et réagit désormais en temps réel.

Comment néanmoins garantir l'autonomie de chacun ? La Déliaison, le décentrement et la solitude doivent rester à tout moment possibles ; la mobilité de l'ensemble dépend de l'interdépendance des Je(ux) *relativement* libres. Pour ce faire, la cohabitation absolue semble une solution archaïque. Mieux vaudrait dissocier le « *chez moi* » et le « *chez nous* » — le Domicile et les Foyers, en jargon constellaire. Le Domicile : l'habitation *personnelle* du constellé, aux dimensions pouvant être modestes. Les Foyers : de vastes lieux dans lesquels *plusieurs constellés* copropriétaires ou colocataires se retrouvent librement, élèvent les enfants, festoient, séjournent, etc. Selon cette organisation nouvelle, les adultes ne sont plus assignés à résidence et conservent la possibilité d'une retraite véritablement *privée*. Les enfants peuvent habiter un seul Foyer, en changer quand ils le désirent ou préférer une régulière alternance. Cette souplesse géographique leur est d'autant plus profitable qu'en fréquentant leurs nombreux darons et daronnes, frères et sœurs, cousins et cousines, ils optent spontanément pour la configuration la plus appréciable et rejettent celles qui leur paraissent psychologiquement ou matériellement éprouvantes.

Les questions de parents sexuellement délaissés, sexuellement trompés ou homosexuels ne se posent même plus : la vie intime de chaque adulte constellé redevient une affaire adulte et privée. La Constellation fait identité : les adoptions, les fécondations *in vitro*, les naissances sous X et les deuils précoces n'abcèdent ni ne décèdent l'enfant.

Quelle forme de socialisation peut émerger d'autonomies irréductibles constellées entre elles ? — Une démocratie tout entière déclinée au style indirect libre et, pour le coup, « *directe* ». Renversement de l'argent par la gratuite circulation des biens et des services ; renversement de la malvie esseulante par l'effusion vivante, l'implication active, l'abondante tendresse ; renversement du népotisme et des faisceaux de cooptations réciproques par l'illaboration pansolidaire et l'amitié hors paroisse. L'inclusivisme : non la politique de l'amour politique, mais l'amour de la politique amoureuse. La fin du pouvoir confisqué au nom d'une *délégation* qui — avec un Président-82 % et une abstention majoritaire — témoigne d'un vice démocratique rédhibitoire. Les réseaux actuels qui dirigent TV, cinéma, mondes médiatique, littéraire et culturel sont une offense à la liberté, à l'égalité et à la fraternité entre citoyens : — les réseaux soustrayant le pouvoir au peuple sont un crime contre la République. L'urgence est alors de transformer les conditions structurelles de l'avènement de la logique mafieuse : le familialisme individualiste, la compétition castes contre castes. Faire matière publique des choses publiques que la ploutocratie privatise et négocie en se passant du peuple. Promouvoir l'inattendu artistique ; boycotter les intalentueux qu'un réseau poussif a chiés sur scène. Le thumétique conte le thymoanaleptique ! Contre les « *idées microscopiques de nos géants politiques* », l'onirisme pharaonique, l'amour parallèle adjacent !

Les familles des patriarches qui nous gouvernent ont atteint un degré de névrose extrême : soulageons-les de leurs bonhommes en licenciant ceux-ci pour toujours ! L'École — aujourd'hui sacrifiée aux exigences néocannibales — nous servira de critère pour apprécier, en regard du citoyen de dix-huit ans qui en sortira, la santé de notre *volonté de démocratie*. Et afin de reconquérir notre *indépendance affective absolue*, afin d'arracher nos enfants aux pubards et de les élever dans ce sens : constellons-nous sur-le-champ !

Nous encourageons les mariés, les fiancés, les encouplés d'Occident à participer à une gigantesque vague de divorces et de ruptures de *contrats affectifs*, suivie, par reflux, d'une gigantesque vague d'instellations. Qu'éclate le constellat, le contrôlat qui nous moucharde ! Que le rhizome obstrue les judas et troue les sycophantes ! Nous invitons les soixante-cinq mille pacsés de France à se dépacser et à créer sans surseoir leur propre Constellation. Vendre sa liberté contre des avantages fiscaux, c'est brader l'amour. La voilà, la dogmatique tyrannie de l'Amour que la politique inclusiviste désempare : le couple technocratisé, la pleutrerie équationnelle, le duo pragmatique, l'anticréation ! Non pas l'abandon mais le flicage mutuel ; non pas l'allure mais l'invirile médiocrité. Guérillérôs, les inclusivistes libres ne tolèrent qu'un seul mot d'*ordre* : « *Vivre d'amour et d'eau fraîche.* » Le Marché antisocial n'y survivra pas. Du respect pour la femme, de l'abandon pour l'homme, de la bientraitance pour l'enfant.

Parce qu'elles ne tiennent que par nous, les religions dépersonnalisantes de l'Être et de l'Avoir suprêmes s'effondrent dès que nous ne tenons plus à elles. Elles ont trop de morts à leur actif : il est temps de les enterrer et d'apprendre à vivre en se passant de leurs sépulcres. Guérillerôs ! Sachons quel monde faire surgir des mains qui ont enfin cessé de se tendre vers les idoles inconvenantes et creuses ! Que les prières et les ornières ne freinent plus la révolte des corps ! L'amour échappe à tout contrôle : n'ayons soif que d'incontrôlable ! L'amour dépasse toutes les espérances : ne craignons plus la déception ! Devenons nous-mêmes l'avenir de l'avenir, la foi folle en nous-mêmes et l'intransigeance incarnée, cœur battant ! Guérillérôs-artistes ! Guérillérôs-femmes ! Une autre politique nous appelle ! Que la jeunesse irrecevable choisisse enfin *son* camp : une autre politique nous attend !

AVERTISSEMENT

La présente charte a pour objet de proposer les premiers éléments indicatifs de définition et d'organisation de la Constellation familiale.

Elle n'est pas revêtue d'une valeur juridique mais d'une valeur morale.

Le modèle proposé est respectueux du droit commun en l'état. Les constellés sont invités à le faire évoluer et à l'enrichir en accord avec les valeurs fondamentales de l'inclusivisme dit de décentrement ou style indirect libre.

CHARTE DE CONSTELLATION

Nous, conscients de la précarité du modèle familial classique imposé par le judéochristianisme et le sentimentalisme de marché,

Convaincus que le mythe de l'amour exclusif est préjudiciable à l'épanouissement de l'individu, à la sérénité des enfants et à la santé du corps social,

Résolus à protéger les générations futures de la dépendance affective, de l'insolidarité et de l'individualisme de consommation directement induits par l'exclusivisme,

Déterminés à combattre l'exploitation de la détresse affective des individus par les marchands de bonheur,

Réaffirmant notre attachement à la néorésistance antitotalitaire et à la dévolution antidogmatique,

Nous engageons à œuvrer pour la paix universelle et à promouvoir la Mondialisation humaniste interculturelle.

Dans ce dessein, nous instituons la Constellation.

LIMINAIRE

I. Toute alliance épanouissante entre les êtres humains est fondée sur le libre amour.

II. Le libre amour repose sur l'abandon mutuel et nonexclusif, il est « inclusif ».

III. La Constellation ou « constellat » est l'aboutissement sociopolitique de l'inclusivisme dit de décentrement ou style indirect libre.

IV. **a.** L'inclusivisme est un mode de relation libérateur. Selon ce mode, l'accroissement de la liberté d'un individu provient de l'accroissement de la liberté de ceux qu'il aime.

b. L'inclusivisme constellaire procède par décentrement.

c. Le décentrement consiste dans la mise à distance de notre désir naturel d'aliénation à/de l'être aimé. Il ouvre l'espace à l'amour et à la solidarité pluriels.

V. La valeur fondamentale de l'inclusivisme de décentrement est la responsabilité ; l'individu responsable fait preuve de générosité, d'entièreté et d'intégrité à l'égard de tout autre comme de lui-même.

DE LA CONSTELLATION

VI. La force de la Constellation naît de celle de l'engagement moral des individus en son sein. La Constellation exprime la volonté responsable de l'individu de faire famille.

VII. Tout individu qui entre en Constellation fait le choix de sa famille ; ce choix est marqué par des liens, dits « Liaisons », entre les individus qui se choisissent.

VIII. La Liaison est la volonté par laquelle deux personnes s'engagent à établir un lien durable entre elles dont les effets seront régis par les principes directeurs de l'inclusivisme de décentrement. La liaison est valide lorsque l'individu est animé d'une intention constellatoire, c'est-à-dire qu'il fait preuve d'un désir patent d'inclusion et de solidarité.

IX. a. La Liaison a pour effet de créer une Intimité entre deux individus qui sont alors désignés par le terme d'« Intimes ». La Liaison entre deux Intimes est une Liaison d'Intimité.

b. L'individu est au centre de sa Constellation.

c. Partant de l'individu en propre, tout Intime de son Intime est nommé « Proche de premier degré ». La liaison entre un individu et son Proche de premier degré est une Liaison de Proximité de premier degré.

d. La Constellation est l'ensemble formé par les Intimes et les Proches de premier degré.

e. Deux individus liés par une Liaison d'Intimité ou une Liaison de Proximité de premier degré sont dits constellés.

f. Un ensemble de Constellations reliées les unes aux autres par des Intimes est nommé « Firmament ».

X. À fin d'usage privé, l'officialisation d'une liaison d'Intimité est appelée « Instellation ».

XI. La Constellation est représentée sur une Planistelle qui tient compte de son incessante évolution.

DES CONSTELLÉS

XII. Les constellés relèvent en totalité du régime de droit commun. Ils s'engagent en sus à respecter et promouvoir les valeurs fondamentales de l'inclusivisme, notamment la responsabilité et le don.

XIII. a. Tout individu est constellable à partir de dix-huit ans.

b. Avant d'entrer en Intimité, le constellable est invité à faire un travail préalable sur lui-même. Ce travail est destiné à lui permettre d'apprécier toute la portée de son engagement dans sa Constellation future. Il est également convié à acquérir une connaissance approfondie des modalités de l'inclusivisme de décentrement.

XIV. L'enfant né de parents constellés est sous leur vigilance et celle de l'ensemble de leurs Intimes. Ces derniers sont invités à prendre part à son éducation. Ils sont dits « darons » (ou « daronnes ») de l'enfant.

XV. Les Constellés peuvent se regrouper librement afin de créer une synergie politique destinée à faire valoir collectivement leurs volontés. Leurs accords de vue seront échangés sur Internet ou par tout autre moyen susceptible de garantir la protection de la synergie contre toute centralisation qui nuirait à son efficience. Ce groupe spontané est nommé « Nébuleuse ».

DE L'ORGANISATION MATÉRIELLE

XVI. L'organisation matérielle d'une Constellation est articulée autour du don.
Le don authentique n'attend pas de contrepartie, de contredon.

XVII. En accord avec les valeurs de l'incluvisme, chaque Intime animé d'une réelle intention constellatoire propose de lui-même la jouissance de ses biens au sein de sa Constellation.

XVIII. Les constellés s'engagent à participer d'un corps solidaire. Ils contribuent à la maintenance d'un réseau d'échange d'idée, de biens et de services. Ils offrent spontanément au sein de leur Constellation leur savoir, savoir-faire et savoir-être.

DE LA MÉDIATION DES DIFFÉRENDS

Modalités

XIX. La médiation des différends qui naissent dans la Constellation revient au Démêlement.

XX. **a.** Le recours au Démêlement est déterminé par la gravité du litige.

b. Tout différend qui nuit à l'organisation de la Constellation fait l'objet d'un démêlement.

c. Pour les autres litiges, le Démêlement est appelé sur requête individuelle ou conjointe des constellés.

d. Les réunions du Démêlement ne sont pas publiques.

XXI. Le Démêlement est formé d'Intimes librement choisis par les constellés en conflit, en nombre égal de part et d'autre, appelés « Démêleurs ».

XXII. Les Démêleurs ont pour tâche d'aider les constellés à parvenir à une résolution équitable de leur différend par voie de médiation.

XXIII. Le Démêlement est réuni sur demande, autant de fois que nécessaire au règlement du litige. Toutefois, les Démêleurs estiment un délai raisonnable pour y parvenir ; ce délai est pris comme le témoignage de la bonne volonté des constellés pour trouver une solution.

XXIV. **a.** Tout accord entre les constellés ainsi que toute Déliaison font l'objet de l'établissement d'un Démêlé qui fixe par écrit les engagements de chacun. Le Démêlé est signé par les parties en conflit et les Démêleurs présents.

b. Le Démêlé n'a d'autre objectif que de permettre l'expression de la bonne foi de chacun et l'officialisation de la réconciliation ou de la rupture. En tant qu'écrit d'intention, il n'a aucune valeur exécutoire.

La Déliaison

XXV. La Déliaison marque la dissolution de la Liaison d'Intimité.

XXVI. Si aucun accord n'est possible ni même souhaité entre des Intimes pour régler leur différend, ils sont invités à se délier. La Déliaison est amiablement décidée par les parties au cours du Démêlement. À charge à chaque ex-Intimes de la porter à la connaissance de leurs Intimes respectifs.

XXVII. De la même manière, la Déliaison peut s'effectuer hors Démêlement quand le désir de se délier naît, sans conflit entre les Intimes, de leur volonté réciproque.

XXVIII. La dissolution de toutes les liaisons d'intimité est une « déconstellation ».

XXIX. Les conséquences matérielles qui résultent de la Déliaison sont régies par le droit commun. S'il y a lieu, lors du Démêlement, les ex-Intimes organisent le partage des biens communs. Cet accord est consigné dans le Démêlé.

La présente charte est déposée en chacun de nous.
Nous en sommes universellement garants.

PASSERELLES

Les numéros renvoient aux Plis.

Les Plis en caractère gras renvoient au libelle « Hormée & Anagkaion ».

Les 190 passerelles constituent 190 autres libelles ; l'ordre des raisons doit être respecté pour reconstruire ces puzzles. Par exemple, le libelle Adulescence (Adulescent) peut être formé en lisant successivement les Plis 149, 155, 156, 157, 170, 249, 276, 306, 309 et 419.

Libelles

Ces livres dans le livre peuvent être reconstitués en se reportant aux Plis ci-dessous.

Hormée & Anagkaion

1, 8, 63, 80, 108, 121, 152, 187, 203, 204, 253, 307, 348, 353, 365, 400, 429, 466, 476, 508.

Pour éviter un contresens

CHRONOLOGIE

Juin 2002 — 360, 369, 79, 355, 66, 332, 84, 120, 416, 410, 450, 264, 87, 376, 352, 428.

Juillet — 230, 350, 418, 65, 194, 267, 460, 87, 215, 320, 10, 500, 481, 499, 492, 458, 81, 219, 188, 476, 154, 379, 282, 85, 240, 169, 307, 463, 319, 171, 426, 160, 139, 161, 423, 67, 162, 241, 429, 138.

Août — 157, 381, 333, 343, 158, 83, 159, 172, 342, 323, 312, 487, 501, 462, 177, 502, 136, 133, 498, 174, 134, 163, 318, 37, 363, 456, 497, 496, 16, 181, 179, 382, 114, 322, 454, 285, 42, 420, 184, 236, 315, 278, 354.

Septembre — 453, 101, 119, 199, 489, 94, 477, 124, 292, 97, 482, 99, 18, 175, 117, 145, 192, 7, 438, 411, 419, 142, 41, 334, 137, 46, 239, 266, 150, 291, 372, 325, 326, 112, 14, 98, 72, 294, 200, 201, 351, 17, 344, 287, 459, 233, 422, 424, 329, 47, 289, 184, 147, 255, 313, 337, 321, 402, 274, 118, 339, 15, 27, 28, 30, 425, 231, 29, 12, 374, 348, 235.

Octobre — 256, 396, 295, 398, 488, 146, 49, 13, 478, 300, 210, 213, 176, 275, 441, 121, 316, 317, 324, 272, 173, 205, 206, 24, 244, 440, 290, 202, 305, 469, 167, 306,

220, 193, 6, 5, 155, 479, 304, 170, 223, 248, 190, 107, 156, 302, 293, 196, 51, 50, 1, 250, 8, 309, 242, 75, 151, 270, 2, 378, 445, 464, 144, 135, 331, 216, 115, 116, 288, 297, 222, 507, 310, 279, 444.

Novembre — 485, 495, 225, 492, 11, 113, 483, 20, 271, 314, 249, 508, 386, 232, 283, 417, 64, 340, 480, 254, 165, 384, 421, 252, 48, 380, 443, 364, 467, 122, 93, 383, 53, 108, **152**, 9, 89, 461, 149, 44, 377, 484, 439, 269, 447, 110, 19, 211, 330, 486, 148, 32, 446, 36, 178, 100, 449, 228, 472, 356, 262, 474, 490, 58, 61, 260, 224, 388, 23, 21, 434, 392, 73, 125, 503, 505, 34, 390, 504, 3, 436, 405, 25, 245, 359, 33, 408, 409, 393, 345, 126, 375, 413, 470, 373, 123, 71, 111, 103, 298, 131, 214, 77, 394, 395, 243, 39, 406, 90, 387, 22, 143, 361, 341, 59, 286, 187, 273, 338, 311, 4.

Décembre — 299, 280, 284, 261, 69, 128, 197, 301, 303, 212, 74, 203, 296, 266, 60, 102, 358, 76, 26, 473, 389, 367, 404, 38, 45, 414, 127, 180, 57, 109, 82, 407, 336, 399, 40, 391, 401, 347, 370, 91, 221, 209, 195, 281, 68, 465, 431, 415, 56, 403, 251, 277, 435, 432, 437, 457, 62, 70, 247, 43, 166, 168, 140, 132, 129, 52, 238, 35, 106, 130, 433, 357, 385, 92, 362, 475, 448, 229, 468, 227, 427, 31, 493, 182, 237, 88, 87, 452, 371, 198, 455, 186, 86, 246, 153, 276, 96, 258, 191, 349, 471, 368, 366, 257, 208, 442, 141, 234, 78, 335, 397, 412, 105, 268, 308, 218, 506, 346, 217, 80, 263, 353, 365, 207, 189, 226, 466, 430, 259, 185.

Janvier 2003 — 253, 204, 328, 63, 80, 164, 400, 104.

Je remercie Élisabeth Fleury pour sa collaboration essentielle à la rédaction de la Charte ainsi que Conrad Mamilonne et Jeannette Bougrab pour leurs conseils juridiques.

Cet ouvrage a été réalisé par

FIRMIN DIDOT

GROUPE CPI

Mesnil-sur-l'Estrée

pour le compte des Éditions Flammarion
en février 2003

Photocomposition Nord Compo
(Villeneuve d'Ascq)

Imprimé en France
Dépôt légal : mars 2003
N° d'édition : FF 846601 - N° d'impression : 62912